Weichenstellungen in der Grundschule

Interkulturelle Bildungsforschung

herausgegeben von
Ingrid Gogolin
und Marianne Krüger-Potratz

Band 22

Waxmann 2013
Münster / New York / München / Berlin

Volker Mehringer

Weichenstellungen in der Grundschule

Sozial-Integration von Kindern
mit Migrationshintergrund

Waxmann 2013
Münster / New York / München / Berlin

Bibliografische Informationen der Deutschen Nationalbibliothek
Die Deutsche Nationalbibliothek verzeichnet diese Publikation in
der Deutschen Nationalbibliografie; detaillierte bibliografische
Daten sind im Internet über http://dnb.d-nb.de abrufbar.

Interkulturelle Bildungsforschung, Bd. 22
herausgegeben von Ingrid Gogolin und Marianne Krüger-Potratz

ISSN 1432-8186
ISBN 978-3-8309-2914-7

© Waxmann Verlag GmbH, Münster 2013

www.waxmann.com
info@waxmann.com

Umschlaggestaltung: Pleßmann Design, Ascheberg
Druck: Hubert & Co., Göttingen
Gedruckt auf alterungsbeständigem Papier, säurefrei gemäß ISO 9706

Printed in Germany

Danksagung

Die Publikation dieses Buches bildet den Abschluss meines Dissertationsprojektes. Zum erfolgreichen Verlauf dieses Projektes haben mehrere Personen maßgeblich beigetragen, denen ich an dieser Stelle meinen Dank aussprechen möchte.

Mein herzlicher und besonderer Dank gilt an erster Stelle meiner Doktormutter Frau Prof. Dr. Leonie Herwartz-Emden für die Gelegenheit, diese Arbeit in einem ihrer Forschungsprojekte und unter ihrer Betreuung schreiben zu können, und für die wertvolle fachliche und moralische Unterstützung, ohne die diese Arbeit nicht möglich gewesen wäre.

Ich danke meinem Zweitgutachter Herrn Prof. Dr. Andreas Hartinger für alle unterstützenden Gespräche und für sein stets offenes Ohr in methodischen Fragen. Und ich bedanke mich bei Frau Prof. Dr. Eva Matthes für ihr Interesse an meiner Arbeit und ihre freundliche Bereitschaft, als Prüferin an meiner Disputation mitzuwirken.

Danke an alle meine (auch ehemaligen) Kolleg/inn/en an der „Professur für Pädagogik der Kindheit und Jugend" und am „Zentralinstitut für didaktische Forschung und Lehre" für ihre inhaltlichen Hilfestellungen und die moralische Unterstützung zur richtigen Zeit und am richtigen Ort. Vor allem danke an meine ehemalige Kollegin und Büronachbarin Cornelia Braun für die gute und freundschaftliche Zusammenarbeit.

Bedanken möchte ich mich auch bei allen Hilfskräften, die wesentlich an der Durchführung und am Erfolg des Projekts beteiligt waren, und bei allen Schüler/inne/n, Lehrer/inne/n und Eltern, deren Bereitschaft an den Erhebungen teilzunehmen, die Grundlage dieser Arbeit bildet.

Danke an diejenigen Professoren und wissenschaftlichen Mitarbeiter an anderen Universitäten, die sich die Zeit genommen haben, sich mit meinen methodischen und inhaltlichen Anfragen auseinanderzusetzen.

Von besonderer Bedeutung für das Gelingen meiner Dissertation ist die Unterstützung, die ich während der letzten Jahre von privater Seite erfahren habe. Ich bedanke mich herzlich bei meinen Eltern, Renate und Rudolf Mehringer, und bei meiner Frau Sonja, dass sie alle Höhen und Tiefen, die eine solche Arbeit mit sich bringt, mit mir geteilt haben.

Nicht zuletzt danke ich Nicole Kress für ihre Hilfe bei der Suche nach den letzten Fehlern.

Augsburg, Mai 2013
Volker Mehringer

Inhalt

1. Einleitung

Deutschland ist ein Einwanderungsland und daher geprägt von einer breiten kulturellen und ethnischen Heterogenität. Bereits ein Blick in die aktuellen Daten des Mikrozensus zeigt, dass über 19 % der deutschen Bevölkerung einen Migrationshintergrund aufweisen, wobei hierbei nicht nur Personen mit direkter Wanderungserfahrung, sondern auch sogenannte Migrant/inn/en zweiter und dritter Generation, also auch (Enkel-)Kinder von Migrant/inn/en ohne eigene Wanderungserfahrung, gemeint sind (vgl. Statistisches Bundesamt 2012). Hinzu kommt, dass die Gruppe der Migrant/inn/en keine in sich homogene Gruppe darstellt. Neben den anteilig größten Gruppierungen der Migrant/inn/en türkischer Herkunft und den Aussiedler/inne/n weisen aktuelle Studien in ihren Migrantenstichproben teils bis zu 50 unterschiedliche Herkunftsländer und fast doppelt so viele unterschiedliche gesprochene Sprachen auf (vgl. Alt & Holzmüller 2006; Herwartz-Emden & Küffner 2006). Die migrationsbedingte Heterogenität stellt sich somit nicht nur in ihrer Anteilsgröße an der deutschen Bevölkerung, sondern auch in ihrer ethnischen und kulturellen Vielfalt als zentrale und nicht zu übergehende gesamtgesellschaftliche Herausforderung und Chance dar.

Vor dem Hintergrund dieser Heterogenität wird in den letzten Jahren sowohl politisch als auch wissenschaftlich verstärkt die Frage nach einer gelingenden Integration von Migrant/inn/en diskutiert. Dabei betrachtete Zielkontexte für die Integration reichen von der Eingliederung in kleinere soziale Gruppierungen wie Freundschaftsnetzwerke, über die Einbindung in institutionelle Rahmungen oder den Arbeitsmarkt bis hin zur Integration aus gesamtgesellschaftlicher Perspektive (vgl. Bade, Bommes & Oltner 2008; Becker 2011a; Kalter & Granato 2004; Oswald & Krappmann, 2006). Es lassen sich zwei wesentliche Diskussionslinien voneinander unterscheiden, die am einfachsten an den beiden von Lockwood (1970) eingeführten und von Esser (2000) für die Migrationsforschung aufgegriffenen Begriffen, der Systemintegration und der Sozial-Integration, festgemacht werden können. Erstere betrachtet die Integration eines sozialen Systems, wie die des gesellschaftlichen Systems der Bundesrepublik Deutschland, als Gesamtheit. Diskutiert wird die Integration bzw. der Zusammenhalt aller gesellschaftlich relevanten Teilbereiche und wie auf diese Integrationsverhältnisse eingewirkt werden kann. Migrationsbezogen ist von besonderem Interesse, inwieweit die Systemintegration durch Migrationsprozesse befördert oder durch ethnische Konflikte gefährdet wird. Die Sozial-Integration hingegen nimmt die herrschenden Integrationsverhältnisse aus der Perspektive der Handelnden in den Blick. Im Migrationskontext bedeutet das die kulturelle, strukturelle, soziale und identifikatorische Integration von Migrant/inn/en in relevante gesellschaftliche Teilbereiche der Aufnahmegesellschaft (vgl. ebd.).

Die Frage nach der Sozial-Integration von Migrant/inn/en in Deutschland wird derzeit nirgends intensiver und häufiger diskutiert als im Hinblick auf deren Schulleistungen und Beteiligung im deutschen Bildungssystem (vgl. Becker 2011). Dies erklärt sich mitunter aus der zentralen Bedeutung, die der schulischen Platzierung und dem Schulerfolg als Prädiktoren der späteren beruflichen Platzierung und damit auch des späteren sozioökonomischen Status zukommen. Jedoch steht nicht erst seit den Ergebnissen internationaler Vergleichsstudien wie PISA, IGLU oder TIMSS (vgl. Bonsen, Kummer & Bos 2008; Ehmke, Hohensee, Siegle & Prenzel 2006; Schwippert, Bos & Lankes 2003; Stanat, Rauch & Segeritz 2010) fest, dass Kinder und Jugendliche mit Migrationshintergrund in Deutschland im Kontext Schule nicht den gleichen Erfolg und die gleiche Beteiligung aufweisen wie Schüler/innen ohne Migrationshintergrund. Auch wenn immer noch Unklarheiten über Ausmaß und Art dieser Differenzen bestehen (vgl. Alba, Handl & Müller 1998), liegt dennoch auf der Hand, dass es in Deutschland nicht gelingt, Schüler/innen mit Migrationshintergrund strukturell so in das deutsche Schulsystem zu integrieren, dass keine systematischen Unterschiede in Bildungsbeteiligung und Schulleistungen zwischen ihnen und Kindern ohne Migrationshintergrund auftreten.

Betrachtet man die schulische Situation der Migrant/inn/en beispielsweise aus akkulturativer Sicht, so wird schnell deren Problemlage deutlich. Zusätzlich zu den von allen Schüler/inne/n zu erbringenden schulbezogenen Anpassungsleistungen müssen die Schüler/innen mit Migrationshintergrund noch weitere Akkulturationsleistungen erbringen, welche den Integrationsprozess in das System Schule erschweren (vgl. Herwartz-Emden & Küffner 2006). Zu diesen akkulturativen Lernprozessen zählt neben dem Erlernen der Sprache des Aufnahmelandes auch der Erwerb spezifischer Kulturtechniken wie beispielsweise dem Lesen, Schreiben und Rechnen in der zweiten Sprache, sowie das Lernen von schulischen Normen und Verhaltensstandards, die in die vom Herkunftskontext geprägten psychischen Strukturen integriert werden müssen (vgl. ebd.). Es ist unmittelbar einleuchtend, dass der schulische Erfolg und damit auch die strukturelle Platzierung im Bildungssystem in hohem Maße vom Verlauf derartiger Akkulturationsprozesse abhängen.

Über die beiden bereits genannten Dimensionen der schulischen Sozial-Integration von Migrant/inn/en hinaus, der strukturellen Integration in Form von Schulerfolg und davon abzuleitender Platzierung im Schulsystem und der kulturellen Integration in Form akkulturativer schulbezogener Lernprozesse, sind der Sozial-Integration in die Schule auch identifikatorische und soziale Aspekte zuzuordnen. So stellt sich beispielsweise auf sozialer Ebene die Frage nach der Stellung eines Schülers innerhalb der Klassengemeinschaft (vgl. Oswald & Krappmann 2004, 2006). Inwieweit bieten sich über Anzahl, Art und Qualität der Beziehungen und Kontakte zu Mitschülern Gelegenheiten, Verhaltensstandards und kulturelle Muster des Aufnahmelandes sowohl für den schulischen als auch für außerschulische Kontexte zu erlernen und einzuüben? Können schulische Peerbeziehungen gleichzeitig die Möglichkeit bieten, Muttersprache und kulturelle Verhaltensstandards durch den Kontakt zu Schülern gleicher Herkunft zu pflegen? Zu fragen ist auch, in welchem Verhältnis derartige soziale Integrationsprozesse zu akkulturativen und strukturellen Integrationsprozessen stehen. Was die identifikatorische Integration, d.h. die emotionale und gedankliche Identifikation mit einem sozialen System (vgl. Esser 2004) anbelangt, stehen Überlegungen zur Relevanz ethnischer Identitäten für die Lebenswelt Schule und deren jeweiliges Verhältnis zu den primär schulisch relevanten Normen und Werten der Aufnahme- und der Herkunftsgesellschaft im Vordergrund. Inwiefern identifikatorische Prozesse und Veränderungen mit dem Schulerfolg zusammenhängen, ist bislang für Deutschland kaum erforscht.

Es wird deutlich, dass die Sozial-Integration in das System Schule nicht als eindimensionales Konstrukt behandelt werden kann. Wie die Ausführungen zeigen, lassen sich mindestens vier inhaltlich voneinander abgrenzbare Dimensionen der Sozial-Integration unterscheiden. Während alle Schüler/innen ab der Einschulung mit der Herausforderung konfrontiert sind, sich vor allem im Hinblick auf den Bildungs- und Schulerfolg erfolgreich in die schulische Lebenswelt zu integrieren, ergeben sich für Migrant/inn/en in jeder dieser Dimensionen zusätzliche Aspekte, die eine gelingende Sozial-Integration befördern oder ihr im Weg stehen können. Bevor über Möglichkeiten zur Förderung der Sozial-Integration in die Schule nachgedacht werden kann, muss zunächst theoretisch und empirisch versucht werden, die derzeit vorzufindenden Integrationsprozesse in differenzierter Form abzubilden und herauszustellen, welche migrationsbedingten Aspekte der Sozial-Integration in die Schule einer Angleichung der Schulleistungen und der Bildungsbeteiligung von Kindern mit Migrationshintergrund an die der Kinder ohne Migrationshintergrund im Wege stehen.

Keine Schulform in Deutschland bietet sich für eine deskriptive Betrachtung sozial-integrativer Prozesse und Erfordernisse bei Kindern mit Migrationshintergrund mehr an als die Grundschule. Da sich die Grundschule im Gegensatz zu den weiterführenden Schulen der Sekundarstufe als Schule für (fast) alle Kinder versteht, hat sie es mit einer weitgehend unselektierten Schülerschaft „und damit mit der vollen Variabilität von Schülerleistungen, Schülervoraussetzungen und familialen Hintergrundmerkmalen zu tun, wie sie in der entsprechenden Grundgesamtheit vorkommt" (Roßbach, 2005, S. 176). Hinsichtlich der Population der Migrant/inn/en in Deutschland bedeutet das, dass hier die gesamte Heterogenität dieser Gruppe empirisch erfassbar ist. Hier können einzelne Altersgruppen von Schüler/inne/n mit Migrationshintergrund zum einen fast vollständig innerhalb einer Schulform betrachtet und zum anderen zusammen mit der ebenfalls fast vollständigen Gruppe der Schüler/innen ohne Migrationshintergrund gleichen Alters untersucht werden. Die durch die PISA-Studien konstatierten differenziellen Lernmilieus der Sekundarstufenschulformen (Baumert, Trautwein & Artelt 2003), die maßgeblich zu den großen Leistungs- und Schulerfolgsunterschieden zwischen Schülern mit und ohne Migrationshintergrund am Ende der Regelschulzeit beitragen, kommen hier also noch nicht zum Tragen. Dafür rückt eine andere Perspektive in den Vordergrund, nämlich der Blick auf die am Ende der vierten Klasse erfolgende

Aufteilung der Schüler/innen auf die weiterführenden Schulformen, die vor allem anhand des zuvor erreichten Schulerfolgs vorgenommen wird.[1] Auch wenn die Schulerfolgsdifferenzen zu diesem Zeitpunkt im Vergleich zu den Differenzen im Laufe der Sekundarstufe noch vergleichsweise gering sind, so fallen sie dennoch systematisch zuungunsten der meisten Migrantengruppen aus und bilden somit den Ausgangspunkt der differenziellen Entwicklungen der Sekundarstufe (vgl. Bos, Schwippert & Stubbe 2007).

Eine Reihe von in den letzten Jahren publizierten Studien hat vor diesem Hintergrund den Übergang von der Primar- zur Sekundarstufe meist anhand von Querschnittsstudien genauer untersucht. Um allerdings herauszustellen, wie die Unterschiede in der Vergabe der Übertrittsempfehlungen und die Differenzen in den Schulleistungen zustande kommen, auf denen die Empfehlungen fußen, bedarf es längsschnittlicher Untersuchungen, die bislang nur in sehr geringer Anzahl und meist deutlich eingeschränktem Umfang vorliegen (als Ausnahme vgl. Ditton 2007a). Die folgende Arbeit setzt an diesem Punkt an und versucht das Zustandekommen der ungleichen Verteilung des Schulerfolgs am Ende der Grundschule zwischen Kindern mit und ohne Migrationshintergrund aus längsschnittlicher Perspektive und unter Anwendung eines schulbezogenen Sozial-Integrationsmodells näher zu beschreiben.

1.1 Ziele der Arbeit

Die vorliegenden theoretischen und empirischen Ausführungen verfolgen eine zentrale Zielsetzung:

– *Die längsschnittliche Betrachtung der Sozial-Integration von Kindern mit Migrationshintergrund (soweit möglich binnendifferenziert entlang verschiedener migrationsbezogener Aspekte und entlang verschiedener ethnischer Gruppenzugehörigkeiten) in die Grundschule.*
   Im Fokus der Betrachtung steht dabei die differenzielle Beschreibung ausgewählter *struktureller* Integrationsprozesse (Vergabe der Übertrittsempfehlungen, Übertrittsentscheidungen, Schulnoten) und *kultureller* Integrationsprozesse (schulische Kompetenzentwicklung in den Domänen Lesen, Rechtschreiben und Mathematik) von Kindern mit Migrationshintergrund und deren Wechselbeziehungen untereinander über die gesamte Grundschulzeit hinweg. Eine grundlegende Beschreibung der einzelnen Integrationsdimensionen wird im an-

---

1   Die Übertrittsregelungen von der Primar- zur Sekundarstufe sind in den deutschen Bundesländern teils unterschiedlich. Der hier thematisierte Übertritt nach der 4. Klasse ist daher nicht für das ganze Bundesgebiet generalisierbar. In Berlin und Brandenburg findet der Übertritt erst nach der 6. Klasse statt. Da es sich bei den dieser Arbeit zugrunde liegenden Daten um in Bayern erhobene Daten handelt, wird auch primär von den dort gültigen Regelungen ausgegangen. Generell ist aber auch für Bundesländer mit abweichenden Übertrittsregelungen festzuhalten, dass auch sie eine frühe und auf Schulerfolg basierte Selektion beinhalten.

schließenden Kapitel, ein Transfer und eine Übersetzung der Dimensionen auf den schulischen Kontext in Kapitel 3 vorgenommen.

Zur weiteren Eingrenzung und Konkretisierung des Forschungsfokus und der Arbeitsschritte dieser Arbeit sind der primären Zielsetzung weitere Zielsetzungen untergeordnet. Diese Zielsetzungen sind ...

– *die theoretische Erarbeitung eines auf das soziale System (Grund-)Schule bezogenen multidimensionalen Sozial-Integrationsmodells*
In den anschließenden zwei Kapiteln wird in Anlehnung an das gesellschaftliche Sozial-Integrationsmodell Essers (vgl. Esser 2000, 2008) ein an der (Grund-)Schule ausgerichtetes Sozial-Integrationsmodell entwickelt. Mit dessen Hilfe soll einerseits eine multidimensionale Beschreibung der Sozial-Integration von Kindern in die Schule ermöglicht werden. Andererseits soll auf der Grundlage des Modells eine Analyse der strukturellen Rahmenbedingungen in der Grundschule erfolgen, die für die einzelnen Sozial-Integrationsdimensionen und die darin ausgewählten Aspekte empirisch überprüfbare Integrationsformen von Kindern mit Migrationshintergrund aufzeigt.

– *die empirische Überprüfung der Integrationsform von Kindern mit Migrationshintergrund in die Grundschule hinsichtlich verschiedener ausgewählter Integrationsaspekte*
Anhand ausgewählter schulischer Aspekte wie der Vergabe der Übertrittsempfehlungen, den Schulleistungen und der schulischen Kompetenzentwicklung in den Bereichen Mathematik, Lesen und Rechtschreiben soll empirisch überprüft werden, wie Grundschüler/innen mit Migrationshintergrund strukturell und kulturell in die Schule integriert sind. Dabei wird zwischen verschiedenen möglichen Sozial-Integrationsformen von Migrant/inn/en unterschieden. Darüber hinaus soll untersucht werden, in welcher Beziehung die ausgewählten strukturellen und kulturellen Integrationsaspekte zueinander stehen.

– *die empirische Analyse zentraler individueller und familiärer Faktoren hinsichtlich ihrer Wechselbeziehungen und ihres Einflusses auf die Sozial-Integration am Ende der Grundschule*
Um die Sozial-Integration der Schüler/innen in ihrem Verlauf besser abbilden und erklären zu können, werden ergänzend zu den ausgewählten Integrationsprozessen weitere Faktoren in den empirischen Analysen berücksichtigt. Unter *individuellen Faktoren* werden in diesem Zusammenhang schulrelevante differentialpsychologische Konstrukte wie beispielsweise kognitive Grundfähigkeiten verstanden. Zu den *familiären Faktoren* zählt vor allem die familiale Kapitalausstattung bestehend aus ökonomischem, kulturellem und sozialem Kapital.

1.2 Datengrundlage der Arbeit

Die empirische Grundlage für die vorliegende Arbeit bilden Daten aus dem von der Deutschen Forschungsgemeinschaft geförderten Projekt „Sozialisation und Akkulturation in Erfahrungsräumen von Kindern mit Migrationshintergrund" (kurz: SOKKE). Bei SOKKE handelt es sich um eine längsschnittlich angelegte Studie, in der Sozialisations- und Akkulturationsprozesse von Kindern mit Migrationshintergrund über alle vier Grundschuljahre untersucht werden (vgl. Herwartz-Emden, Schneider, Wieslhuber & Küffner 2004). Die dafür herangezogene Stichprobe stellt keine nationale Repräsentativstichprobe wie beispielsweise die der IGLU-Studien (Bos, Lankes, Prenzel, Schwippert, Walther & Valtin 2003; Bos, Hornberg, Faust, Fried, Lankes, Schwippert & Valtin 2007) dar. Anstatt dessen beschränkt sich die Studie in ihren Erhebungen auf eine süddeutsche bzw. bayerische Großstadt mit ca. 260.000 Einwohnern und einem Migrantenanteil von 16,7 % (Herwartz-Emden & Küffner, 2006). Die Höhe des Migrantenanteils ist vergleichbar mit entsprechenden anderen deutschen Großstädten und Ballungsgebieten und kann damit auch inhaltliche Anhaltspunkte für andere ähnlich strukturierte Sozialräume geben (vgl. ebd.). Mit Hilfe von Klassenstrukturerhebungen, die im Rahmen einer Vorstudie unternommen wurden, konnte entlang verschiedener sozialstruktureller Bedingungen eine Stichprobe von 23 ersten Klassen mit insgesamt 435 Schülern gezogen werden, die sowohl nach Sozialregionen der Stadt als auch nach Migrantenanteil im Stadtbezirk und in der Klasse differenziert ist (vgl. Herwartz-Emden et al. 2004). Seit dem Schuljahr 2004/2005 sind in diesen Klassen jeweils zum Ende des Schuljahrs Erhebungen durchgeführt worden, bei denen die Schüler/innen verschiedene schriftliche Tests und Fragebögen bearbeitet haben. Zusätzlich wurden Lehrerbefragungen und eine Elternbefragung unternommen. Die Erhebungen wurden im Juli 2008 abgeschlossen.

Die Daten des SOKKE-Projekts eignen sich vor allem aufgrund ihrer inhaltlichen Breite und ihrer längsschnittlichen Struktur für die in dieser Arbeit unternommenen Analysen. Die eingesetzten Tests und Fragebögen beinhalten nicht nur geeignete Indikatoren, um die bereits angesprochenen schulischen Sozial-Integrationsdimensionen angemessen abzubilden. Auch eine Implementation verschiedener Struktur- und Prozessvariablen auf familiärer Ebene ist durch die inhaltliche Anlage der Erhebungen möglich. Den in letzter Zeit vermehrt geäußerten Forderungen nach Längsschnittstudien zur kausalen Modellierung sozialer und individueller Prozesse kommt das Projekt SOKKE nach, in dem es für jedes Grundschuljahr eine Schülererhebung umfasst. Hinzu kommt ein weiterer Erhebungszeitpunkt in Form einer ausführlichen Schuleingangsuntersuchung, durch die bereits zu Schulanfang bestehende Unterschiede im Sprachstand und in den kognitiven Grundfähigkeiten erfasst werden sollten. Auf der Grundlage dieser längsschnittlichen Datenstruktur ist es im Rahmen der nachstehenden Analysen möglich, den

Verlauf verschiedener Integrationsprozesse empirisch nachzuverfolgen und hinsichtlich verschiedener Kausalmodelle zu überprüfen.

1.3   Aufbau der Arbeit

Ein erster wichtiger Schritt zur Bearbeitung der für diese Arbeit gesetzten Vorhaben besteht darin, eine grundlagentheoretische Einführung in zentrale Begrifflichkeiten zu geben. In Kapitel 2 erfolgt daher zunächst eine überblicksartige Annäherung an den zentralen Begriff der Sozial-Integration. Er wird in Abgrenzung zur Systemintegration als grundlegende Perspektive zur Betrachtung der Integration eines Individuums in ein soziales System vorgestellt. Darauf aufbauend wird herausgestellt, innerhalb welcher Dimensionen wichtige Sozial-Integrationsprozesse zu verorten sind und wie diese in Beziehung zueinander stehen. Eine weitere zentrale Zielsetzung des Kapitels ist es, das Modell der Sozial-Integration auch in seiner Gültigkeit und Anwendbarkeit auf Personen mit Migrationshintergrund zu diskutieren. Dabei wird der besonderen Ausgangsposition von Migrant/inn/en durch die Einführung verschiedener Formen der Sozial-Integration Rechnung getragen. Diese Integrationsformen lassen sich, wie gezeigt wird, von bekannten Akkulturationsmodellen wie dem Modell Berrys ableiten, bedürfen allerdings für eine Anwendung als Sozial-Integrationsformen der inhaltlichen und konzeptuellen Abgrenzung.

In Kapitel 3 wird das zuvor eingeführte Modell der Sozial-Integration an den Kontext (Grund-)Schule angepasst. Zu diesem Zweck wird das deutsche bzw. bayerische Schulsystem in verschiedenen für die Argumentation relevanten Aspekten vorgestellt. Den Mittelpunkt des Kapitels bildet der Entwurf eines multidimensionalen Sozial-Integrationsmodells für die Schule, das den strukturellen Rahmen für den weiteren Verlauf der Arbeit vorgibt.

Kapitel 4 gibt einen Überblick, welche Ergebnisse bislang zur Sozial-Integration von Kindern mit Migrationshintergrund in die (Grund-)Schule in Deutschland vorliegen. Dabei werden für die verschiedenen Integrationsdimensionen jeweils inhaltliche Schwerpunkte gesetzt, wie beispielsweise für die strukturelle Dimension der Übertritt von der Primar- zur Sekundarstufe und für die kulturelle Dimension die schulische Kompetenzentwicklung. Des Weiteren wird der derzeitige Forschungsstand zu den familiären Einflussfaktoren schulischer Sozial-Integration dargestellt.

In Kapitel 5 werden die bereits vorgestellten Ziele der Arbeit wieder aufgegriffen und auf der Grundlage der vorangestellten theoretischen und forschungsstandbezogenen Ausführungen in konkrete Forschungsfragen umformuliert, die in den nachfolgenden empirischen Analysen überprüft werden.

Mit Kapitel 6 beginnen die empirischen Ausführungen. In diesem Kapitel wird eine Einführung in das Design, die Methode und die Stichprobe des SOKKE-Projekts gegeben. Besonderes Augenmerk wird auf die Operationalisierung des zuvor theoretisch konzeptualisierten Sozial-Integrationsmodells und der zusätzlich betrachteten Einflussfaktoren gelegt. Zudem wird auf Themen wie den Umgang mit fehlenden Daten und den Umgang mit der hierarchischen Struktur der Daten eingegangen. Zum Ende des Kapitels erfolgt eine ausführliche Stichprobenbeschreibung.

Kapitel 7 umfasst die Beschreibung der durchgeführten empirischen Analysen und der dabei erzielten Ergebnisse. Das inhaltliche Vorgehen unterteilt sich in zwei Schritte. Im ersten Schritt werden die Analysen und Ergebnisse zur strukturellen Sozial-Integration der Schüler/innen vorgestellt. Der Fokus dieses Abschnitts liegt vor allem auf den am Ende der Grundschulzeit vergebenen Übertrittsempfehlungen. Es wird versucht, migrationsbedingte und ethnische Differenzen in der Empfehlungsvergabe aufzuzeigen und diese mithilfe familiärer und individueller Einflussfaktoren in ihrem Zustandekommen zu erklären. Im zweiten Schritt wird anhand der Lese-, Rechtschreib- und Mathematikkompetenz die kulturelle Sozial-Integration der Schüler/innen betrachtet. Besonderes Augenmerk wird dabei auf die längsschnittliche Modellierung der Kompetenzentwicklung gelegt. Daran anschließend wird herausgestellt, wie sich die Kompetenzentwicklung in den unterschiedlichen Domänen auf die strukturelle Integration der Schüler/innen auswirkt.

Eine kritisches Fazit und ein Ausblick auf methodische und inhaltliche Ansatzpunkte für weiterführende Forschungsbemühungen bilden den Abschluss dieser Arbeit.

2.   Sozial-Integration

Wie bereits zu Beginn dieser Arbeit herausgestellt wurde, ist Deutschland ein Einwanderungsland. Auch wenn dieser Tatsache sowohl auf politischer als auch auf wissenschaftlicher Ebene lange nicht die entsprechende Beachtung und Aufmerksamkeit geschenkt wurde, so verfestigt sich doch gerade in den letzten Jahren nach und nach die Erkenntnis, dass darin zugleich eine zentrale gesellschaftliche Herausforderung und Chance liegt (vgl. Auernheimer 2001; Bade 2007; Bertelsmann Stiftung & Migration Policy Institute 2008). Die mit dieser Entwicklung eng verknüpfte Popularisierung migrationsbezogener Thematiken hat der Migrationsforschung einen großen Schub versetzt, was nicht zuletzt an der deutlich steigenden Zahl an Publikationen abzulesen ist. Gleichzeitig hat sich damit auch ein Problem weiter verschärft, mit dem sich die Migrationsforschung bereits seit ihren Anfängen auseinanderzusetzen hat: die mangelnde Eindeutigkeit und Kohärenz ihrer zentralen Begrifflichkeiten. Wie Treibel (2008) eindrücklich am Beispiel des Begriffs Migration ausführt, ist dies zunächst darauf zurückzuführen, dass Migrationsforschung aus dem Blickwinkel verschiedener Fachdisziplinen sowie im vorliegenden Kontext beispielsweise aus einer erziehungswissenschaftlichen Blickrichtung betrieben werden kann und damit in ihrer Grundstruktur interdisziplinär angelegt ist. Die Begriffe werden dabei zumeist an die jeweilige Fachlogik angepasst, was spätestens bei der Zusammenführung von Forschungsergebnissen zu gravierenden konzeptuellen und inhaltlichen Diskrepanzen und Widersprüchen führen kann (aber nicht immer muss).

Hinzu kommt, dass viele Begriffe durch ihre gleichzeitige Verwendung in politischen Zusammenhängen mit normativen Konnotationen versehen werden, welche teils sogar zur Unbrauchbarkeit eines Begriffes führen können. Als Paradebeispiel kann hier der Begriff der Assimilation angeführt werden, der zumindest vorübergehend durch eine überzogen einseitige und undifferenzierte Verwendung in publizistischen und politischen Kontexten zu einem tabuisierten Begriff wurde (vgl. Bade & Bommes 2004). Erst seit Ende der 90er Jahre setzen sich vor allem Forscher aus dem angloamerikanischen Raum verstärkt für die Reetablierung des Terminus ein. Dem Motto „Rethinking Assimilation" (vgl. Alba & Nee 1997) folgend wurden verschiedene theoretische Neukonzeptualisierungen des Begriffs vorgelegt, welche teils ein hohes Maß an Differenziertheit und analytischer Schärfe aufweisen (vgl. Alba 2008; Brubaker 2001; Portes & Rumbaut 2006; Zhou 1999).

Bereits an diesem Beispiel wird deutlich, dass es insbesondere innerhalb der Migrationsforschung von großer Bedeutung ist, sich ausführlich und kritisch mit den verwendeten Begrifflichkeiten auseinanderzusetzen. Um inhaltlichen Verkürzungen und Fehlinterpretationen vorzubeugen, wird daher in diesem Kapitel eine differenzierte und kritische Auseinandersetzung mit dem Begriff der Sozial-Integration vorgenommen. Zunächst wird der Terminus Sozial-Integration näher beschrieben und von einer weiteren zentralen Dimension gesellschaftlicher Integra-

tion, der Systemintegration, abgegrenzt. Diese Begriffsbestimmung erfolgt eingebettet in den Kontext der Migrationsforschung. Dadurch soll herausgestellt werden,
inwieweit das Konzept der Sozial-Integration auch für die spezifische Anwendung
auf Migrationsfragen tragfähig ist. Im nächsten Schritt wird eine grundlegende Differenzierung des Begriffs Sozial-Integration in verschiedene Unterformen vorgenommen. Diese Unterteilung entlehnt wesentliche Elemente aus dem von Berry
(1980, 1997, 2006a, 2006b) entwickelten Akkulturationsmodell und stellt damit die
Akkulturation als weiteren zentralen Begriff der Migrationsforschung in den Fokus
dieses Kapitels. Es gilt in diesem Zusammenhang deutlich herauszustellen, was im
Kontext dieser Arbeit unter Akkulturation verstanden wird und in welches Verhältnis Akkulturation zur Sozial-Integration gesetzt werden kann.

2.1 Sozial-Integration und Systemintegration

Integration zählt zu den zentralen Begrifflichkeiten der Soziologie und der politischen Wissenschaft. Über den Umweg der Migrationsforschung nimmt sie seit einigen Jahren auch eine zunehmend wichtigere Rolle in benachbarten Sozialwissenschaften wie beispielsweise der Erziehungswissenschaft ein (vgl. Diefenbach &
Nauck 2000; Hamburger, Badawia & Hummrich 2005; Haug 2008; Henntges, Hinnenkamp & Zwengel 2008). Innerhalb der Soziologie stellt Integration nicht nur im
Kontext von Migrationsprozessen eine wesentliche heuristische Dimension dar,
sondern wird meist deutlich weiter und allgemeiner gefasst als gesellschaftliche
Integration diskutiert (vgl. Friedrichs & Jagodzinski 1999a; Imbusch & Rucht
2005; Münch 1997). Dabei geht es sowohl um den integrativen Zusammenhalt eines gesellschaftlichen Ganzen als auch um die Integration einzelner Akteure und
Akteurinnen oder eines systemischen Teils in den gesellschaftlichen Verband. Gerade diesen Diskussionen entstammt ein breiter Korpus an Definitionen und Be-
griffsbestimmungen, der auf unterschiedliche Weise differenziert werden kann:
angefangen bei der Unterscheidung relationaler und absoluter Integrationsbegriffe,
über die Betrachtung von Integration auf Mikro-, Meso- oder Makroebene, bis hin
zur Unterscheidung qualitativer und quantitativer Aspekte von Integration (vgl.
Friedrichs und Jagodzinski 1999b). Als Kernelement weist der Integrationsbegriff
„fast immer einen Bezug zu einem System oder Kollektiv auf" (ebd., S. 11). Für
relationale Integrationsbegriffe bedeutet das, das System oder das Kollektiv wird
zum Rahmen in den ein Teil, ein Element oder ein Subsystem integriert werden
soll. In dieser Perspektive interessieren vor allem die Relation bzw. die Beziehung
zwischen Teil und Ganzem, die Entstehung dieser Relation, deren Veränderung
und eventuelle Einwirkungsmöglichkeiten. Bei absoluten Integrationsbegriffen
hingegen rückt das System in den Mittelpunkt der Betrachtung und ihm wird ein
gewisses Maß an Integration zugeschrieben, über die sich das System von einer
bestimmten Umgebung abgrenzt. Das Maß an Integration leitet sich primär von den
Relationen seiner Einheiten zueinander ab. Sind die Einheiten, als Extremfall, un-

abhängig voneinander, kommt es zur Segmentation und damit zum Zerfall des Systems (vgl. Esser, 2001).

Eine der bekanntesten Unterscheidungen dieser beiden Verständnisformen von Integration wurde von Lockwood (1970) mit den beiden Begrifflichkeiten Sozial-Integration und Systemintegration vorgenommen. Der Ansatzpunkt Lockwoods besteht in der grundlegenden Frage, wie es innerhalb einer Gesellschaft oder, allgemeiner formuliert, innerhalb eines sozialen Systems zum Wandel der sozialen Ordnung kommen kann. Die von Seiten der Konflikttheorie geübte Kritik am funktionalistischen Verständnis, wie in einer Gesellschaft Wandel endogen initiiert wird, greift er auf und demonstriert daran, dass sich beide in ihrer Auseinandersetzung fast ausschließlich auf einen Problemkomplex konzentrieren bzw. beschränken, den man als Problem der Sozial-Integration bezeichnen könnte (vgl. ebd.). Sozial-Integration definiert er dabei als „die geordneten oder konfliktgeladenen Beziehungen der *Handelnden* eines Systems" (Lockwood 1970, S. 125). Der Blick auf die Gesellschaft richtet sich bei der Sozial-Integration also am Blickwinkel der Akteure und Akteurinnen aus (vgl. Mouzelis, 1997) und die Integration wird dementsprechend als Integration der einzelnen Akteure und Akteurinnen in die Gesellschaft verstanden. Ein Wandel der sozialen Ordnung kann ausgehend von den Akteur/inn/en nur dann entstehen, wenn ein auf die Sozial-Integration einwirkender Konflikt auch auf die Integration des gesamten sozialen Systems bzw. der Gesellschaft Einfluss hat und dort Wandel anstößt. Nach funktionalistischen Vorstellungen ist dies genau dann der Fall, wenn gesellschaftlich vorgegebene Verhaltensmuster auf Akteursebene zu unvereinbaren Verhaltenserwartungen führen und damit Rollenkonflikte auslösen, die sich auch auf die gesamtgesellschaftliche Ebene auswirken (vgl. Lockwood 1970). Neben der Sozial-Integration auf der Ebene der Akteure und Akteurinnen gibt es Lockwood zufolge also noch eine weitere Form der Integration auf Systemebene. Diese Form der Integration bezeichnet er als Systemintegration und definiert sie in Abgrenzung zur Sozial-Integration als „die geordneten oder konfliktgeladenen Beziehungen zwischen *Teilen* eines sozialen Systems" (Lockwood 1970, S. 125). Hier ist das System Fluchtpunkt der Betrachtung und Integration bedeutet den Zusammenhalt seiner systemischen Teile durch deren wechselseitige Abhängigkeit voneinander.

Sowohl im funktionalistischen als auch im konflikttheoretischen Verständnis sind Sozial-Integration und Systemintegration geschickt miteinander verbunden (vgl. ebd.). Dies darf allerdings nicht darüber hinwegtäuschen, dass diese Verbindung nur *eine* Möglichkeit darstellt, um das Zustandekommen sozialen Wandels zu erklären. Lockwood (1970) geht davon aus, dass Funktionalismus und Konflikttheorie in diesem Punkt beide zu kurz greifen und übersehen, dass gesellschaftlicher Wandel auch allein durch eine Bedrohung der Systemintegration, also durch konflikthafte Beziehungen zwischen den systemischen Teilen entstehen kann. Sozial-Integration und Systemintegration sind demzufolge, und das ist für den vorliegenden Kontext von besonderer Bedeutung, nur eingeschränkt miteinander gekoppelt.

Konflikte auf Ebene der Sozial-Integration sind solange für die Systemebene nicht von Bedeutung, solange sie die Systemintegration nicht gefährden. Ob beispielsweise einzelne Handelnde in die Gesellschaft sozial-integriert sind oder nicht, hat auf systemischer Ebene meist keine Bedeutung. Systemintegration vollzieht sich also weitgehend unabhängig von den Motiven und den Interessen und somit auch unabhängig von der Sozial-Integration der einzelnen Personen. Erst wenn zum Beispiel durch Massenarbeitslosigkeit große Akteursgruppen und damit ein wichtiger Systemteil nicht ausreichend sozial-integriert sind, wäre es vorstellbar, dass es bedingt dadurch zu Konflikten zwischen politischen und wirtschaftlichen Systemteilen und damit zu Systemdesintegration kommt. Gleichzeitig wäre zumindest hypothetisch aber auch der Fall denkbar, dass es trotz weitgehender Sozial-Integration aller Akteure und Akteurinnen zu Konflikten auf der Ebene der System-Integration kommt. Vom Maß der Sozial-(Des-)Integration ist also nicht automatisch auf das Maß an System-(Des-)integration zu schließen. Nichtsdestotrotz bleibt eine grundsätzliche logische Verbindung von Sozial-Integration und Systemintegration bestehen. „Keine Systemintegration [kommt] ganz ohne die Sozial-Integration der Akteure aus" (Esser 2001, S. 40). Eine auf Akteursebene vollständig segmentierte Gesellschaft ist auch auf Systemebene segmentiert (vgl. ebd.).

2.2 Dimensionen der Sozial-Integration

In Anlehnung an die von Lockwood (1970) eingeführte Unterscheidung von Systemintegration und Sozial-Integration nimmt der deutsche Soziologe Hartmut Esser bei der Herleitung eines eigenen Begriffsverständnisses von Integration eine weitere inhaltliche Aufschlüsselung der Sozial-Integration vor (vgl. Esser 2000). Diese Differenzierung der Sozial-Integration in (mindestens) vier verschiedene von Esser als Varianten bezeichnete, im vorliegenden Kontext treffender als vier Dimensionen geführte Formen des sozialen Einbezugs von Akteur/inn/en in ein systemisches bzw. gesellschaftliches Ganzes lässt unter anderem deutliche Rückbezüge zu systemtheoretischen Überlegungen und den struktur-funktionalen Theorien Parsons (2009), aber auch deutliche und sicherlich gewollte Parallelen zur Habitus-Theorie und zum Kapitalbegriff Bourdieus (vgl. Bourdieu 1982, 1992) erkennen. Bei den vier von Esser unterschiedenen Dimensionen der Sozial-Integration handelt es sich um die Kulturation, die Platzierung, die Interaktion und die Identifikation (vgl. Esser 2000):

- Unter *Kulturation* ist der Erwerb von Wissen und Kompetenzen zu verstehen, die „für ein sinnhaftes, verständiges und erfolgreiches Agieren und Interagieren" (Esser 2000, S. 272) im Rahmen eines sozialen Systems notwendig sind. Vergleichbar mit dem Bourdieu'schen kulturellen Kapital stellen die im Prozess der Kulturation erworbenen Kenntnisse, Fähigkeiten und Kompetenzen wichtiges Humankapital dar, in das Akteure und Akteurinnen investieren können und müssen, da es maßgeblichen Einfluss auf deren gesellschaftliche Integration ausübt. So entscheidet die Kulturation beispielsweise wesentlich über Positionierungen im jeweiligen Bezugssystem, wie beispielsweise über die Platzierung am Arbeitsmarkt. Auch Opportunitäten zur Aufnahme sozialer Kontakte oder relevanter Interaktionen können eine direkte oder indirekte Folge der Kulturation sein. Sozial-integrativ wirkt die Kulturation demnach, in dem Akteur/inn/en relevantes, (system-)spezifisches Wissen und Kompetenzen erwerben, die ihnen ein situationsangemessenes und gelingendes Handeln und Interagieren in einem sozialen System, in dessen Subsystemen und mit den darin befindlichen Akteur/inn/en erlauben. Diese kulturellen Lernprozesse sind demnach als ein wichtiger, vor allem kognitiv ausgerichteter Teil der Sozialisation zu verstehen.

- Die bereits angesprochene Positionseinnahme der Akteure und Akteurinnen in einem bereits bestehenden und mit Positionen ausgestatteten sozialen System wird mit dem Begriff der *Platzierung* bezeichnet. Die Platzierung ist normativ betrachtet vermutlich die wichtigste Dimension der Sozial-Integration. Auf den Arbeitsmarkt angewendet ist es von ihr abhängig, ob die jeweiligen Akteure und Akteurinnen beispielsweise einem hoch dotierten Beruf nachgehen oder eine bescheidene Tätigkeit ausüben. Die Platzierung erschöpft sich allerdings nicht allein in der Positionierung der Akteure und Akteurinnen. Sozial-Integration erfolgt bei der Platzierung vor allem über die Verleihung bestimmter Rechte, die an die jeweilige Position gebunden sind, wie zum Beispiel dem Staatsbürgerschaftsrecht. Auch über die Eröffnung verschiedener Opportunitätsstrukturen zum Knüpfen von Kontakten und Beziehungen und durch den an die Position gebundenen Erwerb von generell einsetzbarem institutionellem, politischem und vor allem ökonomischem Kapital werden Akteure und Akteurinnen integriert.

- Die dritte Dimension der Sozial-Integration ist die *Interaktion*. Sie ist zu verstehen als allgemeiner Prozess der Aufnahme sozialer Beziehungen und des Aufbaus von relevanten Netzwerken. In den Begrifflichkeiten Bourdieus gesprochen geht es auch hier erneut um die Kapitalbildung. Die Interaktion entfaltet ihre sozial-integrative Wirkung, indem die Akteure und Akteurinnen untereinander wechselseitig Relationen aufbauen und somit soziales Kapital erwerben. Im Rahmen von interaktiven Prozessen ist es Esser (2000) zufolge ebenso möglich kulturelles Kapital in Form von spezifischen, nur in Interaktionssituationen erwerbbaren und anwendbaren Fertigkeiten, Vorlieben und Distinktionen auszubilden.

- Über die Bourdieu'schen Kapitalsorten hinausgehend, führt Esser noch eine vierte Dimension der Sozial-Integration ein, die sogenannte Identifikation. Im Mittelpunkt dieser Dimension steht die Frage, inwieweit sich Akteure und Akteurinnen mit einem bestimmten sozialen System, beispielsweise mit einer Gesellschaft oder einem Nationalstaat identifizieren. Dieser emotionale und gedankliche Identifikationsprozess kann drei unterschiedliche Formen der Integration annehmen. Erste und deutlichste Form der identifikativen Integration ist die Wertintegration. Sie vollzieht sich über die bewusste Solidarisierung der Akteure und Akteurinnen mit einem sozialen System und die Übernahme der dort geltenden Werte. Die Wertintegration muss in alltäglichen Handlungen und Interaktionen immer wieder neu bestätigt und vollzogen werden. Bei der Verkettungsintegration hingegen, der zweiten Form der integrativen Identifikation, wird das System von den Akteur/inn/en lediglich hingenommen. Sie stehen dem jeweiligen System in ambivalenter, inkonsistenter Position gegenüber. Einerseits wirken sich unterschiedlich geartete Konflikte negativ auf ihre Loyalität zum System und damit auf ihre Wertintegration aus. Andererseits ist ihnen das System ungeachtet dieser Konflikte auch in vielerlei Hinsicht von Nutzen, was einem „systemdesintegrierenden Tun" (Esser 2000, S. 276) entgegensteht. Hinzu kommt, dass es aufgrund der stark variierenden Konfliktlinien und Interessenslagen der einzelnen Akteure und Akteurinnen nur selten zur Bildung von Aggregaten kommt, die gegen das System vorgehen (können). Typisch ist diese Form der Integration für moderne, funktional differenzierte Gesellschaften. Die letzte und sicherlich schwächste Form der Integration durch Identifikation ist die Deferenzintegration. Auch hier wird das jeweilige System lediglich von den Akteur/inn/en hingenommen. Allerdings nicht aufgrund ihrer ambivalenten Positionen in diesem System, sondern aufgrund der Aussichtlosigkeit, mit ihrem Handeln etwas an ihrer eigenen negativen Situation oder etwa am System ändern zu können. Innerhalb eines gesellschaftlichen Systems kommt es häufig zur Vermischung und zum Zusammenspiel dieser drei Formen der Identifikation. Dass alle Akteure und Akteurinnen über nur eine Form in ein gesellschaftliches System sozial-integriert sind, scheint zwar theoretisch denkbar, aber in funktional differenzierten Gesellschaften defacto nicht möglich zu sein.

Nach der allgemeinen Vorstellung der verschiedenen Dimensionen der Sozial-Integration soll nun auch kurz auf die Verbindungen und Kopplungen der einzelnen Dimensionen untereinander hingewiesen werden. Die offenkundigste und meist am stärksten ausgeprägte Verbindung besteht zwischen der Dimension der Kulturation und der Dimension der Platzierung (vgl. Esser 2001). Es ist unmittelbar einleuchtend, dass Wissen, Fähigkeiten und Kompetenzen bei der Vergabe bestimmter Positionen häufig eine zentrale Rolle spielen. Bereits mehrfach angeführt wurde hierbei das Beispiel des Arbeitsmarktes, dessen Positionen, wenn auch nicht ausschließlich, so doch zu großen Teilen entlang der Kenntnisse und Fertigkeiten der jeweiligen Akteure und Akteurinnen besetzt werden. Diese Verbindung kann auch als Wechselbeziehung wirken, denn an die Positionen sind oft Gelegenheiten für die Akteure und Akteurinnen geknüpft, sich weiteres spezifisches Wissen und Kompetenzen anzueignen, wie beispielsweise Führungskompetenzen auf einer Leitungsposition, auf deren Grundlage wiederum eine neue bessere Platzierung möglich werden kann. Vergleichbare Wechselbeziehungen sind auch zwischen der Platzierung und der Interaktion und zwischen der Kulturation und der Interaktion denkbar (vgl. Esser 2001). Was die Identifikation anbelangt, so ist auch sie teils eng mit den anderen Dimensionen verbunden. Die Werteintegration weist von allen drei Identifikationsformen die engsten Bezüge auf. Zentrale Voraussetzungen für den Aufbau von einem Gefühl der Loyalität und Solidarität gegenüber einem System sind sowohl eine zufriedenstellende Platzierung als auch die zufriedenstellende Einbettung in soziale Netzwerke, was beides wiederum in hohem Maße von einer entsprechenden Kulturation abhängt (vgl. Esser 2000). Die Verkettungsintegration hängt hingegen nur primär von der Platzierung und den sich damit eröffnenden Opportunitätsstrukturen ab. Interaktion und Kulturation spielen hierbei meist nur nach- bzw. untergeordnete Rollen. Und die Deferenzintegration kommt als schwächste Form der Identifikation ohne Integration in den anderen drei Dimensionen aus bzw. ist teils sogar durch strukturelle, soziale und kulturelle Desintegrationserscheinungen bedingt.

Sowohl die hier dargestellten Dimensionen als auch die Interdependenzen zwischen den Dimensionen sind in ihrer letztendlichen Form, Ausprägung und Kausalität systemgebunden bzw. systemspezifisch. Das bedeutet, je nach Bezugssystem, in das die Sozial-Integration erfolgen soll, kommt es zu inhaltlichen Variationen und das Integrationsmodell muss dementsprechend angepasst werden. Vielen der hier herangezogenen Beispiele wurde zur besseren Verständlichkeit und in Anlehnung an Essers eigene Ausführungen als Bezugssystem der gesellschaftliche Rahmen eines Nationalstaates zugrunde gelegt (vgl. Esser 2000). Ziel der Arbeit ist es allerdings, das hier in Grundzügen vorgestellte und im Folgenden noch detaillierter zu erarbeitende Modell auf die Sozial-Integration von Schüler/inne/n in das soziale System Schule[2] zu beziehen. Welche Änderungen am grundlegenden Modell vorgenommen werden müssen, um es auf einen schulischen Kontext anwenden zu können, wird in Kapitel 3 genauer herausgearbeitet. Zunächst aber gilt es, die bisherigen Ausführungen zur Sozial-Integration vor dem Hintergrund der Migrationsforschung näher zu betrachten.

2.3 Sozial-Integration von Migrant/inn/en

Welche Bedeutung kommt nun den bislang dargestellten theoretischen Überlegungen zur Sozial-Integration im Kontext der Migrationsforschung und speziell für diese Arbeit zu? Für die Beantwortung dieser Frage müssen zunächst noch einmal

---

2   Mit der Formulierung „Soziales System Schule" ist im Kontext dieser Arbeit vor allem das soziale System Grundschule angesprochen, wenngleich ein Großteil der diesbezüglich getroffenen Aussagen auch auf andere Schulformen, wie Hauptschule, Realschule oder Gymnasium übertragen werden kann. Wo dies nicht der Fall ist, das bedeutet, wo die Aussagen sich auf eine Besonderheit des Grundschulsystems beziehen, wird explizit darauf hingewiesen.

zwei wesentliche inhaltliche Aspekte der Ausführungen Lockwoods explizit herausgestellt werden:

–   *Erstens* die Unterscheidung zwischen einem relationalen Integrationsbegriff, der Sozialintegration, der sich auf die Integration der einzelnen Akteure und Akteurinnen in ein soziales System bezieht, und einem absoluten Integrationsbegriff, der Systemintegration, der sich auf die Integration eines Systems als Ganzem, d.h. auf den Zusammenhalt des Systems durch die Beziehungen seiner Teile zueinander bezieht.
–   *Zweitens* die eingeschränkte Kopplung von Sozial-Integration und Systemintegration, die beiden Integrationsformen auch einen jeweils voneinander unabhängigen Variationsraum lässt.

Nicht nur für die Auseinandersetzung mit gesellschaftlicher Integration auch für die adäquate Bearbeitung migrationsbezogener Thematiken, vor allem wenn sie Integrationsfragen umfassen, bringt die Unterscheidung von Sozial-Integration und Systemintegration einen analytischen Zugewinn. Gerade aufgrund der eingeschränkten Kopplung der beiden Integrationsformen können einige Forschungsfragen nur dann angemessen beantwortet werden, wenn zuvor Überlegungen angestellt wurden, welche Form der Integration im jeweiligen Kontext relevant ist, respektive in welchem Verhältnis Sozial-Integration und Systemintegration im jeweiligen Kontext zueinander stehen. Die vorliegende Arbeit beschäftigt sich mit einem Themenkomplex, der bislang in der Forschung vor allem aus Perspektive der Sozial-Integration behandelt wurde (vgl. Diefenbach 2005, 2007; Gogolin 2002; Stanat 2008; Steinbach 2006; Steinbach & Nauck 2004). Untersuchungen zur institutionellen Bildung, zum Schulerfolg und zur Bildungsbeteiligung von Migrant/inn/en in Deutschland sind implizit und oft auch explizit mit dem Anspruch versehen, den grundlegenden Zusammenhang von institutionellen Bildungsprozessen und der Sozial-Integration von Akteur/inn/en mit Migrationshintergrund in die Aufnahmegesellschaft näher zu beschreiben (vgl. Becker 2011a). Auch wenn die in diesem Forschungsbereich verfolgten Fragestellungen eine große Breite und Vielfalt an inhaltlichen Akzenten abdecken, so findet sich als gemeinsamer Nenner überschneidend der sozial-integrationsbezogene Grundgedanke von der Integration einzelner Akteure und Akteurinnen in einen systemischen Gesamtzusammenhang. Dies wird vor allem auch dadurch befördert, dass sich bei Migrant/inn/en die Frage nach der Sozial-Integration in doppelter Weise stellt. So steht im Gegensatz zur Sozial-Integration der Akteure und Akteurinnen ohne Migrationshintergrund nicht nur *ein* gesellschaftlicher bzw. ethnischer Integrationsrahmen zur Verfügung, sondern durch die jeweils eigene Wanderung bzw. durch die Wanderung der (Groß-) Eltern stellen sowohl das Aufnahmeland als auch das Herkunftsland bzw. die ethnische Gemeinde im Aufnahmeland potentielle Integrationsrahmen dar. Auf diese besondere Ausgangssituation und deren Bedeutung für den Verlauf der Sozial-Integration wird im folgenden Abschnitt genauer eingegangen. Zuvor soll allerdings noch ein kurzer Blick auf das Verhältnis von Sozial-Integration und Systemintegration im vorliegenden thematischen Kontext geworfen werden.

Wie bereits herausgestellt wurde, dominieren in der wissenschaftlichen Auseinandersetzung mit Migration, (institutioneller) Bildung und Schulerfolg Analysen der Sozial-Integration, die sich weitgehend an der Perspektive der Akteure und Akteurinnen orientieren. Dies bedeutet jedoch nicht, dass an Fragestellungen bezüglich der Sozial-Integration nicht teilweise auch Fragen geknüpft sind, die die Systemintegration betreffen. Gerade in den letzten Jahren wird der systemischen Betrachtung der Bildungsbeteiligung von Kindern und Jugendlichen mit Migrationshintergrund vermehrt Aufmerksamkeit geschenkt (vgl. Becker 2011b; Hradil 2005; Kalter & Granato 2004; Radtke 2004). Insbesondere in Anbetracht des hohen Anteils von Migrant/inn/en an der deutschen Bevölkerung (vgl. Statistisches Bundesamt 2012) wird öffentlich, politisch und wissenschaftlich diskutiert, inwieweit die Bildungsungleichheit zuungunsten der Migrant/inn/en zu Konfliktlinien auf der Ebene der System-Integration führen und wie etwaigen daraus resultierenden ethnischen Konflikten vorgebeugt werden könnte (vgl. Hoffmann-Nowotny 2000). Die theoretische und empirische Fundierung der Diskussionen hinkt dabei meist weit hinter den öffentlich vermittelten, oft sehr normativ überzeichneten Problemszenarien hinterher. Festzuhalten bleibt allerdings, dass das in den letzten Jahren stark gestiegene Interesse an migrationsbezogenen Themen, vermutlich zumindest in Teilen, auf eine an der System-Integration ausgerichtete Betrachtungsweise zurückzuführen ist.

Ungeachtet dieser thematischen Entwicklungen liegt der Schwerpunkt der vorliegenden Arbeit auf der theoretischen und empirischen Analyse sozial-integrativer Prozesse. Um die Sozial-Integration von Kindern mit und ohne Migrationshintergrund in die Grundschule differenziert betrachten und beschreiben zu können, bedarf es einer an den Akteur/inn/en ausgerichteten Herangehensweise. Nur durch diese kann verhindert werden, dass es zu einer einseitigen und verkürzten Bearbeitung des Themas kommt.

2.3.1 Formen der Sozial-Integration von Migrant/inn/en

Wie schon herausgestellt wurde, steht hinter dem Begriff der Sozial-Integration die Vorstellung, dass Akteure und Akteurinnen gleich welchen Alters jeweils in einer bestimmten Form und zu einem bestimmten Ausmaß in ein soziales System integriert sind. Unter dem Begriff soziales System können in diesem Zusammenhang verschiedene Formen von Systemen verstanden werden, angefangen bei Kleinstsystemen wie einer Beziehung oder einer Familie (vgl. Luhmann 1988; Nauck 2007), über institutionalisierte Systeme wie dem in dieser Arbeit betrachteten Kontext der (bayerischen) Grundschule (vgl. Fend 1980), bis hin zu transnationalen Einheiten wie der Bürgergemeinschaft der europäischen Union (vgl. Münch 1997). Nicht zuletzt der Einfachheit wegen wird in der theoretischen Auseinandersetzung mit der Sozial-Integration allerdings vorwiegend der national verfasste gesellschaftliche Rahmen eines Landes als Referenzsystem gewählt, in das die Integration erfolgt bzw. erfolgen soll (vgl. Bommes & Halfmann 1994; Elwert 1982; Imbusch & Rucht 2005). Für Akteure und Akteurinnen ohne Migrationshintergrund, die in dem Land leben, in dem sie und ihre (Groß-)Eltern geboren wurden, stellt die Sozial-Integration demzufolge ihre gelingende oder nicht gelingende Integration in das gesellschaftliche System dieses Landes dar. Akteure und Akteurinnen mit Migrationshintergrund befinden sich diesbezüglich in einer anderen, komplexeren Ausgangslage. Im vorhergehenden Abschnitt wurde bereits darauf hingewiesen, dass Migrant/inn/en mit mindestens zwei möglichen Integrationsrahmen konfrontiert sind, nämlich dem gesellschaftlichen Rahmen des Aufnahmelandes und dem gesellschaftlichen Rahmen des Herkunftslandes bzw. der eigenen ethnischen Gruppe im Aufnahmeland. Damit bietet sich auch die zumindest hypothetische Möglichkeit einer „doppelten Sozialintegration" (Steinbach 2006, S. 191) in beide Gesellschaften. Diese doppelte Sozial-Integration stellt allerdings nur eine von verschiedenen möglichen Formen der Sozial-Integration dar. Diese Formen werden im folgenden kurzen Exkurs zunächst vom Akkulturationsmodell Berrys abgeleitet und anschließend auf eine an der Sozial-Integration ausgerichtete Perspektive übertragen.

2.3.2 Das Akkulturationsmodell von Berry

Der Begriff Akkulturation hat vor allem in der kulturvergleichenden Psychologie eine lange Tradition. Eine der ersten Definitionen des Begriffs stammt von Redfield, Linton und Herskovits (1936) und bezeichnet Akkulturation als „those phenomena which result when groups of individuals having different cultures come into continuous first-hand contact, with subsequent changes in the original culture patterns of either or both groups" (Redfield, Linton & Herskovits 1936, S. 149). Das bislang bekannteste und am häufigsten verwendete Modell, dass diese Phänomene systematisch zu erfassen und zu beschreiben versucht, hat Berry in einer Reihe von Artikeln vorgelegt (vgl. Berry 1980, 1997, 2006a, 2006b). Im Mittelpunkt seiner Arbeiten steht die an die Definition von Redfield, Linton und Herskovits angelehnte Frage, welche Akkulturationsstrategien Migrant/inn/en und Migrantengruppen in pluralen Gesellschaften zur Verfügung stehen. Unter dem Aspekt der Pluralität einer Gesellschaft versteht er dabei das durch Immigration bedingte Vorhandensein unterschiedlicher, dominanter sowie nichtdominanter kultureller Gruppen innerhalb einer Gesellschaft (vgl. Berry 1997). Er versucht mit diesem begrifflichen Vorgehen eine neutrale analytische Grundlage zu schaffen, die politische und soziale Vorannahmen soweit möglich außen vor lässt. An die Stelle der oben genannten Gesellschaft des Aufnahmelandes tritt in der Terminologie Berrys damit die dominante Kultur der größten Bevölkerungsgruppe. An die Stelle des Herkunftslandes tritt die nichtdominante Kultur der Migrantengruppe. Obwohl in der grundlegenden Definition Redfields, Lintons und Herskovits (1936) grundsätzlich Veränderungen in den Mustern der dominanten und der nichtdominanten kulturellen Gruppen impliziert sind, zeigt sich in der Praxis jedoch, „dass die meisten Veränderungen in der nichtdominanten Gruppe stattfinden und zwar aufgrund des Einflusses der dominanten Gruppe" (Roebers 1997, S. 10). Der Grund für diese Einseitigkeit ist vor allem darin zu sehen, dass die Dringlichkeit, durch eine Veränderung bzw. eine Anpassung der kulturellen Muster die eigene Sozial-Integration zu befördern, bei Mitgliedern nicht dominanter Gruppen deutlich höher ist als bei Mitgliedern kulturell dominanter Gruppen. Letztere weisen in der Regel ein höheres Maß an Sozial-Integration auf und sind durch den Einfluss der nichtdominanten Gruppen in wesentlich geringerem Umfang dazu gezwungen, ihre kulturellen Muster zu verändern und anzupassen als umgekehrt. Vor diesem Hintergrund ist auch Berrys Entscheidung zu sehen, seine Betrachtungen auf Migrant/inn/en und Migrantengruppen, auf die ihnen zur Verfügung stehenden Akkulturationsstrategien und auf deren Akkulturations- und Anpassungsprozesse zu konzentrieren (vgl. Berry 1988, 1992). Betrachtungen der Akkulturation dominanter kultureller Gruppen spielen in den Arbeiten Berrys eine nur untergeordnete Rolle.

Wie an den bisherigen Ausführungen deutlich wird, sind in Diskussionen um akkulturative Prozesse mindestens zwei Analyseebenen zu unterscheiden: die Individual- und die Gruppenebene. Auf Gruppenebene kann Akkulturation als eine Änderung der Kultur innerhalb einer Gruppe angesehen werden (vgl. Berry 1997). Auf Individualebene bedeutet Akkulturation sehr allgemein gefasst eine Änderung in der Psychologie eines Individuums (vgl. ebd.). Diese Form der Akkulturation wird daher von Berry als psychologische Akkulturation bezeichnet. Im Großteil seiner Arbeiten beschäftigt sich Berry primär mit der psychologischen Akkulturation und bemüht sich um die theoretisch und empirisch gestützte Entwicklung eines umfassenden Akkulturationsmodells (vgl. Berry 1980, 1997, 2006a). Zu erklärende Zieldimensionen seines Modells sind zum einen die individuelle Anpassung der Akteure und Akteurinnen an die „kulturell" neue bzw. andere Umgebung (vgl. Nauck 2008) und zum anderen der sogenannte akkulturative Stress, der als besondere Einschränkung des mentalen Wohlbefindens eines Individuums angesehen werden kann (vgl. Berry 1970; Berry & Kim 1988; Roebers 1997). Der Gruppen-Akkulturation kommt im Modell nur eine untergeordnete Rolle als Einflussfaktor zu, der auf den Verlauf der individuellen psychologischen Akkulturation einwirkt (vgl. Berry 1997). Die psychologische Akkulturation ist damit immer auch in sie begleitende Gruppenprozesse, in Veränderungen in der Kultur der jeweiligen sozialen Gruppe eingebettet (vgl. Nauck 2008). Um Akkulturationsprozesse theoretisch und empirisch angemessen abbilden zu können, bedarf es einer entsprechenden mehrebenenanalytischen Vorgehensweise, die sowohl die psychologische Akkulturation als auch die Gruppenakkulturation berücksichtigt (vgl. ebd.).

Für den vorliegenden Kontext sind vor allem die in Berrys Modell enthaltenen Strategien der Akkulturation von Relevanz. In allen pluralen Gesellschaften, so Berry (1997), müssen sich Migrant/inn/en mit der Frage auseinander setzen, wie sie sich akkulturieren. Für diese Auseinandersetzung sind zwei Faktoren von zentralem Belang: Der Faktor *cultural maintenance*, d.h. in welcher Form und in welchem

Ausmaß sind die kulturelle Identität und spezifische kulturelle Charakteristika es wert, aufrecht erhalten zu werden, und der Faktor *contact and participation*; d.h. in welcher Form und in welchem Ausmaß sollte mit anderen (vor allem der dominanten) kulturellen Gruppe in Kontakt getreten werden bzw. inwieweit sollte der Kontakt primär auf die eigene kulturelle soziale Gruppe beschränkt bleiben (vgl. ebd.). Werden die von diesen Aspekten abgeleiteten Kernfragen in ihren Antwortmöglichkeiten dichotomisiert und auf eine Vier-Felder-Tafel angetragen, so ergeben sich die in Abb. 1 dargestellten vier Akkulturationsstrategien (vgl. Berry 1997; Nauck 2008):

- *Integration* ist eine Akkulturationsstrategie, bei der Schlüsselcharakteristika der nichtdominanten Kultur beibehalten und gleichzeitig relevante Aspekte der dominanten Kultur erlernt und übernommen werden. Wird dies erreicht, resultiert daraus die bereits angesprochene Doppel-Integration in zwei unterschiedliche soziale und kulturelle Kontexte.
- *Assimilation* ist eine Akkulturationsstrategie, bei der die Akteure und Akteurinnen nicht beabsichtigen ihre eigene (nichtdominante) Kultur aufrechtzuerhalten und anstatt dessen den alltäglichen Kontakt zu anderen Kulturen, dabei vor allem zur dominanten Kultur, suchen.
- *Separation* ist eine Akkulturationsstrategie, bei der im Kontrast zur Assimilation die zentralen Charakteristika der eigenen nichtdominanten Kultur aufrecht erhalten und gleichzeitig Kontakte zu den Mitgliedern anderer kultureller Gruppen, vor allem der dominanten kulturellen Gruppe, vermieden werden.
- *Marginalisierung* ist eine Akkulturationsstrategie, bei der die Akteure und Akteurinnen sowohl die Aufrechterhaltung der eigenen nichtdominanten Kultur als auch die Übernahme und die Anpassung an eine andere, vor allem die dominante Kultur ablehnen.
(vgl. Berry 1997; Nauck 2008)

Mit der Einführung eines multidimensionalen Modells der Akkulturation gelingt es Berry zu zeigen, dass Akkulturation in Abhängigkeit von der Persönlichkeit der Akteure und Akteurinnen, den Merkmalen der Herkunftskultur und den Rahmenbedingungen der Aufnahmegesellschaft unterschiedliche Formen annehmen kann, und er überwindet damit die bis dahin in der Migrationsforschung dominierenden einseitigen Annahmen von Assimilation als unausweichlichem Endresultat von Kulturkontakten (vgl. Berry 1988; Nauck 2008). Was die empirische Anwendung des Modells anbelangt, so wurde bislang vor allem von Berry selbst und seinen Kollegen eine umfangreiche Reihe an Forschungsarbeiten vorgelegt, die sich intensiv mit der Analyse der verschiedenen Strategien im Rahmen der individuellen psychologischen Akkulturation auseinandersetzen (vgl. Ataca & Berry 2002; Krishnan & Berry 1992; Mishra, Sinha & Berry 1996). Dabei haben sich wiederholt einige methodische und inhaltliche Mängel des Modells gezeigt, die Rudmin (2003) in einem Überblicksartikel zusammenfasst. Die genannten Kritikpunkte reichen von der unzureichenden Berücksichtigung der impliziten Mehrebenenstruktur bis hin zur uneindeutigen Verwendung des Kulturbegriffs und damit assoziierter Termini. Nichtsdestotrotz hat die Akkulturationstypologie Berrys auch außerhalb der kulturvergleichenden Psychologie breite Verwendung gefunden, so zum Beispiel auch als Formen der Sozial-Integration in der soziologischen Migrations- und Integrationsforschung (vgl. Nauck 2001a, 2001b; Esser 2000, 2001, 2004).[3]

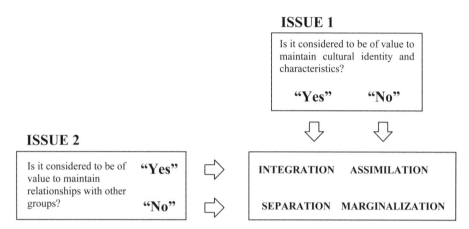

Abb. 1:   Akkulturationsstrategien
             (übernommen aus Berry & Kim 1988, S. 211)

2.3.3   Akkulturation und Sozial-Integration

Im Gegensatz zum Akkulturationsmodell Berrys, das seinen Fokus auf die individuelle Bewältigung der kulturell neuen bzw. anderen Umgebung und dem damit verbundenen akkulturativen Stress legt, konzentriert sich die soziologische Migrations- und Integrationsforschung vielmehr auf die Sozial-Integration von Migrant/inn/en in die sozio-kulturellen Kontexte des Herkunfts- und des Aufnahmelandes. Ihr geht es darum, verschiedene Formen der Inklusion und Exklusion von Akteur/inn/en mit Migrationshintergrund in unterschiedliche gesellschaftliche Bereiche analytisch zu kennzeichnen. Durch diese Verschiebung des theoretischen Fokus bedarf es konzeptueller Änderungen bzw. Anpassungen, um das eben dargestellte Modell der Akkulturationsstrategien von Berry auch auf Fragen der Sozial-Integration anwenden zu können. So greift beispielsweise Esser (2000) die in

---

3   Um einer Verzerrung in der Bedeutungszuweisung entgegen zu wirken, soll an dieser Stelle noch kurz darauf hingewiesen werden, dass, wie es auch Rudmin (2003) betont, die Akkulturationstypologie Berrys keineswegs die einzige ihrer Art ist und ihr daher auch kein Status der Einmaligkeit beigemessen werden kann. Vielmehr handelt es sich bei der auch von Berry verwandten grundlegenden Typologie-Konstruktion um ein innerhalb der Akkulturationsforschung lange tradiertes Konzept, dessen spezifische Ausformung durch Berry zu den Bekanntesten und am weitesten verbreiteten gehört.

Abb. 1 dargestellte zweidimensionale Typologie auf und transformiert sie zum in Abb. 2 dargestellten Schema.

Die Frage, die sich in Anbetracht dieses Schemas stellt, lautet, worin trotz der augenfälligen großen inhaltlichen Überschneidungen die konzeptuellen Unterschiede zwischen dem Modell Berrys und dem Modell Essers liegen. Zunächst handelt es sich bei Essers Modell um keine Typologie von Akkulturationsstrategien, sondern um eine Typologie von Formen der Sozial-Integration (vgl. Esser 2000). Da (Sozial-)Integration sowohl in die Aufnahme- als auch in die Herkunftsgesellschaft bzw. in die jeweilige ethnische Gemeinde im Aufnahmeland erfolgen kann, wird der bereits angesprochene Zustand der Doppel-Integration nicht mehr wie bei Berry einfach als Integration, sondern als Mehrfach-Integration bezeichnet. Von ihr ist dann die Rede, wenn Akteure und Akteurinnen in beide Gesellschaften oder Milieus integriert sind.

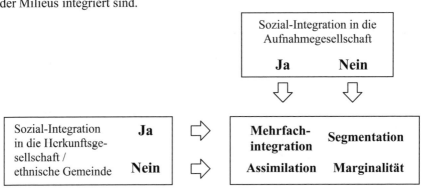

Abb. 2:   Formen der Sozial-Integration von Migrant/inn/en
            (übernommen aus Esser 2000, S. 287)

Im Gegensatz zu den Akkulturationsstrategien Berrys ist bei Esser Integration nicht nur in Form der Doppel-Integration möglich, sondern auch bei der Assimilation und der Segmentation sind Akteure und Akteurinnen (sozial-)integriert, allerdings jeweils in unterschiedliche gesellschaftliche Kontexte. Bei der Segmentation, die in ihrem inhaltlichen Grundgedanken mit der Akkulturationsstrategie der Separation vergleichbar ist, erfolgt die Sozial-Integration der Akteure und Akteurinnen in ein binnenethnisches Milieu unter gleichzeitiger Exklusion aus den funktionalen Sphären und Milieus der Aufnahmegesellschaft (vgl. Esser 2000). Die Assimilation, in beiden Modellen unter dem gleichen Terminus geführt, stellt den umgekehrten Fall dar. Die Akteure und Akteurinnen sind in die Aufnahmegesellschaft sozialintegriert, nicht jedoch in die eigen-ethnischen Bezüge. Der Extremfall der Exklusion von Akteur/inn/en aus allen gesellschaftlichen Kontexten wird als Marginalität bezeichnet.

Neben den bereits angeführten konzeptuellen Verschiebungen bringt der Perspektivenwechsel von der Akkulturation hin zur Sozial-Integration noch weitere erwähnenswerte Änderungen mit sich, auf die an dieser Stelle noch kurz eingegangen werden soll. Während sich die Akkulturationsforschung vor allem auf die Akteure und Akteurinnen konzentriert und Akkulturation als von den Akteur/inn/en erbrachte Leistungen ansieht (vgl. Berry 2006a; Roebers 1997), bezieht die Sozial-Integration den gesellschaftlichen Kontext in stärkerem Maße mit ein. Zwar ist das letztendlich erreichte Maß und die Form der Sozial-Integration an spezifische Akteure und Akteurinnen gebunden (vgl. Lockwood 1970), der Integrationsprozess hingegen ist nicht nur von den Akteur/inn/en, sondern auch maßgeblich von vielfältigen gesellschaftlichen Aspekten abhängig, auf die die Akteure und Akteurinnen oft keinen Einfluss haben. Hinzu kommt, dass Sozial-Integrationsprozesse nicht wie Akkulturationsleistungen auf die Änderung von kulturellen Mustern reduziert werden können. Sozial-Integration ist, wie in Abschnitt 2.2 erarbeitet wurde, ein multidimensionales Konstrukt. Es umfasst neben (ak-)kulturativen auch strukturelle, soziale und identifikatorische Aspekte, die in Akkulturationskonzepte nicht oder nur sehr schwer zu integrieren sind.

Was bedeutet das für das konzeptuelle Verhältnis von Akkulturation und Sozial-Integration zueinander? Akkulturation wird im vorliegenden Kontext als ein zentrales Element der Sozial-Integration von Akteur/inn/en betrachtet. Akkulturationsleistungen sind sozialisatorische kognitive Lernprozesse (vgl. Herwartz-Emden & Küffner 2006; Herwartz-Emden, Schneider, Wieslhuber & Küffner 2004), die vor allem dann in Gang geraten, wenn kulturell geprägte Wissensbestände von Akteur/inn/en auf andere und neue kulturelle Kontexte treffen, wie es typisch für die Situation von Migrant/inn/en ist. Sozial-Integration und Akkulturation sind in diesem Sinne keine konkurrierenden Begrifflichkeiten, sondern sind in einem hierarchischen Verhältnis aufeinander bezogen. Im Rahmen der vorliegenden Arbeit sind beide Termini von Bedeutung, wobei der zentrale Fokus auf Prozesse der Sozial-Integration gerichtet bleibt. Aus diesem Grund sind im Folgenden (wenn nicht anders angegeben) mit den in diesem Kapitel hergeleiteten und erläuterten Begriffen (Mehrfach-)Integration, Segmentation, Marginalität und mit dem Begriff Assimilation primär Formen der Sozial-Integration und nicht Akkulturationsleistungen angesprochen.

2.3.4 Kritik und Weiterentwicklung des Sozial-Integrationsmodells

Abschließend soll noch auf zwei wichtige Aspekte zum Umgang und zur Anwendung des hier geschilderten Esser'schen Modells der Sozial-Integration hingewiesen werden. Zum einen auf eine konzeptuelle Schwachstelle, die Rudmin und Ahmadzadeh (2001) in ihrer kritischen Auseinandersetzung mit der Akkulturations-Typologie herausgearbeitet haben und die ebenso auf die Formen der Sozial-Integration übertragen werden kann. Kern ihrer konzeptuellen Kritik ist, dass zwei der vier Integrationsformen, die Mehrfachintegration und die Marginalisierung, auf einige soziale Systeme nicht oder nur sehr schwer anwendbar sind. Als Beispiel nennen sie hier unter anderem die religiöse Mehrfachintegration. Vor allem praktisch ist nur schwer vorstellbar, wie Akteure und Akteurinnen gleichzeitig in zwei, für sich jeweils Exklusivität reklamierende Religionen integriert sein können. Auf ähnliche konzeptuelle Beschränkungen stößt das Modell der Sozial-Integration teilweise auch bei der anschließenden Anwendung auf das soziale System (Grund-)Schule. So ist es zum Beispiel strukturell nur schwer möglich, als Akteur/in gleichzeitig in zwei Schulsystemen integriert zu sein. Eine strukturelle schulische Mehrfachintegration in den Herkunfts- und den Aufnahmekontext ist damit vor allem praktisch nicht denkbar. Welche konzeptuellen Folgen derartige Beschränkungen für die Ausarbeitung eines schulischen Sozial-Integrationsmodells haben, wird in Kapitel 3 noch genauer erörtert.

Der andere noch anzusprechende Aspekt betrifft die Mehrebenenstruktur des Esser'schen Modells. Seit seiner ersten Veröffentlichung hat Essers Sozial-Integrations-Modell einige inhaltliche Veränderungen und Überarbeitungen durchlaufen (vgl. Esser 1980, 2000, 2003, 2006). Eine für diese Arbeit besonders relevante Überarbeitung ist die explizite Einführung einer weiteren Analyseebene, auf der zwischen einem individuellen und einem kategorialen Sozial-Integrationsbegriff unterschieden wird (vgl. Esser 2006). Der erste Begriff ist weitgehend deckungsgleich mit dem bisher verwandten Begriffsverständnis von Sozial-Integration als individueller Integration von Akteur/inn/en in ein soziales System beispielsweise durch Platzierung oder durch Kulturation. Werden die Akteure und Akteurinnen nach bestimmten Merkmalen, wie etwa dem familialen Hintergrund, dem Bildungsniveau oder eben nach dem Vorhandensein eines Migrationshintergrundes, zu Aggregaten zusammengeführt und anschließend hinsichtlich der darin vorzufinden Verteilung eines spezifischen Integrationsmerkmals analysiert, so handelt es sich dabei um die Betrachtung der kategorialen Sozial-Integration. Eventuelle Unterschiede zwischen den Verteilungen der Aggregate sind Esser (2006) zufolge als soziale Ungleichheit zu bezeichnen. Von sozialer Gleichheit wird gesprochen, wenn keine Unterscheide zwischen den Aggregaten, beispielsweise in den Einkommensverteilungen von Personen mit und Personen ohne Migrationshintergrund, vorliegen. Wobei hier nicht irrtümlicherweise davon ausgegangen werden darf, dass sich bei sozialer Gleichheit zwischen den Aggregaten auch alle verglichenen Akteure und Akteurinnen gleichen. Kategoriale Gleichheit bedeutet lediglich, dass sich die Verteilungen der jeweils herangezogenen Aggregate gleichen. Unterschiede innerhalb der Aggregate und damit zwischen den Akteur/inn/en sind dennoch möglich.

Auch für die damit eingeführte Dimension der sozialen Ungleichheit lassen sich in der Anwendung auf ethnische Gruppen zwei Unterfälle differenzieren, „je nachdem, ob die betreffenden Eigenschaften auf einer vertikalen Dimension bewertet werden, wie beim Einkommen oder der Bildung, oder nicht, wie bei Kochgewohnheiten oder Kleidungstraditionen" (Esser 2006, S. 29). Die horizontal ausgerichtete soziale Ungleichheit, bei der die jeweiligen Ausprägungen der betrachteten Eigenschaften weitgehend gleichwertig sind, wird als ethnische Vielfalt bezeichnet. Von deutlicher größerer Relevanz jedoch, auch für den vorliegenden Kontext, ist die soziale Ungleichheit bei vertikal bzw. hierarchisch angeordneten Eigenschaften. Diese bezeichnet Esser als ethnische Schichtung (vgl. ebd.). Beide Fälle werden im weiteren Verlauf noch häufiger aufgegriffen und dabei noch eingehender erläutert. Vorerst bleibt festzuhalten, dass neben der bislang beschriebenen individuellen Sozial-Integration auch eine weitere Betrachtungsweise der Sozial-Integration existiert, die kategoriale Sozial-Integration. Mit ihrer Hilfe können Zustände vertikaler und horizontaler sozialer Ungleichheit und in Bezug auf spezifische ethnische Fragstellungen Phänomene der ethnischen Schichtung und der ethnischen Vielfalt beschrieben werden.

3. Sozial-Integration in die (Grund-)Schule

Im Mittelpunkt dieses Kapitels steht die Entwicklung eines schulischen Modells der Sozial-Integration. Mit diesem Modell soll ein inhaltlicher Rahmen aufgespannt werden, in dem die sich anschließenden empirischen Analysen sinnhaft verortet und gedeutet werden können.

Innerhalb der Bildungssoziologie ist die Betrachtungsweise, die Schule in Anlehnung an systemtheoretischen Überlegungen als weitgehend institutionalisiertes soziales System anzusehen, weit verbreitet (vgl. Ehrenspeck & Lenzen 2006; Kraft 2007; Lange 2005; Luhmann 2004, 2008). Bereits Parsons (1968) legte beispielsweise eine eingehende Betrachtung der Schulklasse als soziales System vor, die bis heute nichts von ihrer inhaltlichen Relevanz eingebüßt hat. Gleiches gilt für Fend und seine 1980 erschienene Theorie der Schule, die er erst vor kurzem wieder aufgegriffen und inhaltlich weiterentwickelt hat (vgl. Fend 2006). In beiden Fällen, der ursprünglichen und der weiterentwickelten Fassung, sieht er in Schulen, eng an den Begrifflichkeiten und den Überlegungen Parsons geführt, hoch institutionalisierte und organisierte Bildungssysteme. Es zeigt sich bei Fend und bei Parsons, dass entlang dieser konzeptuellen Perspektive Schule als institutioneller Schnittpunkt zwischen Akteur/in und Gesellschaft betrachtet werden kann, an dem gesellschaftlich kontrollierte und veranstaltete Sozialisation (vgl. Fend 1980) stattfindet. Auch die Kernidee dieser Arbeit und speziell dieses Kapitels besteht darin, die Schule als soziales System zu betrachten, das allerdings nicht in einem strengen systemtheoretischen Verständnis, sondern unter inhaltlichem Rückgriff auf die integrative Sozialtheorie Essers (vgl. Greshoff & Schimank 2006). Diesbezüglich gilt es anzumerken, dass Essers Arbeiten selbst eine große konzeptuelle Nähe zu den Arbeiten Parsons aufweisen und dort deutliche, teils explizite inhaltliche Anleihen nehmen. Ein spezifischer, modellhafter Aspekt dieses noch verhältnismäßig jungen soziologischen Paradigmas wurde bereits im vorhergehenden Kapitel eingehend erläutert und in seiner inhaltlichen Verknüpfung zu anderen Ansätzen und Konzepten nachgezeichnet: der Aspekt der gesellschaftlichen (Sozial-)Integration. Anstatt Essers Modell der Sozial-Integration wie in der Vorlage auf den systemischen Rahmen eines Nationalstaats oder einer ganzen Gesellschaft zu beziehen, soll im Folgenden das soziale System Schule als Referenzpunkt gewählt werden, an dem das Modell konzeptuell neu ausgerichtet wird. Es geht also um die Erfassung und Beschreibung der Sozial-Integration von Schüler/inne/n in das soziale System Schule. Darüber hinaus wird zwischen der Sozial-Integration von Schüler/inne/n mit und ohne Migrationshintergrund differenziert. Durch diese Übertragung und Anpassung des Modells tun sich gerade in Bezug auf die Migrantenperspektive Problemdimensionen und Kausalzusammenhänge auf, die ohne diese theoretische Einbettung leicht zu übersehen wären. Zudem hilft das Modell, den Analysen eine für den Leser gut nachvollziehbare Struktur zu geben, und weist wichtige interdisziplinäre Anknüpfungspunkte auf, durch die andere theoretische Ansätze und Konzepte in die Betrachtung und Analyse einbezogen werden können.

Das Vorgehen bei der Modellanpassung setzt sich aus mehreren Teilschritten zusammen. Der zentrale Teilschritt besteht darin, die in Abschnitt 2.2 geschilderten Dimensionen der Sozial-Integration, die Platzierung, die Kulturation, die Interaktion und die Identifikation jeweils inhaltlich auf das soziale System Grundschule zu übertragen und konzeptuell anzupassen. Für diese inhaltliche Neukonzeptualisierung wird vor allem auf verschiedene schultheoretische Ansätze und Überlegungen zurückgegriffen. Auf der Grundlage der an den schulischen Kontext angepassten Integrationsdimensionen wird im nächsten Schritt herausgearbeitet, wie sich die dimensionsspezifischen Integrationsbedingungen für Schüler/innen mit und ohne Migrationshintergrund voneinander unterscheiden. Dies geschieht unter Rückgriff auf die bereits vorgestellten Formen der Sozial-Integration (vgl. Abschnitt 2.3). Weitere Aspekte, die im Rahmen dieses Kapitels behandelt werden und ein genaueres Bild von der schulischen Sozial-Integration vermitteln sollen, sind die Beziehungen der einzelnen Dimensionen untereinander und konzeptuelle Überlegungen zum Einfluss, der von ausgewählten individuellen, familialen und schulischen Faktoren auf die individuelle Integration ausgeht.

3.1 Strukturelle Sozial-Integration: Platzierung, Schulübertritt und Schulerfolg

Die erste Dimension der Sozial-Integration, die im Folgenden konzeptuell an das soziale System Schule angepasst wird, ist die strukturelle Integrationsdimension, die Platzierung. Wie bereits in Abschnitt 2.2 herausgearbeitet wurde, bezeichnet Platzierung die individuelle Positionsübernahme in einem bereits bestehenden und mit Positionen ausgestatteten sozialen System (vgl. Esser 2000). Mit der Positionsübernahme werden den jeweiligen Akteur/inn/en für die gesamte Dauer der Übernahme verschiedene an die Position geknüpfte Rechte verliehen. Darüber hinaus eröffnen Positionen jeweils unterschiedliche Möglichkeiten und Gelegenheiten Kontakte zu knüpfen und darüber Netzwerke aufzubauen. Auch wenn Esser die Platzierung vor allem am Beispiel der gesellschaftlichen Sozial-Integration veranschaulicht, so ist die damit angesprochene strukturelle Form der Integration grundsätzlich für jedes soziale System denkbar, auch für das Schulsystem.

Zunächst ist für den Kontext Schule zwischen zwei grundlegenden Arten der Platzierung zu unterscheiden: die horizontale Platzierung und die vertikale Platzierung. Das wesentliche Unterscheidungsmerkmal zwischen diesen beiden Arten ist die Frage, ob die Akteure und Akteurinnen durch die Positionsübernahme in einem hierarchisch geordneten, vertikalen Verhältnis zueinander stehen oder auf gleicher Ebene, also horizontal geordnet nebeneinander stehen. Die horizontale Platzierung ist in der Schule beispielsweise als Positionierung in einer von mehreren Klassen innerhalb einer Jahrgangsstufe anzutreffen. Jede Klasse einer Jahrgangsstufe verfügt über eine begrenzte Anzahl an Positionen. Während der Übergang *von einer zur nächst höheren* Jahrgangsstufe vertikal geordnet ist, erfolgt die Vergabe von Positionen *innerhalb* einer Jahrgangsstufe horizontal. Ob ein/e Akteur/in bei der Einschulung an Schule XY in Klasse 1a, 1b oder 1c platziert wird oder etwa später von Klasse 4a in Klasse 4b verschoben wird, ist demnach eine horizontale Entscheidung. Derartigen Platzierungsentscheidungen liegen meist keine vertikalen Wertungen zugrunde. Sie sind aber insofern von Bedeutung, da sich im genannten Beispiel unter anderem die Zusammensetzungen der Klassen und damit auch die Gelegenheiten zum sozialen Netzwerkaufbau voneinander unterscheiden können. Die an die Position gebundenen Rechte, wie beispielsweise das Recht am Unterricht teilzunehmen, ändern sich dadurch nicht.

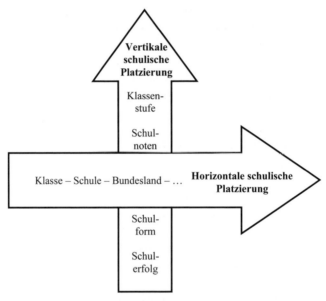

Abb. 3:   Horizontale und vertikale schulische Platzierung

Neben der Klassenzuweisung gibt es noch weitere horizontale Platzierungen im sozialen System Schule, die strukturell mit eben geschildertem Beispiel vergleichbar sind. Wie Abb. 3 zeigt, handelt es sich unter anderem auch bei der Entscheidung, welche Schule – nicht welche Schulform – ein Kind besucht, um eine zumindest im Kern horizontale Platzierung. Es ist jedoch denkbar, dass die Schulwahl beispielsweise durch Prestige, Ausstattung und Klientel der jeweiligen Schule eine vertikale Färbung erhält. Ebenso ist es auch bei anderen horizontalen Platzierungsentscheidungen im Schulsystem möglich, dass sie durch die Mitberücksichtigung weiterer Entscheidungskriterien eine vertikale Konnotation erhalten.

In der empirischen Bildungsforschung werden häufiger vertikale als horizontale Platzierungsentscheidungen im schulischen Kontext untersucht. Die Auseinandersetzung mit diesen vertikalen Platzierungsprozessen ist alleine daher interessant, da sie sowohl für die Systemintegration einer Gesellschaft als auch für die Sozial-Integration der einzelnen Akteure und Akteurinnen von großer Bedeutung sein können. Die Bedeutung für die gesellschaftliche *Systemintegration* lässt sich am besten an der Allokationsfunktion der Schule (vgl. Fend 2006) verdeutlichen.

Durch die Allokationsfunktion leistet das Schulsystem einen wichtigen Beitrag zur Herstellung der Sozialstruktur einer Gesellschaft. Unter Sozialstruktur ist dabei die soziale Gliederung einer Gesellschaft in verschiedene Positionen entlang der Gesichtspunkte Bildung, Einkommen, Kultur und soziale Verkehrsformen zu verstehen (vgl. Fend 1980, 2006). Da die in der Schule vermittelten Qualifikationen wichtige Entscheidungskriterien bei der Vergabe von Positionen, beispielsweise auf dem Arbeitsmarkt, darstellen, trägt das Schulsystem wesentlich zur Reproduktion und Neugestaltung der gesellschaftlichen Sozialstruktur bei und hat damit großen Anteil an der Aufrechterhaltung der gesellschaftlichen Systemintegration. An dem Beitrag, den die Schule zur Verteilung auf zukünftige Berufslaufbahnen und Berufe leistet, kann auch abgelesen werden, welche Bedeutung der vertikalen schulischen Platzierung für die *Sozial-Integration* der einzelnen Akteure und Akteurinnen zukommt. Deren gesellschaftliche strukturelle Integration, insbesondere deren spätere Platzierung auf dem Arbeitsmarkt hängt nämlich maßgeblich von der schulischen Allokation ab. Im Allokationsprozess besteht demnach eine strukturelle Kopplung von schulischer vertikaler Platzierung und gesellschaftlicher (vertikaler) Platzierung.

Am deutlichsten zeigen sich vertikale Platzierungsprozesse im schulischen Prüfungswesen, das bestimmte (Lern-)Leistungen der Schüler/innen mit Leistungsbewertungen versieht, die über Bildungs- und Berufslaufbahnen entscheiden bzw. anhand derer Zuordnungen zu bestimmten Laufbahnen vorgenommen werden. Prominentestes Beispiel für derartige Leistungsbewertungen sind Schulabschlüsse. Sie sind nicht nur hierarchisch nach Schulform geordnet. Sie weisen durch die Noten auch jeweils unterschiedliche qualitative Abstufungen auf. In Kombination dieser beiden Aspekte eröffnen oder begrenzen sie die Möglichkeiten, bestimmte Ausbildungswege oder Berufe zu wählen. An den Schulabschlüssen tritt die strukturelle Kopplung von schulischer und gesellschaftlicher Platzierung am deutlichsten zutage, da manche Ausbildungen wie beispielsweise das Universitätsstudium nur über entsprechende Schulabschlüsse zugänglich sind. Doch die schulische vertikale Platzierung erschöpft sich nicht allein in der Vergabe von Schulabschlüssen. Von wenigen Härtefällen abgesehen stehen die Akteure und Akteurinnen spätestens ab Mitte der Grundschulzeit vor der Aufgabe, sich strukturell erfolgreich in das soziale System Schule integrieren zu müssen. Konkret bedeutet das, dass sie in jeder Jahrgangsstufe mit Noten bewertete Leistungen zu erbringen haben, die darüber entscheiden, ob sie in die nächst höhere Jahrgangsstufe vorrücken, d.h. in der nächst höheren Jahrgangsstufe eine Position erhalten. Gelingt dies nicht, verbleiben sie meist auf ihrer Position in der gleichen Jahrgangsstufe und erhalten die erneute

Möglichkeit, die entsprechenden Leistungen zu erbringen. Im deutschen Schulsystem weist dieses jahrgangsweise Vorrücken einen besonders hervorzuhebenden Übergang auf: den Übertritt von der Grundschule in eine weiterführende Schulform der Sekundarstufe I, eine binnen- oder zwischenschulische Leistungsdifferenzierung, die in der Regel von der vierten zur fünften Jahrgangsstufe erfolgt. Dieser Schulübertritt in weiterführende Schulformen ist für die vorliegende Arbeit von besonderer Bedeutung und wird daher im Folgenden ausführlicher dargestellt.

Wie bereits eingangs herausgestellt, besteht eine zentrale Zielsetzung dieser Arbeit darin, die ungleichen Verteilungsmuster bei der Vergabe der Übertrittsempfehlungen für Kinder mit und ohne Migrationshintergrund mit Hilfe eines auf die Schule bezogenen Sozial-Integrationsmodells in ihrem Zustandekommen genauer zu klären. Die Empfehlungsvergabe und der Übertrittsprozess werden dafür nicht als außerhalb des Modells verortete Faktoren, sondern als Kernaspekte der schulischen Sozial-Integration konzeptualisiert. Innerhalb des Modells werden sie als vertikaler Platzierungsprozess der strukturellen Integrationsdimension zugeordnet. Zum besseren Verständnis dieses Platzierungsprozesses wird im Folgenden erläutert, entlang welcher institutionellen Regelungen der Schulübertritt in Deutschland und speziell in Bayern erfolgt.

Aufgrund der föderalistischen Grundstruktur des deutschen Schulsystems bestehen in Deutschland keine einheitlichen Übertrittsregelungen (vgl. Schauenberg 2007). Zwischen den einzelnen Bundesländern lassen sich teils grundlegende Unterschiede feststellen. Da die dieser Arbeit zugrunde liegenden Daten in Bayern erhoben wurden, werden hier die dort geltenden Regelungen vorgestellt. Im Gegensatz zu vielen anderen Bundesländern wird in Bayern und darüber hinaus auch in Baden-Württemberg, Sachsen und Thüringen „das Elternrecht eingeschränkt, indem in letzter Instanz die Schule über den weiteren Bildungsverlauf des Kindes entscheidet" (ebd., S. 37). Die restlichen Bundesländer sprechen lediglich eine Übertrittsempfehlung aus, die für die Entscheidung der Eltern nicht bindend ist. Argumentationslinien, die für eine größere Entscheidungsfreiheit der Eltern plädieren oder die sich für ein Veto-Recht der Lehrer/innen aussprechen, finden sich gleichermaßen. Erstere attestieren Eltern entsprechende Entscheidungskompetenzen, letztere verweisen auf die geringere soziale Selektivität der Lehrerentscheidungen. Allen Bundesländern ist gemein, dass sie in der Übertrittsempfehlung die Entwicklung des Kindes, dessen Lern- und Arbeitsverhalten und vor allem deren schulische Leistungen berücksichtigen (vgl. Schauenberg 2007).

In Bayern erfolgt der Übertritt auf eine weiterführende Schule in der Regel nach der 4. Klasse der Grundschule. Zur Wahl stehen hierbei die Hauptschule, die in Bayern mittlerweile zur Mittelschule umbenannt wurde (vgl. Kultusministerium Bayern 2009b), die Realschule und das Gymnasium. Welche verbindliche Schullaufbahnempfehlung für einen Schüler mit dem Übertrittszeugnis ausgegeben wird, hängt ausschließlich von dessen Notendurchschnitt in den Fächern Deutsch, Mathematik und Heimat- und Sachunterricht für die 4. Jahrgangsstufe ab. Um eine

Gymnasialempfehlung zu erhalten, muss der Notendurchschnitt der drei Fächer insgesamt mindestens 2,33 betragen (vgl. VSO). Zusätzlich ist hier zu berücksichtigen, dass bei einem Notendurchschnitt von 2,33 die Noten in Deutsch und Mathematik einen Notendurchschnitt von 2,0 aufweisen müssen. Der Notendurchschnitt, um eine *Realschulempfehlung* zu erhalten, sollte mindestens 2,66 betragen. Hier ist ebenfalls eine zusätzliche Regelung zu beachten. Bei einem Notendurchschnitt von 2,66 müssen die Noten in Deutsch und Mathematik bei 2/3 bzw. 3/2 liegen oder besser sein (vgl. ebd.). Sollte der Notendurchschnitt für die gewünschte weiterführende Schulform nicht erreicht worden sein, besteht in vielen Fällen für das Schulkind noch die Möglichkeit den sogenannten Probeunterricht zu besuchen. Der fakultative Probeunterricht an der jeweils aufnehmenden Schule dauert 3 Tage und umfasst ein Unterrichtsgespräch in Kleingruppen, schriftliche Arbeiten in Deutsch und Mathematik sowie ergänzende Prüfungsgespräche (vgl. Kultusministerium 2009a). Um den Probeunterricht erfolgreich zu absolvieren, muss das Kind in einem Fach mindestens die Note 3 und im anderen Fach mindestens die Note 4 erreichen. Das bereits angesprochene Übertrittszeugnis enthält neben der Durchschnittsnote eine zusammenfassende Beurteilung zur Übertrittseignung und eine Bewertung des Sozial- sowie des Lern- und Arbeitsverhaltens (vgl. VSO).

Kurz nach Abschluss der Datenerhebung für das Projekt SOKKE wurde das bisherige Übertrittsverfahren vom Bayerischen Kultusministerium überarbeitet und das geänderte Verfahren mit dem Schuljahr 2009/2010 eingeführt (vgl. Bayerische Staatsregierung 2009). Wesentliche Veränderungen gegenüber den vorhergehenden Regelungen sind die Schaffung einfacherer und klarer Übertrittsregelungen. So reicht beispielsweise nun allein ein Notendurchschnitt von 2,33 für eine Gymnasialempfehlung. Die gesonderte Berücksichtigung der Deutsch- und Mathematiknoten wurde aufgegeben. Analog dazu wird auch bei der Vergabe der Realschulempfehlungen vorgegangen. Des Weiteren wurden zusätzliche Beratungsangebote für die Eltern und weitere Fördermaßnahmen zum Abbau des Leistungsdrucks für die Kinder eingeführt. Eine Stärkung der Elternverantwortung soll erfolgen, indem Eltern nun bis zur Notenkonstellation 4/4 in Deutsch und Mathematik über eine Anmeldung zum Probeunterricht entscheiden können (vgl. ebd.). Eine interessante Änderung, deren Wirksamkeit sich allerdings erst noch zeigen muss, ist die Einrichtung sogenannter Gelenkklassen. Ihr Zweck ist es, ausgewählte Kinder nach dem Übertritt in extra dafür eingerichteten Klassen verstärkt individuell zu fördern und ihnen dadurch zum Ende der 5. Klasse noch die Möglichkeit zu einem aufsteigenden Übertritt zu geben. Die in dieser Arbeit ausgewerteten Daten enthalten Übertrittsempfehlungen, die auf der Grundlage der alten Verfahrensregelungen vergeben wurden. Dass die erzielten Ergebnisse durch die angesprochenen Veränderungen an Aussagekraft und Gültigkeit einbüßen, ist zu bezweifeln, kann aber mit Sicherheit erst durch eine entsprechende empirische Reproduktion unter den jetzigen Bedingungen entschieden werden.

Die beiden zentralen, in der Grundschule vorzufindenden vertikalen Platzie-
rungsmechanismen, die Noten und die Übertrittsempfehlungen, sollen im vorliegenden Kontext als von der Lehrkraft für die jeweilige (Lern-)Leistung der Schü-
ler/innen vergebene qualitative Beschreibungskategorien verstanden werden, die
als Schulerfolg bzw. Schulerfolgskategorien bezeichnet werden können (vgl. Krapp
1984). Dabei gilt es vor allem im Hinblick auf die nachfolgenden empirischen Analysen mit Nachdruck darauf hinzuweisen, dass der so definierte Schulerfolg per se
weder direkt mit der Schulleistungsfähigkeit bzw. der spezifischen Kompetenz der
jeweiligen Schüler/innen gleichzusetzen noch synonym mit schulischer Bildung ist.
Erstere steht sicherlich in engem Zusammenhang zur von den Schüler/inne/n in
einer bestimmten Prüfungssituation erbrachten Leistung und deren Bewertung, die
nach mehr oder minder objektiven, von der Lehrkraft angelegten Kriterien erfolgt.
In den Schulerfolg gehen allerdings auch Performanzschwankungen, Messfehler
und verschiedene Aspekte der schulischen Rahmenbedingungen, wie zum Beispiel
das interindividuell variierende Beurteilungsverhalten der Lehrer/innen mit ein.
Was schulischen Erfolg und schulische Bildung anbelangt, so bildet der Erfolg lediglich einen kleinen Ausschnitt der von den Schüler/inne/n in der Schule erfahre-
nen und durchlaufenen Bildungsprozesse ab. Schulische Bildung geht weit über das
hinaus, was in Schulleistungsfeststellungen und -bewertungen im Rahmen des Unterrichts festgestellt wird bzw. festgestellt werden kann.

3.2 Kulturelle Sozial-Integration: Enkulturation und Qualifikation

Die zweite Dimension der Sozial-Integration die auf das soziale System Schule
übertragen werden soll, ist die von Esser als Kulturation bezeichnete kulturelle Integrationsdimension. Unter Kulturation ist der Erwerb von Wissen und Kompetenzen zu verstehen, die für ein sinnhaftes, verständiges und erfolgreiches Agieren und
Interagieren im Rahmen eines sozialen Systems notwendig sind (vgl. Esser 2000).
Es fällt nicht schwer den erst genannten Aspekt, den Wissens- und Kompetenzerwerb, auf das soziale System Schule zu übertragen. Denn Schule ist zunächst vor
allem ein Ort, an dem Unterricht veranstaltet wird und damit den Schüler/inne/n
systematisch organisierte Lernmöglichkeiten geboten werden (vgl. Fend 2006).
Darüber hinaus findet sich im schulischen Setting auch eine Vielzahl an informellen Lerngelegenheiten, so zum Beispiel im Umgang mit Klassenkameraden und
anderen Peers. Beide, die formellen und zu weiten Teilen auch die informellen
Lernmöglichkeiten, sind wie auch die schulische Platzierung sowohl aus system-
und sozial-integrativer Sicht von zentraler Bedeutung. Diese Bedeutung kann an
zwei gesellschaftlichen Grundfunktionen der Schule, der kulturellen Reproduktion
und der Qualifikation (vgl. Fend 2006), verdeutlicht werden.

Die Funktion der kulturellen Reproduktion ist inhaltlich eng mit dem Begriff der Enkulturation verbunden. Enkulturation ist als individuelles Erlernen „des Wissens und der Überzeugungen der sozialen Gruppe (in der Herkunftsgesellschaft) im primären Sozialisationsprozess als Teil der Anpassung menschlicher Individuen an ihre Umgebung" (Nauck 2008, S. 109) zu verstehen. Die Schule ist eine der zentralen Sozialisationsinstanzen, von der derartige Lernprozesse ausgehen. In ihr findet eine institutionalisierte „Reproduktion grundlegender kultureller Fertigkeiten und kultureller Verständnisformen der Welt und der Person" (Fend 2006, S. 49) statt. Dies fängt bereits bei der Vermittlung von kulturellen Symbolsystemen wie der Sprache und der Schrift an und reicht bis hin zum „Erlernen der wichtigsten Codierungen von typischen Situationen und die Beherrschung der daran anknüpfenden Programme des sozialen Handelns darin" (Esser 2000, S. 272). Dabei wird das übergeordnete Ziel verfolgt, die Schüler/innen in die jeweilige Kultur einzuführen, sie dort heimisch zu machen (vgl. ebd.) und auf der Grundlage gemeinsam geteilter kultureller (Symbol-)Systeme die Systemintegration einer Gesellschaft zu befördern.

Die Qualifikationsfunktion ist so eng mit der kulturellen Reproduktionsfunktion verbunden und gerade in funktional differenzierten Gesellschaften so wirkmächtig, dass sie in Fends erster Theorie der Schule die kulturelle Reproduktion in den Hintergrund hat treten lassen (vgl. Fend 1980, 2006). Während die kulturelle Reproduktionsfunktion die Vermittlung von grundlegenden und universell einsetzbaren kulturellen Fertigkeiten und Wissensbeständen beschreiben soll, ist unter dem Begriff der Qualifizierung die Vermittlung von Kompetenzen und Kenntnissen zusammengefasst, die zur Ausübung spezifischer und konkreter Arbeiten nötig sind (vgl. Fend 2006). Nicht nur die Schule, sondern nahezu alle institutionellen Bildungseinrichtungen haben die Funktion, innerhalb einer Kultur verfügbare und entwickelte Wissensbestände und Fertigkeiten an Akteure und Akteurinnen zu vermitteln und dadurch den Bereich der Produktion, das System der Ökonomie aufrechtzuerhalten und zu verbessern (vgl. Diederich & Tenorth, 1997).

Die sozial-integrative Wirkung der schulischen Kulturation für die einzelnen Akteure und Akteurinnen lässt sich leicht aus den vorhergehenden Ausführungen ableiten. Die Schüler/innen erwerben im von der Schule mitgetragenen kulturellen Reproduktions- und Qualifikationsprozess Wissen, Fertigkeiten und Kompetenzen, die für das individuelle, sinnhafte und erfolgreiche Agieren und Interagieren in einer Vielzahl von Situationen und Kontexten notwendig sind. Zu diesen Situationen und Kontexten zählen nicht nur außerschulische soziale Systeme und daran gebundene soziale Interaktionen und Situationen. Auch für die Verwendung innerhalb des Schulsystems erweben die Schüler/innen im schulischen Kontext grundlegende Handlungskompetenzen.

3.3 Soziale Integration[4]: Interaktion mit Lehrer/inne/n und Schüler/inne/n

Die soziale Dimension der Sozial-Integration betitelt Esser mit dem Begriff der Interaktion (vgl. Esser 2000). Als Kernaspekte dieser Interaktion nennt er die Aufnahme sozialer Beziehungen zu anderen Akteur/inn/en und den Aufbau relevanter Netzwerke, die für die jeweiligen Akteure und Akteurinnen einen gewissen Gewinn, Nutzen oder eine Ressource darstellen. Den Akteur/inn/en bieten sich durch das soziale Netzwerk wichtige Opportunitäten, anhand derer sie neues Kapital, sowohl soziales, als auch kulturelles und ökonomisches erwerben können.

Mit dem Eintritt in die Schule bieten sich den Akteur/inn/en vor allem zwei Personenkreise, zu denen sie soziale Beziehungen aufbauen können und zum Teil auch müssen. Auf der einen Seite sind dies die Lehrer/innen und auf der anderen Seite die Peers bzw. die Mitschüler/innen. Der obligatorische soziale Kontakt zwischen Lehrkorpus und Schüler/inne/n ist ein konstituierendes Merkmal des schulischen Alltags und insbesondere des Unterrichts. Zahlreiche Forschungsarbeiten haben sich bislang intensiv mit der Schüler-Lehrer-Beziehung auseinandergesetzt und teils sehr unterschiedliche Facetten dieses Verhältnisses herausgearbeitet (für einen Überblick vgl. Schweer 2008). Für den vorliegenden Kontext ist die Schüler-Lehrer-Beziehung insofern von Bedeutung, da sie wesentlichen Einfluss auf die jeweilige strukturelle und kulturelle Sozial-Integration der Akteure und Akteurinnen hat. Sowohl das schulische Lehr-Lern-Geschehen als auch die schulische Leistungsprüfung und Leistungsbewertung hängen von der komplexen und individuell variierenden Interaktion von Lehrer/inne/n und Schüler/inne/n ab (vgl. Fend 1980, 2006). Je nach Unterrichtsstil der Lehrkraft kann beispielsweise die Lernleistung der Schüler/innen differieren. Die Notengebung oder die Vergabe von Übertrittsempfehlungen kann zudem auf Seiten der Lehrkraft mit verschiedenen leistungsunabhängigen, individuellen Merkmalen der Schüler/innen wie zum Beispiel einem Migrationshintergrund konfundiert sein. Die Bedeutung der Schüler-Lehrer-Beziehung für die Sozial-Integration der Schüler/innen kann nicht am Vorhandensein der per se gegebenen Beziehung, sondern nur anhand deren Art und „Qualität" erschlossen werden.

Anders als bei der Schüler-Lehrer-Beziehung verfügen die Interaktionen und Beziehungen zwischen den (Mit-)Schüler/inne/n über eine offensichtlichere quantitative Seite. Die Häufigkeit, mit der bestimmte Schüler/innen miteinander interagieren, verfügt über große Aussagekraft in Bezug auf die Beliebtheit von Schüler/inne/n (vgl. Petillon 1978). Eine sehr geringe Anzahl von Interaktionen bei Schüler/inne/n ist beispielsweise ein Indikator dafür, dass diese schulische Außenseiter sind und somit eine niedrige soziale Integration innerhalb der Klassenge-

---

4 Um die begriffliche Doppelung „soziale Sozial-Integration" zu vermeiden, wird die soziale Dimension der Sozial-Integration zugunsten einer besseren Lesbarkeit im Folgenden als „soziale Integration" bezeichnet.

meinschaft aufweisen. An einer hohen Anzahl kann hingegen abgelesen werden, dass es sich um sehr beliebte, sozial gut integrierte Schüler/innen handelt. Die Bedeutung, die der sozialen Integration für die Akteure und Akteurinnen innerhalb der Klassengemeinschaft zukommt, geht allerdings über die Produktion und Reproduktion von sozialer Anerkennung und Beliebtheit hinaus. Petillon (2009) schreibt der Gleichaltrigengruppe und den darin stattfindenden Interaktionen ein breites Spektrum an sozialen Erfahrungs- und Bewährungsmöglichkeiten zu. Diese reichen vom eben genannten Aufbau von sozialen Kontakten, Beziehungen und Freundschaften, über Prozesse der Identitätsbildung, bis hin zum Erlernen von kulturellen Skripten und Normen (vgl. Youniss 1980). Über die Integration in die Klassengemeinschaft bietet sich den Schüler/inne/n demnach ein variierendes Maß an sozialen und kognitiven Lerngelegenheiten, deren Nutzung sich auch in anderen Dimensionen der Sozial-Integration, allen voran der kulturellen Dimension niederschlägt. In lebenslauftheoretischen Erklärungen wird davon ausgegangen, dass die Beziehungen zu Gleichaltrigen und die dort durchlaufenen Lern- und Sozialisationsprozesse eine wichtige Brücke für den Übergang von der Familie in die Welt der Erwachsenen darstellt (vgl. Fend 2006). Auch der Umgang mit den Mitschülern ist daher ein schulisches Erfahrungsfeld, das die Funktion der Enkulturation trägt.

3.4 Emotionale Sozial-Integration: Identifikation und Legitimation

Die letzte Dimension der Sozial-Integration, die bislang noch nicht auf das soziale System Schule übertragen wurde, ist die emotionale Sozial-Integration. Als Kernbegriff der emotionalen Sozialintegration nennt Esser die Identifikation und meint damit „jene besondere Einstellung eines Akteurs, in der er sich und das soziale Gebilde als eine Einheit sieht und mit ihm identisch wird" (Esser 2000, S. 274f.) Drei unterschiedliche Formen der Identifikation wurden in Abschnitt 2.2 bereits kurz vorgestellt. Zu ihnen zählen die Wertintegration, die Verkettungsintegration und die Deferenzintegration. Besonders die Wertintegration, bei der Akteure und Akteurinnen bewusste Loyalität zur Gesellschaft und den dort herrschenden Institutionen aufbauen (vgl. ebd.), hat in den soziologischen Gesellschaftstheorien eine lange Tradition. Bereits Durkheim (1984) verweist darauf, dass Gesellschaften zum Erhalt deren (System-)Integration einer Basis an solidarischen Grundwerten bedürfen, die von allen Akteur/inn/en getragen werden müssen. Ansonsten drohe der Zerfall bzw. die Desintegration des gesellschaftlichen Systems. Die Aufgabe, die solidarischen Werte und die davon abzuleitenden Normen an die Akteure und Akteurinnen zu vermitteln und die Akteure und Akteurinnen dabei zu unterstützen, sie zu verinnerlichen, kommt Durkheim zufolge zu großen Teilen dem Schulsystem zu. Durkheim sieht die Familie und Verwandtschaft nicht dazu in der Lage, diejenigen Einstellungen und Werthaltungen bei ihren Kindern zu erzeugen, die für das

Funktionieren einer arbeitsteilig organisierten Gesellschaft notwendig sind. Dies muss vom Staat übernommen werden und dessen wichtigstes Instrument, um dies zu tun, ist das Schulsystem (vgl. Fend 1980). Auch Fend kommt in seinen schul-theoretischen Überlegungen zu einem ähnlichen Schluss. Als letzte hier noch nicht behandelte Funktion der Schule nennt er die gesellschaftlichen (Wert-)Integration (vgl. Fend 2006). Unter dieser versteht er die Förderung und Unterstützung der Schüler/innen beim Aufbau einer integrationsfähigen sozialen und kulturellen Iden-tität. Ergänzend ordnet er diesem Integrations- auch einen Legitimationsprozess zu, durch den die politischen Herrschaftsverhältnisse legitimiert werden sollen. Er be-schreibt diese Doppelfunktion folgendermaßen:

> „Schulsysteme sind Instrumente gesellschaftlicher Integration. In ihnen ist aber auch die Reproduktion von solchen Normen, Werten und Weltsichten institutionalisiert, die zur Stabilisierung der politischen Verhältnisse dienen. Im Rahmen des Bil-dungswesens wird einmal die Schaffung einer kulturellen und sozialen Identität er-möglicht, die die innere Kohäsion einer Gesellschaft mitbestimmt und zum anderen besteht der Beitrag des Bildungssystems in der Schaffung von Zustimmung zum po-litischen Regelsystem und in der Stärkung des Vertrauens in seine Träger" (Fend 2006, S. 50).

Schule leistet beispielsweise einen Beitrag zur Legitimation und Stabilisierung der gesellschaftlich-politischen Struktur, indem sie versucht, Schüler/innen durch die Konfrontation mit schulischen Verteilungsprozessen Anerkennung und Akzeptanz gesellschaftlicher Verteilungsprozesse zu vermitteln. Gleiches gilt auch für die weitreichende Verfügungsgewalt von gesellschaftlichen Institutionen über die Ak-teure und Akteurinnen, deren Legitimation bereits in der Schule eingeübt wird. Da-bei lässt es Fend aber nicht bewenden. Er geht deutlich über die Legitimationsfunk-tion hinaus, wenn er sehr eng am Begriffsverständnis von Essers Werteintegration, soziale Integration auch als Entwicklung eines Zusammengehörigkeitsgefühls und als Aufbau einer kulturellen Identifikation versteht und der Schule eine bedeutende Rolle bei diesen Integrationsprozessen zuspricht. „Das Bildungswesen hat [...] die tief greifende Funktion, grundlegende Kulturen und Denkweisen, die Identität und Verständigungsfähigkeit von Gesellschaftsmitgliedern zu konstituieren, in der nachwachsenden Generation hervorzurufen und so über die Wahrung des kulturel-len Gesamtzusammenhanges auch den Zusammenhalt eines Gemeinwesens zu si-chern" (Fend 2006, S. 48). Diese Zielsetzung findet sich unter anderem eingelagert in verschiedene Unterrichtsinhalte, beispielsweise in den Fächern Heimat- und Sa-chunterricht und Religion, aber auch in institutionellen Rahmenbedingungen wie der Festlegung der National- als ausschließliche Unterrichtssprache. Dass die enge Verflechtung von kulturellen und politischen Strukturen mit der Schule gerade für Migrant/inn/en, die über ihre Herkunft auch andere lebensweltliche Kulturbezüge aufweisen, meist nicht ohne spezifische Auswirkungen bleibt, liegt auf der Hand.

Es bleibt zu fragen, inwieweit die hier bislang besprochene gesellschaftliche Wertintegration mit der schulischen Wertintegration zusammenhängt. Anders formuliert muss noch geklärt werden, ob Akteure und Akteurinnen, die in das soziale System Schule emotional integriert sind, sich mit diesem identifizieren und sich ihm zugehörig fühlen, dadurch auch gleichermaßen in das gesellschaftliche Gesamtsystem integriert sind. Fest steht zunächst, dass das soziale System Schule ein wichtiger Teil des gesellschaftlichen Systems ist und dadurch enge Bezüge untereinander bestehen. Dies kann unter anderem an der eben geschilderten Legitimations- und Integrationsfunktion der Schule abgelesen werden. Die Identifikation mit dem System Schule kann also gerade in dieser Hinsicht nicht losgelöst von der Identifikation mit der Gesellschaft betrachtet werden. Beide sind zumindest teilweise miteinander gekoppelt. Gleichzeitig weist das System Schule aber auch einen spezifischen kulturellen Bezugsrahmen auf, der vom gesellschaftlichen Bezugsrahmen unabhängig ist bzw. der nur für das Handeln im schulischen Kontext von Relevanz ist. In diesem Bereich sind auch loyale Einstellungen und Emotionen von Schüler/inne/n gegenüber dem System Schule unabhängig von deren Einstellungen gegenüber dem Gesellschaftssystem. Schüler/innen sind in der Lebenswelt Schule demzufolge einerseits mit Werten und Normen konfrontiert, die für schulische und für gesellschaftliche Belange von Bedeutung sind. Dazu zählen beispielsweise Fragen der Reproduktion von nationaler Identität, Loyalität und Kultur oder die Legitimation gesellschaftlicher und politischer Strukturen, sofern sie im schulischen Kontext von Belang sind bzw. sofern sie dort überhaupt formell oder informell vermittelbar sind. Andererseits müssen sich Schüler/innen auch mit spezifischen Normen- und Wertstrukturen auseinandersetzen, deren Gültigkeitsanspruch auf das soziale System Schule beschränkt ist. Als Beispiele wären hier Identifikationsprozesse in Bezug auf die jeweilige Schulkultur und das Schulleben oder in Bezug auf die Schulklasse und das dort vorherrschende Klassenklima zu nennen (vgl. Helsper 2008). Auch wenn im Einzelfall teils nur schwer zu differenzieren ist, welche in der Schule anzutreffenden kulturellen Muster, Werte und Normen nur für die schulische Identifikation und welche darüber hinausgehend auch für die gesellschaftliche Legitimation und die gesellschaftliche emotionale Integration von Relevanz sind, so können sie zumindest als grundlegende inhaltliche Strukturierung zu verschiedenen Systemebenen zugeordnet werden. Diese Systemebenen beginnen, wie von Abb. 4 abgelesen werden kann, bei der Schulklasse als kleinstem und am engsten gefassten kulturellen Bezugsrahmen und reichen über die Schul- und die kommunale Ebene bis hin zur gesellschaftlichen Ebene (vgl. Baumert, Blum, Neubrand 2003). Alle aufgeführten Systemebenen und die dort zu verortenden Werte, Normen und kulturellen Muster laufen in der Lebenswelt Schule zusammen und bilden dort einen amalgamierten Bezugsrahmen, in dem sich Schüler/innen im aber auch außerhalb des Unterrichts in der Schule bewegen. Die daraus resultierenden Einstellungen und emotionalen Befindlichkeiten, gleich auf welche Systemebene sie gerichtet sind, sollen in der Summe als emotionale schulische Integration bezeichnet werden. In diesem Verständnis können Akteure und Akteurinnen dann als emotional (wert-)integriert bezeichnet werden, wenn sie ein bewusstes Loyalitäts- und

Solidaritätsgefühl zur Institution Schule aufweisen und sich mit den dort geltenden Werten und Normen identifizieren bzw. diese zu großen Teilen mit tragen und legitimieren. Weisen Akteure und Akteurinnen diese Merkmale nur partiell auf, so bedeutet dies nicht zwangsläufig, dass sie emotional desintegriert sein müssen. Mit der Einführung der bereits vorgestellten Verkettungs- und Deferenzintegration konstatiert Esser (2001), dass die Wertintegration nicht die einzig mögliche Form der emotionalen Integration ist. Dies gilt auch für das soziale System Schule. Auch hier ist es möglich, dass Akteure und Akteurinnen in das soziale System integriert sind, indem sie es lediglich hinnehmen. Bei der schulischen Verkettungsintegration nehmen Akteure und Akteurinnen das soziale System Schule hin, weil sie ihm innerlich ambivalent gegenüber stehen. Während sie mit einigen Aspekten des schulischen Alltags und den dort anzutreffenden Werten und Normen in Konflikt stehen, beispielsweise mit der Benotungspraxis der Lehrkraft oder mit Teilen der Schulkultur, überkreuzen sich diese Konfliktlinien gleichzeitig mit einigen ihrer Interessen, so das daraus keine konsistente Einstellung gegen das System resultiert. Hinzukommt, dass die Konflikte unter den Akteur/inn/en oft so unterschiedlich gelagert sind, dass es nur selten zu einem Zusammenschluss und zu einem darauf aufbauenden gemeinsamen systemdesintegrierenden Handeln kommt. Oder die Akteure und Akteurinnen haben trotz ihrer Konflikte und ihrer Kritik noch so viel an Positivem von der Schule, dass sie sich nicht gegen das System wenden.

- **Gesellschaftliche Ebene:** Werte und Normen der (nationalen) Gesellschaft, zu legitimierende politische und kulturelle Muster und Strukturen etc.
- **Kommunale Ebene:** Regionaler kultureller Bezugsrahmen – geprägt durch regionale Bildungslandschaft, Schulträger, Schulbehörden etc.
- **Schulebene:** Kultureller Bezugsrahmen der Schule – geprägt durch Schulkultur, Schulleben, Schulprofil etc.
- **Klassenebene:** Kultureller Bezugsrahmen der Schulklasse – geprägt durch Klassenklima, Klassenzusammensetzung etc.

Abb. 4:   Systemebenen der emotionalen Sozial-Integration[5]

Anders stellt es sich bei der schulischen Deferenzintegration dar. Auch hier erfolgt die emotionale Integration, in dem das Schulsystem lediglich von den Akteur/inn/en hingenommen wird. Allerdings nicht aufgrund ihrer ambivalenten Positionen im System, sondern aufgrund der Aussichtlosigkeit, mit dem eigenen Handeln etwas an der persönlichen negativen Situation oder etwa am System ändern zu können. Akteure und Akteurinnen resignieren beispielsweise, weil sie aus ihrer schwachen Position als Schüler/in keine Möglichkeit sehen etwas an den institutionellen Strukturen der Schule, am Lehrerverhalten oder an ihrer schulischen Bewer-

---

5   Die hier postulierten konzeptuellen Systemebenen wurden nach den von Baumert, Blum und Neubrand (2003) in Anlehnung an das ökologische Modell Bronfenbrenners generierten Analyseebenen benannt.

tung und Platzierung ändern zu können. Die daraus resultierende Passivität bzw. der bewusste Verzicht auf systemdesintegrierendes Handeln kann im weitesten Sinne als systemerhaltend bzw. systemunterstützend und damit als wenn auch sehr schwache Form der emotionalen Integration gelten.

3.5   Wechselbeziehungen der Dimensionen

Im Folgenden wird ein weiterer wichtiger Aspekt der schulischen Sozial-Integration betrachtet, der in den bisherigen Ausführungen nur am Rande behandelt wurde: die Beziehungen der einzelnen Integrationsdimensionen zueinander.

3.5.1   Platzierung und Kulturation

Eine Beschreibung der Beziehungen der schulischen Integrationsdimensionen zueinander ist nur anhand von vorher ausgewählten Indikatoren möglich. Als Indikatoren der strukturellen Sozial-Integration werden im vorliegenden Kontext die Übertrittsempfehlungen und Schulnoten der Schüler/innen betrachtet. Die darin zum Ausdruck kommenden vertikalen schulischen Platzierungsprozesse sind eng mit schulischen Kulturationsprozessen verbunden. Das schulische Prüfungswesen gründet auf eben dieser Verbindung. In unterrichtlich eingebetteten Prüfungssituationen werden vorwiegend schulisch vermittelte Wissensbestände und Kompetenzen erfasst und bewertet. Diese Bewertungen werden anschließend für Entscheidungen zum Fortschreiten von einer Jahrgangsstufe zur nächsten oder zum Übertritt von der Grundschule zu einer weiterführenden Schulform, also für Entscheidungen über die vertikale Platzierung von Schüler/inne/n herangezogen. Diese Verbindung zwischen struktureller und kultureller Sozial-Integration erweist sich in der schulischen Praxis meist als eine sehr komplexe und mit Problemen behaftete Gelenkstelle. Eines der zentralen hier anzutreffenden Probleme besteht in der Wahl und Gestaltung einer adäquaten Form der Leistungserfassung und -beurteilung. Sacher (2009) weist beispielsweise mit Nachdruck auf die Ungenauigkeiten bei Messung und Bewertung der Schulleistungen hin. Gängige Leistungsmessungen im schulischen Kontext werden meist den Gütekriterien für derartige Messvorgänge nicht oder nur zum Teil gerecht (vgl. Ingenkamp 1993). Bei der daran anknüpfenden Bewertung und Beurteilung der Leistungen kann es zudem noch zu Urteilsfehlern durch die Lehrkraft kommen. Sacher nennt hier als Beispiele die ungleichmäßige Ausschöpfung des Beurteilungsspektrums oder Voreingenommenheiten im Urteil (vgl. Sacher 2009). Ein weiteres Problem, das an eben dieser Verbindungsstelle auftritt, ist das Aufeinandertreffen unterschiedlicher Funktionslogiken (vgl. Helmke 2004; Hofmann & Siebertz-Reckzeh 2008). Während es sich bei den hier betrachteten vertikalen schulischen Platzierungen um Prozesse handelt, deren Ziel das Erreichen einer bestimmten an Wissens- und Kompetenzunterschieden festgemachten Leistungsverteilung ist, besteht die Logik der Kulturation darin allen

Schüler/inne/n *gleichermaßen* Fähigkeiten, Wissen und Einstellungen zu vermitteln, die sie zur kulturellen Teilhabe und zur Ausübung eines Berufs befähigen. Die Frage, wie sich das Wissen und die Kompetenzen auf die Akteure und Akteurinnen verteilen, spielt hier nur insoweit eine Rolle, dass allen Akteur/inn/en eine spätere erfolgreiche gesellschaftliche Sozial-Integration ermöglicht wird. Auch wenn die Zielsetzungen der schulischen Kulturation und der schulischen Platzierung sich nicht grundlegend widersprechen, so können sie doch in Konflikt miteinander geraten (vgl. Petillon 1997). Beispielsweise wenn ein von außen vorgegebenes Verteilungsmuster zu stark von der vorzufindenden Verteilung der Kompetenzen und Wissensbestände abweicht (vgl. Baker & Lehnhardt 1988).

Insgesamt zeigt sich, dass die Verbindung von schulischer Kulturation und vertikaler Platzierung sowohl für die Schule als gesellschaftliche Institution als auch für die einzelnen Schüler/innen von funktionaler Bedeutung ist. Allerdings müssen bei der Erfassung von schulisch erworbenen Kompetenzen, Fertigkeiten und Wissen als allokationsrelevanten Leistungen und Leistungsbewertungen verschiedene Störgrößen berücksichtigt werden, welche die Leistungserfassung einschränken und verzerren können.

Neben dem gerade erläuterten Einfluss der kulturellen auf die strukturelle schulische Sozial-Integration ist auch ein umgekehrter Einfluss ausgehend von der strukturellen auf die kulturelle Integration denkbar. Beispielsweise eröffnen sich Schüler/inne/n, je nachdem wie sie schulisch platziert sind, jeweils unterschiedliche Möglichkeiten der Kulturation. Schüler/innen an einem Gymnasium haben die Möglichkeit andere und in vielen Fällen auch vertieftere Kenntnisse und Kompetenzen zu erwerben als Schüler/innen an einer Hauptschule. Baumert et al. bezeichnen diesen Sachverhalt beispielsweise mit dem mittlerweile zum Schlagwort avancierten Begriff der differentiellen Lernmilieus (vgl. Baumert, Köller & Schnabel 1999). Auch die Berechtigung, eine höhere Jahrgangsstufe zu besuchen, verschafft Schüler/inne/n Zugang zu neuen Unterrichtsinhalten.

Wie in Abschnitt 3.1 herausgestellt wurde, gibt es neben vertikalen auch horizontale Formen der schulischen Platzierung wie beispielsweise die Platzierung in einer Klasse innerhalb einer Jahrgangsstufe. Auch wenn der Schwerpunkt dieser Arbeit auf vertikalen Platzierungsprozessen liegt, soll doch zumindest kurz darauf hingewiesen werden, dass sich auch horizontale Platzierungen auf den Schulerfolg auswirken können. Gerade in den letzten Jahren wurden beispielsweise mehrfach die Auswirkungen unterschiedlicher Klassenzusammensetzungen untersucht. Vielfach wurden hierbei Effekte der Klassenkomposition mit mehr oder weniger leistungsstarken Schülern überprüft (vgl. Marsh 2005; Trautwein & Baeriswyl 2007). Auch variierende ethnische Konzentrationen in Klassen und deren Auswirkungen wurden in den letzten Jahren kritisch und kontrovers diskutiert (vgl. Esser 2006).

3.5.2 Platzierung und Interaktion

Die Sozial-Integration einer Person in die Schule über Interaktionen mit und Beziehungen zu anderen Akteur/inn/en wurde bereits grundlegend beschrieben (vgl. Abschnitt 3.3). An dieser Stelle soll noch einmal hervorgehoben werden, dass es vor allem zwei relevante Personenkreise sind, zu denen Schüler/innen im schulischen Kontext soziale Beziehungen aufbauen: die Lehrer/innen und die Peers bzw. die Mitschüler/innen. Beide Personenkreise und die zu ihnen aufgebauten Beziehungen können sich auf andere Integrationsdimensionen, insbesondere auf die schulische Platzierung der Schüler/innen auswirken.

Dem Verhältnis bzw. der Beziehung zwischen Lehrer/inne/n und Schüler/inne/n wird im pädagogischen und erziehungswissenschaftlichen Denken und Forschen besondere Aufmerksamkeit zuteil (vgl. Giesecke 1996, 1999, 2001; Helsper 1996; Winnerling 2005). Das große Interesse an dieser Beziehung ist auf die Bedeutung zurückführen, die ihr für die Lernprozesse und den Schulerfolg der Schüler/innen zugeschrieben wird. Auf das Modell der schulischen Sozial-Integration übertragen wirkt sich die Lehrer-Schüler-Beziehung demzufolge sowohl auf kulturelle als auch auf strukturelle Integrationsprozesse aus. Diese Zusammenhänge können an zwei unterschiedlichen Rollen veranschaulicht werden, in denen die Lehrkraft den Schüler/inne/n gegenüber tritt. Zum einen begegnet sie ihnen in der Rolle des Lernhelfers, der sich darum bemüht, eine kulturelle Sache über die Herstellung eines pädagogischen Bezugs zu vermitteln (vgl. Giesecke 1996). Als Lernhelfer/in wirkt die Lehrkraft somit maßgeblich an der Umsetzung der schulischen Qualifikationsfunktion mit und nimmt dadurch Einfluss auf kulturelle Integrationsprozesse der Schüler/innen. Gleichzeitig begegnet die Lehrkraft den Schüler/inne/n aber auch in administrativer Funktion, in der Rolle des Prüfers, der einen wichtigen Teil des schulischen Prüfungswesens darstellt (vgl. ebd.). In dieser Rolle tragen die Lehrer/innen wesentlich zur Umsetzung der schulischen Allokationsfunktion bei und nehmen Einfluss auf die strukturelle schulische Integration der Schüler/innen. Sie sind maßgeblich an der Gestaltung und Realisierung der schulischen Leistungserfassung und Leistungsbewertung beteiligt. Sie entwerfen Schulaufgaben und Tests, setzen diese selbst ein und übernehmen abschließend die Korrektur und Bewertung. Trotz struktureller Vorgaben für alle diese Maßnahmen verbleiben ausreichend Freiheitsgrade, dass hier meist noch eine „Handschrift" der jeweiligen Lehrkraft zu erkennen ist. Gerade in der Leistungsbeurteilung bleibt den Lehrer/inne/n oft ein gewisser Interpretationsraum, der nicht selten zu Urteilsfehlern führen kann (vgl. Sacher 2009).

Die Beziehungen unter den Schüler/inne/n sind in ihrer Bedeutung und ihren Auswirkungen nicht nur auf die soziale Integrationsdimension und die dort stattfindende Produktion und Reproduktion von sozialer Anerkennung und Beliebtheit beschränkt. Die Interaktionen und Beziehungen bilden auch einen Rahmen, in dem verschiedene kognitive Lernprozesse stattfinden und in dem schulisches Lernen gefördert oder gehemmt wird (vgl. Oswald & Krappmann 2004; Piaget 1983; Vygotsky 1978). Die schulische Kulturation der Schüler/innen kann demnach durch deren jeweilige soziale Integration beeinflusst werden. Je nach Einbindung der Schüler/innen in das soziale Netzwerk der Klasse und der Schule können kulturelle Lern- und Enkulturationsprozesse unterschiedlich verlaufen. Damit geht auch ein über die kulturelle Integration vermittelter Einfluss der Interaktion auf die vertikale Platzierung einher. Der soziale Status innerhalb der Schulklasse kann also den Zugang zu Schulerfolg erleichtern oder erschweren (vgl. Oswald & Krappmann 2004). Auch umgekehrt ist davon auszugehen, dass die vertikale Platzierung bzw. der Schulerfolg der Schüler/innen sich auf deren Interaktionen und Beziehungen zu den Mitschüler/innen auswirken kann. Oswald und Krappmann (2004) äußern auch die Vermutung, dass sich die jeweilige soziale Einbindung der Schüler/innen in die Klassengemeinschaft in gewissem Umfang auch in den von der Lehrkraft eingeschätzten Lernbefähigungen und vorgenommenen Leistungsbeurteilungen widerspiegelt.

3.5.3 Platzierung und Identifikation

Die emotionale Integration von Schüler/inne/n steht für deren Loyalitätsgefühl, deren Unterstützung und deren Identifikation mit dem System Schule. Grad und Form der emotionalen Integration der Schüler/innen können unter anderem von deren Handeln in und gegenüber dem System Schule abgleitet werden. Schüler/innen können sich desintegrierend gegenüber dem System Schule verhalten, beispielsweise durch undiszipliniertes und störendes Verhalten, Schulabsentismus oder das offene Infragestellen von Unterrichtsinhalten und Unterrichtsstilen (vgl. Hoffmann 2009; Stamm, Ruckdäschel, Niederhauser & Templer 2008; Wagner 2007). Zu systemdesintegrierendem Handeln kommt es vor allem dann, wenn Akteure und Akteurinnen eine nur sehr geringe emotionale Integration aufweisen und dadurch Interesse an einer wesentlichen Veränderung des sozialen Systems besteht. Schüler/innen haben auch die Möglichkeit, sich weitgehend systemkonform zu verhalten, d.h. sich entlang der im System geltenden Normen und Handlungsrichtlinien zu verhalten. Dieses Verhalten wirkt sich alleine durch den Verzicht auf systemdesintegrierendes Handeln bereits stabilisierend auf das System aus. Schließlich können sich Schüler/innen auch aktiv unterstützend für das System einsetzen und damit dessen Systemintegration fördern. Im schulischen Kontext wäre dies beispielsweise dann der Fall, wenn Schüler/innen über das erwartete Maß hinaus um eine enge Kooperation mit der Lehrkraft bemüht sind, sich als Klassensprecher/in für die Klassengemeinschaft einsetzen oder aktiv durch verschiedene Aktionen oder Projekte die Schulkultur mitgestalten. Es ist zu vermuten, dass dieses aktivunterstützende Verhalten eng an eine erfolgreiche Wertintegration geknüpft ist.

Abhängig vom jeweiligen emotionalen Integrationsgrad und dem daraus resultierenden Handeln sind unterschiedliche Auswirkungen auf die anderen schulischen Integrationsdimensionen zu erwarten. Catalano, Haggerty, Oesterle, Fleming und Hawkins (2004) zeigen in ihrer empirischen Untersuchung beispielsweise, dass

Schüler/innen, die sich ihrer Schule nicht verbunden fühlen, Verhaltensweisen an den Tag legen, die sich negativ auf verschiedene Bereiche wie beispielsweise deren Sozialkompetenz und deren Schulleistungen auswirken. Ulich (2001) weist in einem Forschungsüberblick darauf hin, dass sich systemkonformes Verhalten von Seiten der Schüler/innen positiv auf das Lehrer-Schüler-Verhältnis auswirkt. In der angloamerikanischen Forschung findet sich ein breiter theoretischer und empirischer Forschungskorpus rund um den Themenkomplex student bzw. academic engagement, der in einigen Aspekten deutliche inhaltliche Parallelen zur emotionalen schulischen Integration aufweist. So entwirft beispielsweise Finn (1989) ein konzeptuelles Modell des student engagement, das sich aus zwei grundlegenden Komponenten zusammensetzt. Zum einen unterscheidet er eine Verhaltenskomponente, die er als participation bezeichnet (vgl. Finn 1993). Participation definiert er als das Ausmaß, in dem sich Schüler/innen entlang der in der Schule und im Unterricht geltenden Normen verhalten und an den dort stattfindenden Aktivitäten teilnehmen. Die zweite grundlegende Komponente nennt Finn identification und beschreibt sie als affektive, emotionale Komponente. In Abgrenzung zur participation bezieht sich identification auf kein konkretes Handeln, sondern auf einen emotionalen, affektiven Zustand. Identification tritt ein, erstens wenn Schüler/innen ein Zugehörigkeitsgefühl zu Schule und Klasse internalisieren – in dem doppelten Sinne, dass sie sich als wichtigen Teil der Schule sehen und dass die Schule für sie einen wichtigen Teil ihrer Lebenswelt darstellt – und zweitens wenn sie den Erfolg in schulbezogenen Leistungen wertschätzen (vgl. ebd.). Nicht nur in der Bezeichnung Identifikation, auch in der konzeptuellen Definition dieser Komponente finden sich zentrale inhaltliche Überschneidungen mit der emotionalen schulischen Integration, dabei vor allem mit dem Zustand der Wertintegration. Studien zum student engagement zeigen, dass es sowohl auf strukturelle Integrationsprozesse, wie das Erreichen von Schulerfolg, als auch auf die schulische Kulturation, wie den Kompetenzerwerb, und auf soziale Integrationsprozesse, wie die Beziehungen zu Lehrer/inne/n und Mitschüler/inne/n, einen, allerdings meist moderaten, Einfluss haben kann (vgl. Willms 2003). Umgekehrt ist anzunehmen, dass sich auch die strukturelle, kulturelle und soziale Integration in der Ausprägung des student engagement bzw. der emotionalen Integration widerspiegeln. So wäre zum Beispiel vorstellbar, dass eine Außenseiterposition innerhalb des Klassenverbands oder mangelnder schulischer Erfolg sowohl die affektive Grundhaltung gegenüber der Schule und der Klasse als auch das darauf gründende partizipative Handeln beeinflussen. Grundlegend kann die emotionale schulische Integration in ihrem Verhältnis zu den anderen Integrationsdimensionen als motivationaler Faktor betrachtet werden, der sich handlungsinitiierend auf strukturelle, kulturelle und soziale Integrationsprozesse auswirken und der umgekehrt auch von ihnen beeinflusst werden kann.

3.6 Sozial-Integration in die (Grund-)Schule bei Migrant/inn/en

Alle Schüler/innen stehen ab der Einschulung vor der Aufgabe, sich erfolgreich in das soziale System Schule zu integrieren. Von dieser Sozial-Integration hängt es ab, wie erfolgreich sich deren Bildungslaufbahn gestaltet, welches Wissen und welche Kompetenzen sie erwerben, welches soziale Netzwerk aus Mitschüler/inne/n und Peers ihnen offensteht und welches Zugehörigkeitsgefühl sie gegenüber ihrer Schule und ihrer Klasse empfinden. Im vorhergehenden Kapitel wurde ein Modell vorgestellt, auf dessen Grundlage die Sozial-Integration von Schüler/inne/n in das soziale System Schule und die damit verbundenen Integrationsprozesse näher beschrieben werden können. In Abschnitt 2.3 wurde bereits darauf hingewiesen, dass das zugrunde gelegte allgemeine Modell der Sozial-Integration einer zusätzlichen theoretischen Differenzierung bedarf, will man damit die Sozial-Integration von Migrant/inn/en erfassen und betrachten (vgl. Esser 2000, 2006). Migrant/inn/en sind grundsätzlich nämlich nicht nur mit einem, sondern mit mindestens zwei gesellschaftlichen Bezugskontexten konfrontiert, in die die Integration erfolgen kann: das Aufnahmeland und das Herkunftsland bzw. die eigene ethnische Gruppe im Aufnahmeland. Abgeleitet von gängigen Akkulturationsmodellen ergeben sich für diese Ausgangssituation mehrere Formen der Sozial-Integration. Diese sind die Mehrfachintegration, d.h. die gelungene Integration in beide Kontexte, die Assimilation als die schwerpunktmäßige Integration in das Aufnahmeland, die Segmentation, als die alleinige Integration in den Kontext der eigenen ethnischen Gruppe und schließlich die Marginalisierung, der gewollte oder ungewollte soziale Ausschluss sowohl aus der Aufnahme- als auch aus der Herkunftsgesellschaft. Das Hauptziel dieses Kapitels ist es, diese für die Auseinandersetzung mit der Gruppe der Migrant/inn/en notwendige theoretische Differenzierung ebenfalls auf das soziale System Schule zu übertragen. Dafür soll zunächst herausgearbeitet werden, welche Integrationsformen für welche schulische Integrationsdimension konzeptuell denkbar sind. Denn einige der theoretischen Akkulturations- bzw. Integrationsformen sind auf reale soziale Systeme teilweise nicht übertragbar (vgl. Rudmin 2003). Im Folgenden werden die gesetzlichen und strukturellen Regelungen für Migrant/inn/en an bayerischen Grundschulen[6] dahingehend analysiert, welche Integrationsformen innerhalb welcher Integrationsdimension durch die schulischen Strukturen und Regelungen bereits im Vorhinein auszuschließen sind. Diese Analysen und Überlegungen bilden eine wichtige Grundlage für die später dargestellten empirischen Analysen. Sie zeigen für jede schulische Integrationsdimension ein

---

6 Es gilt an dieser Stelle noch einmal darauf hinzuweisen, dass es aufgrund der föderalistischen Struktur Deutschlands Variationen zwischen den Schulsystemen der einzelnen Bundesländer gibt. Da die dieser Arbeit zugrunde liegende Untersuchung ausschließlich in Bayern durchgeführt wurde, beziehen sich entsprechende Passagen vor allem auf das bayerische Schulsystem und die dort vorzufinden Strukturen und gesetzlichen Regelungen.

Spektrum möglicher Integrationsformen auf, in dem die erzielten empirischen Ergebnisse verortet und gedeutet werden können.

3.6.1 Strukturelle Sozial-Integration bei Migrant/inn/en

Migrant/inn/en steht im Aufnahmeland Deutschland in der Regel nur ein schulischer Integrationsrahmen zur Verfügung, in dem sie platziert werden können: das deutsche bzw. das bayerische Schulsystem. Um eine Schule des Herkunftskontexts zu besuchen, bedürfte es einer Rückkehr in das Heimatland, was für einen Großteil der Migrantenpopulation meist keine relevante Möglichkeit darstellt. Integrationsformen, welche die Integration in den eigenen ethnischen Kontext implizieren, sind somit zunächst nicht denkbar. Dies betrifft sowohl die Mehrfachintegration als auch die Segmentation. Beide Formen sind auf den ersten Blick nicht oder nur schwer vorstellbar. Eine Mehrfachintegration würde in der einfachsten Fassung bedeuten, dass ein Kind sowohl im Schulsystem des Aufnahmelandes als auch im Schulsystem des Herkunftskontexts platziert ist. In Deutschland existieren allerdings in der Regel keine ausländischen Schulen. Eine Ausnahme stellen lediglich internationale, europäische und griechische Schulen dar (vgl. Afratis 2004; Hansen & Wenning 2003), die allerdings aufgrund ihrer geringen Anzahl und ihrer hohen Heterogenität untereinander in ihrer Relevanz zu vernachlässigen sind. Momentan gibt es beispielsweise in Bayern nur 5 griechische Ergänzungsschulen mit insgesamt 675 Schüler/inne/n (vgl. Kultusministerium Bayern 2008). Diese Schulen orientieren sich in ihrer Ausgestaltung am griechischen Schulsystem und bieten ihren Schüler/inne/n die Möglichkeit, mit dem erfolgreichen Schulabschluss an der griechischen Hochschulaufnahmeprüfung teilzunehmen. Aber auch im Fall der griechischen Schule wäre nur eine strukturelle ethnische Segmentation und keine Mehrfachintegration möglich, da die Kinder nicht gleichzeitig eine deutsche und eine griechische Schule besuchen können, sondern sich für eine der beiden Varianten entscheiden müssen. Es verbleiben daher die beiden Integrationsformen Assimilation und Marginalisierung. Was letztere Integrationsform anbelangt, so wird zumindest die Marginalisierung im Sinne eines vollkommen Ausschlusses aus der Schule, mittlerweile für Kinder gesetzlich durch die in Artikel 35 des bayerischen Gesetzes über das Erziehungs- und Unterrichtswesen (kurz: BayEUG) festgelegte Schulpflicht verhindert. Jeder Schüler, der „die altersmäßigen Voraussetzungen erfüllt und in Bayern seinen gewöhnlichen Aufenthalt hat oder in einem Berufsausbildungsverhältnis oder einem Beschäftigungsverhältnis steht, unterliegt der Schulpflicht" (BayEUG Art. 35 Abs. 1 Satz 1). Dazu zählen neben in Bayern lebenden deutschen Staatsangehörigen, auch Personen mit einer Aufenthaltsgestattung, einer Aufenthaltserlaubnis, Personen, die geduldet sind, oder Personen, die vollziehbar ausreisepflichtig sind, deren Abschiebung oder Ausreise aber noch nicht vollzogen wurde (vgl. BayEUG Art. 35 Abs. 1). Alle offiziell in Bayern lebenden Kinder im schulfähigen Alter fallen damit unter die Schulpflicht und werden zum entsprechenden Zeitpunkt und unter der Voraussetzung der entsprechenden Schulreife eingeschult. Die Einschulung ist, wie bereits in Abschnitt 3.1 erläutert, als ein Platzierungsprozess zu verstehen. Durch die Einschulung werden die Kinder, gleich ob mit oder ohne Migrationshintergrund, an einer Schule und in einer Klasse platziert und sind dadurch strukturell in das deutsche bzw. in das bayerische Schulsystem integriert. Die einzig verbleibende Integrationsform bzw. Integrationsperspektive ist somit die Assimilation. Denn sie geht von einer ausschließlichen oder schwerpunktmäßigen Einbindung in den jeweiligen systemischen Kontext des Aufnahmelandes aus, während keine weitergehende Integration in den strukturellen schulischen Kontext der ethnischen Herkunftsgruppe erfolgt. Dennoch bestehen Möglichkeiten, wie sich segmentierende und segregierende Tendenzen zeigen können, auf die an späterer Stelle innerhalb dieses Kapitels näher eingegangen wird.

Gesetzliche und strukturelle Rahmenbedingungen vertikaler Platzierungsprozesse

Den gesetzlichen Regelungen vertikaler schulischer Platzierungsprozesse, wie beispielsweise die Regelungen zur Einschulung oder zum Übergang von einer Jahrgangsstufe zur nächsten, ist zu entnehmen, dass das deutsche bzw. das bayerische Schulsystem von einer grundlegenden Homogenität der Schülerschaft ausgeht und aktiv darum bemüht ist, diese Homogenität unter den Schüler/inne/n herzustellen. Diese Bemühung ist nicht neu. Bereits Herbart entgegnete auf die Frage nach dem Hauptproblem des Unterrichts, dass dies die Verschiedenheit der Köpfe (vgl. Tillmann 2007), bzw. anders formuliert, die Heterogenität unter den Schüler/inne/n sei. Auch in Zeiten einer zunehmenden wissenschaftlichen und politischen Auseinandersetzung mit Heterogenität im schulischen Kontext (vgl. Einsiedler, Martschinke & Kammermeyer 2007; Köller 2007; Prengel 1996; Tanner, Badertscher, Holzer, Schindler & Streckeisen 2006) ist die von Tillmann (2007) als schulische Homogenitätssehnsucht bezeichnete Leitidee von der Herstellung und Unterrichtung einer weitgehend homogenen Lerngruppe relevant. Jüngere Auseinandersetzungen mit diesem Thema, wie sie beispielsweise von Hansen (2005), Link (1997) oder Wenning (1999) vorliegen, gehen sogar noch einen Schritt über diese Idee hinaus. Sie stellen die Behauptung auf, dass das Bildungswesen unausgesprochen von einer Standardvorstellung von Schüler/inne/n ausgeht. Schüler/innen entsprechen dieser Standardvorstellung laut Wenning, Hauff und Hansen (1993), wenn sie männlichen Geschlechts und einer christlichen Religion zugehörig sind, wenn sie der bürgerlichen Mittelschicht angehören, die deutsche Staatsangehörigkeit besitzen und einsprachig hochdeutsch sind. Von derartigen Normalitätsvorstellungen ausgehend lassen sich auch komplementäre Vorstellungen von bildungsbenachteiligten Gruppen entwerfen, wie beispielsweise in den 60er Jahren Dahrendorfs (1968) katholische Arbeitertochter vom Land oder in jüngeren Jahren Geißlers (2005) Migrantensohn aus bildungsschwacher Familie. Im Kern sind hinter diesen Überlegungen noch die historischen Gedanken Trapps zu erkennen, der eine funktionale Ausrichtung des Unterrichts an den Mittelköpfen unter den Schüler/inne/n fordert (vgl. Sandfuchs 2004). Nur dass mittlerweile für weite Teile der deutschen Schullandschaft bezweifelt werden darf, dass es sich bei dem geschilderten Normalitätskonstrukt von Wenning, Hauff und Hansen (1993) noch um die aktuellen Mittelköpfe im Unterricht handelt.

Bereits von Schulbeginn an sind strukturelle schulische Bemühungen um eine Homogenisierung der Schülerschaft festzustellen (vgl. Gomolla & Radtke 2009). Die historisch bedeutendste Organisationsmaßnahme, um dies zu tun, ist die Einführung der altershomogenen Jahrgangsklasse, deren Altershomogenität „bei ihren Erfindern (insbesondere bei Comenius) auch als relative Entwicklungsgleichheit verstanden wurde" (Tillmann 2005, S. 4). Was die Gruppe der Schüler/innen mit Migrationshintergrund anbelangt, so sind es vor allem deren teils mangelhafte Deutschkenntnisse, die dieser Homogenitätsidee entgegenstehen. Um das im bayerischen Schulsystem verfolgte Ziel einer einheitlichen Unterrichtung aller Schüler/innen in einer Regelklasse zu ermöglichen (vgl. Hirt 1995), werden die Deutschkenntnisse insbesondere der Kinder mit Migrationshintergrund zu einem zentralen Entscheidungskriterium in vielen vertikalen schulischen Entscheidungsprozessen. Abzulesen ist diese zentrale Bedeutung der deutschen Sprache und entsprechender Sprachkenntnisse bereits an der Bezeichnung von Migrant/inn/en innerhalb der VSO und des BayEUG. Hier werden Kinder mit Migrationshintergrund meist lediglich als *Kinder mit nichtdeutscher Herkunftssprache* geführt.[7] Eine über das Merkmal Sprache hinausgehende Thematisierung des Migrationshintergrunds, des kulturellen Herkunftskontexts und einer entsprechenden Primärsozialisation findet innerhalb der bayerischen gesetzlichen Regelungen in der Regel nicht statt. Migrant/inn/en werden in der bayerischen Verfassung beispielsweise nicht erwähnt, auch nicht in Bezug auf das Thema Bildung und Schule. „Die Formulierungen lassen darauf schließen, daß [in der bayerischen Verfassung] von einer homogenen deutschen Schülerschaft ausgegangen wird" (Neumann 2001, S. 30). Erst in den Lehrplänen, die im nachfolgenden Abschnitt zur schulischen Kulturation ausführlicher dargestellt werden, finden der Migrationshintergrund und die ethnische Herkunft in einem etwas weiteren Begriffsverständnis Berücksichtigung.

Bereits vor der Einschulung werden gezielte Maßnahmen durchgeführt, die der sprachlichen Förderung von Kindern mit Migrationshintergrund dienen und ihnen damit u.a. eine Teilnahme am in Deutsch gehaltenen Regelunterricht ermöglichen sollen. Diese Maßnahmen werden Vorkurse genannt und finden meist in Kooperation zwischen Kindergarten und Grundschule statt. Eine Sprachstandsfeststellung im vorletzten Kindergartenjahr entscheidet darüber, welche Kinder zu einer Teilnahme an diesem Vorkurs verpflichtet werden (vgl. Kultusministerium Bayern 2010; Ulich & Mayr 2003). Bei der Einschulung werden die Kinder mit Migrationshintergrund erneut mittels eines eigens dafür entwickelten Testverfahrens (vgl.

---

7   Neben den Kindern mit nichtdeutscher Herkunftssprache findet noch die Gruppe der Aussiedlerkinder in den gesetzlichen Regelungen und Erlässen häufig explizite Erwähnung. In der strukturellen Behandlung dieser Gruppe bestehen in der Grundschule mittlerweile allerdings keine erwähnenswerten Unterschiede mehr zu den Kindern mit Migrationshintergrund.

Hölscher 2002) hinsichtlich ihres Sprachstands in der deutschen Sprache geprüft. Bestehen aufgrund dieses Tests und aufgrund der Eindrücke während der Einschulungsgespräche Zweifel an der Schulfähigkeit des Kindes, so kann auf mehrere Handlungsmöglichkeiten zurückgegriffen werden. Das Kind kann entweder von der Einschulung zurückgestellt, an eine Förderschule überwiesen, in eine spezielle Förderklasse eingegliedert oder ihm können verschiedene Fördermaßnahmen zugewiesen werden (vgl. Kultusministerium Bayern 2010). Sowohl bei Besuch der Förderklasse als auch bei den Fördermaßnahmen besucht das Kind in der verbleibenden Zeit den Regelunterricht in der Grundschule. Über eine Zuteilung zu den beiden Fördermaßnahmen kann auch erst nach der Einschulung anhand der im Unterricht gezeigten Deutschkenntnisse entschieden werden.

Neben der Zielsetzung, den Aufbau der deutschen Sprachkompetenzen zu fördern, haben die genannten Fördermaßnahmen auch eine strukturelle, selektive Funktion. Bereits im vorschulischen Bereich können mangelnde Sprachkompetenzen in der deutschen Sprache zur Zurückstellung von der Einschulung, also zu einer vorübergehenden verwehrten Platzierung im Schulsystem, oder zur Einschulung an eine Förderschule, also zu einer verwehrten Platzierung an der Grundschule, führen. Aber auch die Zuweisung zu den verschiedenen Sprachfördermaßnahmen ist mitunter ein segregierender Platzierungsprozess, da der Großteil der Fördermaßnahmen wie beispielsweise die Förderklassen nicht zusätzlich, sondern parallel zum Regelunterricht stattfinden. Die betroffenen Kinder mit Migrationshintergrund werden für die Teilnahme an den Maßnahmen von den *normalen* Kindern segregiert, da sie eine vorgegebene sprachliche Norm nicht erfüllen, und in neuen, wiederum auf Homogenität ausgerichteten Lerngruppen zusammengefasst. Explizites Ziel dieser Differenzierungsmaßnahmen ist es, die Kinder durch die Förderung zur Erfüllung der sprachlichen Norm zu bringen und sie dann wieder aus der Fördermaßnahme zurück in den Regelunterricht zu holen.

Zusätzlich zu diesen speziell auf Grundschulkinder mit Migrationshintergrund ausgerichteten Maßnahmen finden sich in der Grundschule weitere Platzierungsregelungen, die zumindest keine explizite Differenzierung zwischen Kindern mit und ohne Migrationshintergrund vornehmen und somit für alle Kinder gleichermaßen gültig sind. Diese Regelungen können auf drei zentrale Organisationsmaßnahmen reduziert werden: die Zurückstellung vom Schulbesuch, das Sitzenbleiben und die Überweisung an eine Förderschule (vgl. Roßbach & Tietze 1996). Bereits angesprochen wurde die Zurückstellung vom ersten Schulbesuch bei Kindern nicht deutscher Herkunftssprache, die dann in Kraft tritt, wenn die deutschen Sprachkenntnisse eines Kindes als nicht ausreichend eingestuft werden, um dem Regelunterricht, auch unter Hinzunahme von Fördermaßnahmen, zu folgen. Neben dieser Regelung existiert auch eine, vereinfacht ausgedrückt, *allgemeine* Regelung zur Zurückstellung vom ersten Schulbesuch, die für alle einzuschulenden Kinder gilt. Das Kriterium, das hier über die Eingangsplatzierung in der Grundschule entscheidet, ist die Schulfähigkeit. Ein Kind kann von der Einschulung zurückgestellt werden, „wenn auf Grund der körperlichen oder geistigen Entwicklung zu erwarten ist, dass es nicht mit Erfolg am Unterricht teilnehmen kann" (BayEUG Art. 37 Abs. 2 Satz 1). Des Weiteren besteht die Möglichkeit, das Kind sowohl zur Einschulung als auch während der Schulzeit an eine Förderschule zu überweisen. Eine Überweisung an eine Förderschule ist dann indiziert, wenn Kinder im schulpflichtigen Alter einen sonderpädagogischen Förderbedarf aufweisen, also „am gemeinsamen Unterricht in der allgemeinen Schule nicht aktiv teilnehmen können oder deren sonderpädagogischer Förderbedarf an der allgemeinen Schule auch mit Unterstützung durch Mobile Sonderpädagogische Dienste nicht oder nicht hinreichend erfüllt werden kann" (BayEUG Art. 41 Abs. 1 Satz 1). An welchen Förderschultyp das Kind überwiesen wird, hängt vom jeweiligen Förderbedarf ab. Die letzte Maßnahme besteht im Sitzenbleiben bzw. im verwehrten oder freiwillig nicht wahrgenommenen Vorrücken in die nächste höhere Jahrgangsstufe. Voraussetzung um in der nächsten Jahrgangsstufe platziert werden zu können, ist das Erbringen der erforderlichen Leistungsnachweise. Gelingt dies nicht, haben die jeweiligen Schüler/innen die Möglichkeit diese Jahrgangsstufe zu wiederholen. Innerhalb der Grundschule variieren die jeweils zu erfüllenden Leistungsanforderungen. In den ersten beiden Jahrgangsstufen rücken die Schüler/innen ohne besondere Entscheidung vor (vgl. VSO §60 Abs. 1 Satz 1). Lediglich wenn Zweifel bestehen, ob Schüler/innen am Regelunterricht der nächsten Jahrgangsstufe teilnehmen können, wird in der Lehrerkonferenz darüber entschieden, ob die jeweiligen Schüler/innen vorrücken dürfen. Ab der dritten Jahrgangstufe gelten die Leistungsanforderungen als nicht erfüllt, wenn Schüler/innen *erstens* im Fach Deutsch oder im Fach Mathematik die Note 6 und in dem anderen dieser Fächer oder im Fach Heimat- und Sachunterricht keine bessere Note als 5 erhalten oder *zweitens* in den Fächern Deutsch und Mathematik die Note 5 und im Fach Heimat- und Sachunterricht die Note 6 erhalten (vgl. VSO §6 Abs. 3). Das Vorrücken am Ende von Jahrgangsstufe 4 wird grundsätzlich nach dem gleichem Prinzip gehandhabt. Es kommt allerdings die bereits in Abschnitt 3.1 dargestellte Übertrittsregelung hinzu. In Abhängigkeit von den Noten in den drei Fächern Deutsch, Mathematik und Heimat- und Sachunterricht erhalten die Schüler/innen ein Übertrittszeugnis, das maßgeblich über die Möglichkeiten der Eingangsplatzierung in der Sekundarstufe I entscheidet. Bei dieser Platzierungsentscheidung gelten sowohl für Kinder mit als auch für Kinder ohne Migrationshintergrund die gleichen Regelungen. Aus diesem Grund darf für ein Übertrittszeugnis auch keine Note für Deutsch als Zweitsprache anstelle einer regulären Deutschnote eingebracht werden (vgl. Regierung der Oberpfalz 2009). Ein Übertritt an Realschule oder Gymnasium ist somit nur anhand der entsprechenden regulären Deutschnote möglich.

Für Kinder nichtdeutscher Herkunftssprache gibt es hinsichtlich der Benotung und des daran gebundenen Vorrückens in die nächste Jahrgangsstufe zwei zusätzliche Regelungen, auf die bislang noch nicht eingegangen wurde. In der ersten Regelung wird festgelegt, dass bei „Schülerinnen und Schülern mit nichtdeutscher Muttersprache in deutschsprachigen Klassen und bei Aussiedlerschülerinnen und Aussiedlerschülern, die keinen Unterricht im Fach Deutsch als Zweitsprache erhalten, [...] in den ersten beiden Jahren des Schulbesuchs in der Bundesrepublik Deutschland unzureichende Leistungen im Fach Deutsch bei der Entscheidung über das Vorrücken nicht zu berücksichtigen [sind]" (VSO §46 Abs. 5 Satz 2). Über die Häufigkeit, mit der diese Regelung genutzt wird, ist von Seiten des bayerischen Kultusministeriums nichts bekannt. In Anbetracht der Vielzahl der an bayerischen Schulen durchgeführten sprachlichen Fördermaßnahmen (vgl. Bayerisches Landesamt für Statistik und Datenverarbeitung 2009) ist allerdings nicht davon auszugehen, dass diese allzu hoch ausfällt. Die zweite, noch nicht vorgestellte Regelung, betrifft das Übertrittszeugnis. Kinder mit Migrationshintergrund, die nicht ab Jahrgangsstufe 1 eine deutsche Grundschule besucht haben, können auch bis zu einer Gesamtdurchschnittsnote von 3,33 eine Gymnasialempfehlung erhalten, „wenn dies auf Schwächen in der deutschen Sprache zurückzuführen ist, die noch behebbar erscheinen" (VSO §29 Abs. 5 Satz 1). Als Zielgruppe für diese Regelung kommen im Grunde nur Migrant/inn/en in Frage, die erst im schulpflichtigen Alter nach Deutschland eingereist sind. In Bayern sind „etwa zwei Fünftel der Grundschüler, die nicht in Deutschland geboren wurden [...] im schulpflichtigen Alter ins Land gekommen" (vgl. Burgmaier & Traub 2007). Wie viele davon allerdings nicht in die erste, sondern in eine höhere Jahrgangsstufe eingeschult wurden, ist anhand der verfügbaren Daten nicht abzuschätzen.

Durch alle drei hier geschilderten Organisationsmaßnahmen werden die Regelklassen von „möglichen ‚Problemfällen' befreit" (Tillmann 2005, S. 5), unter der Zielsetzung, eine homogenere Lerngruppe zu schaffen. Tillmann geht in einer vereinfachten Rechnung davon aus, dass aufgrund dieser drei Organisationsmaßnahmen nur noch 80 % der gemeinsam eingeschulten Schüler/innen das Ende der 4. Jahrgangsstufe in der Klasse erreichen, in der sie gestartet sind. Zu den restlichen 20 % gehören ausschließlich Kinder am unteren Ende des Leistungsspektrums und das sind Tillmanns Einschätzung zufolge vor allem Kinder aus einfachen sozialen Verhältnissen und insbesondere Kinder aus Migrantenfamilien (vgl. ebd.). Hinzu kommen noch die bereits erläuterten Organisationsmaßnahmen, die sich ausschließlich auf Kinder mit Migrationshintergrund beziehen, und die Übertrittsempfehlungen. Auch sie tragen eine selektive und segregierende Funktion und entscheiden damit über die Platzierung der Schüler/innen im Schulsystem. Zu unterscheiden sind innerhalb dieses Gros an Regelungen zur Homogenisierung der Lerngruppe verschiedene Formen der strukturellen Platzierung. So kann beispielsweise eine auf die jeweiligen Jahrgangsstufen bezogene vertikale Form der Platzierung unterschieden werden, wie sie bei der Zurückstellung, beim Vorrücken in die nächste höhere Jahrgangsstufe und vor allem bei dem in dieser Arbeit näher zu betrachtenden Übertritt vorliegt. In allen diesen Fällen erfährt der individuelle strukturelle Platzierungsprozess *von einer zur nächsten* Jahrgangsstufe eine Veränderung, da Schüler/inne/n die vertikale Platzierung auf der nächsthöheren Stufe verwehrt wird und sie daher in der gleichen Jahrgangsstufe platziert bleiben. Des Weiteren sind auch Integrationsprozesse vorzufinden, die die vertikale Platzierung *innerhalb* einer Jahrgangsstufe beeinflussen. Neben den schulformspezifischen Übertrittsempfehlungen zählen dazu auch die sprachlichen Fördermaßnahmen oder die Überweisung an eine Förderschule. In jeder dieser Regelungen wird nach vertikal zu bewertenden Kriterien eine individuelle Platzierungsentscheidung innerhalb einer Jahrgangsstufe getroffen, die die jeweiligen Schüler/innen mindestens zeitweise aus dem *regulären* bzw. dem *bisherigen* Klassenverband herausnimmt und in den neuen Kontext einer Fördergruppe, einer Förderklasse oder einer anderen Schulform platziert.

Abschließend ist festzuhalten, dass unterschiedliche Regelungen für Kinder mit und ohne Migrationshintergrund vor allem in Bezug auf die Sprachförderung bestehen. In den übrigen Organisationsmaßnahmen finden sich keine bzw. keine weitreichenden expliziten Differenzierungen zwischen den beiden Gruppen. Es liegt demnach in diesem Bereich eine strukturelle und gesetzliche Gleichbehandlung von Schülern mit und ohne Migrationshintergrund vor. Auch für die im Rahmen dieser Arbeit untersuchte Vergabe von Übertrittsempfehlungen und die zugehörigen Regelungen ist dies der Fall.

Differentielle Platzierungsprozesse und kategoriale Sozial-Integration

Um zu untersuchen, ob zwischen der Gruppe der Schüler/innen mit und der Gruppe der Schüler/innen ohne Migrationshintergrund Unterschiede in der schulischen Platzierung bestehen, muss die kategoriale Sozial-Integration der beiden Gruppen betrachtet und miteinander verglichen werden (siehe Abschnitt 2.3.4; vgl. Esser 2001, 2006). Als Ergebnis dieses Vergleichs sind vor allem folgende drei Integrationskonstellationen denkbar: die Assimilation, eine ethnische Über- oder eine ethnische Unterschichtung. Von Assimilation wird gesprochen, wenn zwischen den Platzierungsverteilungen in beiden Gruppen keine bedeutsamen Unterschiede bestehen. Wie Esser (2000) und Kalter und Granato (2004) betonen, bedeutet Assimilation in diesem Begriffsverständnis nicht, dass es innerhalb der Gruppen keine Unterschiede gibt. Es bedeutet lediglich, dass vorgefundene Unterschiede nicht systematisch aufgrund des Gruppenmerkmals Migrationshintergrund variieren. Ungleichheiten innerhalb der Gruppen, wie beispielsweise dass Schüler/innen an das Gymnasium übertreten, während andere an die Hauptschule gehen, sind so lange ohne Bedeutung, so lange sich aus den Verteilungen der Ungleichheiten keine systematischen Varianzen zwischen den Gruppen ergeben. Die so verstandene Assimilation hat nichts gemein mit alten Begriffsverwendungen, die Assimilation als Leitbegriff für normativ und politisch überladene Programme nutzen (vgl. Kalter & Granato 2004). Es wird nicht impliziert, von welcher Gruppe die Annäherung an die andere Gruppe ausgeht. Während viele vor allem ältere Assimilationsansätze konvergente Entwicklungsverläufe hin zur Assimilation als eine vornehmlich von Migrant/inn/en ausgehende Entwicklung ansehen, wird in neueren Ansätzen davon ausgegangen, dass die Annäherung von beiden Seiten, also auch von Seiten der Aufnahmegesellschaft erfolgen kann (vgl. ebd.; Alba 2008; Brubaker 2001).

Von einer ethnischen Schichtung kann dann gesprochen werden, wenn systematische vertikale Unterschiede zwischen den Verteilungen beider Gruppen auftreten. Die erste Möglichkeit einer solchen ethnischen oder migrationsbedingten Schichtung ist die sogenannte Überschichtung. In diesem Fall erreicht die Gruppe der Migrant/inn/en bzw. die zugewanderte ethnische Gruppe im Hinblick auf ein vertikal zu bewertendes Merkmal im Durchschnitt bessere Platzierungen als die verglichene Gruppe des Aufnahmelandes. Ein Beispiel einer migrationsbedingten Überschichtung im sozialen Kontext Grundschule wäre beispielsweise, wenn Schüler/innen mit Migrationshintergrund im Durchschnitt bessere Noten und damit auch bessere Übertrittsempfehlungen erhalten als Kinder ohne Migrationshintergrund. Auch wenn dieser Fall nur sehr selten auftritt, so kann er doch beispielsweise bei asiatischen Migrant/inn/en in den Vereinigten Staaten beobachtet werden, die im Durchschnitt bessere schulische Leistungen erzielen als ihre nicht migrierten Mitschüler/innen (vgl. Zhou 2003). Bei einer ethnischen oder migrationsbedingten Unterschichtung tritt der umgekehrte Fall ein. Die Gruppe der Migrant/inn/en bzw. der zugewanderten ethnischen Gruppe weist im Durchschnitt eine schlechtere strukturelle Platzierung auf als die Gruppe der Personen ohne Migrationshintergrund. Verfestigen sich derartige ethnische oder migrationsbedingte Schichtungen in zeitlicher Perspektive, so können sich daraus Formen der Segmentation entwickeln. Gerade beim Übertritt und der dort vorgenommenen vertikalen Neuzuteilung zu unterschiedlichen Schulformen können Schichtungseffekte dazu führen, dass bestimmte Schulformen sich aufgrund der hohen Konzentration an Migrant/inn/en zu ethnischen und migrationsgeprägten Nischen und Segmenten entwickeln. Innerhalb der Grundschule sind vergleichbare Entwicklungen nur schwer vorstellbar, da hier, von den an Förderschulen überwiesenen Schüler/inne/n abgesehen, alle Kinder im entsprechenden schulfähigen Alter weitgehend unselektiert innerhalb einer Schulform anzutreffen sind.

3.6.2 Kulturelle Sozial-Integration bei Migrant/inn/en

Auch die schulische Kulturation in der Grundschule soll dahingehend betrachtet werden, inwieweit hier eine spezifische Ausrichtung auf die Gruppe der Schüler/innen mit Migrationshintergrund erfolgt. Dafür wird zum einen den Fragen nachgegangen, ob Maßnahmen zur Vermittlung von Wissen, Fertigkeiten und Kompetenzen unternommen werden, die explizit zwischen Schüler/inne/n mit und ohne Migrationshintergrund differenzieren, und welche inhaltlichen Zielsetzungen mit diesen Differenzierungen verfolgt werden. Zum anderen wird auf curricularer Ebene herausgearbeitet, in welcher Form und in welchem Umfang der Migrationsstatus von Kindern und deren ethnische Herkunft inhaltliche Berücksichtigung finden.

Schulische Maßnahmen zur Förderung der kulturellen Sozial-Integration

Als schulische Maßnahmen zur Förderung der Kulturation, die sich ausschließlich an Kinder mit Migrationshintergrund richten, sind zunächst die bereits erwähnten Fördermaßnahmen zum „schnelle[n] und gründliche[n] Erwerb der deutschen Sprache" (Kultusministerium Bayern 2010, o. S.) zu nennen. Dazu zählen unter anderem die Deutschförderkurse und die Deutschförderklassen. Ihnen liegt ein eigener schulartübergreifender Lehrplan zugrunde, der seit seiner Einführung in den 80er Jahren stetig überarbeitet wurde. Die derzeitige Fassung, der Lehrplan Deutsch als Zweitsprache, ist seit 2002 im Einsatz und soll als variable inhaltliche und didaktische Grundlage für alle genannten sprachlichen Fördermaßnahmen dienen (vgl. Kultusministerium Bayern 2002). Für die Teilnahme an den Fördermaßnahmen erfolgt eine je nach Form der Maßnahme mehr oder weniger umfangreiche zeitliche Segregation der Schüler/innen von der Regelklasse. Das erklärte Ziel der Maßnahmen ist es, den Kindern sprachliche Kompetenzen in dem Umfang zu vermitteln, dass sie (wieder) am Regelunterricht teilnehmen können. Die entsprechende Überprüfung der Sprachkompetenzen und die Entscheidung über die eventuelle Versetzung ist wieder ein struktureller Platzierungsprozess.

Neben den Maßnahmen zur Förderung der deutschen Sprachkompetenzen besteht in Bayern eine lange Tradition des muttersprachlichen Ergänzungsunterrichts (kurz: MEU). Der MEU richtet sich ausschließlich an Kinder aus den ehemaligen Anwerberstaaten. Deren Anspruch auf MEU wird in der VSO festgelegt (vgl. VSO §35 Abs. 4). Eingeführt wurde er, um den Kindern und deren Familien die Möglichkeit zu einer Rückkehr in ihr Herkunftsland offen zu halten, in dem ihre muttersprachlichen Kompetenzen in Ergänzung zum Regelunterricht gefördert werden (vgl. Neumann 2001). In den letzten Jahren wurde der MEU fast vollständig abgebaut mit der Begründung, „dass die ursprüngliche Intention des MEU, Kindern von ausländischen Arbeitnehmern die Rückkehr in das Heimatland und das dortige Schulwesen zu erleichtern, nicht mehr greift. Die überwiegende Mehrheit der ausländischen Kinder und Jugendlichen sehen ihre langfristige Zukunft in Deutschland" (Kultusministerium Bayern 2010). Wie an dieser Entwicklung abzulesen ist und wie Neumann bereits 2001 feststellt, „ist nicht davon auszugehen, dass die Förderung der Mehrsprachigkeit (individuell oder gesellschaftlich) Ziel der Bildungspolitik ist" (Neumann 2001, S. 48). Auf die schulische Kulturation hat diese bildungspolitische Position wesentliche Auswirkungen. Mit der anvisierten vollständigen Einstellung des MEU wird im schulischen Kontext die Perspektive einer sprachlichen Mehrfachintegration im Sinne einer explizit geförderten Bi- oder Multilingualität weitgehend aufgegeben. Anstatt dessen erfolgt im Rahmen der aktuellen Fördermaßnahmen und innerhalb des Regelunterrichts eine Fokussierung auf die Verkehrssprache des Aufnahmelandes Deutschland und die entsprechenden Sprachkompetenzen (vgl. Gogolin 1994, 2006). Für Kinder mit und ohne Migrationshintergrund gilt damit in dieser Hinsicht das gleiche kulturelle Integrationsziel: der erfolgreiche Erwerb von deutschen Sprachkompetenzen.

Ein weiteres erwähnenswertes Unterrichtsangebot ist die so genannte islamische Unterweisung. Anders als bei den sprachlichen Fördermaßnahmen sind bei diesem Unterrichtsangebot nicht ausschließlich Kinder mit Migrationshintergrund die Zielgruppe, sondern das Angebot kann von allen Schüler/inne/n muslimischen Glaubens wahrgenommen werden. Dass es sich dabei aber dennoch in der Mehrheit um Kinder mit Migrationshintergrund handelt, wird bereits in der Einleitung des eigens für dieses Unterrichtsangebot entworfenen Lehrplans deutlich. Hier werden muslimische Kinder und Jugendliche *aus verschiedenen Herkunftsländern* [Hervorhebung d. d. Autor]" Kultusministerium Bayern 2005, S. 2) als Adressaten der islamischen Unterweisung genannt. Zu differenzieren ist dabei allerdings zwischen zwei verschiedenen Formen der islamischen Unterweisung. Zum einen wird die Unterweisung in türkischer Sprache angeboten und richtet sich damit natürlich ausschließlich an türkisch sprechende Kinder. Diese Form der Unterweisung wurde im Schuljahr 2008/09 für insgesamt 8804 Schüler/innen an Grund- und Hauptschulen angeboten (vgl. Bayerisches Landesamt für Statistik und Datenverarbeitung 2009). Daneben findet auch eine islamische Unterweisung in deutscher Sprache statt, die allen Kindern muslimischen Glaubens offen steht. Daran haben im Schuljahr 2008/09 insgesamt 5070 Schüler/innen teilgenommen (vgl. ebd.). Die islamische Unterweisung ist als ein alternatives Unterrichtsangebot gedacht und kann anstelle des Ethikunterrichts, des katholischen oder des evangelischen Religionsunterrichts besucht werden. Inhaltlich sind der islamischen Unterweisung zwei zentrale Ziele zugrunde gelegt. Zum einen kann bzw. soll die islamische Unterweisung in der Schule einen sachlichen und kritischen Zugang zum Islam schaffen, Perspektiven öffnen für Identitätsfindung im eigenen Glauben und ein Gefühl der Zugehörigkeit zum Islam und Geborgenheit im engeren muslimischen Umfeld vermitteln (vgl. Kultusministerium Bayern 2005). Zum anderen sollen über die islamische Unterweisung auch Querverbindungen zum katholischen und evangelischen Religions- und zum Ethik-Unterricht hergestellt werden, die den Kindern die Erkenntnis vermitteln, „dass Menschen und Kulturen gleichberechtigt nebeneinander und miteinander leben können, dass man voneinander lernen und sich dadurch gegenseitig achten und für einander eintreten kann" (Kultusministerium Bayern 2005, S. 4). Auf der Ebene der Lerninhalte und der Lernziele finden demzufolge sowohl der religiöse Herkunftskontext als auch die kulturellen und religiösen Gegebenheiten im Aufnahmeland unter Betonung eines friedlichen und respektvollen Umgangs miteinander Berücksichtigung. Wenngleich also islamische Unterweisung, Ethikunterricht und katholischer und evangelischer Religionsunterricht jeweils in separaten Gruppen durchgeführt werden, so sollen inhaltlich u.a. Wissen, Kompetenzen und Einstellungen vermittelt werden, die der gesellschaftlichen Integrationsvorstellung einer Mehrfachintegration verpflichtet sind. Inwieweit diese formelle Separation in der Religionsunterrichtung mit der inhaltlichen Zielsetzung einer gesellschaftlichen Mehrfachintegration vereinbar ist, muss in Frage gestellt werden (vgl. Weiße 2008). Abgesehen von dieser Frage bietet die explizit differenzierte Form der religiösen Bildung in der Grundschule vielen Schüler/inne/n die Möglichkeit, an einem auf ihre religiöse und kulturelle Herkunft ausgerichteten Unterricht teilzunehmen.

Curriculare Berücksichtigung von Migrationsstatus und ethnischer Herkunft

Lehrpläne sind hinsichtlich der kulturellen Integration von besonderem Interesse, da in ihnen die für den Unterricht vorgegebenen Erziehungs- und Bildungsziele festgelegt sind. Diese Ziele können als formalisierte schulische Kulturations- und Qualifikationsziele verstanden und anhand der darauf ausgerichteten Lernprozesse und deren Verlauf kann der Erfolg schulischer Kulturationsprozesse beschrieben werden. In den nachfolgenden Ausführungen werden die bayerischen Lehrpläne dahingehend betrachtet, ob für Kinder mit Migrationshintergrund andere Erziehungs- und Bildungsziele gelten als für Kinder ohne Migrationshintergrund. Darüber hinaus wird der Frage nachgegangen, inwieweit ethnische, interkulturelle und migrationsbezogene Aspekte als Unterrichtsinhalte beispielsweise im Sinne einer Ressourcenorientierung explizit aufgearbeitet werden.

Wie bereits erwähnt, liegt sowohl für die verschiedenen sprachlichen Fördermaßnahmen als auch für die islamische Unterweisung jeweils ein eigener schulartübergreifender Lehrplan vor (vgl. Kultusministerium Bayern 2002, 2005). Die dort festgelegten fachlichen Erziehungs- und Bildungsziele sind für Schüler/innen nur dann relevant, wenn sie an den entsprechenden Fördermaßnahmen bzw. an der islamischen Unterweisung teilnehmen. Im Fall der sprachlichen Fördermaßnahmen sind dies ausschließlich Kinder nichtdeutscher Herkunftssprache, bei denen ein Förderbedarf hinsichtlich ihrer deutschen Sprachkompetenzen festgestellt wurde. Die islamische Unterweisung hingegen kann ausschließlich von Kindern muslimischen Glaubens besucht werden. Welche spezifischen kulturellen Integrationsziele für diese Unterrichtsangebote in den beiden Lehrplänen festgelegt sind, wurde bereits im vorhergehenden Abschnitt kurz erläutert.

Dem Regelunterricht in den Fächern Deutsch, Fremdsprachen, Mathematik, Heimat und Sachunterricht, Sporterziehung, Kunsterziehung, Musikerziehung und Werken / textiles Gestalten liegt der allgemeine Grundschullehrplan (vgl. Kultusministerium Bayern 2000) zugrunde. Er gilt gleichermaßen für alle Schüler/innen, die den Regelunterricht besuchen. In keinem der genannten Fächer, außer im Fach Deutsch und im Fach Religion bzw. Ethik, wird auf Lehrplanebene eine Differenzierung zwischen Kindern mit und ohne Migrationshintergrund vorgenommen. Für beide Gruppen gelten die gleichen Lernziele und dadurch ist ein direkter Vergleich der jeweiligen Kulturationsprozesse zwischen Schüler/inne/n mit und ohne Migrationshintergrund möglich. Bei einem Gruppenvergleich kann demnach, wie auch bei der strukturellen Integration, eine der folgenden drei kategorialen Integrationskonstellationen auftreten: die Assimilation oder eine der beiden ethnischen bzw. migrationsbedingten Schichtungsformen.

Was die inhaltliche Berücksichtigung von ethnischen, migrationsbezogenen und interkulturellen Aspekten anbelangt, so wird im Grundschullehrplan vor allem die interkulturelle Erziehung hervorgehoben. In den fächerübergreifenden Bildungs- und Erziehungsaufgaben wird es als besondere Aufgabe der Grundschule formuliert, bei den Schüler/inne/n die Erkenntnis zu entwickeln, „dass Menschen und Kulturen in gleichberechtigter Weise nebeneinander und miteinander leben, dass man voneinander lernen kann und sich so gegenseitig bereichert" (Kultusministerium Bayern 2000, S. 14). Wie auch im Lehrplan der islamischen Unterweisung wird hierbei für die Kinder mit Migrationshintergrund als Ziel die gesellschaftliche Mehrfachintegration formuliert: „Für die Persönlichkeitsentwicklung nichtdeutscher Schüler ist es [laut Lehrplan] bedeutsam, sich sowohl in ihrem ursprünglichen Kulturkreis als auch in der Gesellschaft, in der sie jetzt leben, bewegen zu können" (Kultusministerium Bayern 2000, S. 14). Innerhalb der Fachprofile und der Fachlehrpläne werden diese Aspekte der interkulturellen Erziehung punktuell weitergeführt. Vor allem bei der Ausformulierung der konkreten Fachlehrpläne werden Elemente des Kulturvergleichs meist als differenzierende Illustrationsmöglichkeit innerhalb größerer Themenkomplexe aufgenommen. Im Rahmen des ab der 3. Jahrgangstufe stattfindenden Fremdsprachenunterrichts werden der Kulturvergleich und die Begegnung mit fremden Kulturen als eigenständiger Themenbereich behandelt (vgl. ebd.). Hierbei gilt es allerdings anzumerken, dass sich der Fremdsprachenunterricht auf eine der drei Sprachen Englisch, Französisch oder Italienisch beschränkt und sich die kulturvergleichenden Unterrichtseinheiten vor allem auf die entsprechenden Kulturkreise konzentrieren sollen. Neben Italienisch wird keine weitere Sprache der größeren Migrantengruppen in Deutschland wie beispielsweise Türkisch oder Russisch im Fremdsprachenunterricht der Grundschule angeboten.

Die Häufigkeit und die Qualität der unterrichtlichen Bemühungen um interkulturelle Erziehung liegen in der „verantwortlichen Entscheidung der Lehrers, der die spezifische Situation und die damit verbundenen Bedürfnisse entsprechend berücksichtigt" (Kultusministerium Bayern 2000, S. 14). Verschiedene Umsetzungsvorschläge und Materialsammlungen, die die Lehrer/innen ergänzend zum Lehrplan bei der Umsetzung der interkulturellen Erziehungsziele unterstützen sollen, werden von Seiten des Staatsinstituts für Schulqualität und Bildungsforschung (ISB) bereit gestellt (vgl. Staatsinstitut für Schulqualität und Bildungsforschung 1994, 1997, 2004). Von der Häufigkeit und vom Umfang der Nennung interkultureller Inhalte im Grundschullehrplan zu schließen, spielt die interkulturelle Erziehung im Unterricht sowohl aus kultureller als auch aus struktureller Sicht vermutlich nur eine untergeordnete Rolle.

Abschließend kann für die kulturelle Sozial-Integration von Migrant/inn/en in die Grundschule festgehalten werden, dass der Migrationsstatus und der ethnische Herkunftskontext in uneinheitlicher Weise Berücksichtigung finden. Während beispielsweise im Rahmen der islamischen Unterweisung der religiöse und auch kulturelle Herkunftskontext der muslimischen Kinder als zu fördernde kulturelle Ressource angesehen wird, verzichtet der Sprachunterricht hingegen zusehends auf die Förderung von Bi- oder Multilingualität und konzentriert sich anstatt dessen unter Einsatz verschiedener Fördermaßnahmen fast ausschließlich auf die Vermittlung deutscher Sprachkompetenzen. Die islamische Unterweisung zeichnet sich also durch eine ressourcenorientierte Perspektive auf Schüler/innen mit Migrationshintergrund aus, wohingegen den schulischen Maßnahmen zur Sprachförderung bei Migrantenkinder eine klar defizitorientierte Perspektive zugrunde liegt. In der verbleibenden Mehrheit der Unterrichtsfächer wird meist nicht zwischen Kindern mit und ohne Migrationshintergrund unterschieden. Weder wird davon ausgegangen, dass Migrant/inn/en über spezifische unterrichtlich zur berücksichtigende Ressourcen verfügen, noch wird in Frage gestellt, ob die vorgegebenen Lernziele gleichermaßen von Kindern mit wie von Kinder ohne Migrationshintergrund zu erreichen sind.

3.6.3 Soziale Integration bei Migrant/inn/en

In vielen bekannten Integrations- und Akkulturationsmodellen spielt der Aspekt der Interaktion eine zentrale Rolle. So baut beispielsweise Park seinen Race-Relations-Cycle als ein Interaktionsmodell auf, in dem in verschiedenen aufeinander folgenden, intergenerationalen Phasen die Entwicklung interethnischer Interaktionen zwischen Einwanderern und Einheimischen, angefangen vom ersten Kontakt, über eine Phase des Wettbewerbs und eine Phase der Akkommodation, bis hin zur Assimilation beschrieben wird (vgl. Park 1950; Treibel 2008). Auch Gordon schreibt den interethnischen Primärkontakten entscheidende Bedeutung in Assimilationsprozessen zu (vgl. Gordon 1964; Treibel 2008). Die Partizipation der Zuwanderer an Gruppenbeziehungen innerhalb der Aufnahmegesellschaft sieht er als zentralen Faktor für den erfolgreichen Verlauf von Integrations- und Assimilationsprozessen an. Aber auch der Kontakt zur eigenen ethnischen Gemeinde innerhalb des Aufnahmelandes wird vielfach als eine wichtige Ressource beschrieben, die den Einwanderern strukturelle, kulturelle und emotionale Unterstützung bietet (vgl. Nauck, Kohlmann & Diefenbach 1997). Bereits in Abschnitt 3.3 wurde herausgestellt, welche Bedeutung der Interaktion und der davon abzuleitenden sozialen Integration im schulischen Kontext zukommt. Dabei wurden zwei zentrale Arten von Interaktionen unterschieden, zum einen die Interaktionen unter den Schüler/inne/n und zum anderen die Interaktionen zwischen Schüler/inne/n und Lehrer/inne/n. Eine Betrachtung der schulischen Interaktionen aus einem interkulturellen Blickwinkel wurde an dieser Stelle noch nicht vorgenommen. Im Folgenden wird daher der Frage nachgegangen, welche neuen Aspekte sich in Bezug auf die soziale Integration eröffnen, wenn die betrachtete Schülerschaft (und Lehrerschaft) nicht mehr eine homogene autochthone, sondern eine ethnisch heterogene Gruppe ist.

Interaktion unter Schüler/inne/n

Wie bereits angedeutet, hat die ethnische Zusammensetzung eines sozialen Systems wesentlichen Einfluss auf die Häufigkeit ethnischer und interethnischer Interaktionen innerhalb des jeweiligen Systems und den damit verbundenen Verlauf sozialer Integrationsprozesse (vgl. Haug 2003). Die ethnische Zusammensetzung einer Schulklasse gibt beispielsweise vor, welche sozialen Integrationsformen grundsätzlich unter den Schüler/inne/n mit Migrationshintergrund auftreten können. Segregierte Schüler/innen, d.h. Schüler/innen, die vorwiegend mit Schüler/inne/n der gleichen ethnischen Gruppe in Kontakt stehen, können beispielsweise nur dann auftreten, wenn in der Klasse ein gewisser Anteil an Schüler/inne/n mit der gleichen ethnischen Herkunft vorzufinden ist. Ein sehr geringer Migrantenanteil in der Klasse erhöht hingegen bei Schüler/inne/n mit Migrationshintergrund die Interaktionswahrscheinlichkeit mit Kindern ohne Migrationshintergrund und damit die Auftretenswahrscheinlichkeit assimilierter Schüler/innen. Marginalisierte Schüler/innen, die über keine relevanten Beziehungen zu ihren Mitschüler/innen verfügen, sind bei allen Klassenzusammensetzungen denkbar, wohingegen für mehrfachintegrierte Schüler/innen, Schüler/innen ohne Migrationshintergrund und Schüler/innen der gleichen ethnischen Herkunft in der Klasse vorhanden sein müssen.

Durch Vorgaben des bayerischen Kultusministeriums wird versucht auf die jeweilige ethnische Klassenzusammensetzung Einfluss zu nehmen. Als Zielsetzung für die diesbezügliche Auswahl von Schüler/inne/n für eine Klasse wird von Seiten des Kultusministeriums vorgegeben, dass „die Schülerzahl in Regelklassen mit einem erheblichen Anteil an Schülern mit geringen Deutschkenntnissen nach Möglichkeit nicht an der Höchstgrenze liegen [sollte]" (Kultusministerium Bayern 2010, o. S.). Dass hierbei nicht primär auf Kinder mit geringen Deutschkenntnissen, sondern spezifisch auf Kinder mit geringen Deutschkenntnissen *und* Migrationshintergrund abgezielt wird, kann daran abgelesen werden, dass es sich bei dieser Vorgabe, laut bayerischem Kultusministerium, um eine allgemeine Maßnahme zur Förderung von Kindern nichtdeutscher Herkunftssprache handelt. In Übereinstimmung mit verschiedenen Akkulturationstheorien (vgl. Esser 2006; Han 2005; Treibel 2008) liegt dieser Maßnahme scheinbar die Annahme zugrunde, dass der soziale Kontakt zu Kindern mit guten Sprachkenntnissen im Deutschen positiven Einfluss auf den Zweitspracherwerb hat. In gleicher Weise ist vermutlich auch die vom bayerischen Kultusministerium ausgegebene Aufforderung zu deuten, dass von Seiten der Lehrer/innen „darauf hinzuwirken [ist], dass auf den Schulhöfen der bayerischen Schulen nach einem entsprechenden Übereinkommen zwischen Schülern, Eltern und Lehrern nur noch Deutsch gesprochen wird" (Kultusministerium Bayern 2007, S. 1).

Diesen Abschnitt abschließend soll noch darauf hingewiesen werden, dass in den letzten Jahren in der interkulturellen Bildungsforschung vermehrt Fragen zu den Auswirkungen der Schul- und Klassenkomposition behandelt werden. Dabei wird nicht nur untersucht, wie sich die ethnische Klassenzusammensetzung auf die

soziale Integration der Migrant/inn/en in die Klasse oder die Schule auswirkt, sondern auch inwieweit der Migrantenanteil innerhalb einer Klasse das Selbstkonzept,
die Schulleistungen und die Kompetenzentwicklung der Schüler/innen beeinflusst
(vgl. Bellin 2009; Dollase, Ridder, Bieler, Woitowitz & Köhnemann 2003; Eckhart
2005; Kristen 2002; Kronig, Haeberlin & Eckhart 2000; Oswald & Krappmann
2006). In den meisten Fällen wird dabei von der Grundannahme ausgegangen, dass
von einem höheren Migrantenanteil nachteilige Kompositionseffekte ausgehen.

Lehrer-Schüler-Interaktion

Forschungsarbeiten, die sich mit der Interaktion von Lehrer/inne/n mit Kindern mit
Migrationshintergrund auseinandersetzen, nehmen meist Besonderheiten dieser
Beziehung in den Blick und untersuchen, wie sich diese auf wichtige schulische
Aspekte wie beispielsweise die Leistungserfassung oder den Schulerfolg auswir-
ken. Bislang dominieren in diesem Forschungsbereich Fragen der Ungleichbehand-
lung und Diskriminierung von Schüler/inne/n mit Migrationshintergrund. Als Beispiel sind u.a. Leistungserwartungen von Lehrer/inne/n zu nennen, die zwischen
Kindern unterschiedlicher ethnischer Herkunft variieren (für einen Überblick vgl.
Diefenbach 2007). Häufig wird von der Annahme ausgegangen, dass Lehrer/innen
Stereotype und Vorurteile im Hinblick auf das Bildungspotential von Schü-
ler/inne/n bestimmter Zuwanderergruppen aufweisen können und dass sich diese in
den Leistungserwartungshaltungen der Lehrer/innen widerspiegeln. Sozusagen als
selbsterfüllende Prophezeiungen können diese Leistungserwartungen schließlich
auf Seiten der Lehrer/innen zu Verhaltensweisen führen, die die Schulleistungen
von Kindern eben dieser Herkunftsgruppen negativ beeinflussen (vgl. ebd.). Auch
bei der in dieser Arbeit betrachteten Vergabe der Übertrittsempfehlungen können
derartige Erwartungseffekte rekonstruiert werden. Wie Gomolla und Radtke (2009)
in ihrer qualitativen Forschungsarbeit zur institutionellen Diskriminierung zeigen,
operieren Lehrer/innen beim Erstellen der Übertrittsempfehlung teils entlang einer
„Vielzahl von defizitorientierten ethnisch-kulturellen Zuschreibungen in Bezug auf
die häusliche Unterstützung und das Sozialisationsmilieu von Migrantenkindern",
die sie an die sprachlichen Fähigkeiten der Schüler/innen mit Migrationshintergrund ankoppeln (ebd., S. 262).

   In der Forschung rund um den Themenkomplex Interkulturelle Kompetenz pädagogischer Fachkräfte wird im Gegensatz dazu aufzuzeigen versucht, wie Leh-
rer/innen angemessen mit der ethnisch-kulturellen Heterogenität seitens der Schü-
ler/innen umgehen. In unterschiedlichen Modellen, Konzepten und Operationalisierungen werden verschiedene Kompetenzen und Einstellungen diskutiert, die „pädagogischen Fachkräften im Umgang und Kontakt mit ‚kulturell Anderen' bzw.
Fremden professionelles Handeln ermöglichen [sollen]" (Westphal 2007, S. 97).
Allerdings hat die Vermittlung Interkultureller Kompetenz bislang noch keinen
festen Platz innerhalb der Lehramtsausbildung erhalten. Lehrende sind daher meist
nicht ausreichend auf die ethnische Heterogenität in den Klassen vorbereitet. Ihre

fehlenden interkulturellen Kenntnisse äußern sich vor allem in mangelndem Respekt gegenüber kulturellen Unterschieden, „in geringerer Bereitschaft zur Anpassung und einem fehlenden Bewusstsein darüber, dass angebotene Lernmodelle keine allgemeine Gültigkeit beanspruchen können" (Strasser & Steber 2010, S. 111). Als Maßnahme zur Stärkung der Interkulturellen Kompetenzen der Lehrkräfte kann die Einführung so genannter Berater/innen Migration an bayerischen Schulen gesehen werden, „die die Lehrkräfte bei den Aufgaben der Vermittlung des Faches ‚Deutsch als Zweitsprache' und der interkulturellen Erziehung unterstützen" (Kultusministerium Bayern 2013a).

Auch die jüngsten Bemühungen um den Einsatz von Lehrer/inne/n mit Migrationshintergrund zielen in eine ähnliche Richtung (vgl. Kultusministerium Bayern 2013b). Das in Diskussionen um Interkulturelle Kompetenz häufig bemängelte geringe Wissen der Lehrkräfte über die Herkunftskultur der Zuwanderer und das teils fehlende Einfühlungsvermögen in die Migrationssituation wird Lehrer/inne/n mit Migrationshintergrund als besonderes Potential zugeschrieben (vgl. Strasser & Steber 2010). Durch ihre eigenen Wanderungserfahrungen würden sie eine Reihe von positiven Effekten innerhalb des Klassenverbands und innerhalb der Schule bewirken. Diese reichen von einer interkulturellen Vorbildfunktion sowohl für Kinder mit und auch ohne Migrationshintergrund, über einen verbesserten Kontakt zu Migranteneltern bis hin zu einem positiven Impuls für das Lehrerkollegium (vgl. ebd.; Diefenbach 2007; Quiocho & Rios 2000). Eine empirische Bestätigung dieser Annahmen liegt in den meisten Fällen nicht vor. Zudem zeichnet sich bislang in Deutschland bzw. in Bayern neben punktuellen Bemühungen noch kein Trend zum breiten Einsatz von Lehrkräften mit Migrationshintergrund ab (vgl. Bayerisches Landesamt für Statistik und Datenverarbeitung 2009; Verband Bildung und Erziehung 2006).

Durch den Vergleich der Interaktionen von Lehrer/inne/n mit Kindern mit Migrationshintergrund und der Interaktionen von Lehrer/inne/n mit Kindern ohne Migrationshintergrund lassen sich diesbezügliche ethnische und migrationsbedingte Effekte und verschiedene soziale Integrationskonstellationen bestimmen. Soweit sich entsprechende Analysen auf vertikale Merkmale beziehen, sind hier als mögliche Integrationskonstellationen Formen der ethnischen bzw. migrationsbedingten Schichtung und die Assimilation überprüfbar. Sollen hingegen horizontale Facetten der Lehrer-Schüler-Interaktion hinsichtlich differentieller Effekte untersucht werden, so treten anstatt der Schichtungseffekte Formen ethnischer Pluralisierung neben die Assimilation.

3.6.4 Emotionale Sozial-Integration bei Migrant/inn/en

Wie bereits in Abschnitt 3.4 herausgearbeitet, können diejenigen Schüler/innen als in das soziale System Schule emotional (wert-)integrierte Akteure und Akteurinnen bezeichnet werden, die ein bewusstes Loyalitäts- und Solidaritätsgefühl zur Institution Schule aufweisen und sich mit den dort geltenden Werten und Normen identifizieren bzw. diese zu großen Teilen mittragen und legitimieren. Ob es sich bei den jeweiligen Akteur/inn/en um Schüler/innen mit oder ohne Migrationshintergrund handelt, ist dafür zunächst unerheblich. Die ethnische Herkunft und der Migrationsstatus der Akteure und Akteurinnen gewinnen erst dann an Relevanz für die emotionalen Integrationsprozesse, wenn die Werte und Normen in den Blick genommen werden, die von den Akteur/inn/en mitgetragen, legitimiert und mit denen eine Identifikation erfolgen soll. Denn diese Werte und Normen sind, wie bereits dargestellt, eingefasst in einen abgrenzbaren politischen und ethnisch-kulturellen Bezugsrahmen. Fowler (1999) beispielsweise untersucht das französische Schulsystem und seine Organisation hinsichtlich eines derartigen Bezugsrahmens. Entlang der Kulturdimensionen von Hofstede (1991) versucht er innerhalb der Schulorganisation kulturelle Muster herauszustellen, die auch für das französische Gesellschaftssystem kennzeichnend sind. Er kommt dabei zu dem Ergebnis, dass sich die anhand von Hofstedes Schema erfassten national geprägten kulturellen Muster auch auf der Ebene der Schulorganisation und Administration nachzeichnen lassen (vgl. Fowler 1999). Diese und weitere ähnliche Studienergebnisse (vgl. Buchwald und Ringeisen 2007; Hofstede & Hofstede 2006; Triandis 1995; Yetim 2003) stehen im Einklang mit den in Abschnitt 3.4 bereits näher vorgestellten schulischen Funktionen der Kulturation und der Legitimation und deren Bedeutung für die emotionale Sozial-Integration der Schüler/innen. Beide Funktionen setzen einen kulturellen Bezugsrahmen voraus, der explizit und implizit Inhalte vorgibt, die an die Schüler/innen vermittelt werden sollen, und der von den Schüler/inne/n legitimiert werden soll. Dieser Bezugsrahmen manifestiert sich im Schul- und Klassenkontext auf unterschiedliche Weise, zum Beispiel in der Gestaltung struktureller Arrangements (vgl. Dreeben 1968) oder „in der Gestaltung des Unterrichts, dem Umgang von Lehrern und Schülern und der Art und dem Ablauf von Entscheidungsprozessen" (Ringeisen, Schwarzer & Buchwald 2008).[8] Inhaltlich setzt sich der Bezugsrahmen aus Einstellungen, Werthaltungen und Verhaltensweisen zusammen, die von den Schüler/inne/n (und teils auch von anderen Schulangehörigen) gezeigt werden sollen. Weichen die Schüler/innen zu sehr von den Vorgaben dieses Bezugsrahmens ab, kann das zu Problemen bei der emotionalen (Wert-) Integration führen und sich auch nachteilig auf andere Sozial-Integrationsdimensionen auswirken. Denkbar sind beispielsweise das Auftreten von Konflikten zwischen Lehrer/inne/n und Schüler/inne/n und daraus resultierende negative Auswirkungen auf die Schulleistungen und den Schulerfolg. Gerade an diesem Beispiel wird deutlich, dass es sich bei der emotionalen Integration vor allem um ein motivationales Konstrukt handelt, das sich moderierend auf die Handlungen und das Verhalten einer Person auswirken kann.

---

8   Hier ist noch einmal auf die enge Verbindung der emotionalen zur sozialen Integration hinzuweisen, die sich vor allem über die implizite Einlagerung von Normen und Werthaltungen in das (unterrichtliche) Interaktionsgeschehen erklärt.

Kinder mit Migrationshintergrund bewegen sich wie auch ihre Mitschüler/innen ohne Migrationshintergrund innerhalb des Unterrichts und innerhalb der Schule in einem kulturellen Bezugsrahmen, der, wie eben aufgezeigt, stark vom Aufnahmeland[9] geprägt ist (vgl. Fend 1980). Es ist zu vermuten, dass es gerade bei Kindern mit Migrationshintergrund diesbezüglich zu Passungsproblemen kommen kann. Ihre normativen Einstellungen und Werthaltungen können aufgrund ihrer ethnischen Herkunft und ihres Migrationsstatus von den in Schule und Unterricht inkorporierten und transportierten Werten und Normen abweichen. Vor allem die Forschung rund um den Themenkomplex interkulturelle Konflikte setzt sich mit derartigen Passungsproblemen auseinander. Buchwald, Ringeisen, Vogelskamp und Teubert (2008) stellen beispielsweise fest, dass durch die zunehmende ethnische Heterogenität in den Klassen „unterschiedliche Profile von Werten und Normen aufeinander [treffen], wobei jeder Schüler eine eigene Identität hat, die je nach kulturellem Hintergrund sehr unterschiedlich geprägt sein kann. […] Unterschiedliche kulturelle Identität bietet einen Erklärungsansatz für die Entstehung interkultureller Konfliktsituationen" (Buchwald, Ringeisen, Vogelskamp & Teubert, 2008, S. 40). Wie hoch die Wahrscheinlichkeit ist, dass interkulturelle Konflikte aufgrund solcher Passungsprobleme auftreten, hängt vermutlich von verschiedenen Faktoren ab. Diskutiert werden Aspekte wie die jeweilige kulturelle Distanz zwischen Herkunfts- und Aufnahmeland, die ethnische Zusammensetzung in der Klasse oder die ethnische Zugehörigkeit des Lehrers. Aus einer sozial-integrativen Perspektive können interkulturelle Konflikte als entlang ethnisch-kultureller Linien verlaufendes (system-)desintegrierendes Handeln gedeutet werden, in dem eine mangelnde emotionale Integration in die jeweilige Schulklasse und Schule zum Ausdruck kommt.

Für die Auseinandersetzung mit emotionalen (Wert-)Integrationsprozessen bei Schüler/inne/n mit Migrationshintergrund ist von grundsätzlichem Interesse, wie sich die Gestaltung des jeweiligen normativen und wertbezogenen Bezugsrahmens auf deren emotionale Integrationsprozesse auswirkt. In diesem Zusammenhang wäre es beispielsweise interessant zu untersuchen, ob eine explizite interkulturelle Ausrichtung der Lehrpläne wie die Betonung interkultureller Erziehung im bayerischen Grundschullehrplan (vgl. Kultusministerium Bayern 2000) oder eine stärkere Berücksichtigung der ethnischen Klassenzusammensetzung in der Unterrichtsgestaltung (vgl. ebd.) die emotionale Integration der Schüler/innen mit Migrationshintergrund befördern. Gleichzeitig könnten auch Fragen der Bildung von bi- und multikulturellen Identitäten und deren Förderung und Beschränkung in Unterricht und Schule thematisiert werden (vgl. Hettlage & Hettlage-Varjas 1995).

Um beurteilen zu können, welche emotionalen Integrationsformen bei Kindern mit Migrationshintergrund im Kontext der Grundschule auftreten können, ist es

---

9   Aufnahmeland ist in diesem Kontext in seiner Bedeutung nicht allein auf das gesellschaftliche System beschränkt zu verstehen, sondern umfasst verschiedene, unterschiedlich groß gefasste Kontexte, wie beispielsweise auch regionale Kontexte oder den Kontext eines Bundeslandes.

notwendig, abzuklären, wann die Schüler/innen mit welchem bzw. welchen Bezugsrahme(n) konfrontiert sind. Wie in Abschnitt 3.6.2 erläutert wurde, steht beispielsweise Kindern muslimischen Glaubens im Religionsunterricht mit dem Unterrichtsangebot der islamischen Unterweisung ein Bezugsrahmen zur Verfügung, der sowohl die religiösen Werte und Normen des Islams als auch interkulturelle bzw. interreligiöse Kompetenzen vermitteln soll. Explizit wird hier die religiöse Identitätsbildung als Unterrichtsziel angesprochen. „Über eine fachwissenschaftlich fundierte und didaktisch begründete Information über die Grundlagen der eigenen Religion [sollen] Perspektiven für Identitätsfindung im eigenen Glauben [eröffnet werden]" (Kultusministerium Bayern 2005, S. 2). Auch Werte für ein friedliches, religionsübergreifendes und interkulturelles Zusammenleben sollen vermittelt werden: „Im Rahmen der religiösen Unterweisung lernen die Schüler auch, dass Achtung, Liebe und Dankbarkeit zusammen mit Hilfsbereitschaft und Toleranz das Fundament für das Zusammenleben der Menschen darstellen. Die Schülerinnen und Schüler entwickeln die Erkenntnis, dass Menschen und Kulturen gleichberechtigt nebeneinander und miteinander leben können, dass man voneinander lernen und sich dadurch gegenseitig achten und für einander eintreten kann" (Kultusministerium Bayern 2005, S. 3f). Inwieweit durch den so ausgerichteten Bezugsrahmen der islamischen Unterweisung Formen der emotionalen Segregation oder der emotionalen Mehrfachintegration angestoßen werden, müsste empirisch abgeklärt werden.

Die bisherigen Ausführungen bezogen sich vorwiegend auf eine spezifische emotionale Integrationsform: die Wertintegration. Neben der Wertintegration wurden in Abschnitt 2.2 auch zwei weitere emotionale Integrationsformen, die Verkettungs- und die Deferenzintegration, vorgestellt. Beide sind als emotionale Integrationsformen zu verstehen, die nicht (ausschließlich) über die Loyalität zu und die Identifikation mit einem sozialen System vermittelt sind. Eine emotionale Integration in das soziale System Schule kann hier trotz eben angesprochener kultureller Passungsprobleme erfolgen. Der jeweilige Schüler verzichtet auf systemdesintegratives Handeln, weil er entweder keine Möglichkeit sieht, etwas am System ändern zu können, oder weil es trotz der Passungsprobleme in seinem Interesse ist, in das System (emotional) integriert zu sein.

3.7 Einflussfaktoren der strukturellen Sozial-Integration in die (Grund-)Schule

Ein komplexes Zusammenspiel von individuellen, strukturellen, sozialen und kulturellen Einfluss- und Bedingungsfaktoren bestimmt darüber, welche Formen und welche Verläufe schulische Integrationsprozesse (an)nehmen können. Einige wichtige Einflussfaktoren wurden bei der Beschreibung der schulischen Integrationsdimensionen bereits angesprochen. Die bayerischen Übertrittsregelungen wurden beispielsweise als wichtige Determinanten schulischer Platzierungsentscheidungen dargestellt, durch die wesentliche Teile des Platzierungsprozesses am Übergang von der Primar- in die Sekundarstufe festgelegt sind (vgl. Abschnitt 3.1). In den folgenden Ausführungen wird eine grundlegende Kategorisierung der Einflussfaktoren mit dem Ziel vorgenommen, das Modell der Sozial-Integration genauer zu beschreiben und Lücken aufzuzeigen, wo wichtige Aspekte bislang noch nicht im Modell berücksichtigt wurden. Diese Darstellung wird aufgrund der Zielsetzung der vorliegenden Arbeit vor allem auf die strukturelle Integration ausgerichtet. Es werden vor allem diejenigen Einfluss- und Bedingungsfaktoren vorgestellt, die für die beiden strukturellen Integrationsprozesse, die Schulleistungen und die Vergabe der Übertrittsempfehlungen, von Relevanz sind. Dafür wird vor allem auf Forschungsarbeiten zurückgegriffen, die sich mit Determinanten schulischer Leistungen auseinander setzen (vgl. Helmke & Schrader 2006; Helmke & Weinert 1997; Krapp 1984; Lipowsky 2006). Die Übertrittsempfehlungen sind zwar nicht mit Schulleistungen gleichzusetzen, sie weisen aber große inhaltliche Überschneidungen auf. Wie in Abschnitt 3.1 herausgearbeitet wurde, sind Übertrittsempfehlungen als nach festen Regeln vorgenommene (aggregierte) Bewertungen der von den Schüler/inne/n erbrachten Schulleistung(en) zu verstehen. Determinanten der Schulleistungen sind daher mindestens in ihrer Bedeutung für das Zustandekommen der Leistungen der Schüler/innen auch als Determinanten der Übertrittsempfehlungen anzusehen.

Es existiert eine Reihe von mehr oder weniger umfangreichen und komplexen Modellen, die sich mit der Genese schulischer Leistungen auseinandersetzen (für einen Überblick vgl. Helmke & Weinert 1997). Hinzu kommt eine Vielzahl von Untersuchungen und Metaanalysen, die jeweils einen spezifischen Faktor oder ein spezifisches Faktorenbündel in seinem Einfluss oder seiner Wechselwirkung mit den Schulleistungen empirisch betrachten. Helmke und Weinert (1997) geben einen bislang in Umfang und Ausführung für den deutschsprachigen Raum einmaligen Forschungsüberblick über diese Untersuchungen, Metaanalysen und Modelle. Dabei legen sie drei grundlegende Bereiche fest, in die die Bedingungsfaktoren schulischer Leistung eingeteilt werden können: den Bereich der schulischen Faktoren, den Bereich der individuellen Determinanten und den der familiären Determinanten. Nach dieser Einteilung wird auch im Folgenden vorgegangen.

Schulische Faktoren

Helmke und Weinert (1997) schlagen eine Unterteilung schulischer Bedingungsfaktoren in schulexterne, schulinterne und klasseninterne Faktoren vor. Unter schulexternen Faktoren verstehen sie kulturell-gesellschaftliche und sozioökonomische Rahmenbedingungen, die auf Schule, Unterricht und Schulleistungen Einfluss nehmen. Bislang wurden diesbezüglich beispielsweise die in den schulischen Alltag und in den Unterricht inkorporierten gesellschaftlichen Werte und Normen thematisiert (vgl. Dreeben 1968; Parsons 1968) und die Frage diskutiert, inwieweit diese für die Sozial-Integration von Schüler/inne/n mit und ohne Migrationshintergrund von Bedeutung sind.

Als schulinterne Bedingungsfaktoren bezeichnen Helmke und Weinert (1997) die konkreten Lernbedingungen der Schüler/innen, die sich vom jeweiligen nationalen und bundeslandspezifischen Bildungssystem und von der Organisation und Ausgestaltung der jeweiligen Schule ableiten lassen. Dazu zählt auf der Ebene des Schulsystems eine Vielzahl von Aspekten wie beispielsweise Schulgesetze, Lehrpläne usw. Einige dieser Aspekte wurden bereits angesprochen, wie die Berücksichtigung von Kindern mit Migrationshintergrund in den Grundschullehrplänen, in der VSO und im BayEUG oder das im deutschen Schulsystem verfolgte Homogenitätsprinzip. Auf Schulebene sind es Faktoren wie die Zusammensetzung der Schülerschaft, die Ausstattung der Schule oder der Schulsprengel, die sich auf die konkreten Lernbedingungen der Schüler/innen auswirken können. Der Zusammensetzung der Schülerschaft kommt allerdings nicht nur als schulinternem, sondern auch als klasseninternem Faktor Bedeutung zu. Sowohl von der leistungsbezogenen als auch von der sozioökonomischen und der ethnischen Zusammensetzung einer Klasse sind maßgebliche Auswirkungen auf die schulische Sozial-Integration von Schüler/inne/n zu erwarten (vgl. Bellin 2009; Esser 2006; Marsh 2005; Trautwein & Baeriswyl 2007).

Helmke und Weinert (1997) nennen noch eine Reihe weiterer klasseninterner Bedingungsfaktoren, die bislang noch nicht behandelt wurden. Sie weisen unter anderem auf das Klassenklima oder auf die Bedeutung physikalischer Kontextfaktoren wie die Schularchitektur und die Ausstattung und Einrichtung der Klassenzimmer hin. Der Unterricht und die Lehrerpersönlichkeit sind, auch wenn sie von Helmke und Weinert gesondert geführt werden, ebenfalls als klasseninterne Faktoren anzusehen. Beide können in eine Vielzahl weiterer wichtiger Einflussfaktoren unterteilt werden, die durch ein komplexes Zusammenspiel untereinander verbunden sind.

Individuelle Determinanten

Wichtige individuelle Determinanten von Schulleistungen sind das Alter und das Geschlecht. Beide Faktoren werden bei Helmke und Weinert (1997) als konstitutionelle Determinanten, d.h. als grundlegende biologische Merkmale des Individuums bezeichnet. Während diese Zuteilung für das Alter weitgehend nachvollziehbar ist, erscheint die Zuordnung des Geschlechts zu den konstitutionellen Determinanten hingegen irreführend, kann hierbei doch der Eindruck entstehen, dass geschlechtsbedingte Differenzen als genetisch bedingte Unterschiede anzusehen sind. Die Genderforschung zeigt allerdings auch in Bezug auf schulische Kontexte, dass viele der hier vorzufindenden Unterschiede vor allem auf die soziale Konstruktion und Reproduktion von Geschlecht zurückzuführen sind (vgl. Faulstich-Wieland 2004). Es muss daher sehr sorgfältig mit der Frage umgegangen werden, wie das Zustandekommen geschlechtsspezifischer Unterschiede und Effekte zu erklären ist.

Die kognitiven Fähigkeiten einer Person stellen eine der wichtigsten Determinanten der Schulleistungen dar (vgl. Helmke & Schrader 2006). Zusammenhänge zwischen den kognitiven Grundfähigkeiten auf der einen Seite, der Kompetenzentwicklung, den Schulleistungen und dem Schulerfolg auf der anderen Seite sind vielfach empirisch belegt (vgl. ebd.; Ackerman & Lohman 2006). Es ist daher anzunehmen, dass die kognitiven Fähigkeiten substantielle Auswirkungen auf den Verlauf kultureller und struktureller Integrationsprozesse haben. Der Einfluss kognitiver Grundfähigkeiten auf die Genese schulischer Leistungen darf allerdings auch nicht überschätzt werden. Wie Weinert und Helmke (1995) betonen, wurde der Blick auf andere individuelle Determinanten lange durch die alleinige Fokussierung der Forschung auf kognitive Fähigkeiten verstellt. Dadurch wurde beispielsweise die Bedeutung des Vorwissens verdeckt, das sich vielfach als vorhersagestärker erwiesen hat als die Intelligenz (vgl. ebd.). Gerade für das längsschnittliche Nachzeichnen von Lernprozessen ist daher die theoretische und empirische Berücksichtigung des entsprechenden domänenspezifischen Vorwissens wesentlich.

Der letzte Bereich individueller Bedingungsfaktoren, der noch aufgeführt werden soll, sind die motivationalen und affektiven Determinanten. Motivationale und affektive Aspekte haben mittlerweile einen festen Platz in den internationalen Schulleitungsstudien (vgl. Bos, Bonsen, Baumert, Prenzel, Sclter, & Walther 2008; Bos, Hornberg, Faust, Fried, Lankes, Schwippert & Valtin 2007; Stanat & Christensen 2006). Doch bislang herrscht wenig Einigkeit darüber, was unter Motivation zu verstehen ist und welche Bedeutung ihr für Schulleistung und Schulerfolg zukommt (Helmke & Schrader 2006). In aktuellen Forschungsarbeiten findet sich eine Vielzahl unterschiedlicher Konzeptualisierungen und Operationalisierungen. Diese reichen von domänenspezifischen und -unspezifischen Selbstkonzepten (vgl. Helmke 1998; als Überblick vgl. Mummendey 2006), über verschiedene Formen der Leistungs- und Lernmotivation (als Überblick vgl. Schlag 2008), bis hin zu Prüfungsangst, Interesse und Einstellung zum Lernen. Auch die emotionale schulische Integration ist, wie in Abschnitt 3.5.3 betont wurde, in ihrem Verhältnis zu anderen Integrationsdimensionen als affektiver, motivationaler Bedingungsfaktor zu sehen.

Familiäre Determinanten

Die umfassende Bedeutung der Eltern und der Familie für die (schulische) Entwicklung der Kinder ist unbestritten. In den letzten Jahren wurde die Familie insbesondere hinsichtlich ihres Beitrags zur Entstehung und Reproduktion sozialer Ungleichheit untersucht (vgl. Diefenbach 2006; Ditton, Krüsken & Schauenberg 2005; Geißler 2007; Hawighorst 2007; Schauenberg 2007). Spätestens seit den Ergebnissen der internationalen Schulleistungsstudien, die für Deutschland ein im europäischen Vergleich sehr enges Verhältnis von Schulerfolg und familiärer Herkunft zeigen (vgl. Baumert & Schümer 2002; Baumert, Watermann & Schümer 2003;

Ehmke, Hohensee, Siegle & Prenzel 2006; Ehmke & Baumert 2007), gelten familiäre Merkmale als zentrale Bedingungsfaktoren und gute Prädiktoren der Schulleistung und des Schulerfolgs. Um die jeweils untersuchten Familienmerkmale zu ordnen, haben sich mittlerweile in der empirischen Bildungsforschung vor allem zwei Kategoriensysteme bewährt: der Kapitalsortenansatz Bourdieus (1983) und die Unterscheidung von familiären Status- bzw. Strukturvariablen, deren Einfluss indirekt vermittelt wird, und familiären Prozessvariablen, die direkt beeinflussende und beeinflussbare Prozesse innerhalb der Familie abbilden (vgl. Helmke & Weinert 1997). Beide Ansätze sind trotz konzeptueller Überschneidungen gut miteinander kombinierbar (vgl. Braun & Mehringer 2010; Watermann & Baumert 2006). Es ist möglich, familiäre Merkmale gemäß Bourdieus Kapitalsorten und zugleich entlang der Unterscheidung von Struktur- und Prozessvariablen zu strukturieren und zu modellieren. Das daraus entstehende heuristische Raster besteht einerseits aus den drei Kapitalsorten ökonomisches, soziales und kulturelles Kapital und andererseits innerhalb der jeweiligen Kapitalsorten aus einer Differenzierung von Struktur- und Prozessvariablen. Im Folgenden soll ein kurzer an diesem Raster orientierter Überblick über familiäre Bedingungsfaktoren der strukturellen Sozial-Integration in die Schule gegeben werden.

Unter dem Begriff ökonomisches Kapital sind grundsätzlich alle Formen des materiellen Besitzes zusammengefasst. Unter bestimmten Bedingungen lässt sich ökonomisches Kapital auch aus sozialem oder kulturellem Kapital bilden (vgl. Maaz 2006). Das ökonomische Kapital ist für die Positionierung einer Person im sozialen Raum von maßgeblicher Bedeutung. Als familiales ökonomisches Kapital werden diejenigen materiellen Ressourcen verstanden, die den Kindern über ihre Eltern und vor allem deren Einkommen zur Verfügung gestellt werden. Als ökonomische Strukturvariable findet sich in vielen Untersuchungen der sozioökonomische Hintergrund der Familie bzw. der Eltern, der mithilfe verschiedener sozioökonomischer Indizes erfasst wird. Den ökonomischen Prozessvariablen sind vor allem diejenigen im familiären Kontext situierten oder von dort ausgehenden Praxen und Prozesse zuzurechnen, die in Abhängigkeit vom ökonomischen Kapital der Familie ablaufen wie beispielsweise die Inanspruchnahme von Nachhilfe.

Das soziale Kapital ist nach Bourdieu „die Gesamtheit der aktuellen und potentiellen Ressourcen, die mit dem Besitz eines dauerhaften Netzes von mehr oder weniger institutionalisierten *Beziehungen* gegenseitigen Kennens oder Anerkennens verbunden sind; oder, anders ausgedrückt, es handelt sich dabei um Ressourcen, die auf der *Zugehörigkeit zu einer Gruppe* beruhen" (Bourdieu 1983, S. 190f.). Dieses Netzwerk umfasst beispielsweise familiäre Beziehungen und Beziehungen in Freundeskreisen, im Beruf oder in Vereinen. Im familiären Kontext können die einem Kind zur Verfügung stehenden inner-familiären sozialen Ressourcen als soziales Kapital angesehen werden. Zu diesen zählen unter anderem die Familienform, das heißt ob das Kind in einer Eineltern- oder in einer Zweielternfamilie lebt, und die Anzahl der in der Familie lebenden Kinder. Sowohl die Familienform als

auch die Anzahl der Geschwister stellen Strukturvariablen dar. Die sich daraus er-
gebenden innerfamiliären Interaktionen und Beziehungen sind hingegen auf der
Prozessebene zu verorten.

Das kulturelle Kapital beschreibt diejenigen Ressourcen, die eine grundlegende
und regelmäßige Teilnahme an der bürgerlichen Kultur ermöglichen (vgl. Bourdieu
1983). Es tritt in drei unterschiedlichen Formen auf: in inkorporierter, in objekti-
vierter und in institutionalisierter Form (vgl. ebd.). Das kulturelle Kapital einer
Familie kann unter anderem am kulturellen Anregungsgehalt des familiären Haushalts (das Vorhandensein von Kulturgütern wie Bücher, Zeitungen und Lernprogrammen) und am Bildungshintergrund der Eltern (Schulabschlüsse, berufliche
Ausbildung) festgemacht werden. Beide Aspekte stellen Strukturvariablen dar. Zu
den Prozessvariablen des familialen kulturellen Kapitals zählen beispielsweise die
in der Familie gesprochene Sprache und das Verhalten der Eltern gegenüber ihren
Kindern. Helmke & Schrader (2006) unterscheiden vier grundlegenden Verhaltens-
formen, wie Eltern ihre Kinder beim schulischen Lernen unterstützen können: Sti-
mulation, Instruktion, Motivation und Modellfunktion. Damit knüpfen sie an US-
amerikanische Forschungslinien zu familiären Unterstützungsleistungen an, wie sie
beispielsweise bei Hoover-Dempsey und Sandler (2005) und Martinez-Pons (1996,
2002) zu finden sind. Auch sie nehmen eine vergleichbare Einteilung vor. Für das
Projekt SOKKE wurden in Anlehnung an deren Arbeiten vier Skalen zur Erfassung
elterlicher Unterstützungsleistungen entwickelt. Genauere Informationen zum Kon-
struktionsprozess der Skalen und den damit erzielten Ergebnissen enthalten die
Abschnitte 6.2.2 und 7.1.3.

*Exkurs: Bedingungsfaktoren der Schulleistungen von Kindern mit
Migrationshintergrund*

Abschließend werden verschiedene Erklärungsansätze und Bedingungsfaktoren der
Schulleistungsdifferenzen zwischen Schüler/inne/n mit und ohne Migrationshinter-
grund dargestellt und diskutiert. Diefenbach (2007) schlägt vor, zwei Gruppen von
Bedingungsfaktoren und Erklärungsansätzen zu unterscheiden: eine Gruppe von
Erklärungsansätzen, „die Nachteile der Kinder und Jugendlichen aus Migrantenfa-
milien durch deren Eigenschaften oder diejenigen ihrer Familien oder durch deren
Entscheidungen zu erklären versuchen" (Diefenbach 2007, S. 87), und eine Grup-
pe, die sich in ihren Erklärungen auf den schulischen Kontext und schulische
Merkmale konzentriert.

In einigen Ansätzen werden Defizite der Migrant/inn/en als zentrale Gründe dafür angeführt, warum die schulischen Integrationsprozesse von Kindern mit Migrationshintergrund weniger erfolgreich verlaufen. Entsprechende Defizite werden
unter anderem in der Herkunfts- und Lernkultur der Migrant/inn/en gesehen.
Schrader, Nikles und Griese (1976) vertreten beispielsweise in einer frühen Arbeit
die Annahme, dass Probleme der Migrantenkinder bei der (schulischen) Eingliederung in die Aufnahmegesellschaft auf defizitäre kulturelle Lebensbedingungen im

Herkunftsland zurückzuführen sind. Es finden sich auch andere defizitorientierte Ansätze, die nicht kulturelle, sondern schichtspezifische Defizite als Ursachen für die Bildungsdisparitäten herausstellen. Diese Erklärungsansätze gehen davon aus, dass die schichtspezifischen Sozialisationsbedingungen, die in vielen Migrantenfamilien vorherrschen, eine schlechtere Passung zur Schulkultur aufweisen. Insbesondere Familien von Arbeitsmigrant/inn/en gehören in Deutschland häufig niedrigen, bildungsfernen Schichten an. Die davon maßgeblich geprägten familiären Sozialisationsbedingungen sind, so die Annahme, für den Schulerfolg der Kinder weniger förderlich bzw. beeinträchtigen deren Bildungslaufbahn negativ. In eine ähnliche Richtung argumentieren auch humankapitaltheoretische Ansätze. Sie gehen davon aus, „dass es Kindern aus Migrantenfamilien häufiger bzw. stärker als deutschen Kindern an Humankapital mangele, das für das erfolgreiche Durchlaufen der Schulbahn in Deutschland notwendig sei" (Diefenbach 2007, S. 101). In verschiedenen Schulleistungsstudien wird dementsprechend versucht, die Kapitalausstattung der Schülerfamilien zu erfassen und zu untersuchen, wie sich diese auf schulische Lern- und Entscheidungsprozesse auswirkt (vgl. Baumert & Schümer 2002; Ditton 2007a; Ehmke & Baumert 2007). Dabei wird allerdings meist nicht angemessen berücksichtigt, dass das Humankapital von Migrant/inn/en im Aufnahmeland oft nur eingeschränkt verwertbar ist. Wie Nauck, Diefenbach und Petri (1998) in einer Studie zeigen konnten, kommt es durch den Migrationsprozess häufig zu einer weit reichenden Entwertung des kulturellen Kapitals der migrierenden Familie. Das kulturelle Kapital der Familie kann im Kontext des Aufnahmelandes daher nicht oder nur sehr eingeschränkt genutzt werden. Ein Beispiel hierfür ist die Nicht-Anerkennung von im Herkunftsland erworbenen Schulabschlüssen oder absolvierten Berufsausbildungen. Auch ein Verlust sozialen Kapitals kann durch den Migrationsprozess eintreten. Auf das im Herkunftsland verfügbare soziale Netzwerk kann nach der Migration meist nur noch eingeschränkt oder nicht mehr zurückgegriffen werden. In Analysen, die sich mit der Kapitalausstattung von Familien und deren Auswirkungen beschäftigen, muss daher, zumindest in Bezug auf das kulturelle und soziale Kapital, unterschieden werden, wo es erworben wurde und wo es eingesetzt werden soll.

Eine Reihe weiterer Erklärungsansätze sieht den Migrations- und / oder den Minderheitenstatus als Ursache für den geringeren Schulerfolg von Migrant/inn/en an. Es wird vermutet, dass der Migrationsstatus Einfluss darauf hat, welche Bildungsentscheidungen und welche Strategien sozialer Platzierung Eltern für ihre Kinder verfolgen (vgl. Diefenbach 2007; Kristen 2005; Schauenberg 2007). Eltern fehle entweder das entsprechende Wissen über das deutsche Schulsystem und es komme daher gerade bei vertikalen Platzierungsentscheidungen wie beim Übertritt oft zu Fehlplatzierungen oder sie verfolgen in Bezug auf die Bildungslaufbahn ihrer Kinder alternative Platzierungsstrategien. In Migrantenfamilien mit unsicherem Aufenthaltsstatus und / oder mit starker Rückkehrorientierung ist die Investition in einen deutschen Bildungsabschluss von nur geringer Attraktivität, da es bei einer

Rückkehr in das Herkunftsland meist zu einer formalen Entwertung dieser Abschlüsse kommt (vgl. Diefenbach 2007). Anstatt dessen haben die Eltern Interesse daran, ihre Kinder früh von der Schule zu nehmen, damit sie erwerbstätig werden und somit zum Familieneinkommen beitragen können. Auch ohne eine eindeutige Rückkehrabsicht können Migrantenfamilien zur Einschätzung kommen, dass sich formale schulische Bildung für Kinder mit Migrationshintergrund weniger lohnt als für Kinder ohne Migrationshintergrund und daher ein alternativer Weg eingeschlagen werden sollte. Einer dieser Wege wäre beispielsweise die gezielte Segregation von den Kontexten der Aufnahmegesellschaft und eine berufliche Fokussierung auf die eigenethnische Gemeinde innerhalb des Aufnahmelandes. Es wird versucht, sich beruflich in der eigenethnischen Ökonomie zu platzieren, die für diesen Platzierungsprozess weniger Wert auf formale Bildungsabschlüsse des Aufnahmelandes legt (vgl. ebd.).

Wie eingangs erwähnt, werden neben den individuellen und familiären auch schulische Bedingungsfaktoren für die Bildungsdisparitäten zwischen Kindern mit und ohne Migrationshintergrund diskutiert. Zu diesen Faktoren zählen bereits dargestellte Aspekte wie die (ethnische) Zusammensetzung der Schulklasse oder die Lehrer-Schüler-Interaktion (vgl. Abschnitt 3.6.3). Die Effekte der institutionellen Diskriminierung von Schüler/inne/n mit Migrationshintergrund wurden bislang noch nicht näher behandelt. Gomolla und Radtke (2009) untersuchen unter dem Begriff der institutionellen Diskriminierung schulische Regelungen und Strukturen, die sich benachteiligend auf die Schulleistungen und den Schulerfolg von Kindern mit Migrationshintergrund auswirken sollen. In Anlehnung an Feagin und Booher-Feagin (1986) unterscheiden sie mehrere Formen der Diskriminierung, angefangen bei der Diskriminierung als intentionaler Einzelhandlung, über Diskriminierung durch kleine Gruppen bis hin zur eben angesprochenen institutionellen Diskriminierung. Die institutionelle Diskriminierung kann in eine direkte und eine indirekte Diskriminierung unterteilt werden. Im schulischen Kontext sind diejenigen formellen und informellen Regelungen und Maßnahmen, die eine gezielte Unterscheidung und Ungleichbehandlung von Kindern mit und ohne Migrationshintergrund vornehmen, als Mechanismen direkter Diskriminierung anzusehen. Diese organisatorischen Lösungen werden meist in positiver, fördernder Absicht eingeführt und umgesetzt. Beispiele hierfür sind die bereits vorgestellten schulischen Fördermaßnahmen für Kinder nichtdeutscher Herkunftssprache (vgl. Abschnitt 3.6.1). Erzielen die Regelungen und Maßnahmen die erwarteten positiven Effekte bei ihrer Zielgruppe spricht man von positiver direkter Diskriminierung. Resultieren daraus nachteilige Effekte, so handelt es sich um negative direkte Diskriminierung. Gomolla und Radtke (2009) nennen als Beispiel für eine negative direkte Diskriminierung die dauerhafte Überweisung von Kindern mit Migrationshintergrund in Förderklassen, in denen der Erwerb eines Schulabschlusses nicht möglich ist. Mechanismen der indirekten Diskriminierung resultieren hingegen aus der Gleichbehandlung von Kindern mit und ohne Migrationshintergrund entlang für beide gleichermaßen gültigen Regeln. Diese Regeln, die „auf der pragmatischen Erwartung einer möglichst homogenen Klasse beruhen, stellen eine strukturelle Benachteiligung von Zweitsprachlernerinnen dar und lassen die spezifischen Lernvoraussetzungen und Lernbedingungen von Kindern aus ausländischen Herkunftsfamilien unberücksichtigt" (Gomolla & Radtke 2009, S. 281). Gomolla und Radtke zeigen am Beispiel der Einschulung, dass aufgrund der vordergründig neutralen Einschulungsregeln fehlende Deutschkenntnisse bei den Migrantenkindern nicht als migrationsbedingte Erscheinungen, sondern zur Umgehung rechtlicher Rahmenvorgaben als allgemeine Entwicklungsverzögerung gedeutet werden, wodurch eine Rückstellung der Kinder in den Kindergarten möglich wird. Außer der einschlägigen Studie von Gomolla und Radtke (2009) finden sich bislang in der deutschsprachigen Forschung keine weiteren nennenswerten Arbeiten, die sich in vergleichbarer Form mit Mechanismen direkter und indirekter institutioneller Diskriminierung von Kindern mit Migrationshintergrund im schulischen Kontext auseinandersetzen.

Die Deutschkenntnisse der Schüler/innen mit Migrationshintergrund stellen sicherlich die am häufigsten genannte Ursache migrationsbezogener Schulleistungsdifferenzen dar. In weitgehender Übereinstimmung von Bildungsforscher/inne/n und Politiker/inne/n wird davon ausgegangen, dass die Deutschkenntnisse der Migrantenkinder in Wort und Schrift erheblichen Anteil an den Schulleistungsdifferenzen gegenüber ihren Mitschüler/inne/n ohne Migrationshintergrund haben. Diese Argumentation erscheint allein aufgrund der Bedeutung plausibel, die der deutschen Sprache als Platzierungskriterium im schulischen Kontext zukommt. In den bayerischen Übertrittsregelungen ist die Schulleistung im Unterrichtsfach Deutsch beispielsweise eines von drei Kriterien für die Vergabe von Übertrittsempfehlungen. Verschiedene Diskurse setzen sich kritisch mit der zentralen Bedeutung der deutschen Sprachkenntnisse für den Schulerfolg auseinander. Gogolin (1994) verweist in diesem Zusammenhang beispielsweise auf den monolingualen Habitus' der deutschen Schule. Demnach ist die schulische Lebenswelt ausschließlich auf die deutsche Bildungssprache ausgerichtet und blendet dadurch die bi- und multilinguale Realität in Klassenzimmern und Schulen weitgehend aus. Intensiv wird auch darüber gestritten, inwieweit die explizite schulische Berücksichtigung und Förderung der Muttersprache sich auch positiv auf den Erwerb der deutschen Zweitsprache auswirkt (Gogolin & Neumann 2009). Unklar ist bislang, wie groß der Anteil an den Schulleistungsdifferenzen ist, der durch mangelnde Deutschkenntnisse erklärt wird. Die diesbezüglichen Annahmen reichen von einer moderaten Bedeutungszuweisung bis hin zur vollständigen Erklärung der Differenzen durch die Deutschkenntnisse.

4. Aktueller Forschungsstand zur Sozial-Integration in die Grundschule bei Kindern mit Migrationshintergrund

Um das Zustandekommen der Schulleistungs- und Schulerfolgsdifferenzen bei Kindern mit und ohne Migrationshintergrund am Ende der vierten Jahrgangsstufe genauer erklären zu können, werden ausgewählte strukturelle und kulturelle Integrationsaspekte in den Forschungsfokus dieser Arbeit gerückt.[10] Als Indikatoren der strukturellen Integration werden die Übertrittsempfehlungen und die Schulnoten der Schüler/innen betrachtet und als Indikatoren der kulturellen Integration werden die schulischen Kompetenzen in den Domänen Lesen, Rechtschreiben und Mathematik und die zugehörige Kompetenzentwicklung über die gesamte Grundschulzeit untersucht. Zudem werden einige der zuvor geschilderten individuellen und familiären Einflussfaktoren zu den betrachteten Integrationsprozessen in Bezug gesetzt, um so verschiedene Ansätze zur Erklärung der Bildungsdisparitäten zwischen Schüler/inne/n mit und ohne Migrationshintergrund auf ihre Gültigkeit im Grundschulkontext überprüfen zu können.

Im folgenden Kapitel wird der aktuelle Forschungsstand zu den ausgewählten schulischen Integrationsprozessen und zum Einfluss der sozialen Herkunft skizziert. Dieser Forschungsüberblick soll anschließend als Vergleichsgrundlage zur Interpretation und Einordnung der eigenen Analyseergebnisse dienen.

4.1 Schulerfolg von Kindern mit Migrationshintergrund – Übertritt und Bildungsbeteiligung

Der Übertritt stellt den vermutlich wichtigsten Allokationsvorgang in der (Grund-)Schule dar, da er nicht nur über den weiteren Verlauf der Schullaufbahn, sondern auch über die spätere berufliche Laufbahn (mit-)entscheidet. Der Übertritt trägt damit sowohl maßgeblich zur schulischen als auch zur gesellschaftlichen Sozial-Integration einer Person bei. Wie viele Studien übereinstimmend aufzeigen (Ditton & Krüsken 2006; Kristen 2005; Maaz, Baumert, Gresch & McElvany 2010; Schauenberg 2007), ist hier ein neuralgischer Punkt innerhalb des Schulsystems zu verorten. Ungleichheiten in der Bildungsbeteiligung zwischen Kindern mit und ohne Migrationshintergrund treten in Form von Übertrittsempfehlungen und -entscheidungen deutlich zutage und werden hier meist noch verstärkt. Es liegt da-

---

10 Soziale und emotionale Integrationsprozesse werden im weiteren Verlauf der Arbeit nicht betrachtet. Für die soziale Integration in die Grundschule liegen bereits umfassende Analysen aus dem Projekt SOKKE vor (vgl. Braun 2012) und die emotionale Sozial-Integration der Schüler/innen wurde im Projekt nicht erhoben. Obwohl beide Integrationsdimensionen in den Analysen nicht berücksichtigt werden, wurden sie theoretisch erarbeitet, um das vollständige Modell für über diese Arbeit hinausgehende Forschungszwecke nutzbar zu machen.

her nahe, eine inhaltliche und empirische Auseinandersetzung mit der Platzierung und dem Schulerfolg von Grundschulkindern mit Migrationshintergrund an diesem Punkt anzusetzen und auszurichten.

In diesem Abschnitt werden aktuelle Zahlen zum Übertritt und zur Bildungsbeteiligung von Kindern mit Migrationshintergrund im deutschen und im bayerischen Schulsystem vorgestellt. Das Arbeiten mit Daten über Migrant/inn/en stellt teilweise eine schwierige Angelegenheit dar. Viele Daten sind lückenhaft und lassen nur bedingt repräsentative Aussagen zur Gruppe der Migrant/inn/en zu (vgl. Sachverständigenrat deutscher Stiftungen für Integration und Migration 2010). Oft sind in den Datensätzen nur Personen mit ausländischer Staatsangehörigkeit explizit erfasst. Doch unter den Jugendlichen mit Migrationshintergrund haben heute beispielsweise bereits mehr als die Hälfte einen deutschen Pass (vgl. ebd.). Gerade für den schulischen Bereich können ausgehend von den vorliegenden amtlichen Daten oft nur sehr eingeschränkte Rückschlüsse auf die Gruppe der Migrant/inn/en gezogen werden. Hinzu kommt, dass dort, wo explizit nicht nur mit der Staatsangehörigkeit, sondern mit einem erweiterten Begriffsverständnis von Migrant/inn/en gearbeitet wird, trotzdem meist keine einheitlichen Erfassungsrichtlinien gelten, sodass auch dadurch die Vergleichbarkeit der Daten deutlich eingeschränkt ist. In Anbetracht dieser Schwierigkeiten wird in den folgenden Analysen jeweils explizit ausgewiesen, auf welche Personengruppe sich die Daten und Ausführungen beziehen, d.h. anhand welcher Kriterien der Migrationshintergrund erfasst wird.

Bevor erste Ergebnisse zum Übertritt und zur Bildungsbeteiligung von Kindern mit Migrationshintergrund dargestellt werden, soll kurz darauf eingegangen werden, welches Begriffsverständnis von Migrationshintergrund dieser Arbeit zugrunde gelegt ist. Die vorliegende Arbeit orientiert sich in ihrer Definition eines Migrationshintergrundes an den differenzierten Erfassungskriterien des Mikrozensus (vgl. Statistisches Bundesamt 2010). Wie Abb. 5 zu entnehmen ist, werden die Personen mit Migrationshintergrund in zwei größere Gruppen unterteilt: die Personen mit eigener Migrationserfahrung und die Personen ohne eigene Migrationserfahrung. Der ersten Kategorie werden diejenigen Personen zugeordnet, die selbst nach Deutschland migriert sind. Dazu zählen Personen ohne deutsche Staatsbürgerschaft und Personen, die zwar selbst migriert sind, aber bereits über die deutsche Staatsbürgerschaft verfügen, wie beispielsweise die große Gruppe der selbst migrierten (Spät-) Aussiedler/innen. Zur zweiten Kategorie zählen die bereits in Deutschland geborenen Kinder und Enkelkinder von Migrant/inn/en. Dabei ist weiter zu unterscheiden zwischen (Enkel-)Kindern ohne Staatsbürgerschaft und Migrant/inn/en mit deutscher Staatsbürgerschaft, von denen ein oder beide Elternteile einen Migrationshintergrund aufweisen. Je nach inhaltlichem Bedarf ist es möglich, entlang dieses Schemas einzelne Untergruppen bzw. Kategorien zu Untersuchungszwecken heraus zu greifen und einzeln oder im Vergleich zu anderen Gruppen zu analysieren. Innerhalb der PISA-Studien werden beispielsweise Vergleiche zwischen vier verschiedenen Kategorien angestellt: Jugendliche ohne Migrationshintergrund, Jugendliche mit einem im Ausland geborenen Elternteil, Jugendliche der zweiten Generation und Jugendliche der ersten Generation. Wie Walter und Taskinen (2008) betonen, wurde diese Gruppenauswahl nicht willkürlich getroffen, sondern es hat sich innerhalb der PISA-Studien und weiterer Untersuchungen gezeigt, „dass sich die vier Gruppen in wesentlichen Bedingungen und Folgen von Sozialisation und Integration wie beispielsweise den familiären Ressourcen, dem Sprachgebrauch, den Kompetenzen und schulischen Leistungen bedeutsam unterscheiden" (Walter & Taskinen 2008, S. 348f). Auch in den sich anschließenden Analysen soll, wo es von inhaltlichem Interesse ist, zwischen verschiedenen Kategorien von Personen mit Migrationshintergrund differenziert werden. Zudem wird auch, soweit möglich, zwischen den Herkunftsländern der Kinder differenziert, um genauer untersuchen zu können, inwieweit sich die ethnische Herkunft auf die Sozial-Integration in die Grundschule auswirkt.

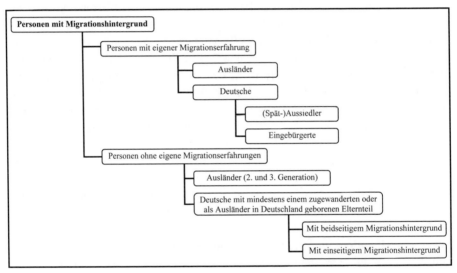

Abb. 5:   Kategorisierung von Personen mit Migrationshintergrund
           (in Anlehnung an Statistisches Bundesamt 2010)

4.1.1 Bildungsbeteiligung und Übertritt von Kindern mit Migrationshintergrund in Deutschland

Die derzeit wohl umfangreichste repräsentative und aktuelle Datenquelle, die detaillierte Auskunft zur Bevölkerung mit Migrationshintergrund in Deutschland gibt, ist der Mikrozensus. Der Mikrozensus ist eine jährlich erstellte, amtliche Repräsentativstatistik über die Bevölkerung und den Arbeitsmarkt in Deutschland, bei der rund 1 % der deutschen Bevölkerung befragt wird. Mit der letzten Änderung des Mikrozensusgesetzes 2003 wurden die Erfassungsrichtlinien dahingehend geändert, dass durch die Aufnahme einer Reihe von neuen Fragen nun eine detailliertere Beschreibung der in Deutschland lebenden Bevölkerung mit Migrationshintergrund möglich ist (vgl. Statistisches Bundesamt 2010). Entlang welcher Abstufungen und Kategorien der Migrationshintergrund aktuell erfasst wird, wurde bereits anhand von Abb. 5 erläutert.

Derzeit leben nach Angaben des Mikrozensus 2011 insgesamt ungefähr 16 Millionen Personen mit Migrationshintergrund in Deutschland (vgl. Statistisches Bundesamt 2012). Davon haben weniger als die Hälfte, ungefähr 45 %, keine deutsche Staatsbürgerschaft. Die verbleibenden 55 % weisen zwar einen Migrationshintergrund auf, verfügen aber gleichzeitig über die deutsche Staatsbürgerschaft. Hieran wird deutlich, dass durch eine analytische Beschränkung auf die Gruppe der Ausländer die in Deutschland lebende Bevölkerung mit Migrationshintergrund gravierend unterschätzt und repräsentative Aussagen zu Migrant/inn/en in Deutschland auf dieser Grundlage nicht oder nur sehr eingeschränkt vorgenommen werden können. Der Anteil der Personen mit Migrationshintergrund an der Gesamtbevölkerung in Deutschland beträgt insgesamt 19,5 % (vgl. ebd.). Dieser Anteil ist ungleich über die Altersstufen verteilt und nimmt mit steigendem Alter ab. So liegt der Anteil der Kinder mit Migrationshintergrund in der Altersgruppe der 0 bis 5 Jährigen bei über einem Drittel (34,9 %). Innerhalb der für diese Arbeit zentralen Altersgruppe zwischen 5 und 10 Jahren ist der Anteil ungefähr bei einem Drittel (32,7 %). In den höheren Altersgruppen ist der Anteil wesentlich geringer. Die 55- bis 65-jährigen Migrant/inn/en machen beispielsweise nur noch einen Anteil von 15,5 % an der entsprechenden Altersgruppe aus (vgl. ebd.).

Was die derzeitige bzw. die frühere Staatsangehörigkeit der Migrant/inn/en anbelangt, so weisen 70,5 % einen europäischen Migrationshintergrund auf (vgl. Statistisches Bundesamt 2012). Das bedeutet, sie oder ihre (Groß-)Eltern sind aus einem anderen europäischen Land nach Deutschland migriert. Innerhalb dieser Gruppe sind es vor allem die ehemaligen Anwerbeländer, auf die mitunter die größten Anteile entfallen. 2,9 Millionen Migrant/inn/en weisen alleine einen türkischen Migrationshintergrund auf. Ungefähr 780 000 Personen haben einen italienischen und rund 392 000 einen griechischen Migrationshintergrund. Die (Spät-)Aussiedler/innen stellen eine weitere hinsichtlich ihrer Größe beachtenswerte Migrantengruppe dar. In Deutschland leben derzeit ungefähr 3,2 Millionen (Spät-)Aussiedler/innen mit eigener Migrationserfahrung (vgl. ebd.). Informationen zur Gruppe der Aussiedler/innen ohne eigene Migrationserfahrung sind im Mikrozensus nicht enthalten.

In der Gruppe der Kinder im Grundschulalter stehen 102 000 Kindern mit eigener Migrationserfahrung 1 026 000 Kinder mit Migrationshintergrund ohne eigene Migrationserfahrung gegenüber (vgl. Statistisches Bundesamt 2012). Dies entspricht einem Verhältnis von 1 zu 11. In den Gruppen der türkischen, italienischen und griechischen Migrant/inn/en finden sich mittlerweile keine Kinder im Grundschulalter mehr, die selbst Wanderungserfahrungen gemacht haben (vgl. ebd). Die Kinder dieser Gruppen sind demnach nicht der ersten, sondern der zweiten oder dritten Generation zuzurechnen.

Neben Daten zum Migrationshintergrund werden innerhalb des Mikrozensus auch Daten zur Bildungsbeteiligung und zum Bildungsstand der Befragten erhoben. Aufgrund der Knappheit der diesbezüglichen Daten ist es normalerweise nur möglich, Aussagen darüber zu treffen, ob eine Person noch zur Schule geht, welche Klassenstufe sie besucht und anhand der Klassenstufe kann hinsichtlich der Schulart unterschieden werden, ob sie die Grundschule oder die gymnasiale Oberstufe besucht (vgl. Bandorski, Harring, Karakaşoğlu & Kelleter 2008). Mit den Daten des Mikrozensus von 2008, in dem mehr Informationen zur Bildung erfragt wurden, können auch genauere Aussagen zur Art der besuchten allgemeinbildenden Schule gemacht werden (vgl. Nold 2010). Im Folgenden wird auf eine von Nold (2010) durchgeführte Analyse dieser Mikrozensusdaten zurückgegriffen, die unter anderem eine Auswertung der Bildungsbeteiligung von Kindern mit Migrationshintergrund nach besuchten Schularten enthält.

Nold beschränkt sich in ihren Analysen des Mikrozensus 2008 aus inhaltlichen und methodischen Gründen ausschließlich „auf ledige Kinder in Privathaushalten am Hauptwohnsitz der Familie [...], die angaben, in den letzten zwölf Monaten eine allgemeinbildende oder berufliche Schule besucht zu haben" (Nold 2010, S. 141f.). Insgesamt zählen zu dieser Gruppe 11 615 000 Schüler/innen, wovon ungefähr 80 % eine allgemeinbildende und 20 % eine berufliche Schule besuchen (vgl. ebd.). Für den vorliegenden Kontext sind vor allem diejenigen Schüler/innen von Interesse, die eine allgemeinbildende Schule besuchen. Denn an ihnen kann abgeschätzt werden, zu welcher Bildungsbeteiligung der Übertritt von der Primar- in die Sekundarstufe führt. Während circa 3 Millionen Schüler/innen in Deutschland die Grundschule besuchen, finden sich an Hauptschule, Realschule und Gymnasium insgesamt 5 363 000 Schüler/innen. 20 % dieser Schüler/innen besuchen eine Hauptschule, 31 % eine Realschule und 49 % gehen auf ein Gymnasium (vgl. ebd.).

Tabelle 1: Bildungsbeteiligung von Kindern mit und ohne Migrationshintergrund (eigene Berechnungen auf der Grundlage von Nold 2010, S.148)

Schulform	Schüler/innen gesamt	Schüler/innen ohne Migrations- hintergrund	Schüler/innen mit Migrationshintergrund		
			Gesamt	Türkische Herkunft	Sonstige Anwerbeländer[1]
		Angaben in Spaltenprozenten			
Hauptschule	20	15	32	45	37
Realschule	31	32	30	32	31
Gymnasium	49	53	38	23	32

Anmerkungen: [1] Bosnien und Herzegowina, ehemaliges Jugoslawien, Griechenland, Italien, Kroatien, Portugal, Serbien und Montenegro, Slowenien, Spanien, Marokko

Wie Tabelle 1 entnommen werden kann, zeigen sich bei einer Aufteilung der Schüler/innen in Kinder mit und ohne Migrationshintergrund differierende Anteile in der Bildungsbeteiligung. Wie auch in anderen Studien belegt (vgl. Herwartz-Emden 2003; Ramm, Prenzel, Heidemeier & Walter 2004; Schimpl-Neimanns

2000; Siegert 2008; Stanat 2008; Stanat & Christensen 2006; Steinbach 2006; Walter & Taskinen 2008), weisen Kinder mit Migrationshintergrund in der Sekundarstufe eine durchschnittlich schlechtere schulische Platzierung auf. Schüler/innen mit Migrationshintergrund sind im Vergleich zu Kindern ohne Migrationshintergrund doppelt so häufig an Hauptschulen zu finden (vgl. Nold 2010). An Gymnasien hingegen ergibt sich das umgekehrte Bild. Hier liegt der Anteil der Schüler/innen mit Migrationshintergrund mit 38 % deutlich unter dem Anteil der Schüler/innen ohne Migrationshintergrund von 53 %. Der Schüleranteil an Realschulen ist in allen in Tabelle 1 aufgeführten Gruppen vergleichbar groß. Die nochmals separat dargestellten Unterkategorien, türkische Migrant/inn/en und Migrant/inn/en aus sonstigen Anwerbeländern, weisen beide eine durchschnittlich schlechtere schulische Platzierung auf als die Gruppe der Schüler/innen mit Migrationshintergrund insgesamt. Schüler/innen türkischer Herkunft sind dreimal so häufig an Hauptschulen vorzufinden wie Schüler/innen ohne Migrationshintergrund.

Da sich die angegebenen Prozentanteile jeweils auf die aktuelle Gesamtzahl der Personen an Hauptschulen, Realschulen und Gymnasien innerhalb einer Kategorie beziehen, kommt es bei Vergleichen innerhalb einer Kategorie zu Maßstabsproblemen. Diese Probleme sind auf die unterschiedliche Schuldauer der einzelnen Schulformen zurückzuführen. In der Gruppe der Schüler/innen an Gymnasien werden beispielsweise Schüler/innen aus acht bzw. neun Jahrgangsstufen zusammengefasst, während sich der Anteil der Schüler/innen an Hauptschulen auf nur fünf Jahrgangsstufen bezieht. Um dieses Maßstabsproblem zu umgehen und um Vergleiche innerhalb einer Kategorie zu ermöglichen, beschränken sich viele Studien in ihren Analysen auf eine Klassenstufe oder auf ein spezifisches Alter. Leider liegen bislang keine entsprechenden Auswertungen des Mikrozensus 2008 vor. Anstatt dessen ist es aber möglich, auf entsprechende Ergebnisse und Auswertungen von PISA 2003 und von PISA-E 2003 zurückzugreifen (vgl. Ramm et al. 2004; Walter 2006). Die PISA-Studien untersuchen alle drei Jahre, „wie gut fünfzehn jährige Schüler/innen und Schüler auf die Anforderungen der Wissensgesellschaft vorbereitet sind" (PISA Konsortium Deutschland 2008, o.S.). Das bedeutet, sie fokussieren in ihrem Studiendesign auf eine spezifische Altersgruppe: die fünfzehnjährigen Schüler/innen. Diese Fokussierung ermöglicht es, die Bildungsbeteiligung von Kindern mit und ohne Migrationshintergrund innerhalb einer Altersgruppe nachzuzeichnen (vgl. Ramm et al. 2004).

Wie Tabelle 2 zeigt, ergeben sich auch innerhalb einer Altersgruppe für Migrant/inn/en wesentlich schlechtere Platzierungen in der Sekundarstufe als für Schüler/innen ohne Migrationshintergrund. Während bei den Schüler/inne/n ohne Migrationshintergrund nur 22 % eine Hauptschule besuchen, sind es bei den Schüler/inne/n mit eigener Migrationserfahrung 38 % (vgl. ebd.). Bei den Migrant/inn/en ohne eigene Migrationserfahrung liegt der Anteil von Hauptschüler/inne/n noch einmal deutlich höher bei 53 %. Das umgekehrte Verhältnis zeigt sich, wenn die Bildungsbeteiligung an Gymnasien betrachtet wird. Hier weisen die Schüler/innen ohne Migrationshintergrund den mit Abstand größten Anteil auf.

Tabelle 2: Bildungsbeteiligung auf der Datengrundlage von PISA 2003
(Eigene Berechnungen auf der Grundlage von Ramm et al. 2004 S. 267)

Schulform	Schüler/innen o. Migrations- hintergrund	Schüler/innen mit Migrationshintergrund	
		Migrant/inn/en m. ME	Migrant/inn/en o. ME
	Angaben in Spaltenprozenten		
Hauptschule	22	38	53
Realschule	38	44	32
Gymnasium	40	18	15

Anmerkungen: m. ME = mit Migrationserfahrung; o. ME. = ohne Migrationserfahrung

Gegenüber den Daten des Mikrozensus fällt auf, dass sich durch die Beschränkung auf eine Altersstufe die Anteile innerhalb einer Gruppe verschieben. Der Anteil von Hauptschüler/innen nimmt erwartungsgemäß in allen Gruppen zu. Die Anteilswerte der Realschule und des Gymnasiums nehmen im Gegenzug dazu ab. Die Grundverhältnisse bleiben jedoch auch bei dieser Betrachtungsweise weitgehend bestehen. Die Differenzen zwischen der Bildungsbeteiligung von Migrant/inn/en erster und den Migrant/inn/en zweiter Generation sind auf den ersten Blick unerwartet. Demnach weisen Migrant/inn/en, deren Eltern migriert, die aber selbst in Deutschland geboren sind, eine schlechtere schulische Platzierung in der Sekundarstufe auf als Migrant/inn/en erster Generation, die selbst migriert sind. Dieses Ergebnis widerspricht vielen gängigen Akkulturationsthesen, die von einer Annäherung und einer zunehmenden Integration der Migrant/inn/en in das Aufnahmeland in der Generationenfolge ausgehen (vgl. Park 1950; Gordon 1964). Zu vermuten ist allerdings, dass der Grund für das bessere Abschneiden der ersten gegenüber der zweiten Generation in der ethnischen Zusammensetzung der jeweiligen Gruppen liegt (vgl. Walter & Taskinen 2008). Wie Ramm et al. (2004) aufzeigen, sind über 70 % der erfassten Migrant/inn/en zweiter Generation Kinder von Arbeitsmigrant/inn/en. Fast 64 % davon sind allein Kinder türkischer Herkunft. Die Migrant/inn/en erster Generation zeigen eine davon wesentlich abweichende Gruppenzusammensetzung. Hier sind es vor allem Jugendliche aus der ehemaligen Sowjetunion und aus Polen, vermutlich überwiegend Spätaussiedler/innen, die mit fast 71 % die Mehrheit in dieser Gruppe darstellen. Kinder mit türkischem Migrationshintergrund weisen im Vergleich dazu lediglich einen Anteil von ungefähr 9 % auf.

Mithilfe von Daten aus PISA-E 2003, der um einen Bundesländervergleich erweiterten PISA-2003-Studie (vgl. Stanat 2008), kann ein genauer Blick auf die Bildungsbeteiligung der einzelnen ethnischen Gruppen geworfen werden (vgl. Tabelle 3). Es bestätigt sich die eben geäußerte Annahme. Die türkischen und die italienischen Migrant/inn/en, die den Großteil der Migrant/inn/en ohne eigene Migrationserfahrung ausmachen, schneiden insgesamt schlechter ab als die Migrant/inn/en aus der ehemaligen Sowjetunion und aus Polen. Vor allem letztere sind nur geringfügig schlechter in der Sekundarstufe platziert als Schüler/innen mit deutschen Eltern.

Tabelle 3: Bildungsbeteiligung nach Herkunft der Eltern
(Eigene Berechnungen auf der Grundlage von Stanat 2008, S. 703)

Schulform	Herkunft der Eltern				
	Deutschland	Türkei	Italien	Polen	Ehemalige Sowjetunion
	Angaben in Spaltenprozenten				
Hauptschule	23	64	51	23	43
Realschule	32	25	29	36	36
Gymnasium	45	11	20	41	21

Während den PISA-Studien wichtige Informationen zur Bildungsbeteiligung entnommen werden können, beschäftigen sich die IGLU-Studien als Untersuchungen im Primarschulbereich unter anderem explizit mit dem Übertritt, der Vergabe von Übertrittsempfehlungen und den Übertrittsentscheidungen. Arnold, Bos, Richert und Stubbe (2007) zeigen in Analysen von IGLU 2006 Daten, wie hoch die Chancen von Schüler/inne/n mit Migrationshintergrund auf eine Gymnasialempfehlung sind. Auch diese Ergebnisse dokumentieren und reproduzieren weitgehend die deutlich schlechtere schulische Platzierung von Kindern aus Migrantenfamilien im und durch den Übertrittsprozess. So haben Kinder, deren Eltern keinen Migrationshintergrund aufweisen, eine 2,3 mal so hohe Chance eine Gymnasialempfehlung von den Lehrkräften zu erhalten als Kinder aus einer Familie mit zwei migrierten Elternteilen. Auch unter Kontrolle der kognitiven Fähigkeiten bleibt die Chance fast doppelt so hoch (vgl. ebd.).

4.1.2 Bildungsbeteiligung und Übertritt von Kindern mit Migrationshintergrund in Bayern

Nachdem im vorhergehenden Abschnitt ein kurzer Überblick über aktuelle Zahlen zur Bildungsbeteiligung und zum Übertritt von Kindern mit Migrationshintergrund in Deutschland gegeben wurde, sollen nun aktuelle Zahlen für das Bundesland Bayern vorgestellt werden. Das Projekt SOKKE, dem die Datengrundlage dieser Arbeit entstammt, wurde in einer bayerischen Großstadt durchgeführt (vgl. Herwartz-Emden, Schneider, Wieslhuber, & Küffner 2004). Da jedes Bundesland eigene Übertrittsregelungen aufweist und zudem unter den Bundesländern teils große Differenzen im Migrantenanteil und in der ethnischen Zusammensetzung dieser Gruppe bestehen, ist davon auszugehen, dass auch die Bildungsbeteiligung in der Sekundarstufe bundeslandspezifisch variiert (vgl. Maaz, Baumert, Gresch & McElvany 2010). Die Vorstellung aktueller Daten für Bayern dient daher dem Zweck, ein detaillierteres Bild vom Kontext zu erhalten, in dem das Forschungsprojekt durchgeführt wurde, und herauszustellen, inwieweit die Kontextbedingungen in Bayern vom deutschen Durchschnitt abweichen.

Ein erster Blick auf die Bevölkerungszusammensetzung in Bayern zeigt, dass ungefähr 20 % der bayerischen Bevölkerung Migrant/inn/en sind, was einer absoluten Anzahl von 2 470 000 Personen entspricht (vgl. Statistisches Bundesamt 2012). Dieser Anteil ist vergleichbar mit dem Anteil der Migrant/inn/en an der deutschen Bevölkerung. Insgesamt leben 16 % der Migrant/inn/en aus der deutschen Bevölkerung in Bayern. Davon haben, ebenfalls vergleichbar mit dem deutschen Durchschnitt, circa 48 % keine deutsche Staatsangehörigkeit. Eigene Migrationserfahrungen weisen über 69 % der in Bayern lebenden Migrant/inn/en auf (vgl. ebd.). Dieser Anteil liegt etwas über dem deutschen Gesamtwert von 67 %. Was die derzeitige bzw. frühere Staatsangehörigkeit der in Bayern lebenden Personen mit Migrationshintergrund anbelangt, so finden sich hier ebenfalls ähnliche Verhältnisse wie im deutschen Durchschnitt. Mit 74 % kommen fast drei Viertel der erfassten Migrant/inn/en aus einem anderen europäischen Land. Auch in Bayern stellen die Migrant/inn/en aus ehemaligen Anwerbeländern wie der Türkei oder die (Spät-)-Aussiedler/innen mit 370 000 bzw. mit 518 000 Personen große Bevölkerungsgruppen dar (vgl. ebd.). Zur Verteilung der Migrant/inn/en in Bayern auf verschiedene Altersgruppen liegen bislang keine Analysen der Mikrozensusdaten vor.

Um einen Eindruck von der Bildungsbeteiligung der Migrant/inn/en in Bayern zu erhalten, kann auf den vom Staatsinstitut für Schulqualität und Bildungsforschung (kurz: ISB) herausgegebenen Bildungsbericht zurückgegriffen werden. Auch hier findet sich ein erweitertes Verständnis von Migrant/inn/en, das über die Beschränkung auf das Merkmal Staatsangehörigkeit hinausgeht (vgl. Staatsinstitut für Schulqualität und Bildungsforschung 2012). Wie im Bildungsbericht erläutert, wird „Migrationshintergrund [...] als das Vorliegen von mindestens einem der drei folgenden Merkmale definiert:

– keine deutsche Staatsangehörigkeit
– im Ausland geboren
– überwiegend in der Familie gesprochene Sprache nicht Deutsch"
  (Staatsinstitut für Schulqualität und Bildungsforschung 2012, S. 11)

Dieses Verständnis ist im Vergleich zur bereits dargestellten Begriffsverwendung des Mikrozensus (vgl. Statistisches Bundesamt 2010) wesentlich enger gefasst. Daher sind die im Bildungsbericht enthaltenen Daten auch nur eingeschränkt mit den zuvor vorgestellten Daten für Deutschland vergleichbar.

Dem Bildungsbericht zufolge zeichnet sich beim relativen Schulbesuch in der Jahrgangsstufe 8 ein wesentlich negativeres Bild für Migrant/inn/en ab als in den zuvor berichteten bundesweiten Statistiken (vgl. Tabelle 4). Der Anteil der Migrant/inn/en an Hauptschulen liegt, gleich ob es sich um gewanderte Migrant/inn/en oder um Migrant/inn/en ohne eigene Migrationserfahrung handelt, jeweils deutlich über 60 % (vgl. Staatsinstitut für Schulqualität und Bildungsforschung 2009). Auch die Schulbeteiligung der Schüler/innen ohne Migrationshintergrund fällt schlechter aus als im deutschen Durchschnitt. Zwar bleibt die grundlegende Reihenfolge von

Hauptschule mit dem kleinsten Anteil, über die Realschule, bis hin zum Gymnasium mit dem größten Anteil erhalten, doch fallen die Differenzen zwischen den Schulformen mit jeweils 2 % deutlich geringer aus. Gleiches trifft auch auf die Unterschiede in der Bildungsbeteiligung von Migrant/inn/en mit und Migrant/inn/en ohne eigene Migrationserfahrung zu. Wie in den zuvor geschilderten Daten für Deutschland zeigt sich auch für Bayern, dass Migrant/inn/en mit eigener Migrationserfahrung häufiger an Gymnasien vorzufinden sind als Migrant/inn/en ohne eigene Migrationserfahrung. Allerdings fällt die Differenz mit 3 % erneut relativ gering aus (vgl. ebd.). Die differentielle Bildungsbeteiligung der beiden Migrantengruppen kann vermutlich wieder auf die unterschiedliche Zusammensetzung der beiden Gruppen zurückgeführt werden (vgl. ebd.). Allein 51 % der Migrant/inn/en der zweiten Generation weisen einen türkischen Migrationshintergrund auf. Im Vergleich dazu sind unter den selbst migrierten Schüler/inne/n nur 4 % mit türkischem Migrationshintergrund zu finden. Mit den Migrant/inn/en russischer Herkunft verhält es sich erwartungsgemäß umgekehrt. Innerhalb der Gruppe der Migrant/inn/en ohne eigene Migrationserfahrung stellen sie mit 1,9 % eine verhältnismäßig kleine Gruppe dar. Unter den Migrant/inn/en mit eigener Migrationserfahrung sind sie mit 33,6 % die mit Abstand größte Gruppe (vgl. ebd.).

Tabelle 4: Bildungsbeteiligung der Schüler/innen in der 8. Jahrgangsstufe in Bayern
(Eigene Berechnungen auf der Grundlage von Staatsinstitut für Schulqualität und Bildungsforschung 2009, S. 204)

Schulform	Schüler/innen o. Migrations- hintergrund	Schüler/innen mit Migrationshintergrund		
		Migrant/inn/en Gesamt	Migrant/inn/en m. ME	Migrant/inn/en o. ME
		Angaben in Spaltenprozenten		
Hauptschule	31	65	63	66
Realschule	33	17	17	17
Gymnasium	35	18	20	17

Anmerkungen: m. ME = mit Migrationserfahrung; o. ME. = ohne Migrationserfahrung

Wie an Tabelle 5 abzulesen ist, verkehrt sich der Befund, dass Migrant/inn/en mit eigener Migrationserfahrung eine bessere Bildungsbeteiligung aufweisen, bei einer Betrachtung der Migrant/inn/en nach Herkunftsland sogar ins Gegenteil. Abgesehen von den Schüler/inne/n mit italienischer Herkunft sind alle aufgeführten Migrant/inn/en in der zweiten Generation häufiger an Gymnasien vorzufinden als Migrant/inn/en der ersten Generation (vgl. Staatsinstitut für Schulqualität und Bildungsforschung 2009). Ein Befund, der im Einklang mit verschiedenen Akkulturationsannahmen steht, die davon ausgehen, dass in der Generationenfolge eine zunehmende strukturelle Sozial-Integration der Migrant/inn/en in die Aufnahmegesellschaft stattfindet.

Kapitel 4

Tabelle 5: Bildungsbeteiligung in Bayern nach Herkunft
(Eigene Berechnungen auf der Grundlage von Staatsinstitut für Schulqualität und Bildungsforschung 2009, S. 206)

Schulform	Generation	Schüler/innen ohne MH	Migrationshintergrund			
			Türkisch	Italienisch	Russisch	Polnisch
		Angaben in %				
Hauptschule	1.	-	79	65	67	68
	2.	-	73	69	56	47
	Zusammen	31	73	68	66	57
Realschule	1.	-	11	14	18	17
	2.	-	15	17	18	22
	Zusammen	33	15	17	18	19
Gymnasium	1.	-	10	21	15	15
	2.	-	12	14	26	31
	Zusammen	35	12	15	16	24

Weitere Daten zur Bildungsbeteiligung in Bayern sind der um einen Ländervergleich erweiterten PISA-E-Studie 2006 (vgl. PISA-Konsortium 2008) zu entnehmen. Die PISA-Studie entspricht in ihrem Begriffsverständnis und in ihrer Begriffsoperationalisierung von Personen mit Migrationshintergrund weitgehend der oben geschilderten Begriffsdefinition des Mikrozensus. Von den auf dieser Grundlage erhobenen und ausgewerteten Daten ist daher eine Vergleichsgrundlage zu erwarten, die zu den zuvor für Deutschland dargestellten Befunden eine höhere Passung aufweist und dadurch ein konsistenteres Bild von der Bildungsbeteiligung von Schüler/inne/n mit Migrationshintergrund in Bayern zeichnet.

Laut PISA 2006 (vgl. Walter & Taskinen 2008) liegt der Anteil der Migrant/inn/en unter den erfassten fünfzehnjährigen Schüler/inne/n in Bayern bei ungefähr 18 %. Dieser Wert unterschätzt den Anteil vermutlich etwas, da 5 % der getesteten Schüler/innen hinsichtlich des Merkmals Migrationshintergrund nicht zugeordnet werden konnten. Innerhalb der Gruppe der Migrant/inn/en zeichnen sich mehrere größere Herkunftsgruppen ab. Zu diesen zählen beispielsweise Migrant/inn/en türkischer Herkunft (26 %), Migrant/inn/en aus der ehemaligen Sowjetunion (18 %) und Migrant/inn/en aus dem ehemaligen Jugoslawien (10 %) (vgl. ebd.). In den letzten beiden Gruppen sind großteils (Spät-)Aussiedler/innen zu erwarten.

Die Bildungsbeteiligung der fünfzehnjährigen Schüler/innen in Bayern stellt sich wie in Tabelle 6 abgebildet dar. Für die Schüler/innen ohne Migrationshintergrund zeigt sich gegenüber den für Deutschland berichteten Daten eine etwas schlechtere Bildungsbeteiligung (vgl. Statistisches Bundesamt 2010; Walter & Taskinen 2008). Vor allem an Hauptschulen sind im Vergleich zum bundesweiten Durchschnitt mehr und an Gymnasien weniger Schüler/innen ohne Migrationshintergrund vorzufinden. Bei den Schüler/inne/n mit Migrationshintergrund liegt der Anteil der Jugendlichen, die eine Hauptschule besuchen, ebenfalls über dem von PISA berichteten bundesweiten Durchschnitt (vgl. ebd.). Auch der Anteil der Migrant/inn/en, die ein Gymnasium besuchen, liegt in Bayern etwas höher. Dementsprechend kleiner fällt der Anteil an Realschüler/inne/n aus. Insgesamt bleibt die schlechtere schulische Platzierung der Migrant/inn/en gegenüber den Schüler/inne/n ohne Migrationshintergrund weitgehend erhalten (vgl. ebd.).

Tabelle 6: Bildungsbeteiligung auf der Datengrundlage von PISA 2006
(Eigene Berechnungen auf der Grundlage von Walter & Taskinen 2008, S. 360)

Schulform	Schüler/innen ohne Migrationshintergrund	Schüler/innen mit Migrationshintergrund
	Angaben in Spaltenprozenten	
Hauptschule	28	55
Realschule	37	25
Gymnasium	35	20

Eine von Ditton 2007 vorgelegte Studie gibt einen Einblick in die Vergabe von Übertrittsempfehlungen und die Übertrittsentscheidungen in Bayern (vgl. Ditton 2007a). In der 27 bayerische Grundschulklassen umfassenden Längsschnittuntersuchung vom Ende der dritten bis zum Ende der vierten Jahrgangsstufe werden auch Schüler/innen mit Migrationshintergrund in den Blick genommen. Der Migrationsstatus wird dabei ausschließlich über das Geburtsland der Schülereltern (kein, ein oder beide Elternteile im Ausland geboren) bestimmt (vgl. Ditton 2007b). Eine entlang dieser Aufteilung vorgenommene Auswertung der Übertrittsentscheidungen von der Primar- in die Sekundarstufe ergibt die in Tabelle 7 abgebildete Verteilung auf die Schulformen.

Tabelle 7: Übertrittsentscheidungen von Schülerinnen nach Migrationsstatus der Eltern
(Eigene Darstellung auf der Grundlage von Ditton 2007b, S. 72)

Schulform	Schüler/innen o. Migrationshintergrund	Schüler/innen mit Migrationshintergrund	
		Ein Elternteil im Ausland geboren	Beide Elternteile im Ausland geboren
	Angaben in Spaltenprozenten		
Hauptschule	35	41	65
Realschule	29	9	10
Gymnasium	36	50	25

Erneut zeigt sich eine signifikant schlechtere schulische Platzierung der Schüler/innen mit Migrationshintergrund (vgl. Ditton 2007b). Gerade die Schüler/innen, bei denen beide Eltern im Ausland geboren sind, weisen gegenüber den Schüler/inne/n ohne Migrationshintergrund einen nahezu doppelt so hohen Anteil an Hauptschulanmeldungen auf. Überraschend ist das Ergebnis zu bewerten, dass Schüler/innen mit nur einem im Ausland geborenen Elternteil sich anteilig betrachtet mit deutlichem Abstand am häufigsten von allen drei Gruppen am Gymnasium anmelden. Ditton (2007b) geht allerdings gerade auf diesen Befund nicht näher ein. Es bleibt daher zu vermuten, dass dieses Ergebnis eventuell einer sehr kleinen Gruppengröße in dieser Kategorie geschuldet ist.

4.2 Schulische Kompetenzen und Kompetenzentwicklung von Kindern mit Migrationshintergrund

In diesem Abschnitt wird ein Überblick über den aktuellen Forschungsstand zu den Kompetenzen und zur Kompetenzentwicklung von Grundschüler/innen mit Migrationshintergrund gegeben, zunächst für den Bereich der Mathematik und anschließend für die Bereiche Lesen und Rechtschreiben. Diese Kompetenzbereiche wurden ausgewählt, da sie für die schulische Platzierung insbesondere für die Vergabe der Übertrittsempfehlungen eine zentrale Rolle spielen. Zudem stellen Lesen, Rechtschreiben und das Beherrschen mathematischer Grundfertigkeiten zentrale Kulturtechniken dar, deren Aneignung nicht nur in umfassender Weise die schulische, sondern auch die gesellschaftliche Sozial-Integration befördert.

Der diesen Ausführungen zugrunde liegende Kompetenzbegriff lehnt sich an die von Klieme und Leutner (2006) vorgenommene Begriffsdefinition an. Demzufolge sind „Kompetenzen als *kontextspezifische Leitungsdispositionen* [zu verstehen], die sich funktional auf Situationen und Anforderungen in bestimmten *Domänen* beziehen" (ebd., S. 879). In dieser Definition wird die Kontextabhängigkeit der Kompetenzen besonders hervorgehoben. Sozusagen als Gegenentwurf zur generell einsetzbaren Intelligenz wird die Bindung bzw. Abhängigkeit der Kompetenzen von den Anforderungen einer spezifischen Situation deutlich gemacht. Kompetenzen sind in bestimmten Lernfeldern bzw. Domänen wie beispielsweise den hier näher betrachteten Domänen Lesen, Rechtschreiben und Mathematik zu verorten (vgl. ebd.). Es handelt sich bei Kompetenzen also um keine domänenübergreifenden Fähigkeiten. Wie bereits zuvor erläutert, werden der Kompetenzerwerb und die Kompetenzentwicklung im vorliegenden Kontext als kulturelle Sozial-Integrationsprozesse verstanden und damit der kulturellen Integrationsdimension zugeordnet. Diese kulturelle Dimension konzeptualisiert Esser (2000) als eine Integrationsdimension, die vor allem durch kognitive Lernprozesse gekennzeichnet ist. Das Kompetenzverständnis von Klieme und Leutner (2006) passt sich gut in diese Konzeption ein, da auch sie Kompetenzen, den Kompetenzerwerb und den Einsatz von Kompetenzen als vornehmlich kognitive (Lern-)Prozesse ansehen.

4.2.1 Schulische Kompetenzen und Kompetenzentwicklung im Bereich Mathematik

Bislang liegen für den deutschsprachigen Raum nur wenige Studien vor, die sich mit schulischen Kompetenzen und der Kompetenzentwicklung im Bereich Mathematik auseinandersetzen. Im Vergleich zu anderen Domänen wie beispielsweise der Lesekompetenz steht die mathematische Kompetenz nur selten im Fokus empirischer Studien. Der bereits grundsätzlich schmale Forschungsstand muss sogar noch weiter eingegrenzt werden, wenn es darum geht, Aussagen über die Mathematikkompetenz*entwicklung* von *Grundschul*kindern *mit Migrationshintergrund* zu treffen. Insbesondere Längsschnittstudien, die die Entwicklung der Mathematikkompetenz erfassen, stellen eine Seltenheit dar. Die im Folgenden berichteten Befunde stammen daher großteils aus Querschnittsstudien, die sich zumindest mit der mathematischen Kompetenz von Grundschulkindern mit Migrationshintergrund beschäftigen. Auf der Grundlage dieser Befunde ist es möglich, sich einen Eindruck von den Kompetenzdifferenzen zwischen Kindern mit und ohne Migrationshintergrund und von den Kompetenzdifferenzen zwischen verschiedenen Migrantengruppen zu verschaffen. Erkenntnisse über den differentiellen Verlauf der Kompetenzentwicklung über die Grundschulzeit hinweg können davon nur sehr eingeschränkt abgeleitet werden.

Eine der ersten deutschlandweit durchgeführten Studien, die sich unter anderem mit mathematisch-naturwissenschaftlichen Kompetenzen von Grundschüler/inne/n mit Migrationshintergrund auseinandersetzt, ist die IGLU-E-Studie von 2001 (vgl. Bos, Lankes, Prenzel, Schwippert, Valtin & Walther 2004; Bos, Lankes, Prenzel, Schwippert, Walther & Valtin 2003). Auch zuvor hat es bereits vereinzelte Studien wie beispielsweise die groß angelegte Scholastik-Studie (vgl. Weinert & Helmke 1997) gegeben, die das Wissen und Können im mathematisch-naturwissenschaftlichen Bereich in der Grundschule erhoben haben. Doch in diesen Studien wird meist keine Differenzierung von Schüler/inne/n mit und ohne Migrationshintergrund bzw. von Schüler/inne/n unterschiedlicher ethnischer Herkunft vorgenommen. Die IGLU-E-Studie beinhaltet eine entsprechende Differenzierung (vgl. Schwippert, Bos & Lankes 2003). Hier wird vor dem Hintergrund der elterlichen Migrationserfahrung zwischen Kindern mit einem, beiden oder keinem im Ausland geborenen Elternteil unterschieden. Da Deutschland im Grundschulbereich nicht am vorhergegangenen Durchlauf der internationalen TIMS-Studie teilgenommen hat, wurden nachholend Testinstrumente und Testkonzepte aus der TIMS-Studie in die eigentlich als Lese-Untersuchung angelegte IGLU-E-Studie integriert (vgl. Lankes, Bos, Mohr, Plaßmeier, Schwippert, Sibberns & Voss 2003). Dadurch sollte überprüft werden, ob und in welchem Umfang die in TIMSS und PISA für die Sekundarstufe festgestellten gravierenden Defizite in den mathematischen Leistungen bis in die Primarstufe zurückreichen.

Den Schüler/inne/n wurden in den Erhebungen an die Lehrpläne angepasste Aufgaben aus den Bereichen Arithmetik, Geometrie und Größen und Sachrechnen zur Bearbeitung vorgelegt. Die Ergebnisse zeigen, dass deutsche Schüler/innen mit ihrer Mathematikkompetenz am Ende der Grundschulzeit über dem internationalen Durchschnitt im oberen Mittelfeld liegen. Damit schneiden deutsche Schüler/innen im Primarbereich besser ab als die getesteten deutschen Schüler/innen im Sekundarbereich, deren durchschnittlich gezeigte Mathematikleistung knapp unterhalb des internationalen Durchschnitts liegt. In Deutschland gelingt es demzufolge nicht, das positive Leistungsniveau der Grundschüler/innen in der Sekundarstufe aufrecht zu erhalten oder weiterzuentwickeln (vgl. ebd.).

Im vorliegenden Kontext sind vor allem die festgestellten Kompetenzunterschiede zwischen Kindern mit und ohne Migrationshintergrund von Interesse. Die Analysen der IGLU-Daten ergeben hier, dass Schüler/innen aus Familien ohne Migrationserfahrung die besten Leistungen im Mathematikkompetenztest erzielen (vgl. Schwippert, Bos & Lankes 2003). Die Grundschulkinder mit einem im Ausland geborenen Elternteil schnitten um rund ein Drittel Standardabweichung schlechter ab und die Kinder, deren Eltern beide im Ausland geboren sind, um rund zwei Drittel. Auch wenn Kompetenzdifferenzen zuungunsten der Kinder mit Migrationshintergrund in Anbetracht der vorausgegangenen PISA-2000-Ergebnisse zu erwarten waren, so lassen sich dennoch Unterschiede im Ausmaß der Differenzen zwischen beiden Studien feststellen (vgl. ebd.). Im Gegensatz zu den Ergebnissen der IGLU-E-Studie wurden bei der PISA-Studie zwischen Schüler/inne/n aus Familien ohne Migrationshintergrund und Schüler/inne/n mit einem migrierten Elternteil keine Unterschiede in der Mathematikkompetenz festgestellt. Die Differenz zwischen Schüler/inne/n ohne oder mit einem migrierten Elternteil und Schüler/inne/n mit zwei migrierten Elternteilen liegt hingegen bei einer halben Standardabweichung, was ungefähr der Differenz eines Schuljahres entspricht. Schwippert, Bos und Lankes (2003) führen diese Entwicklung auf Unterschiede in der sprachlichen Kompetenz zurück. Sie gehen davon aus, „dass die durch den Ausbau der sprachlichen Kompetenz erwartete Verbesserung in den schulischen Leistungen tatsächlich nur in Familien zum Tragen kommt, bei denen mindestens eine Bezugsperson deutsch spricht" (ebd., S. 287).

Neben internationalen Vergleichen umfasst IGLU-E auch einen Vergleich der deutschen Bundesländer (vgl. Bos et. al. 2004). Auf dessen Grundlage ist es möglich, einen spezifischen Blick auf die in Bayern erzielten Kompetenzwerte und -differenzen in Mathematik zu werfen und diese mit dem deutschen Durchschnitt abzugleichen. Entsprechende Auswertungen zeigen, dass Grundschüler/innen ohne Migrationshintergrund auch in Bayern eine signifikant bessere Mathematikkompetenz aufweisen als Kinder mit Migrationshintergrund (vgl. Schwippert, Bos & Lankes 2004). Das durchschnittliche Kompetenzniveau der in Bayern lebenden Kinder ohne Migrationshintergrund entspricht dabei in der Höhe ungefähr dem deutschen Durchschnitt. Abweichungen vom deutschen Durchschnitt sind allerdings bei den Kindern mit einem oder beiden im Ausland geborenen Elternteilen festzustellen. Im Gegensatz zu den nationalen Ergebnissen finden sich in Bayern keine signifikanten Differenzen zwischen Kindern mit einem und Kindern mit zwei migrierten Elternteilen (vgl. ebd.). Die eben anhand eines Vergleichs der PISA- und IGLU-E-Daten geschilderte Annahme, dass sich das Vorhandensein eines nicht migrierten Elternteils positiv auf die mathematische Leistungsfähigkeit auswirken könnte, ist damit auf Bayern nicht übertragbar. Für die Mathematikleistung im Grundschulalter spielt es in Bayern scheinbar keine bedeutende Rolle, ob ein Kind in einer Familie lebt, in der ein oder beide Elternteile im Ausland geboren sind.

Eine weitere international vergleichende Studie, deren Ergebnisse für den vorliegenden Kontext von Bedeutung sind, ist die TIMS-Studie 2007 (vgl. Bos, Bonsen, Baumert, Prenzel, Selter & Walther 2008). Mit TIMSS 2007 hat Deutschland zum ersten Mal an einer auf die Primarstufe ausgerichteten TIMS-Studie teilgenommen. Im Fokus der Studie stehen mathematische und naturwissenschaftliche Kompetenzen von Grundschulkindern. Hinsichtlich der mathematischen Kompetenz zeigen sich für Deutschland teils erfreuliche Ergebnisse. Im internationalen Vergleich liegt das durchschnittliche Kompetenzniveau der deutschen Schüler/innen am Ende der vierten Klasse im oberen Drittel (vgl. Walther, Selter, Bonsen & Bos 2008). Auch im Vergleich zu den teilnehmenden OECD- und EU-Staaten bleibt die gemittelte nationale Mathematikleistung überdurchschnittlich. Ergänzt wird dieses positive Bild durch eine vergleichsweise geringe Leistungsstreuung. Das bedeutet, die Leistungsdifferenz zwischen besonders leistungsstarken und besonders leistungsschwachen Schüler/inne/n fällt in Deutschland im Vergleich zum internationalen Durchschnitt relativ gering aus. Sowohl im durchschnittlichen Kompetenzniveau als auch in der Streuung des Niveaus besteht allerdings noch ein beachtlicher Abstand zu den Spitzenplätzen, sodass es einiger Verbesserung bedarf, damit Deutschland zur internationalen Spitzengruppe aufschließt (vgl. ebd.).

Unter den in TIMSS 2007 getesteten Schüler/inne/n zeigen die Schüler/innen, deren Eltern beide im Testland geboren sind, die im Durchschnitt besten Mathematikleistungen (vgl. Bonsen, Kummer & Bos 2008). Von diesen Leistungen ausgehend kann eine absteigende Tendenz über die Kinder mit einem im Ausland geborenen Elternteil hin zu den Kindern, deren Eltern beide im Ausland geboren sind, festgestellt werden. In Deutschland ist diese absteigende Tendenz besonders stark ausgeprägt, d.h. es finden sich relativ große Leistungsunterschiede zwischen den nach dem Migrationsstatus der Eltern differenzierten Gruppen. Zwischen Kindern ohne Migrationshintergrund und Kindern mit zwei migrierten Elternteilen beträgt dieser fast eine halbe Standardabweichung, was ungefähr dem Abstand eines Schuljahres entspricht. Mit diesem Leistungsgefälle liegt Deutschland im internationalen Vergleich im oberen Drittel und hebt sich deutlich von Einwanderungsstaaten wie den USA, Neuseeland oder Kanada ab, die diesbezüglich wesentlich geringere Differenzen aufweisen. Abgemildert wird dieses negative Abschneiden Deutschlands lediglich durch die Höhe der Kompetenzniveaus, welche die drei Gruppen jeweils erzielen. Denn selbst das mathematische Leistungsniveau der Grundschulkinder mit beiden im Ausland geborenen Elternteilen überschreitet das durchschnittliche internationale Niveau der Kinder ohne Migrationshintergrund (vgl. ebd.).

Die jüngste deutschlandweite Studie zur Mathematikkompetenz von Grundschüler/inne/n ist der vom Institut zur Qualitätsentwicklung im Bildungswesen (kurz: IQB) durchgeführte IQB-Ländervergleich 2011 (vgl. Stanat, Pant, Böhme & Richter 2012). Aufgrund des ungünstigen Abschneidens der deutschen Schüler/innen in den internationalen Schulleistungsstudien wurde zu Beginn des neuen Jahrtausends von der Kultusministerkonferenz beschlossen, „länderübergreifende Bildungsstandards für bestimmte Kernfächer und Schulabschlüsse zu entwickeln" (Böhme, Richter, Stanat, Pant & Köller 2012, S. 12). Um zu überprüfen, inwieweit diese Bildungsstandards in den einzelnen Bundesländern erreicht werden, wurde zudem beschlossen, regelmäßig Ländervergleichsstudien in der Primar- und der Sekundarstufe durchzuführen. In der Primarstufe werden die Bildungsstandards für die beiden Fächer Deutsch und Mathematik getestet. In der Sekundarstufe werden auch die erste Fremdsprache und die Naturwissenschaften in die Tests mit einbezogen (vgl. ebd.). Ergänzend zu den erfassten Schülerkompetenzen werden unter anderem Informationen zum familiären Hintergrund und zum Migrationsstatus der Schüler/innen erfragt (vgl. Haag, Böhme & Stanat 2012; Richter, Kuhl & Pant 2012). Auf der Grundlage der Daten aus dem Ländervergleich können demnach differenzierte Aussagen zur Mathematikkompetenz von Schüler/inne/n mit Migrationshintergrund in der Grundschule getroffen werden.

Die Ergebnisse des Ländervergleichs decken sich weitgehend mit den zuvor berichteten Befunden aus TIMSS und IGLU. Die deutlichsten Leistungsdifferenzen in der Mathematikkompetenz am Ende der vierten Klasse zeigen sich bundesländerübergreifend zwischen Schüler/inne/n ohne Migrationshintergrund und Schüler/inne/n mit zwei im Ausland geborenen Elternteilen (vgl. Haag, Böhme & Stanat 2012). Die festgestellte durchschnittliche Differenz zwischen den beiden Gruppen beträgt etwa zwei Drittel eines Schuljahres zuungunsten der Migrant/inn/en. Die Kompetenzdifferenz der Schüler/innen mit einem im Ausland geborenen Elternteil gegenüber den Schüler/inne/n ohne Migrationshintergrund ist nur halb so groß und nicht in allen Bundesländern signifikant (vgl. ebd.). In Bayern liegt diesbezüglich ein signifikanter Unterschied vor (vgl. ebd.).

Innerhalb des Ländervergleichs wird nicht nur nach Migrationshintergrund, sondern auch nach Herkunftsland differenziert (vgl. Haag, Böhme & Stanat 2012). Die entsprechenden Analysen und deren Ergebnisse verdeutlichen, dass es sich bei den Schüler/inne/n mit Migrationshintergrund um eine sehr leistungsheterogene Gruppe handelt. Hinsichtlich der Mathematikkompetenz lässt sich eine besonders benachteiligte Gruppe, die türkischstämmigen Schüler/innen, ausmachen. Ihr durchschnittliches Kompetenzniveau unterscheidet sich signifikant von allen anderen Herkunftsgruppen (vgl. ebd.). Die Kinder polnischer Herkunft hingegen schneiden im Mathematikkompetenztest besser ab als die anderen Herkunftsgruppen (vgl. ebd.). Dennoch erreichen auch sie nicht das durchschnittliche Niveau der Kinder ohne Migrationshintergrund.

Neben den vorgestellten internationalen und deutschlandweiten Studien gibt es für den Grundschulbereich auch eine kleine Anzahl von meist regionalen oder bundeslandspezifischen Untersuchungen, die sich unter anderem mit der Mathematikkompetenz von Grundschulkindern mit Migrationshintergrund auseinandersetzen. Aus zwei dieser Studien sollen im Folgenden noch ausgewählte Ergebnisse vorgestellt werden.

Zunächst wird ein Blick auf die in Berlin durchgeführte Studie „Erhebungen zum Lese- und Mathematikverständnis – Entwicklungen in den Jahrgangsstufen 4 bis 6 in Berlin" (kurz: ELEMENT) geworfen (vgl. Lehmann & Lenkeit 2008). Zielsetzung der 2003 von der Berliner Senatsverwaltung für Bildung, Jugend und Sport in Auftrag gegebenen Studie ist es, aus längsschnittlicher Perspektive die Kompetenzentwicklung von Schüler/inne/n in den Bereichen Lesen und Mathematik im Übergang zwischen Primar- und Sekundarstufe zu untersuchen (vgl. ebd.). Die Berliner Primarstufe stellt eine Besonderheit dar, da sie im Vergleich zu vielen anderen Bundesländern nicht vier, sondern sechs Jahrgangsstufen umfasst und da ihr neben Grundschulen auch sogenannte grundständige Gymnasien zuzurechnen sind. Letztere eröffnen Schüler/inne/n die Möglichkeit, bereits vorzeitig nach der vierten Jahrgangsstufe an ein Gymnasium zu wechseln. Die ELEMENT-Studie überprüft, ob innerhalb der beiden Jahrgangsstufen (5. und 6. Klasse), in denen Grundschule und Gymnasium parallel laufen, Unterschiede in der Lese- und der Mathematikkompetenzentwicklung zwischen den beiden Schulformen bestehen. Dabei wird unter anderem zwischen vier verschiedenen migrationsbezogenen Gruppen differenziert:

– *Gruppe 1*: Schüler/innen, bei denen mindestens ein Elternteil in Deutschland geboren und deren Erstsprache Deutsch ist;
– *Gruppe 2*: Schüler/innen, bei denen höchstens ein Elternteil im Ausland geboren und deren Erstsprache eine andere als Deutsch ist;
– *Gruppe 3*: Schüler/innen, deren Eltern beide im Ausland geboren sind und deren Erstsprache eine andere als Deutsch ist;
– *Gruppe 4*: Schüler/innen, deren Eltern beide im Ausland geboren sind und deren Erstsprache Deutsch ist (vgl. Lehmann & Lenkeit 2008).

Erwartungsgemäß stellen die Schüler/innen ohne Migrationshintergrund (Gruppe 1) mit 84 % am grundständigen Gymnasium die größte Gruppe dar. Lediglich 16 % der Schüler/innen des grundständigen Gymnasiums weisen einen Migrationshintergrund (Gruppe 2, 3 & 4) auf. An der Grundschule beträgt der Anteil der Schüler/innen ohne Migrationshintergrund im Vergleich dazu nur 66 % und der Anteil der Kinder mit Migrationshintergrund ist mit 34 % doppelt so hoch. Die größte Migrantengruppe ist an beiden Schulen die Gruppe der Schüler/innen, deren Eltern beide im Ausland geboren sind und deren Erstsprache eine andere als Deutsch ist. Auf die Gruppen 2 und 4 entfallen jeweils nur verhältnismäßig kleine Anteile (vgl. ebd.).

Hinsichtlich der Mathematikkompetenz am Ende der vierten Klasse zeigt sich bei den vier verglichenen Gruppen eine deutliche Rangfolge. Schüler/innen mit beiden im Ausland geborenen Elternteilen und einer nicht deutschen Erstsprache schneiden im Mathematiktest am schlechtesten ab (vgl. Lehmann & Lenkeit 2008). Etwas bessere Leistungen zeigen hingegen die Schüler/innen, die ebenfalls eine andere Erstsprache haben, bei denen aber höchstens ein Elternteil im Ausland geboren ist. Das Kompetenzniveau der deutschsprachigen Kinder von zugewanderten Eltern liegt knapp unter dem durchschnittlichen Kompetenzniveau der Schüler/innen ohne Migrationshintergrund, welche die besten Leistungen zeigten. Diese Rangfolge findet sich nicht nur in der Grundschule, sondern auch im grundständigen Gymnasium wieder. Darüber hinaus erweist sich die Rangfolge auch in zeitlicher Perspektive bis zum Ende der 6. Klasse als weitgehend stabil (vgl. ebd.). Die in allen Gruppen vergleichbaren Leistungszuwächse deuten auf einen Karawaneneffekt bei der Mathematikkompetenzentwicklung, d.h. auf das Gleichbleiben von Leistungsunterschieden im zeitlichen Verlauf hin (vgl. Brügelmann 2005). Kritisch anzumerken ist, dass die dargestellten Ergebnisse aufgrund der geschilderten gravierenden Systemunterschiede zwischen der bayerischen und der Berliner Primarstufe nur eingeschränkt übertragbar sind. Nichtsdestotrotz sind sie für die vorliegende Arbeit von Relevanz, handelt es sich bei der ELEMENT-Studie doch um eine der wenigen längsschnittlichen Untersuchungen der Mathematikkompetenz bei Grundschulkindern.

Als letzte Studie wird in diesem Abschnitt die Studie „Kompetenzen und Einstellungen von Schülerinnen und Schülern am Ende der Jahrgangsstufe 4 in Hamburger Grundschulen" (kurz: KESS 4) vorgestellt (vgl. Bos, Gröhlich & Pietsch 2007; Bos & Pietsch 2006). Auch bei KESS 4 handelt es sich, wie am Titel zu erkennen, um eine bundeslandspezifische Untersuchung (vgl. Bos et al. 2006). Zielsetzung der Studie ist, die Lernstände in den Bereichen Lesen, Rechtschreiben, Texte-Verfassen, Mathematik, naturbezogenes Lernen und Englisch-Hörverstehen zu erfassen und damit einen Überblick über zentrale schulische Kompetenzen von Hamburger Grundschüler/innen am Übergang zur Sekundarstufe zu gewinnen. KESS 4 führt damit einerseits die Hamburger Lernstandserhebungen (kurz: LAU) fort (vgl. Lehmann & Peek 1997). Andererseits soll mit KESS 4 konzeptionell an die internationalen Schulleistungsuntersuchungen angeknüpft werden (vgl. Bos et al. 2006). Dies zeigt sich unter anderem in der Auswahl der Testinstrumente. Im Bereich Mathematik wird beispielsweise ein Großteil der Aufgaben von IGLU-E und LAU übernommen. Auch die Differenzierung der migrationsbezogenen Statusgruppen erfolgt deckungsgleich mit der bereits vorgestellten IGLU-E- und der TIMS-2007-Studie.

Die Ergebnisse von KESS 4 zur Mathematikkompetenz von Schüler/inne/n mit Migrationshintergrund spiegeln die zentralen Befunde der zuvor dargestellten Studien wider. Kinder, deren Eltern beide im Ausland geboren sind, liegen mit ihrem Kompetenzniveau deutlich unter den Leistungen der Kinder ohne Migrationshintergrund (vgl. Pietsch & Krauthausen 2006). Auch zwischen den Kinder mit nur einem im Ausland geborenen Elternteil und den Kindern ohne Migrationshintergrund findet sich ein signifikanter, wenngleich bedeutend geringerer Unterschied in den durchschnittlichen Kompetenzniveaus. Die Größe der Differenzen lässt sich sehr gut an der Verteilung der einzelnen Gruppen auf drei unterschiedliche Kompetenzstufen veranschaulichen. Auf der untersten Kompetenzstufe sind ein Drittel der Kinder, deren Eltern im Ausland geboren sind, und rund 17 % der Kinder, deren Eltern in Deutschland geboren sind, zu finden. Auf der höchsten Kompetenzstufe dreht sich dieses Verhältnis. Die Kinder mit im Ausland geborenen Eltern weisen einen Anteil von 17 % und die Kinder ohne Migrationshintergrund einen Anteil von mehr als einem Drittel auf. Auf der zweiten Kompetenzstufe liegt ein nahezu ausgeglichenes Verhältnis zwischen den Gruppen vor (vgl. ebd.).

Werden die in diesem Abschnitt vorgestellten Studien zur Mathematikkompetenz von Grundschulkindern noch einmal gemeinsam betrachtet, so fällt zunächst das durchgängig schlechtere Abschneiden der Schüler/innen mit Migrationshintergrund auf. Vor allem die Kinder, deren Eltern beide im Ausland geboren sind, weisen ein bedeutend geringeres Kompetenzniveau auf, sodass hier von einer migrationsbedingten Schichtung auszugehen ist. Die Notwendigkeit, Schüler/innen mit Migrationshintergrund als heterogene Gruppe zu begreifen und dieser Heterogenität auch in Erhebung und Auswertung entsprechend Rechnung zu tragen, lässt sich an der durchgängig vorgenommenen Differenzierung in verschiedene Migrantengruppen erkennen. Durch die Trennung in Familien mit keinem, mit einem oder beiden im Ausland geborenen Elternteilen wird beispielsweise deutlich, dass Kinder mit einem im Ausland geborenen Elternteil meist in geringerem Maß von den Leistungsdifferenzen betroffen sind als Kinder mit zwei im Ausland geborenen Elternteilen. Eine vergleichbare differentielle Bedeutung kommt der ethnischen Herkunft der Kinder zu, doch wird dieses Differenzierungsmerkmal nur in wenigen Studien berücksichtigt. Wie der IQB-Ländervergleich 2011 zeigt, sind die verschiedenen Herkunftsgruppen nicht gleichermaßen von den Leistungsdisparitäten betroffen. Um insbesondere stark benachteiligte und besonders erfolgreiche Migrant/inn/engruppen zu identifizieren, ist es notwendig, sich dieses Blickwinkels in Studien und Analysen häufiger zu bedienen. Darüber hinaus besteht ein großer Bedarf an Längsschnittstudien, die sich mit der Kompetenz- und Leistungsentwicklung im mathematischen Bereich auseinandersetzen. Unter den vorgestellten Studien ist lediglich die ELEMENT-Studie längsschnittlich angelegt. Ihre Ergebnisse deuten darauf hin, dass zwischen den Mathematikleistungen der Kinder mit und ohne Migrationshintergrund ein Karawaneneffekt besteht. Es gilt zu überprüfen, ob dieser Effekt auch bei der Betrachtung der Mathematikkompetenzentwicklung über die gesamte Grundschulzeit festzustellen ist.

4.2.2 Schulische Kompetenzen und Kompetenzentwicklung in den Bereichen Lesen und Rechtschreiben

Das Erlernen des Lesens und das Erlernen des Schreibens haben als gemeinsames Ziel den Erwerb von Literalität, einer grundlegenden Handlungskompetenz, „die in modernen Gesellschaften für eine befriedigende Lebensführung, sowie für aktive

Teilhabe am gesellschaftlichen Leben und kontinuierliches Weiterlernen über die gesamte Lebensspanne notwendig ist" (vgl. Schründer-Lenzen 2007, S. 14). Verschiedene theoretische und empirische Auseinandersetzungen mit dem Schriftspracherwerb verdeutlichen (vgl. Reichen 2001; Roos & Schöler 2009), dass dieser ein komplexer Erwerbsprozess ist, „in dem sich produktive (schreiben) und rezeptive (lesen) Aneignungsformen wechselseitig stützen" (Schründer-Lenzen 2007, S.43). Trotz der hier postulierten engen Verbindung der beiden Lernprozesse liegen bislang nur wenige Studien vor, die das Lesen- und Schreibenlernen gemeinsam betrachten. Vor allem das (Recht-)Schreiben wird nur selten untersucht. Gründe hierfür sind vermutlich in der Schwierigkeit und im großen Arbeitsaufwand zu sehen, die mit der empirischen Erfassung des Kompetenzstandes und der Kompetenzentwicklung im (Recht-)Schreiben verbunden sind. Anders verhält es sich mit der Lesekompetenz. Gerade in den letzten Jahren wurden im deutschsprachigen Raum mehrere teils groß angelegte Studien durchgeführt, in denen die Lesekompetenz der Schüler/innen untersucht wird. Der nachfolgende Forschungsüberblick beschränkt sich daher vor allem auf die Darstellung von Ergebnissen zur Lesekompetenz. Die Rechtschreibkompetenz von Grundschüler/inne/n mit Migrationshintergrund findet aufgrund der schmalen Datenlage nur am Rande Berücksichtigung.

Die erste Studie, deren Ergebnisse hier vorgestellt werden, ist die internationale Grundschul-Lese-Untersuchung 2006 (vgl. Bos, Hornberg, Faust, Fried, Lankes, Schwippert, & Valtin 2007). IGLU 2006 ist die insgesamt zweite in Deutschland durchgeführte IGLU-Studie. Wie die im vorhergehenden Abschnitt bereits vorgestellte Vorgängeruntersuchung aus dem Jahr 2001 (vgl. Bos et al. 2003; Bos et al. 2004) ist auch IGLU 2006 eine internationale Vergleichsstudie zur Lesekompetenz von Schüler/inne/n am Ende der Grundschulzeit. Das zugrunde gelegte Lesekompetenzkonzept knüpft an die aus dem amerikanischen Raum stammende Literacy-Tradition an (vgl. Bos, Valtin, Voss, Hornberg & Lankes 2007). Es wird allerdings nicht die Literalität im Gesamten untersucht, sondern nur eine spezifische Facette: die reading literacy. „Der Begriff der *reading literacy* definiert in pragmatischer Absicht grundlegende Kompetenzen, die in der Wissensgesellschaft bedeutsam sind und Menschen befähigen, Lesen in unterschiedlichen, für die Lebensbewältigung praktisch bedeutsamen Verwendungssituationen einsetzen zu können" (ebd., S. 81). Die Lesekompetenz wird in drei inhaltliche Bereiche unterteilt, die mithilfe eines Tests und verschiedener Fragebögen erfasst werden. Zu diesen drei inhaltlichen Bereichen zählt das Verständnis der Information eines Textes, die Leseintention, mit der ein Text gelesen wird, und eine Auswahl thematisch verbundener Konstrukte wie die Lesemotivation, das Leseselbstkonzept und das Leseverhalten (vgl. ebd.). Ein Großteil der Analysen beschränkt sich auf die ersten beiden Bereiche, die anhand eines gemeinsamen Leistungswerts zusammengefasst werden.

Das durchschnittliche Niveau der Lesekompetenz liegt bei den untersuchten deutschen Viertklässler/inne/n in vergleichbarer Höhe mit mehreren anderen europäischen Staaten (vgl. Bos, Valtin, Hornberg, Buddeberg, Goy & Voss 2007). Allerdings reicht das Niveau nicht aus, um sich damit innerhalb der internationalen Spitzengruppe zu platzieren (vgl. ebd.). Die Breite der Leistungsverteilung fällt mit einer geringen Streuung zufriedenstellend aus. „Deutschland gehört [...] am Ende der vierten Jahrgangsstufe zu dem oberen Viertel der Staaten, denen es gelingt, einen Großteil der Schülerinnen und Schüler auf adäquates Leseniveau zu bringen" (ebd., S. 153).

Die Leistungen der Grundschüler/innen mit Migrationshintergrund in Deutschland fallen wesentlich nachteiliger aus. Im Vergleich der durchschnittlichen Lesekompetenz von Kindern ohne Migrationshintergrund und von Kindern mit beiden im Ausland geborenen Eltern zeigt sich eine Differenz von ungefähr einer halben Standardabweichung (vgl. Schwippert, Hornberg, Freiberg & Stubbe 2007). Mit dieser Differenz zählt Deutschland zu den Ländern mit den größten durchschnittlichen Kompetenzunterschieden zwischen Kindern mit und ohne Migrationshintergrund. Nur einer der Teilnehmerstaaten, Norwegen, weist eine signifikant größere Leistungsdifferenz auf. Ein Blick auf die Verteilung der Schüler/innen auf fünf verschiedene Lesekompetenzstufen macht deutlich, dass die Differenz nicht wie in mehreren anderen Ländern darauf zurückzuführen ist, dass sich die Kinder mit Migrationshintergrund vor allem auf der untersten Kompetenzstufe ballen. Auf Kompetenzstufe I liegt in Deutschland nur ein moderater Unterschied in den Anteilen beider Gruppen vor. Größere Unterschiede treten erst auf den nachfolgenden Kompetenzstufen auf. Auf Stufe II beispielsweise ist der Anteil der Kinder mit beiden im Ausland geborenen Elternteilen viermal so hoch wie der Anteil der Kinder ohne Migrationshintergrund. Auf Stufe IV ist im Gegensatz dazu der Anteil der Kinder ohne Migrationshintergrund fast doppelt so hoch (vgl. Schwippert, Hornberg, Freiberg & Stubbe 2007). Aufgrund des Querschnittdesigns von IGLU ist es nicht möglich, Aussagen über die Lesekompetenzentwicklung zu machen. Anhand eines Vergleichs der aktuellen mit der vorhergehenden IGLU-Studie kann allerdings beurteilt werden, ob sich die Leistungsdifferenz zwischen Viertklässler/inne/n mit und ohne Migrationshintergrund in der Zeit zwischen den Untersuchungen verändert hat. Aus diesem Vergleich geht hervor, dass das Verhältnis weitgehend stabil geblieben ist. In Deutschland zeigt sich 2006 zwar eine geringfügig kleinere Differenz zwischen den Kompetenzniveaus beider Gruppen. Dennoch bleibt Deutschland damit weiterhin in der Gruppe der Länder mit den größten Leistungsdifferenzen (vgl. ebd.).

Um neben dem internationalen auch einen Vergleich der deutschen Bundesländer zu ermöglichen, wurde wie bereits bei IGLU 2001 auch bei IGLU 2006 eine nationale Erweiterungsstudie unter dem Titel IGLU-E durchgeführt (vgl. Bos, Hornberg, Arnold, Faust, Fried, Lankes, Schwippert & Valtin 2008). Die an dieser erweiterten Stichprobe vorgenommenen Analysen sind vor allem hinsichtlich der Ergebnisse für das Bundesland Bayern von Belang. Auf der Ebene der Bundesländer bleibt fast durchgängig der grundsätzliche Befund bestehen, dass Kinder ohne Migrationshintergrund bessere Leistungen im Lesekompetenztest erzielen als Kinder mit beiden im Ausland geborenen Elternteilen (vgl. Schwippert, Hornberg & Goy 2008). Für den Großteil der Bundesländer gilt zudem, dass zwischen Kindern mit nur einem und Kindern mit beiden im Ausland geborenen Elternteilen kein signifikanter Unterschied festzustellen ist. Lediglich Bayern und Rheinland-Pfalz stellen diesbezüglich eine Ausnahme dar. Zwischen Schüler/inne/n, deren Eltern beide im Ausland geboren wurden, und Schüler/inne/n mit einem in Ausland geborenen Elternteil liegt in Bayern eine signifikante Leistungsdifferenz von fast einer halben Standardabweichung. Der Abstand zwischen Kindern ohne Migrationshintergrund und Kindern mit beiden im Ausland geborenen Eltern umfasst sogar mehr als eine Standardabweichung (vgl. ebd.). Das heißt, in Bayern liegen Schüler/innen mit beiden im Ausland geborenen Elternteilen in ihrer Lesekompetenz über ein Schuljahr hinter ihren Mitschüler/innen ohne Migrationshintergrund. Dieser Abstand zählt zu den höchsten Differenzen, die für die deutschen Bundesländer gemessen wurden (vgl. ebd.).

Im vorhergehenden Abschnitt wurden bereits Ergebnisse des IQB-Ländervergleichs 2011 zur Mathematikkompetenz von Grundschüler/inne/n am Ende der vierten Klasse vorgestellt. In der Studie wurde neben der Mathematikkompetenz auch die Lesekompetenz erhoben (vgl. Böhme, Richter, Stanat, Pant & Köller 2012). Es wurde bundesländervergleichend untersucht, inwieweit die Schüler/innen im Bereich Lesen die neuen Bildungsstandards für den Primarbereich erreichen (vgl. Böhme & Bremerich-Vos 2012). Die dabei erzielten Ergebnisse zur Lesekompetenz von Schüler/inne/n mit Migrationshintergrund zeigen für alle Bundesländer, dass Kinder mit beiden im Ausland geborenen Elternteilen in ihren Leseleistungen fast ein Schuljahr hinter den Kindern ohne Migrationshintergrund liegen (vgl. Haag, Böhme & Stanat 2012). Auch die Schüler/innen mit einem im Ausland geborenen Elternteil fallen, ganz Deutschland betrachtet, signifikant hinter die Schüler/innen ohne Migrationshintergrund zurück. Die durchschnittliche Differenz ist hier jedoch nur halb so groß (vgl. ebd.). In einigen Bundesländern ist sogar kein bedeutsamer Unterschied zwischen Kinder mit einem migrierten Elternteil und Kinder ohne Migrationshintergrund festzustellen. Zu diesen Ländern zählt auch Bayern. Hier fällt die Differenz im Vergleich zu den anderen Bundesländern am geringsten aus. Dagegen besteht in Bayern, übereinstimmend mit den zuvor geschilderten IGLU-Ergebnissen, ein signifikanter Leistungsunterschied zwischen den Kindern mit einem und den Kindern mit beiden im Ausland geborenen Elternteilen (vgl. Haag, Böhme & Stanat 2012). Im IQB-Ländervergleich wird auch eine Differenzierung der Gruppe der Migrant/inn/en nach deren Herkunftsländern vorgenommen. Wie bereits bei der Mathematikkompetenz schneidet die Gruppe der türkisch stämmigen Migrant/inn/en im Lesekompetenztest schlechter ab als die anderen aufgeführten Herkunftsgruppen. Die besten Ergebnisse unter den verschiedenen Migrantengruppen erzielen auch hier die polnischen Migrant/inn/en (vgl. ebd.).

Auch im Rahmen der bereits dargestellten ELEMENT-Studie wurde neben der Mathematikkompetenz die Lesekompetenz der Schüler/innen erfasst (vgl. Lehmann & Lenkeit 2008). Der dabei eingesetzte Lesetest wurde auf der Grundlage ausgewählter Aufgaben aus IGLU und LAU erstellt (vgl. Bos et al. 2003; Lehmann & Peek 1997). Die Auswertung erfolgte entlang der oben geschilderten Unterteilung in vier Migrantengruppen (vgl. Abschnitt 4.2.1). Zu Beginn der 5. Jahrgangsstufe schneiden die beiden Gruppen, die Deutsch als ihre Erstsprache angaben, am besten ab (vgl. Lehmann & Lenkeit 2008). Die Differenz zwischen diesen beiden Gruppen ist zum ersten Messzeitpunkt sowohl an der Grundschule als auch am grundständigen Gymnasium vergleichsweise gering und nimmt am grundständigen Gymnasium bis zum Ende der 6. Jahrgangsstufe noch weiter ab, während sie an der Grundschule bestehen bleibt. Von den verbleibenden beiden Gruppen, erreicht die Gruppe der Schüler/innen mit nichtdeutscher Erstsprache und höchstens einem im Ausland geborenen Elternteil das durchschnittlich bessere Kompetenzniveau. Den Abschluss der Rangfolge bilden die Schulkinder mit nichtdeutscher Erstsprache, deren Eltern beide im Ausland geboren sind (vgl. ebd.).

Im Verlauf der 5. und 6. Jahrgangsstufe zeichnen sich für Schüler/innen mit ursprünglich gleicher Lernausgangslage am grundständigen Gymnasium größere Lernzuwächse ab als an der Grundschule und dies unabhängig von einem eventuellen Migrationshintergrund (vgl. Lehmann & Lenkeit 2008). Schüler/innen mit Migrationshintergrund, die am Ende der 4. Jahrgangsstufe ein hohes Leistungsniveau aufweisen, fallen an Grundschulen im Verlauf der beiden untersuchten Schuljahre in ihrer Leseleistung hinter die Grundschüler/innen ohne Migrationshintergrund zurück. Am Gymnasium hingegen konvergieren die Niveaus der leistungsstarken Schüler/innen mit und ohne Migrationshintergrund. Den Schüler/inne/n mit anfangs eher schwachem bis durchschnittlichem Leseniveau gelingt es an Grundschulen, zu den Mitschüler/inne/n aus nicht migrierten Familien Anschluss zu halten. An grundständigen Gymnasien schafft es diese Leistungsgruppe nicht, bis zum Ende der Jahrgangsstufe 6 ein ähnliches Leistungsniveau wie die Schüler/innen ohne Migrationshintergrund aufrecht zu erhalten (vgl. ebd.).

Interessante Ergebnisse zur Lesekompetenz von Grundschüler/inne/n mit Migrationshintergrund liefert auch das Forschungsprojekt LUST (vgl. Brügelmann 2005). LUST steht als Akronym für „Lese-Untersuchung mit dem Stolperwörter-Test" (vgl. ebd.). Das Projekt LUST verfolgt als Zielsetzung, die Qualität von Unterricht auf der Ebene der einzelnen Klassen zu verbessern und richtet sich daher vor allem an Lehrer/innen als Adressaten. Ihnen sollen in verschiedenen Unterrichtsbereichen robuste und unaufwändige Testverfahren an die Hand gegeben werden, die ihnen eine interne Evaluation der eigenen Schüler/innen und deren Einstufung anhand externer Kennwerte erlauben. Als ein solches Testverfahren wurde der sogenannte Stolperwörtertest an 18 083 Schüler/inne/n der Klassen 2, 3 und 4 aus Nordrhein-Westfalen erprobt (vgl. Backhaus, Brügelmann, Knorre & Metze 2004). Beim Stolperwörtertest sind die Schüler/innen dazu angehalten aus insgesamt 60 einzelnen Sätzen jeweils ein nicht passendes Wort zu streichen. Dabei wird die Zeit festgehalten, die die Schüler/innen zur korrekten Bearbeitung der Sätze benötigen und anschießend als globales Bewertungskriterium die durchschnittliche zeitliche Dauer pro richtig bearbeiteten Satz berechnet.

Bei der Auswertung der Testdaten wird unter anderem eine migrationsbezogene Differenzierung entlang der Muttersprache der Eltern vorgenommen. Die damit erhaltenen Ergebnisse zeigen, dass bei den Kindern, von denen ein oder beide Elternteile eine andere Muttersprache als Deutsch haben, bereits Mitte der 2. Klasse ein Leistungsdefizit im Stolperwörtertest festzustellen ist (vgl. Brügelmann 2005). Die Differenz in den Kompetenzniveaus zwischen Kindern mit deutschsprachigen Eltern und Kindern mit anderssprachigen Eltern entspricht einem Entwicklungsrückstand von ungefähr einem halben Schuljahr. Diese Leistungsdifferenz ist mit der langsameren Lesegeschwindigkeit und der höheren Fehlerrate der Kinder mit Migrationshintergrund zu erklären. Für die Schuljahre 3 und 4 zeigen die Analysen eine, von kleineren Schwankungen abgesehen, vergleichbare Leistungsdiskrepanz. Auch am Ende der Grundschulzeit lesen Kinder mit Eltern, die eine andere Muttersprache sprechen, schlechter als Kinder aus deutschsprachigen Familien. Bei den Kindern mit Migrationshintergrund finden in den drei betrachteten Schuljahren substantielle Lernfortschritte statt, da aber die Kinder ohne Migrationshintergrund von ihrem vergleichsweise höherem Ausgangsniveau aus vergleichbare Fortschritte machen, blcibt der Abstand zwischen beiden Gruppen bestehen (vgl. ebd.). Es gilt bezüglich dieser Ergebnisse allerdings anzumerken, dass es sich bei LUST um keine Längsschnittstudie handelt. Alle Vergleiche zwischen den Jahrgangsstufen 2, 3 und 4 wurden an einer aus diesen drei Jahrgangsstufen querschnittlich gezogenen Stichprobe vorgenommen und können daher nur sehr eingeschränkt längsschnittlich interpretiert werden.

In der bereits vorgestellten Hamburger KESS-4-Studie werden neben der Mathematikkompetenz von Grundschüler/inne/n auch deren Lese- und orthographische Kompetenz untersucht (vgl. Bos, Gröhlich & Pietsch 2007; Bos & Pietsch 2006). Das Design des Leseverständnis-Tests lehnt sich wie bei der ELEMENT-Studie an die Testkonzeption der ersten IGLU-Studie an, um die für Hamburg erhaltenen Ergebnisse mit den nationalen und internationalen IGLU-Daten abgleichen zu können. Zur Erfassung der Rechtschreibkompetenz wurden zwei verschiedene Tests, die Hamburger Schreibprobe (kurz: HSP) für die vierte und fünfte Jahrgangsstufe und die Dortmunder-Schriftkompetenz-Ermittlung (kurz: DOSE), eingesetzt (vgl. May 2006). Zur allgemeinen Bewertung der Rechtschreibleistung wurden die Ergebnisse beider Tests in einer gemeinsamen Skala zusammengefasst, deren Maßstab daran ausgerichtet ist, ob ein Wort richtig oder falsch geschrieben wurde (vgl. ebd.). Die Differenzierung der Stichprobe in verschiedene Migrantengruppen wurde, wie bereits berichtet, analog zur Unterteilung in IGLU vorgenommen (vgl. Bos, Pietsch & Stubbe 2006).

Hinsichtlich der Lesekompetenz liegen die Hamburger Grundschüler/innen mit ihren Leistungen nur knapp unter dem in IGLU festgestellten deutschen Durchschnitt (vgl. Bos, Pietsch & Stubbe 2006). Auch von anderen am internationalen Vergleich beteiligten Ländern weicht das bei KESS 4 erfasste durchschnittliche Kompetenzniveau nur geringfügig ab. Dagegen ist der Anteil der sogenannten Risikoschüler/innen, also Schüler/innen, die nur über grundlegende Lesefähigkeiten verfügen, vergleichsweise hoch. 11,9 % aller untersuchten Grundschüler/innen sind dieser Risikogruppe zuzurechnen. Der Anteil der Schüler/innen mit Spitzenleistungen ist dagegen verhältnismäßig gering. Nur 13,3 % der Schulkinder in Hamburg erbringen Spitzenleistungen. Im Bundesdurchschnitt liegt der Anteil im Vergleich dazu bei 18,1 % (vgl. ebd.). Was die Lesekompetenz der Kinder mit Migrationshintergrund anbelangt, so fallen die Ergebnisse weitgehend übereinstimmend mit den bereits geschilderten Studien aus. Der Leistungsrückstand von Kindern mit beiden im Ausland geborenen Elternteilen umfasst gegenüber den Kindern ohne Migrationshintergrund fast ein ganzes Lernjahr. Das durchschnittliche Leistungsniveau von Kindern mit nur einem im Ausland geborenen Elternteil ist zwar höher, liegt aber dennoch signifikant unter dem Niveau der Kinder ohne Migrationshintergrund (vgl. ebd.).

Während die Hamburger Schüler/innen hinsichtlich der Lesekompetenz am Ende der Grundschulzeit weitgehend dem deutschen Durchschnitt entsprechen, fallen sie hinsichtlich der orthographischen Kompetenz deutlich davon ab (vgl. May 2006). Ein Vergleich mit ähnlichen Studien aus den 90er Jahren zeigt zwar, dass sich die durchschnittliche Rechtschreibleistung in Hamburg etwas verbessert hat, dennoch reicht dieser Leistungsanstieg nicht aus, um zum deutschen Durchschnitt aufzuschließen.

Die Analysen der orthographischen Kompetenz von Schüler/inne/n mit Migrationshintergrund weichen in ihrer Vorgehensweise von der für die anderen Domänen gewählten Gruppendifferenzierung ab. „Um die Rechtschreibleistungen auf die verschiedenen sprachlichen Hintergründe der Kinder zu beziehen, wurden ihre Angaben zu der Frage, welche Sprache die Eltern überwiegend zu Hause sprechen, herangezogen" (May 2006, S. 123). Anhand dieser Angaben wurden die Schüler/innen in drei Sprachgruppen unterteilt: einsprachig deutsche Kinder, Kinder mit einer europäischen Familiensprache wie beispielsweise Spanisch oder Polnisch und Kinder mit einer anderen, also nichtdeutschen oder europäischen Sprache (vgl. ebd.). Die so durchgeführten Auswertungen zeigen für zweisprachig aufwachsende Kinder in fast allen betrachteten orthographischen Dimensionen schwächere Leistungen als für einsprachig deutsch aufwachsende Kinder. Im Vergleich der beiden nichtdeutschen Sprachgruppen erzielen die Schüler/innen mit europäischer Herkunftssprache am Ende der Grundschulzeit die besseren Kompetenzwerte. Eine weitergehende Analyse zeigt, dass sich die Häufigkeit, mit der zweisprachig aufwachsende Kinder in ihrem Alltag Deutsch sprechen, lediglich geringfügig auf deren Rechtschreibkompetenz auswirkt. Die Häufigkeit erklärt weniger als 4 % der

Varianz in den Rechtschreibleistungen. Ein Grund hierfür könnte laut May sein, „dass sich die Sprachkontaktbedingungen außerhalb der Familie für die Mehrzahl der zweisprachigen Kinder (u. a. wegen des obligatorischen Schulbesuchs) nicht gravierend unterscheiden" (May 2006, S. 123).

In der Berliner Längsschnittstudie zur Lesekompetenzentwicklung von Grundschulkindern (kurz: BeLesen) wurde wie in der eben geschilderten KESS 4 sowohl die Lese- als auch die Rechtschreibkompetenz von Grundschüler/innen erfasst (vgl. Schründer-Lenzen & Merkens 2006). Bei BeLesen handelt es sich um eine auf vier Jahre angelegte Längsschnittstudie an Berliner Grundschulen, in der die Kompetenzentwicklung von Schüler/inne/n in verschiedenen Domänen von der ersten bis zur vierten Klasse untersucht wurde (vgl. ebd.).

Die Auswertungen der BeLesen-Daten zur Forschungsfrage, ob sich die didaktische Ausrichtung des Sprachunterrichts auf den Spracherwerb im Deutschen auswirkt, enthalten auch interessante Ergebnisse zur Kompetenzentwicklung von Kindern mit Migrationshintergrund in den Bereichen Lesen und Schreiben in den ersten drei Schuljahren (vgl. Schründer-Lenzen & Merkens 2006). Demzufolge sind bereits Ende des ersten Schuljahres signifikante Unterschiede im Lesen und Schreiben zwischen Kindern mit und ohne Migrationshintergrund festzustellen. Diese Differenzen bleiben bis zum Ende der dritten Klasse bestehen (vgl. ebd.). Eine genauere Analyse des Zustandekommens dieser Leistungsdifferenzen in der ersten Jahrgangsstufe zeigt sowohl hinsichtlich der Lesekompetenz als auch hinsichtlich der Rechtschreibung, dass die Differenzen zu fast 20 % durch die kognitiven Fähigkeiten der Kinder und durch den zu Beginn der Schulzeit gemessenen Sprachstand erklärt werden können. Die familiäre Herkunft der Kinder übt hingegen keinen über den Sprachstand hinausgehenden Einfluss aus (vgl. Merkens 2010).

Abschließend wird noch ein Blick auf die Hannoversche Grundschulstudie geworfen (vgl. Tiedemann & Billmann-Mahecha 2004). Ihr Ziel ist die Ermittlung relevanter Kontextfaktoren für die Leistungs- und Persönlichkeitsentwicklung. Dafür wurden mehrere Kohorten von Kindern der dritten und vierten Jahrgangsstufe in Hannover teils längsschnittlich untersucht. Im Mittelpunkt der Untersuchung stehen die Kompetenzdomänen Mathematik, Lesen und Rechtschreibung. Aus der Studie ist bereits eine Reihe von Ergebnissen zu den Kompetenzen und zur Kompetenzentwicklung von Kindern mit Migrationshintergrund hervorgegangen (vgl. Tiedemann & Billmann-Mahecha 2004, 2007).

Um die Rechtschreibleistungen und die Leistungsentwicklung der Kinder mit Migrationshintergrund zwischen der dritten und der vierten Jahrgangsstufe genauer zu untersuchen, wurden die Schüler/innen entlang der Familiensprache in vier Gruppen aufgeteilt (vgl. Tiedemann & Billmann-Mahecha 2004): Schüler/innen mit deutscher Familiensprache, Schüler/innen mit gemischter Familiensprache (Deutsch und andere Sprache), Schüler/innen mit türkischer Familiensprache und Schüler/innen mit sonstiger Familiensprache. Für alle vier Gruppen zeigt sich im

Übergang von der dritten zur vierten Klasse eine Leistungssteigerung (vgl. ebd.). Allerdings unterscheiden sich die in den Gruppen erreichten Kompetenzniveaus teilweise deutlich voneinander. Die höchsten durchschnittlichen Niveaus erreichen die beiden deutschsprachigen Gruppen. Zwischen diesen finden sich keine signifikanten Differenzen. Die beiden nichtdeutschen Sprachgruppen fallen hingegen in ihren Rechtschreibleistungen um gut zwei Drittel einer Standardabweichung hinter die Leistungen der Kinder mit deutscher Familiensprache zurück. Ein Großteil der festgestellten Differenzen kann auf Unterschiede in den kognitiven Grundfähigkeiten zurückgeführt werden. Die Familiensprache erklärt bei gleichzeitiger Berücksichtigung von weiteren Prädiktoren wie dem Fähigkeitsselbstkonzept, den kognitiven Grundfähigkeiten, der Bildungsorientierung des Elternhauses und dem Geschlecht in der dritten Jahrgangsstufe nur 0,5 % und in der vierten Jahrgangsstufe nur 2,3 % der Varianz der Rechtschreibleistungen (vgl. ebd.).

Zusammenfassend kann festgehalten werden, dass sich über die hier geschilderten Studien ein weitgehend konsistentes Bild hinsichtlich der Lese- und Rechtschreibkompetenz von Grundschulkindern mit Migrationshintergrund ergibt. Auch wenn ein Vergleich der einzelnen Studien aufgrund der teils uneinheitlichen Differenzierung von Migrantengruppen erschwert ist, zeigen sich dennoch durchgängig deutliche Kompetenzunterschiede in beiden Domänen zuungunsten der Kinder mit Migrationshintergrund. Am Ende der Grundschulzeit liegen Kinder mit Migrationshintergrund in Deutschland in ihren Lese- und Rechtschreibleistungen zwischen einem halben und einem ganzen Schuljahr hinter ihren Mitschüler/innen ohne Migrationshintergrund. Diese Kompetenzdifferenz fällt meist geringer aus, wenn in der Familie des Kindes vorwiegend deutsch gesprochen wird und wenn nur ein Elternteil im Ausland geboren ist.

Von den wenigen längsschnittlichen Studien kann abgeleitet werden, dass die vorgefundenen Kompetenzdifferenzen nicht erst im Lauf der Grundschulzeit entstehen, sondern bereits in Grundzügen zu Beginn der Grundschule bestehen. Was die Kompetenzentwicklung im Lesen und Rechtschreiben in den ersten Schuljahren anbelangt, so kann von den vorliegenden Ergebnissen vorsichtig auf einen Karawaneneffekt geschlossen werden. Es kommt in den ersten Schuljahren weder zu einem Kompensationseffekt, d.h. es findet in zeitlicher Perspektive keine bedeutende Annäherung in den Kompetenzniveaus statt, noch zu einem ausgeprägten Schereneffekt, durch den sich die Leistungsdifferenzen weiter verstärken. Alle Schüler/innen zeigen im Verlauf der Grundschule Lernfortschritte, allerdings bleiben dabei die bereits zu Schulbeginn bestehenden Leistungsdifferenzen bestehen.

4.3 Einfluss der sozialen Herkunft

Viele Schüler/innen mit Migrationshintergrund wachsen in Deutschland in bildungsfernen und sozial schlecht gestellten Familien auf. Für Untersuchungen, die sich mit dem Schulerfolg und der Kompetenzentwicklung von Schüler/inne/n auseinandersetzen, resultiert daraus das Problem, dass meist nur schwer zu unterscheiden ist, ob vorgefundene Differenzen zuungunsten der Migrant/inn/en auf die soziale Herkunft, auf den Migrationshintergrund und die ethnisch-kulturelle Herkunft oder auf Wechselwirkungen dieser Aspekte zurückzuführen sind. Auch wenn dieses Problem bislang theoretisch und empirisch noch nicht zufriedenstellend gelöst ist, so hat es doch dazu geführt, dass entsprechende Studien derzeit nur schwer ohne die gleichzeitige Berücksichtigung dieser Aspekte vorstellbar sind. Auch die vorliegende Arbeit stellt diesbezüglich keine Ausnahme dar. In diesem Abschnitt wird der aktuelle Forschungsstand zum Einfluss familiärer Faktoren auf die schulische Sozial-Integration skizziert. Bei der Darstellung der Studien und deren Ergebnisse wird besonderes Augenmerk auf die eben geschilderte Problematik gelegt, um Perspektiven und Herangehensweisen aufzuzeigen, wie in den eigenen Analysen mit der Konfundierung von sozialer und ethnischer Herkunft umgegangen werden kann. Zunächst wird ein Blick auf die beiden internationalen Schulleistungsstudien IGLU und TIMSS geworfen. Anschließend werden die Ergebnisse einer Reihe kleinerer Untersuchungen vorgestellt.

IGLU 2006 umfasst wie IGLU 2001 neben der Testung und Befragung von Schüler/inne/n auch eine Elternbefragung (vgl. Hornberg, Bos, Buddeberg, Potthoff & Stubbe 2007; Lankes et al. 2003). Mithilfe dieser ergänzenden Daten werden verschiedene Analysen durchgeführt, in denen der Einfluss familiärer Kontextfaktoren sowohl auf die Lesekompetenz der Schüler/innen als auch auf deren Übertrittsempfehlungen und auf die elterlichen Bildungsaspirationen untersucht wird (vgl. Arnold, Bos, Richert & Stubbe 2007; Bos, Schwippert & Stubbe 2007). Bildungsaspirationen werden dabei als die von den Eltern gewünschte Schulform, die das Kind nach dem Übertritt besuchen soll, verstanden (vgl. ebd.). Den theoretischen Bezugsrahmen der Analysen bildet unter anderem der Kapitalsortenansatz Bourdieus (1983) (vgl. Abschnitt 2.2). Zur theoretischen Deutung der Entscheidungsprozesse am Übergang von der Primar- zur Sekundarstufe wird auf die von Boudon (1974) eingeführte Unterscheidung primärer und sekundärer Herkunftseffekte zurückgegriffen (vgl. Bos, Schwippert & Stubbe 2007). Unter primären Effekten werden die Bedingungen verstanden, „die Kinder in Abhängigkeit von der sozialen Lage ihres Elternhauses beim Erwerb von schulischen Kompetenzen aufweisen" (ebd., S. 226). Aufgrund der unterschiedlichen Förderung, die Kinder in ihren Elternhäusern jeweils erfahren, können sich in den Schulleistungen herkunftsbedingte Disparitäten ergeben. Demgegenüber handelt es sich bei sekundären Herkunftseffekten um „Bildungsentscheidungen, die Schülerfamilien in Abhängigkeit von ihrer sozialen Lage treffen" (ebd, S. 226). Bildungsnähere Elternhäuser entscheiden sich, unabhängig von den Schulleistungen der Kinder, häufiger für höhere Schullaufbahnen und Bildungswege. Auf diesem Wege können zusätzlich zu den primären Herkunftseffekten weitere soziale Disparitäten entstehen. Das Beurteilungsverhalten von Lehrer/inne/n ist ebenfalls den sekundären Herkunftseffekten zuzurechnen, wenn es die soziale Herkunft des Kindes mit in Rechnung stellt (vgl. ebd.). Es ist beispielsweise vorstellbar, dass Lehrer/innen die bildungsnahe oder bildungsferne Herkunft ihrer Schüler/innen in Schulnoten oder in Übertrittsempfehlungen mit einfließen lassen.

In den entsprechenden Analysen der IGLU-Daten wird die Kapitalausstattung von Familien mit und ohne Migrationshintergrund entlang verschiedener Kapitalindikatoren miteinander verglichen (vgl. Schwippert, Hornberg, Freiberg & Stubbe 2007). Ein Indikator, in dem sich das ökonomische und das kulturelle Kapital einer Familie widerspiegeln, ist der Beruf der Eltern. Die erhobenen Berufsangaben werden in drei Berufsschichten unterteilt: In der ersten Schicht werden vor allem manuelle Tätigkeiten zusammengefasst, der zweiten Schicht werden Angestellte und kleine Unternehmer zugeordnet und die dritte Schicht setzt sich aus Akademikern, Technikern und Führungskräften zusammen. Die Verteilung der Familien mit und ohne Migrationshintergrund auf diese drei Schichten zeigt, dass in Deutschland fast 40 % der Migrant/inn/en einer manuellen Tätigkeit nachgehen (vgl. Schwippert et al. 2007). Dieser Anteil ist fast vier Mal so groß wie der entsprechende Anteil bei den Eltern ohne Migrationshintergrund (vgl. ebd.) In der zweiten Schicht sind die Verhältnisse zwischen den beiden Gruppen deutlich ausgewogener. 57 % der Eltern ohne Migrationshintergrund und 50 % der Eltern mit Migrationshintergrund zählen zu dieser Gruppe. Bei der obersten Schicht treten wieder deutliche Anteilsunterschiede auf. Der Anteil der nicht migrierten Eltern in dieser Gruppe ist mit 33 % fast drei Mal so groß wie der Anteil der Eltern mit Migrationshintergrund (12 %). Auch bei den formalen Bildungsabschlüssen der Eltern finden sich an den Rändern der Verteilung, also bei den höchsten und bei den niedrigsten Bildungsabschlüssen, deutliche Differenzen zuungunsten der Familien mit Migrationshintergrund. Im mittleren Bereich, bei den Eltern, die die allgemeine Hochschulreife, die Fachhochschulreife oder einen Berufsschulabschluss erreicht haben, nähern sich die Anteile der beiden Gruppen einander an (vgl. ebd.). Die Anzahl der im Haushalt verfügbaren Bücher wird als Indikatoren des familiären kulturellen Kapitals betrachtet. Auch hier findet sich ein vergleichbares Muster. Gerade bei den Haushalten mit einer sehr geringen bis geringen Anzahl von Büchern fällt der Anteil der Migrantenfamilien wesentlich größer aus. Ab einer Anzahl von mehr als 100 Büchern im Haushalt dreht sich das Verhältnis und die Familien ohne Migrationshintergrund sind anteilig stärker vertreten. Alle drei genannten Kapitalindikatoren wirken sich bedeutsam auf die Lesekompetenz der Schüler/innen in der vierten Klasse aus. Diese Auswirkungen werden als primäre Herkunftseffekte gedeutet (vgl. ebd.).

In weiteren Analysen wird herausgestellt, wie sich migrationsbezogene Disparitäten in der Lesekompetenz und die eben geschilderten sozialen Herkunftseffekte zueinander verhalten (vgl. Schwippert et al. 2007). Dafür werden mehrere Regressionsmodelle berechnet, die neben dem Vorliegen eines Migrationshintergrundes jeweils verschiedene Kapitalindikatoren berücksichtigen. Im ersten Modell, das nur den Migrationshintergrund als unabhängige Variable enthält, zeigt sich, dass der durch den Migrationsstatus bedingte Leistungsrückstand in der Lesekompetenz ungefähr ein Schuljahr beträgt. Dieser Rückstand verringert sich wesentlich, wenn Indikatoren der sozialen Herkunft in das Modell mit aufgenommen werden. Trotz der Verringerung bleibt der Effekt des Migrationshintergrundes allerdings in bedeutsamen Umfang bestehen. Selbst bei gleichzeitiger Berücksichtigung der Anzahl der Bücher im Haushalt, der Berufsschicht und des Bildungsniveaus der Eltern liegt die allein durch den Migrationshintergrund bedingte Leistungsdifferenz bei etwa einem halbem Schuljahr (vgl. ebd.).

Neben der Lesekompetenz werden wie bereits erwähnt auch die Übertrittsempfehlungen und Bildungsaspirationen der Schüler/innen in den Blick genommen. Arnold, Bos, Richert und Stubbe (2007) untersuchen die Übereinstimmung von Übertrittsempfehlung der Lehrkräfte und Bildungsaspiration der Eltern. Für Deutschland stellen sie dabei eine breite Übereinstimmung fest. Nur in 17 % der Fälle ergeben sich Abweichungen zwischen Aspiration und Empfehlung. Ein Großteil dieser Abweichungen sind Abweichungen der Elternpräferenz nach oben, das heißt Eltern wünschen, dass ihre Kinder eine höhere Schulform besuchen als sie von den Lehrer/inne/n empfohlen wurde. Abweichungen der Aspirationen nach unten treten deutlich seltener auf (vgl. ebd.).

In Pfadmodellen wird darüber hinaus untersucht, wie die Übertrittsempfehlungen, die Bildungsaspirationen und die Deutschnoten mit verschiedenen ausgewählten Hintergrundvariablen zusammenhängen (Arnold, Bos, Richert & Stubbe 2007). Zu den dabei berücksichtigten Hintergrundvariablen zählen leistungsrelevante Schülermerkmale (kognitive Fähigkeiten, Lesekompetenz), Merkmale der sozialen Herkunft der Schüler/innen (sozioökonomischer Status der Familie, Anzahl der im Haushalt verfügbaren Bücher) und der Migrationshintergrund. Alle Hintergrundvariablen weisen in den Modellen einen signifikanten Zusammenhang mit den Übertrittsempfehlungen, den Bildungsaspirationen und der Deutschnote auf (vgl. ebd.). Besonders hervorzuheben sind die entlang der Bildungsaspirationen und der Übertrittsempfehlungen auftretenden sekundären Herkunftseffekte. Die Lehrer/innen und auch die Eltern sind in ihrem Beurteilungs- bzw. Entscheidungsverhalten von der sozialen Herkunft beeinflusst. Zudem ist festzuhalten, dass auch vom Migrationshintergrund primäre und sekundäre Herkunftseffekte ausgehen, die sich auf die Deutschnote, die Bildungsaspirationen der Eltern und das Beurteilungsverhalten der Lehrer/innen auswirken (vgl. ebd.).

Vergleichbar mit den eben vorgestellten Analysen aus IGLU 2006 setzt sich auch die TIMS-Studie mit der Frage auseinander, wie sich die soziale Herkunft und der Migrationsstatus der Schüler/innen auf den Erwerb schulischer Kompetenzen auswirkt (vgl. Bonsen, Kummer & Bos 2008). Wie bereits erwähnt, wird bei TIMSS allerdings nicht die Lese-, sondern die mathematische Kompetenz der Schüler/innen untersucht. In die entsprechenden Analysen gehen als unabhängige Variablen die Anzahl der im Haushalt verfügbaren Bücher, der Migrationshintergrund und die in der Familie gesprochene Sprache ein. Die deskriptive Auswertung

der zuletzt genannten Variable zeigt, dass in Deutschland nur etwa 55 % der Schü-
ler/innen mit einem im Ausland geborenen Elternteil zu Hause überwiegend
deutsch sprechen. Bei Schüler/inne/n, deren Eltern beide im Ausland geboren sind,
liegt dieser Anteil noch einmal deutlich niedriger bei ungefähr 23 %. Ob und in
welchem Umfang im Elternhaus deutsch gesprochen wird, wirkt sich maßgeblich
auf die Mathematikkompetenz aus. Bei Kindern mit mindestens einem im Ausland
geborenen Elternteil, in deren Elternhaus nur manchmal deutsch gesprochen wird,
zeigt sich eine Differenz von über 40 Leistungspunkten gegenüber dem nationalen
Mittelwert. Schüler/innen mit Migrationshintergrund, die zuhause nur manchmal
deutsch sprechen, liegen damit also fast ein Schuljahr hinter dem nationalen Durchschnitt (vgl. ebd.).

In mehreren Regressionsmodellen untersuchen Bonsen, Kummer und Bos
(2008), wie sich verschiedene Herkunftsmerkmale auf die Mathematikkompetenz
der Schüler/innen am Ende der vierten Klasse auswirken. Im ersten Modell ist nur
der Migrationshintergrund, operationalisiert über die Herkunft der Eltern, enthalten. Es zeigt sich erwartungsgemäß, dass Schüler/innen mit Migrationshintergrund
im Durchschnitt niedrigere Mathematikleistungen erbringen. Insgesamt können mit
diesem Modell 7 % der Leistungsvarianz erklärt werden. Im zweiten Modell wird
auch berücksichtigt, in welcher Häufigkeit in den Familien deutsch gesprochen
wird. Der Effekt des Migrationshintergrundes reduziert sich durch den zusätzlichen
Indikator nur geringfügig und die erklärte Varianz erhöht sich lediglich von 7 auf
8 %. Es wird dennoch deutlich, dass die Tatsache, ob und wie häufig zuhause
deutsch gesprochen wird, zusätzliche, vom Migrationshintergrund unabhängige
Varianz erklärt. Das letzte Modell umfasst auch das kulturelle Kapital der Familie
in Form der zu Hause verfügbaren Bücher. Die Berücksichtigung dieses Indikators
hebt den Anteil an erklärter Varianz auf insgesamt 18 % an. Gleichzeitig werden
die Effekte der zuvor aufgenommenen Variablen dadurch deutlich schwächer (vgl.
ebd.). Das bedeutet, sowohl der Migrationshintergrund als auch die in der Familie
gesprochene Sprache sind zum Teil mit der sozialen Herkunft bzw. dem kulturellen
Kapital der Familie konfundiert.

Zu einem ähnlichen Schluss kommt auch Schwippert (2007) im Rahmen der
Hamburger KESS-4-Studie. Anhand verschiedener Analysen stellt Schwippert fest,
dass „ein höherer sozialer Status [...] in der Regel auch mit einem ausschließlichen
deutschen Sprachgebrauch in den Familien" (Schwippert 2007, S. 44) einhergeht.
In weiterführenden Analysen zeigt sich zudem, dass sowohl vom familiären
Sprachgebrauch als auch vom sozialen Status signifikante eigenständige Effekte
auf alle vier bei KESS 4 getesteten Kompetenzbereiche (Leseverständnis, Mathematik, Naturwissenschaft und Englisch) ausgehen (vgl. ebd.). Ein Interaktionsef-
fekt von sozialer Herkunft und familiärem Sprachgebrauch kann nur in Bezug auf
zwei Kompetenzbereiche, das Leseverständnis und das naturwissenschaftliche
Grundverständnis, festgestellt werden. In Mathematik und im Englisch-
Hörverstehen tritt keine Wechselwirkung auf. Schwippert (2007) erklärt den Be-

fund damit, dass die Vermittlung dieser beiden Kompetenzbereiche vor allem in der Schule stattfindet. Herkunftseffekte können in Bezug auf diese Kompetenzen daher nur sehr eingeschränkt auftreten. Das Lesen und naturwissenschaftliche Grundkenntnisse würden im Gegensatz dazu auch im familiären Kontext (mit-) vermittelt, sodass Herkunftseffekte hier häufiger und stärker ausgeprägt vorzufinden sind (vgl. ebd.). Hinzu kommt, laut Schwippert (2007), dass es sich bei diesen beiden Fächern um Kompetenzbereiche handelt, die maßgeblich von verkehrssprachlichen Kompetenzen abhängen.

In der bereits zuvor erwähnten Studie von Ditton (vgl. Abschnitt 4.1.2) erfolgt eine breite Auseinandersetzung mit den Bildungsaspirationen, Übertrittsempfehlungen und Übertrittsentscheidungen am Übergang von der Primar- zur Sekundarstufe (vgl. Ditton 2007a). Besonderes Augenmerk wird auch hier darauf gelegt, welche Rolle der sozialen Herkunft im Kontext des Schulübertritts zukommt (vgl. Ditton 2007b). In Übereinstimmung mit den bislang geschilderten Befunden stellt Ditton (2007b) heraus, dass enge Zusammenhänge zwischen den schulischen Leistungen und der sozialen Herkunft der Schüler/innen bestehen. Auch die elterlichen Bildungsaspirationen und die letztendliche Anmeldung für eine Schulform der Sekundarstufe sind vom sozialen Status der Schülerfamilien beeinflusst. Aufgrund der längsschnittlichen Ausrichtung der Untersuchung, die einen Messzeitpunkt in der dritten Klasse und einen Messzeitpunkt in der vierten Klasse umfasst, können auch Aussagen zur Entwicklung dieses Zusammenhangs getroffen werden. Demzufolge nimmt der Zusammenhang von Schulleistungen und sozialer Herkunft von der dritten zur vierten Klasse zu. „Schon zu einem frühen Zeitpunkt haben die oberen sozialen Gruppen einen markanten Vorsprung erreicht, der sich im letzten Schuljahr vor dem Übergang in die Sekundarstufe weiter vergrößert" (Ditton 2007b, S. 87). Verstärkt werden diese primären sozialen Disparitäten durch sekundäre Effekte, die sich vor allem in der Entscheidung für eine Schulform zeigen. Eltern mit höherem sozialem Status wählen teils trotz anders lautender Empfehlung für ihre Kinder die höhere Schulform, während untere soziale Gruppen oft trotz höherer Eignung eine weniger anspruchsvolle Schulform wählen (vgl. ebd.).

Auch das Vorliegen eines Migrationshintergrundes wirkt sich auf die Übertrittsquoten aus (vgl. Ditton 2007b). Wie in Abschnitt 4.1.2 dargestellt, werden Kinder aus Migrantenfamilien häufiger an Hauptschulen und seltener an Realschulen und Gymnasien angemeldet. Interessant ist, wie sich die Bildungsaspirationen der Migranteneltern auf die Schulanmeldungen auswirken. Unter Kontrolle von sozialer Herkunft und Leistung „verweisen die Ergebnisse auf höhere Bildungsaspirationen der Eltern von Kindern, deren Muttersprache *nicht* Deutsch ist, und zwar in der Hinsicht, dass diese eher eine Gymnasial- statt einer Realschullaufbahn wünschen und ihr Kind letztlich auch eher an einem Gymnasium statt an einer Realschule anmelden" (Ditton 2007b, S. 82). Für die Entscheidung zwischen Real- und Hauptschule finden sich unter Kontrolle von sozialer Herkunft und Schulleistung dagegen keine vergleichbaren Effekte. Auch für die Vergabe der Übertrittsempfehlungen spielen migrationsbezogene Herkunftseffekte unter Kontrolle der sozialen Herkunft keine Rolle. Das bedeutet, der Migrationshintergrund weist in der Untersuchung von Ditton (2007b) bezüglich der Übertrittsempfehlungen keine über die soziale Herkunft hinausgehenden Effekte auf.

Während sich die bislang vorgestellten Studien vor allem auf die Differenzierung von Personen mit und ohne Migrationshintergrund entlang der Merkmale, im Ausland geborene Elternteile und in der Familie gesprochene Sprache, beschränken, finden sich aktuell nur sehr wenige Studien, die Migrantengruppen nach ihrer ethnischen Herkunft unterscheiden. Eine der wenigen Ausnahmen stellt das Projekt „Bildungsentscheidungen in Migrantenfamilien" (vgl. Kristen & Dollmann 2009) dar, in dem unter anderem auch die Gruppe der Grundschüler/innen mit türkischem Migrationshintergrund betrachtet wurde.

Kristen und Dollmann (2009) greifen im Rahmen des Projekts die bereits vorgestellte Differenzierung von primären und sekundären Herkunftseffekten auf und erweitern diese um eine Unterscheidung von (primären und sekundären) Effekten, die durch die soziale Herkunft bedingt sind, und (primären und sekundären) Effekten, die durch die ethnische Herkunft bedingt sind. Neu an ihrer Erweiterung sind vor allem die primären und sekundären ethnischen Herkunftseffekte. Primäre ethnische Effekte beschreiben sie als „mit der ethnischen Herkunft verknüpfte Bedingungen, die auf das Lernen wirken" (Kristen & Dollmann 2009, S. 208) und die in Form von Kompetenzunterschieden auch unter Kontrolle der primären sozialen Herkunftseffekte fortbestehen. „Sekundäre ethnische Effekte können dagegen [als] mit der ethnischen Herkunft verbundene Bedingungen beschrieben werden, die auf die Bildungsentscheidungen wirken" (Kristen & Dollmann 2009, S. 208). Sie bleiben auch unter Kontrolle der Leistungen und damit der primären Herkunftseffekte und unter Kontrolle der sekundären sozialen Herkunftseffekte bestehen (vgl. ebd.).

Im Mittelpunkt der Analysen von Kristen und Dollmann (2009) steht unter anderem die Forschungsfrage, ob beim Übertritt von Kindern mit türkischem Migrationshintergrund sekundäre ethnische Effekte auftreten. Um diese Frage zu beantworten, untersuchen sie die Übertrittsentscheidungen von ungefähr 1500 Kölner Grundschüler/inne/n. Die Analysen zeigen deutliche Nachteile für Kinder mit türkischem Migrationshintergrund. Anteilig betrachtet treten Kinder aus türkischen Familien wesentlich seltener an Realschulen oder Gymnasien über. Unter Kontrolle der Schulleistungen und damit der darin enthaltenen primären Herkunftseffekte nehmen diese Differenzen deutlich ab. Das bedeutet, ein Großteil der unterschiedlichen Übertrittsquoten von Kindern ohne Migrationshintergrund und Kindern mit türkischem Migrationshintergrund ist den am Ende der Grundschulzeit bestehenden Schulleistungsdifferenzen geschuldet. Wird zudem auch die soziale Herkunft kontrolliert und dadurch die sekundären sozialen Herkunftseffekte, verringern sich die verbleibenden Differenzen nicht nur, es zeichnen sich nun sogar höhere Übertrittschancen für Kinder aus türkischen Familien im Vergleich zu Kindern ohne Zuwanderungshintergrund ab (vgl. ebd.). Für die Ausgangsfrage der Untersuchung bedeutet das, dass bei den Kindern türkischer Herkunft am Übergang von der Primar- zur Sekundarstufe positive sekundäre ethnische Herkunftseffekte festzustellen sind, die eine deutliche Übertrittschancenverbesserung bewirken. In einem darauf aufbauenden Analyseschritt überprüfen Kristen und Dollmann (2009), ob dieser sekundäre ethnische Herkunftseffekt mit den hohen Bildungsaspirationen der türkischen Eltern zusammenhängt. Die Analysen zeigen, dass sich der positive sekundäre Effekt deutlich verringert, sobald die Aspirationen kontrolliert werden (vgl. ebd.). Ein bedeutender Teil des festgestellten sekundären ethnischen Herkunftseffekts ist demzufolge vermutlich auf die hohen Bildungsaspirationen in türkischstämmigen Familien zurückzuführen.

Aus den Ergebnissen der dargestellten Studien können folgende zentrale Befunde zusammengefasst werden: Es zeigt sich, dass die soziale Herkunft, die ethnische Herkunft und der Migrationshintergrund wichtige differenzielle Rollen in strukturellen und kulturellen schulischen Integrationsprozessen spielen. Bedeutsame Herkunftseffekte treten sowohl auf kultureller Seite bei den Kompetenzen als auch auf struktureller Seite bei den Übertrittsempfehlungen, den elterlichen Bildungsaspirationen und den letztendlichen Bildungsentscheidungen auf. Die soziale Herkunft hat auf alle betrachteten schulischen Integrationsaspekte einen bedeutsamen Einfluss: Kinder aus Familien mit niedriger kultureller und ökonomischer Kapitalausstattung haben in der Regel schlechtere Schulleistungen und schlechtere Chancen an die Realschule oder das Gymnasium überzutreten. Vergleichbare Effekte sind im Großteil der Studien auch für das Vorliegen eines Migrationshintergrundes oder die ethnische Herkunft belegt. Allerdings gehen die Befunde auseinander, sobald zusätzlich auch Indikatoren der sozialen Herkunft in die Analysen aufgenommen werden. In einigen Fällen verschwinden die migrationsbezogenen und ethnischen Effekte, in anderen Fällen werden sie zwar abgeschwächt, bleiben aber in bedeutsamen Umfang bestehen. Davon abgesehen, dass diese widersprüchlichen Befunde zumindest teilweise auf unterschiedliche Operationalisierungen der Konstrukte und auf Differenzen in den Stichprobenzusammensetzungen und -größen zurückzuführen sein können, stößt man hier auch auf die eingangs erwähnte Problematik der Konfundierung von sozialer Herkunft, ethnischer Herkunft und Migrationshintergrund, die theoretisch und empirisch bislang nicht zufriedenstellen gelöst ist. Dies zeigt allein die Überlegung, dass wenn ein migrationsbedingter Effekt durch gleichzeitige Berücksichtigung der sozialen Herkunft verschwindet, es nicht zwangsläufig bedeutet, dass kein Effekt des Migrationshintergrundes vorliegt. Eine denkbare Alternativerklärung könnte darin bestehen, dass die Varianz in der sozialen Herkunft teilweise auf den Migrationsstatus zurückzuführen ist. Kristen und Dollmann (2009) nennen hier als Beispiel, dass die soziale Positionierung einer Person mit Migrationshintergrund im Aufnahmeland maßgeblich davon beeinflusst wird, inwieweit deren kulturelles Kapital im Migrationsprozess anerkannt oder entwertet wird. Dieser migrationsbedingte Effekt schlägt sich später allerdings nicht auf Seiten des Migrationshintergrundes bzw. der ethnischen Herkunft, sondern auf Seiten der sozialen Herkunft nieder. Zu lösen sind diese und vergleichbare Problemstellungen vermutlich nur über eine ausführliche theoretische Auseinandersetzung mit potentiellen Wechselwirkungen von sozialer Herkunft, ethnischer Herkunft und Migrationshintergrund. In einem weiteren Schritt müssen diese theoretischen Überlegungen in entsprechende Forschungsdesigns einfließen und empirisch modelliert werden, was allerdings für die Erhebung einen zusätzlichen Arbeitsaufwand bedeuten kann.

Auf ähnliche Schwierigkeiten stößt man auch bei der empirisch-analytischen Bestimmung von primären und sekundären Herkunftseffekten. In den meisten geschilderten Studien wird davon ausgegangen, dass über die statistische Kontrolle von Kompetenz- und Schulleistungstestwerten sämtliche primären Effekte ausgeschaltet werden und es sich somit bei den verbleibenden herkunftsbedingten Disparitäten nur um sekundäre Herkunftseffekte handeln kann. Dieser Schluss muss jedoch nicht unbedingt zutreffen. Beispielsweise kann ein Kompetenztest wichtige Kompetenzfacetten bewusst oder unbewusst unberücksichtigt lassen. Das kann dazu führen, dass sich auch unter Kontrolle des Kompetenzstandes in den verbleibenden Herkunftseffekten noch primäre Herkunftseffekte wiederfinden, die von den im Test nicht erfassten Kompetenzbereichen herrühren. Diese Anteile den sekundären Effekten zuzuschreiben, hätte eine Überschätzung dieser Effekte zur Folge.

Eine weitere Problemstellung bei der Analyse von primären und sekundären Herkunftseffekten besteht in der oft unzureichenden Differenzierung dieser Effekte. Wie an der Studie von Kristen und Dollmann (2009) deutlich wird, ist es beispielsweise im Bereich der Forschung zu Bildungsentscheidungen von Migrant/inn/en sinnvoll, die Differenzierung von primären und sekundären Herkunftseffekten mit der Differenzierung von sozialer und ethnischer Herkunft zu kreuzen. Eine weitere Differenzierung zur genaueren Beschreibung und Erfassung der Herkunftseffekte schlagen Maaz und Nagy (2009) vor. Sie erweitern das Modell Boudons um eine chronologische Perspektive, indem sie zwischen Noten, den darauf aufbauenden Übertrittsempfehlungen und den sich an die Empfehlungen anschließenden Übergangsentscheidungen differenzieren. Primäre und sekundäre Herkunftseffekte können, Maaz und Nagy (2009) zufolge, an jeder dieser chronologischen Stufen, also bei den Noten, den Empfehlungen und bei den Übertrittsentscheidungen, auftreten. Demnach können insgesamt sechs verschiedene Herkunftseffekte, darunter drei primäre und drei sekundäre Effekte unterschieden werden. Mit deren Hilfe kann eine wesentlich genauere Modellierung der Übertrittsentscheidungen vorgenommen werden. Zudem können Ergebnisse und Befunde aus unterschiedlichen Studien entlang dieser Heuristik leichter und genauer miteinander verglichen werden.

Zum besseren Verständnis der nachfolgenden Analysen gilt es abschließend noch kurz zu erläutern, wie sich die Unterscheidung von primären und sekundären Herkunftseffekten in das zuvor geschilderte Modell der schulischen Sozial-Integration einfügt. Da sich primäre Herkunftseffekte ausschließlich an Kompetenzdifferenzen unter den Schüler/inne/n zeigen, sind sie in ihrer Genese auf die kulturelle Integrationsdimension, in der Sozial-Integrationsprozesse entlang von Kompetenz- und Wissenserwerbsprozessen verlaufen (vgl. Abschnitt 3.2), beschränkt. Sekundäre Herkunftseffekte hingegen treten ausschließlich bei schulischen Platzierungsprozessen auf, beispielsweise bei der Notenvergabe, bei der Vergabe von Übertrittsempfehlungen oder bei der Übertrittsentscheidung. Sie betreffen daher ausschließlich die strukturelle Integrationsdimension. Da sich alle drei genannten Platzierungsprozesse an den Kompetenzen der Schüler/innen orientieren, besteht eine enge Verbindung zwischen struktureller und kultureller schulischer Integration (vgl. Abschnitt 3.5). Über diese Verbindung übertragen sich auch primäre Disparitäten von der kulturellen auf die strukturelle schulische Integration und sind auch dort empirisch erfassbar.

5. Forschungsfragen

Nachdem in den vorhergehenden Kapiteln ein Modellentwurf der Sozial-Integration in die Schule und der aktuelle Forschungsstand zu ausgewählten Modellaspekten geschildert wurden, sollen an dieser Stelle die in der Einleitung formulierten zentralen Zielsetzungen dieser Arbeit aufgegriffen und auf der Grundlage der vorangestellten theoretischen und forschungsstandbezogenen Ausführungen in konkretere Forschungsfragen umformuliert werden. Diese werden anschließend anhand der Daten aus dem noch näher vorzustellenden SOKKE-Projekt überprüft.

Die zentrale Zielsetzung der Arbeit ist die längsschnittliche Betrachtung der Sozial-Integration von Kindern mit Migrationshintergrund in die Grundschule. Im Fokus dieser Betrachtung stehen zwei der insgesamt vier postulierten Sozial-Integrationsdimensionen: die strukturelle und die kulturelle Sozial-Integration in die Schule. Für jede dieser Dimensionen werden zentrale Aspekte herausgegriffen, anhand derer die Sozial-Integration von Kinder mit Migrationshintergrund beschrieben werden soll. Innerhalb der strukturellen Integrationsdimension werden der am Ende der Grundschulzeit vorgenommene vertikale Platzierungsprozess, der Schulübertritt von der Primar- zur Sekundarstufe, und die von den Schüler/inne/n in der vierten Jahrgangsstufe erzielten Schulnoten in den Fächern Deutsch und Mathematik untersucht. Ergänzend dazu wird als wichtiger Teil der kulturellen Sozial-Integration die schulische Kompetenzentwicklung in den Domänen Lesen, Rechtschreiben und Mathematik betrachtet.

Um die Sozial-Integrerund von Kindern mit Migrationshintergrund in die Schule besser beschreiben zu können, wurde eine Reihe von unterschiedlichen Integrationsformen bzw. Integrationskonstellationen vorgestellt, angefangen von der Mehrfachintegration, über die Assimilation, bis hin zur Segmentation und Marginalisation (vgl. Abschnitt 2.3). Wie bereits unter Bezugnahme auf eine Kritik von Rudmin (vgl. Rudmin 2003; Rudmin & Ahmadzadeh 2001) verdeutlicht (vgl. Abschnitt 2.3.4), hängt es vom jeweils untersuchten Integrationsprozess ab, welche der genannten Formen konzeptualisierbar und damit auch operationalisierbar und empirisch überprüfbar sind. So können für manche Integrationsprozesse bereits bei konzeptueller Betrachtung bestimmte Integrationsformen ausgeschlossen werden. Im vorliegenden Fall wurde für die ausgewählten strukturellen und kulturellen Integrationsaspekte jeweils eine Analyse der strukturellen Rahmenbedingungen an bayerischen Grundschulen vorgenommen, um von diesen abzuleiten, welche Integrationsformen jeweils vorstellbar und welche auszuschließen sind. Die dabei getroffene Auswahl an Integrationsformen soll in den Forschungsfragen als Ergebnisraum berücksichtigt werden, in dem die Analyseergebnisse verortet werden können. Zur Realisierung dieser Verortung werden die empirischen Analysen so gestaltet, dass die in Frage kommenden Integrationskonstellationen unter- bzw. gegeneinander getestet werden können.

Aufbauend auf den separaten Analysen der ausgewählten strukturellen und kulturellen Sozial-Integrationsaspekte soll in einem weiterführenden Analyseschritt untersucht werden, in welchem Zusammenhang die Integrationsaspekte zueinander stehen. Es soll die Frage beantwortet werden, wie die betrachteten kulturellen Integrationsprozesse die strukturelle Integration, dabei speziell die Vergabe der Schulnoten und damit den Übertrittsprozess beeinflussen. Zudem sollen zentrale individuelle und familiäre Einflussfaktoren hinsichtlich ihres Beitrags zum Zustandekommen der Empfehlungs- und Notenverteilung näher untersucht werden.

5.1 Forschungsfragen zur strukturellen Sozial-Integration – Schulübertritt und Schulnoten

Wie bereits herausgestellt, werden innerhalb der strukturellen Sozial-Integration die Übertrittsempfehlungen und die Schulnoten in den Fächern Deutsch und Mathematik als wichtige Indikatoren vertikaler schulischer Platzierungsprozesse näher betrachtet. Die dabei verfolgten Forschungsfragen sind:

– *Wie sind Kinder mit Migrationshintergrund[11] im Hinblick auf ihre Übertrittsempfehlungen und ihre Schulnoten am Ende der Grundschulzeit strukturell integriert bzw. platziert?*

Für alle drei Integrationsaspekte soll überprüft werden, ob …

– eine *migrationsbedingte Über-* oder *Unterschichtung*, d.h. die betrachteten Kinder mit Migrationshintergrund weisen bei den untersuchten Merkmalen eine bessere oder schlechtere Verteilung als die Kinder ohne Migrationshintergrund auf,
– oder eine *Assimilation*, das bedeutet zwischen den Verteilungen von Kindern mit und ohne Migrationshintergrund finden sich keine Unterschiede, vorliegt.

In Anbetracht des zuvor geschilderten Forschungsstandes ist für den Schulübertritt und für die Schulnoten ohne die gleichzeitige Berücksichtigung weiterer Faktoren eine ausgeprägte migrationsbedingte Unterschichtung zuungunsten der Kinder mit Migrationshintergrund zu erwarten. Diese sollte sich in vergleichsweise schlechteren Schulnoten vor allem im Fach Deutsch, in einem deutlich höheren Anteil an Übertrittsempfehlungen und -entscheidungen für die Hauptschule und einem be-

---

11 Um die Heterogenität der untersuchten Population der Grundschulkinder mit Migrationshintergrund zu reduzieren und um differenziertere Betrachtungen und Beschreibungen zu ermöglichen, werden in den Analysen, soweit es die Datenstruktur zulässt, Binnendifferenzierungen der Kinder mit Migrationshintergrund entlang migrationsbezogener Merkmale und entlang der ethnischen Herkunft vorgenommen. Wenn in der hier aufgeführten und den nachfolgenden Fragestellungen also von Kindern mit Migrationshintergrund die Rede ist, so sind darin ent-

deutend niedrigeren Anteil an Übertrittsempfehlungen und -entscheidungen für das Gymnasium äußern. Darüber hinaus sind bedeutsame Variationen zwischen verschiedenen ethnischen Gruppen zu erwarten. Ebenfalls auf der Grundlage bisheriger Forschungsergebnisse wird angenommen, dass gerade bei den türkischstämmigen Migrant/inn/en die am stärksten ausgeprägten ethnischen Schichtungen vorzufinden sind, wohingegen bei den Aussiedler/inne/n nur geringfügige Schichtungseffekte zu finden sein dürften. Verschiedenen Akkulturationstheorien zufolge findet in der Generationenfolge eine Annäherung der Migrant/inn/en an die Aufnahmegesellschaft statt. Übertragen auf die hier betrachteten Integrationsmerkmale wäre daher bei Migrant/inn/en der zweiten oder dritten Generation eine schwächere Schichtung zu erwarten als bei Migrant/inn/en der ersten Generation. Auch diese Annahme soll einer Prüfung unterzogen werden.

– *Wie entwickelt sich die strukturelle Sozial-Integration der Kinder mit Migrationshintergrund zwischen der ersten und der vierten Klasse?*

Anhand einer längsschnittlichen Betrachtung der Schulnoten von Kindern mit Migrationshintergrund soll untersucht werden, wie sich die strukturelle Integration der Kinder mit Migrationshintergrund von der ersten bis zum Ende der vierten Klasse entwickelt. Drei mögliche Verläufe sind hier voneinander zu unterscheiden: Das Auftreten …

– eines *Schereneffektes*, d.h. im Verlauf der Grundschulzeit entstehen Differenzen in den Schulnotenverteilungen von Kindern mit und ohne Migrationshintergrund bzw. bereits zu Schulbeginn festgestellte Differenzen werden im Verlauf der vier Grundschuljahre größer,
– eines *Kompensationseffektes*, d.h. anfängliche Differenzen in den Schulnotenverteilungen von Kindern mit und ohne Migrationshintergrund nehmen im Verlauf der Grundschulzeit ab,
– eines *Karawaneneffektes*, d.h. die bei Schuleintritt festgestellten Schulnotenverteilungen von Kindern mit und ohne Migrationshintergrund bleiben bis zum Ende der Grundschulzeit im gleichen Verhältnis bestehen.

Je nach festgestelltem Effekt ist es möglich, dass sich die Form der strukturellen Sozial-Integration der Kinder mit Migrationshintergrund im Lauf der Grundschulzeit verändert, beispielsweise bedingt durch einen Schereneffekt von einer Assimilation zu Schulbeginn zu einer Schichtung am Ende der vierten Jahrgangsstufe. Aus diesem Grund soll auch ein Vergleich der zu Schulbeginn festgestellten Integrationsform mit der am Ende der Grundschulzeit vorliegenden Integrationsform vorgenommen werden.

---

sprechende Binnendifferenzierungen und der Vergleich der daraus entstehenden Teilgruppen inbegriffen.

5.2 Forschungsfragen zur kulturellen Sozial-Integration – Kompetenzen und Kompetenzentwicklung

Als kulturelle Integrationsprozesse in die Grundschule werden im Folgenden die Kompetenzen und die Kompetenzentwicklung in den Domänen Lesen, Rechtschreiben und Mathematik untersucht. Die dabei verfolgten Forschungsfragen lauten:

– *Welche Integrationsform ist hinsichtlich der Lese-, Rechtschreib- und Mathematikkompetenz von Kindern mit Migrationshintergrund festzustellen und wie verändert sich diese im Lauf der Grundschulzeit?*

Wie bereits bei den Übertritten und bei den Schulnoten soll auch an den ausgewählten kulturellen Integrationsaspekten überprüft werden, welche der folgenden Integrationsformen vorliegt:

– eine *migrationsbedingte Über-* oder *Unterschichtung*,
– oder eine *Assimilation.*

Ergänzend dazu soll betrachtet werden, wie sich die verschiedenen Kompetenzen von der ersten bis zur vierten Klasse verändern. Zur Beschreibung der Entwicklungsverläufe wird auf die bereits zuvor genannten drei Effekte, den *Scheren-*, den *Kompensations-* und den *Karawaneneffekt*, zurückgegriffen.

Aufgrund der anzunehmenden engen Wechselbeziehungen von struktureller und kultureller Sozial-Integration in der Schule sind für alle drei untersuchten Kompetenzdomänen ähnliche Integrationsmuster zu erwarten wie bei den Übertrittsempfehlungen und den Schulnoten. Die Kinder mit Migrationshintergrund würden demzufolge gegenüber den Kindern ohne Migrationshintergrund in der Lese-, Rechtschreib- und Mathematikkompetenz eine migrationsbedingte Unterschichtung aufweisen, die in ihrem Ausmaß je nach ethnischer Gruppenzugehörigkeit variiert. Zur Kompetenzentwicklung über die vier Grundschuljahre können aufgrund des mangelhaften längsschnittlichen Forschungsstands nur wenige Aussagen getroffen werden. Die wenigen hier vorgestellten Längsschnittstudien deuten allerdings auf Karawaneneffekte hin. Das bedeutet, die bereits zu Schulbeginn vorliegenden Schichteffekte bleiben weitgehend unverändert bis zum Ende der Grundschulzeit bestehen.

– *Wie ist der Zusammenhang zwischen struktureller und kultureller Integration ausgeprägt?*

Im Verlauf der Arbeit wurde sowohl für die Sozial-Integration in den schulischen als auch für die Sozial-Integration in den gesellschaftlichen Kontext mehrfach hervorgehoben, dass zwischen strukturellen und kulturellen Integrationsprozessen in der Regel ein enger Zusammenhang besteht. Auch für die hier ausgewählten strukturellen und kulturellen Integrationsindikatoren ist selbstverständlich davon auszugehen, dass zwischen Übertrittsempfehlungen, Schulnoten und den Kompetenzen in den Domänen Lesen, Rechtschreiben und Mathematik ein enger Zusammenhang besteht. Es geht mit der vorliegenden Forschungsfrage daher nicht darum, diesen Zusammenhang zu belegen, sondern dessen genaue Ausprägung zu untersuchen. Insbesondere soll herausgestellt werden, wie stark der Zusammenhang zwischen den Schulnoten am Ende der vierten Klasse und der Kompetenzentwicklung über die gesamte Grundschulzeit ausgeprägt ist. Darauf aufbauend soll zudem der Frage nachgegangen werden, inwieweit die migrationsbedingten Differenzen in den Schulnoten durch Unterschiede in den Kompetenzen bzw. in der Kompetenzentwicklung erklärt werden können.

5.3 Forschungsfragen zu Einflussfaktoren der Sozial-Integration – individuelle und familiäre Einflussfaktoren

In den Auswertungen werden neben dem Migrationshintergrund und der ethnischen Herkunft auch ausgewählte individuelle und familiäre Aspekte als Einflussfaktoren der Sozial-Integration berücksichtigt. Dadurch soll genauer untersucht werden, wie etwaige strukturelle und kulturelle Integrationsunterschiede zwischen Kindern mit und ohne Migrationshintergrund in ihrem Zustandekommen erklärt werden können:

– *Wie wirkt sich der familiäre Hintergrund der Kinder mit Migrationshintergrund auf deren Übertrittsempfehlungen am Ende der Grundschulzeit aus?*

Differenziert nach verschiedenen Kapitalsorten soll überprüft werden, wie sich der familiäre Hintergrund auf die Vergabe von Übertrittsempfehlungen auswirkt. Besonderes Augenmerk wird darauf gelegt, wie sich etwaige an den Migrationsstatus und die ethnische Gruppenzugehörigkeit der Kinder gebundene Effekte unter gleichzeitiger Berücksichtigung der sozialen Herkunft verändern. Die in Abschnitt 4.3 dargestellten Befunde deuten allesamt auf eine starke Konfundierung von ethnischer und sozialer Herkunft hin. Uneinheitlich sind die Befunde allerdings in der Frage, ob ethnische Herkunftseffekte durch die soziale Herkunft aufgehoben oder nur verringert werden.

Des Weiteren sollen, soweit möglich, anhand der Übertrittsempfehlungen und der Übertrittsentscheidungen primäre und sekundäre Herkunftseffekte differenziert und analysiert werden. Neben den durchgängig aufgezeigten primären Herkunftseffekten zeigen sich in den zuvor geschilderten Studien zumeist auch sekundäre Herkunftseffekte, die sich vor allem auf die Übertrittsentscheidung am Ende der Grundschule beziehen. Demzufolge entscheiden sich Eltern höherer Sozialschichten häufiger entgegen anders lautenden Empfehlungen für die höhere Schulform, während sich bei Eltern aus niedrigeren Sozialschichten mitunter der gegenteilige Effekt zeigt.

– *Wie wirken sich ausgewählte individuelle und familiäre Faktoren auf die Lese-,
Rechtschreib- und Mathematikkompetenzentwicklung von Kindern mit Migrationshintergrund aus?*

Auch die Lese-, Rechtschreib- und Mathematikkompetenzentwicklung sollen zum
familiären Hintergrund der Kinder in Bezug gesetzt werden, um genauer herausstellen zu können, wie sich ethnische und migrationsbedingte Kompetenzdifferenzen unter Berücksichtigung des familiären Hintergrundes verändern bzw. durch
diesen erklärt werden können. Auf Grundlage bisheriger Forschungsergebnisse ist
zu erwarten, dass sich auch hier eine enge Konfundierung von ethnischer und sozialer Herkunft zeigt. Annahmen darüber, ob und wie ausgeprägt diese Konfundierung zu Beginn der Grundschulzeit auftritt und wie sie sich im Verlauf der Grundschulzeit verändert, können anhand des derzeitigen Forschungsstandes nicht formuliert werden.

Neben dem familiären Hintergrund sollen auch der Sprachstand der Schüler/innen zu Beginn der ersten Klasse und deren kognitive Fähigkeiten hinsichtlich
ihres Einflusses auf die Lese-, Rechtschreib- und Mathematikkompetenzentwicklung untersucht werden. Insbesondere bezüglich des Sprachstands ist zu erwarten,
dass ein Großteil der ethnisch- und migrationsbedingten Kompetenzdifferenzen
darauf zurückzuführen ist.

6. Untersuchungsdesign, Instrumente und Stichprobe

Bevor die durchgeführten Analysen und deren Ergebnisse vorgestellt werden, soll in diesem Kapitel ein Überblick über verschiedene methodische und untersuchungsrelevante Aspekte gegeben werden. Zunächst wird auf das Projekt SOKKE eingegangen, aus dem der hier analysierte Datensatz stammt. Im Vordergrund der Projektbeschreibung steht das Untersuchungsdesign der längsschnittlichen Studie, deren Durchführung und Umsetzung. Im Anschluss daran werden die eingesetzten Instrumente und die Operationalisierung der verschiedenen Integrationsindikatoren dargestellt und erläutert. Das methodische Vorgehen in Bezug auf fehlende Werte im Datensatz und der Umgang mit der Mehrebenenstruktur werden in zwei weiteren Abschnitten beschrieben. Den Abschluss des Kapitels bildet eine Populations- und Stichprobenbeschreibung der Untersuchung.

6.1 Untersuchungsdesign und Durchführung des Projekts SOKKE

Die dieser Arbeit zugrunde liegenden Daten entstammen dem von der Deutschen Forschungsgemeinschaft geförderten und von Leonie Herwartz-Emden geleiteten Forschungsprojekt „Sozialisation und Akkulturation in Erfahrungsräumen von Kindern mit Migrationshintergrund" (kurz: SOKKE). SOKKE verfolgt als zentrale Zielsetzung „die differenzierte, längsschnittliche Beschreibung, Analyse und Interpretation von Akkulturations- und Sozialisationsverläufen von Kindern mit Migrationshintergrund unter besonderer Berücksichtigung der Erfahrungsräume Schule und Familie" (Herwartz-Emden et al. 2004, S. 9). Die Ziele dieser Arbeit wurden eng angelehnt an die Projektausrichtung von SOKKE ausgewählt, um die hier erlangten Ergebnisse auch zum grundlegenden Erkenntnisinteresse des Gesamtprojektes in Bezug setzen zu können.

Zur Beschreibung der Akkulturations- und Sozialisationsverläufe von Kindern mit Migrationshintergrund werden bei SOKKE verschiedene Bereiche untersucht: die Schüler/innen und ihre individuellen Dispositionen, der schulische Kontext, in dem sich die Schüler/innen bewegen, und der familiäre Kontext, aus dem die Schüler/innen entstammen. Aus jedem dieser Bereiche wurden verschiedene Aspekte und Faktoren herausgegriffen, von denen angenommen wird, dass sie einen wesentlichen Beitrag zur Erklärung der Akkulturations- und Sozialisationsverläufe leisten. Mehrere dieser Aspekte und Faktoren wurden bereits im Verlauf dieser Arbeit als zu betrachtende Integrationsindikatoren genannt, wie beispielsweise die Kompetenzen in den Domänen Lesen, Rechtschreiben und Mathematik oder die Übertrittsempfehlungen.[12] Darüber hinaus nimmt SOKKE auch noch eine Reihe weite-

---

12 Wie die für diese Arbeit relevanten Integrationsaspekte operationalisiert und erfasst werden, wird in Abschnitt 6.2 genauer erläutert.

rer Aspekte in den Blick, wie beispielsweise das Selbstkonzept oder die Geschlechterrollen der Kinder, die im Rahmen dieser Arbeit keine Berücksichtigung finden. Es liegt allerdings bereits eine Reihe von Publikationen vor, die sich mit verschiedenen, hier nicht behandelten Teilaspekten des Projekts SOKKE beschäftigen (vgl. Braun 2012; Heinze, Herwartz-Emden & Reiss 2007; Herwartz-Emden & Braun 2010; Herwartz-Emden, Braun, Heinze, Rudolph-Albert & Reiss 2008; Herwartz-Emden & Küffner 2006; Herwartz-Emden, Reiss & Mehringer 2008; Mehringer & Herwartz-Emden 2013).

Bei SOKKE handelt es sich nicht um eine nationale Repräsentativerhebung wie beispielsweise IGLU, TIMSS oder PISA, sondern die Untersuchung ist auf eine süddeutsche bzw. bayerische Großstadt begrenzt. Die ausgewählte Stadt bietet sich aufgrund ihrer Bevölkerungsstruktur für eine derartige Studie an. Sie weist nicht nur einen mit anderen deutschen Großstädten und Ballungsräumen vergleichbaren hohen Anteil an Personen mit Migrationshintergrund auf (vgl. Herwartz-Emden et al. 2004; Stadt Augsburg 2006, 2010). Dieser Anteil ist auch ethnisch sehr heterogen zusammengesetzt.[13] Bedingt durch diese Bevölkerungsstruktur sind Kinder mit Migrationshintergrund zum einen breit an den Schulen vertreten (vgl. Stadt Augsburg 2009b). Zum anderen ist der Anteil der Kinder mit Migrationshintergrund in ausreichendem Maße heterogen zusammengesetzt, sodass unter den Migrant/inn/en zwischen verschiedenen Migrationsaspekten und zwischen verschiedenen ethnischen Gruppen differenziert werden kann (vgl. ebd.; Herwartz-Emden & Küffner 2006).

Schuljahr		
2003 / 2004	**2004 / 2005**	
2. Schulhalbjahr	1. Schulhalbjahr	2. Schulhalbjahr
Schulbefragung	Schulbefragung	Schülerbefragung & -tests
Schülertests	(Klassenstrukturerhebung)	(*1. MZP Längsschnitt*)
(*Vorstudie*)		Lehrerbefragung
Schuljahr		
2005 / 2006	**2006 / 2007**	**2007 / 2008**
2. Schulhalbjahr	2. Schulhalbjahr	2. Schulhalbjahr
Schülerbefragung & -tests	Schülerbefragung & -tests	Schülerbefragung & -tests
(*2. MZP Längsschnitt*)	(*3. MZP Längsschnitt*)	(*4. MZP Längsschnitt*)
		Lehrerbefragung
		Elternbefragung

Abb. 6:   Erhebungsplan des Projekts SOKKE

Das Untersuchungsdesign von SOKKE setzt sich aus verschiedenen Erhebungen zusammen. Diese Erhebungen können einerseits nach der jeweils untersuchten und

---

13 Abschnitt 6.6 enthält genauere Informationen zur Bevölkerungsstruktur in der untersuchten Großstadt und eine Beschreibung der Grundschülerpopulation.

befragten Personengruppe differenziert werden. Zu den im Rahmen von SOKKE untersuchten Personengruppen zählen Schüler/innen, Eltern, Lehrer/innen und Schulen, die im Regelfall schriftlich befragt oder getestet wurden. Andererseits kann zwischen längsschnittlichen und querschnittlichen Erhebungen unterschieden werden. Entlang inhaltlicher und forschungsökonomischer Überlegungen wurde für jeden erfassten inhaltlichen Bereich entschieden, ob er quer- oder längsschnittlich erhoben werden soll. In Abb. 6 sind alle im Projekt durchgeführten Erhebungen mit entsprechender zeitlicher Einteilung aufgelistet.

Die ersten Erhebungen wurden im zweiten Schulhalbjahr des Schuljahres 2003 / 2004 durchgeführt. Es handelt sich dabei um Teile einer Vorstudie, deren Zweck zum einen darin bestand, die Klassenstrukturen an den Grundschulen der untersuchten Großstadt hinsichtlich des jeweiligen Migrantenanteils in den Klassen und hinsichtlich deren ethnischer Zusammensetzung zu erfassen. Zum anderen sollte mithilfe der Vorstudie in ausgewählten Klassen eine interkulturelle Validierung verschiedener Testinstrumente durchgeführt werden (Für genauere Informationen zur Vorstudie vgl. Herwartz-Emden & Küffner 2006; Herwartz-Emden et al. 2004).

Zu Beginn des Schuljahrs 2004 / 2005 wurde erneut eine Klassenstrukturerhebung an den Grundschulen durchgeführt. Diese Erhebung wurde allerdings auf die neuen 1. Klassen beschränkt. Mithilfe der darüber ermittelten Klassenstrukturen wurden, unter Berücksichtigung verschiedener Sozialregionen, 25 Klassen mit variierendem Migrantenanteil für die Hauptstudie ausgewählt. In der zweiten Hälfte des Schuljahres fanden innerhalb der ausgewählten Klassen Lehrer- und Schülerbefragungen bzw. -tests statt. Die Klassenlehrer/innen wurden bezüglich Informationen und erster Einschätzungen zu den Kindern befragt. Die Kinder wurden zu Kontrollzwecken hinsichtlich ihrer kognitiven Grundfähigkeiten und ihres Sprachstands getestet. Zudem wurden mit den Kindern längsschnittlich angelegte Tests und Befragungen durchgeführt, in denen unter anderem die Kompetenzen der Schüler/innen in den Domänen Mathematik, Lesen und Rechtschreiben erfasst wurden. Diese Kompetenzmessungen fanden zum Ende des Schuljahres statt und wurden zur längsschnittlichen Modellierung in den Klassenstufen 2, 3 und 4 ebenfalls zum jeweiligen Schuljahresende wiederholt. Dieser späte Zeitpunkt innerhalb des Schuljahres wurde deshalb für die Kompetenztests ausgewählt, um Differenzen im behandelten Stoff zwischen den Klassen so gering wie möglich zu halten. In der 4. Klasse wurden ergänzend zu den Schüleruntersuchungen eine erneute Klassenlehrerbefragung und eine Elternbefragung vorgenommen. Die letzten Erhebungen fanden im Juni 2008 statt.

Die Vorbereitung der Erhebungen und die Klassenauswahl für die Stichprobe erfolgten in enger Zusammenarbeit mit den jeweiligen Schulen. Zur Steigerung der Akzeptanz des Projekts und der Erhebungen wurden sowohl im Vorfeld als auch während des Projekts informative Treffen mit den beteiligten Schulen und Lehrer/inne/n durchgeführt, bei denen das Projekt und erste Ergebnisse vorgestellt wurden. Zudem wurden für jeden Messzeitpunkt, soweit möglich, klassenbezogene schriftliche Ergebnisrückmeldungen an die Lehrer/innen ausgegeben. Vor Beginn der eigentlichen Erhebungen wurden Informationsschreiben an die Eltern verteilt und um deren Einwilligung zur Teilnahme ihrer Kinder gebeten. Für Rückfragen konnten sich die Eltern jederzeit an die Projektleitung wenden.

Die Durchführung der Erhebungen differierte in Abhängigkeit von der jeweils befragten oder getesteten Personengruppe. Die Schülerhebungen wurden jeweils an den Schulen und dort innerhalb der betreffenden Klassen vorgenommen. Die Koordination und Durchführung der Erhebung übernahm in jeder Klasse im Regelfall ein Testleiterteam. Die eingesetzten Testleiterteams bestanden aus zwei wissenschaftlichen Mitarbeiter/innen und / oder wissenschaftlichen Hilfskräften, die zuvor eine Testleiterschulung durchlaufen hatten. Zudem erhielten die Testleiterteams für jede Erhebungen eigens angefertigte Skripte, in denen der genaue Ablauf geschildert wurde und die konkrete Instruktionen enthielten. Alle Test- und Fragebögen wurden zur Sicherung der Anonymität der Teilnehmer/innen mit einem speziellen, eindeutig zuordnenbaren Code versehen. Dieser Code wurde während der ersten Erhebungen generiert und für die Folgeerhebungen beibehalten.

Die vier längsschnittlich angelegten Schülererhebungen (MZP 1 bis 4) wurden aufgrund der Breite der eingesetzten Tests jeweils an mehreren Schultagen durchgeführt. Um die Schüler/innen nicht zu überfordern, nahmen die einzelnen Testsitzungen nie mehr als zwei Unterrichtsstunden in Anspruch. Die Erhebungen in den verschiedenen Klassen fanden aus logistischen und aus Koordinationsgründen nicht zeitgleich statt. Es wurde sich allerdings darum bemüht, dass alle Einzelerhebungen eines Messzeitpunkts innerhalb eines engen Zeitfensters durchgeführt wurden, um zeitlich bedingte Varianzen in den Testleistungen zwischen den Klassen zu vermeiden.

Die Lehrerbefragungen fanden in den meisten Fällen zeitgleich mit den Schülererhebungen statt. Die Lehrer/innen wurden gebeten, den Lehrerfragebogen auszufüllen, während die Schüler/innen getestet werden. In den Fällen, wo dies nicht möglich war, wurde der Fragebogen an die Lehrer/innen ausgegeben und sie konnten ihn bei der nächsten Erhebung an das Testleiterteam zurückgeben oder auf dem Postweg an die Projektleitung übermitteln. Für die am Ende des 4. Schuljahres durchgeführte Elternbefragung wurden die Fragebögen während der Schülererhebungen an die Kinder ausgegeben, damit sie sie ihren Eltern überreichen. Dem Fragebogen lagen ein Informationsschreiben und ein frankierter Rückumschlag bei, mit dem sie den Fragebogen an die Projektleitung senden konnten. Den Eltern stand auch die Möglichkeit offen, den ausgefüllten Fragebogen im verschlossenen Umschlag an die Schule zurückzugeben, wo er von der Lehrerin gesammelt und später an die Projektleitung weitergereicht wurde. Um die Rücklaufquote zu erhöhen, wurden der Fragebogen und das Anschreiben in die beiden am häufigsten in der Stichprobe vertretenen Migrantensprachen, Türkisch und Russisch, übersetzt. Die Übersetzungen wurden von einer türkischen und einer russischen Muttersprachlerin vorgenommen. Diejenigen Eltern, von denen bekannt war, dass sie russisch oder türkischsprachig sind, erhielten sowohl einen russischen bzw. türkischen als auch einen deutschen Fragebogen und konnten selbst entscheiden, welchen Fragebogen sie ausfüllen. Als weitere Maßnahme zur Erhöhung der Rücklaufquote fand mit einem Abstand von wenigen Wochen eine Nachfassaktion statt. Der Ablauf der Nachfassaktion war abgesehen von einem leicht geänderten Anschreiben der gleiche wie der Ablauf der ersten Erhebung.

6.2 Erhebungsinstrumente

Im Folgenden werden die in den Erhebungen eingesetzten Instrumente kurz vorgestellt.[14] Zunächst werden die psychometrischen Tests dargestellt. Dazu zählen einerseits die Kompetenztests zur längsschnittlichen Erfassung der Kompetenzen in den Domänen Lesen, Rechtschreiben und Mathematik und andererseits die Testverfahren zur Erfassung der kognitiven Grundfähigkeiten und des Sprachstands der Schüler/innen. Anschließend wird ein Überblick über die eingesetzten Fragebögen und die darin enthaltenen Variablen gegeben.

6.2.1 Psychometrische Tests

Im Rahmen von SOKKE kamen eine Reihe unterschiedlicher psychometrischer Testverfahren zum Einsatz. Die meisten Tests wurden eingesetzt, um einen Einblick in die Kompetenzen und die Kompetenzentwicklung der Schüler/innen in den Domänen Lesen, Rechtschreiben und Mathematik zu erhalten. Bei der Auswahl der Kompetenztests wurde neben der angemessenen Erfüllung der Hauptgütekriterien besonderes Augenmerk darauf gelegt, dass die jeweiligen Tests lehrplanvalide sind, d.h. dass sie sich in den getesteten Bereichen soweit wie möglich an den Lernzielen der Lehrpläne orientieren, dass sie zeitlich ökonomisch einsetzbar sind und dass sie längsschnittlich anwendbar sind, um die Kompetenzentwicklung der Kinder abbilden zu können.

Deutscher Mathematiktest

Als Kompetenztest für die Domäne Mathematik wurde der deutsche Mathematiktest (kurz: DEMAT) ausgewählt (vgl. Gölitz, Roick & Hasselhorn 2005; Marx & Krocker 2005; Schneider & Krajewski 2005). Die zentrale Zielsetzung der Entwickler des DEMAT war es, einen bundesländerübergreifend lehrplanvaliden Gruppentest zur Erfassung mathematischer Kompetenz zu generieren (vgl. Schneider & Krajewski 2005). Als Jahrgangsstufen, in denen der DEMAT eingesetzt werden soll, wurden die Jahrgangsstufen 1 bis 6 anvisiert. Da sich die Lehrpläne zwischen den einzelnen Jahrgangsstufen mitunter wesentlich unterscheiden, wurde

---

14 Tests, die in den Erhebungen von SOKKE zum Einsatz kamen, deren Variablen in den Analysen allerdings nicht berücksichtigt werden, werden hier nicht aufgeführt.

für jede Jahrgangsstufe eine eigene Fassung des DEMAT entworfen und erprobt. Im Rahmen von SOKKE kommen alle derzeit verfügbaren DEMAT-Fassungen DEMAT 1+, DEMAT 2+, DEMAT 3+ und DEMAT 4 zum Einsatz (vgl. Gölitz, Roick & Hasselhorn 2006; Krajewski, Küspert, Schneider & Visé 2002; Krajewski, Liehm & Schneider 2004; Roick, Gölitz & Hasselhorn 2004). Alle vier Fassungen sind in Durchführung und Auswertung ähnlich konzipiert. So gibt es von allen vier Tests jeweils Parallelformen, um bei der zeitgleichen Testung mehrerer Kinder eine Verfälschung durch Abschreiben zu verhindern. Auch die für die Durchführung benötigte Zeit ist bei allen Tests vergleichbar und beträgt ungefähr eine Schulstunde. Unterschiede zwischen den Tests ergeben sich lehrplanbedingt bei den untersuchten Inhaltsbereichen (vgl. ebd.).

Tabelle 8: Getestete Inhaltsbereiche in DEMAT 1+, 2+, 3+ und 4

Fassung	Getestete Inhaltsbereiche
DEMAT 1+	Mengen und Zahlen; Zahlenraum; Addition und Subtraktion; Zahlenzerlegung – Zahlenergänzung; Teil-Ganzes; Kettenaufgaben; Ungleichungen; Sachaufgaben;
DEMAT 2+	Zahleneigenschaften; Längenvergleich; Addition und Subtraktion; Verdoppeln; Division; Halbieren; Rechnen mit Geld; Sachaufgaben; Geometrie;
DEMAT 3+	*Subtest Arithmetik*: Zahlenstrahlen, Additionen, Subtraktionen, Multiplikationen; *Subtest Sachrechnen und Größen*: Sachrechnungen, Umrechnung von Längen; *Subtest Geometrie*: Spiegelzeichnungen, Formen legen, Längen schätzen;
DEMAT 4	*Subtest Arithmetik*: Zahlenstrahlen, Additionen, Subtraktionen, Multiplikationen, Divisionen; *Subtest Sachrechnen*: Sachrechnungen, Größenvergleiche; *Subtest Geometrie*: Spiegelzeichnungen, Lagebeziehungen;

Vgl. Gölitz, Roick & Hasselhorn 2006; Krajewski, Küspert, Schneider & Visé 2002; Krajewski, Liehm & Schneider 2004; Roick, Gölitz & Hasselhorn 2004

Tabelle 8 zeigt die in den Tests jeweils abgeprüften Inhaltsbereiche. Bei der Auswertung der erhaltenen Testdaten können zum einen Summenwerte für die einzelnen Inhaltsbereiche ermittelt werden. Zum anderen kann ein Gesamtwert, in den alle Inhaltsbereiche eingehen, berechnet werden. Für die Einstufung und Beurteilung kann auf Normentabellen zurückgegriffen werden, die an einer umfangreichen bundesländerübergreifenden Eichstichprobe ermittelt wurden. Alle DEMAT Fassungen weisen hinsichtlich der Hauptgütekriterien eine angemessene Testgüte auf (vgl. ebd.).

Hamburger Schreibprobe

Die längsschnittliche Erfassung der Rechtschreibkompetenz erfolgte mithilfe der Hamburger Schreibprobe (kurz: HSP). Die HSP zeichnet sich konzeptionell dadurch aus, dass nicht Fehler in den Mittelpunkt der Betrachtung gerückt werden, „sondern das Gekonnte, das sich auch in teilweise richtigen Schreibungen zeigt" (May 2002a, S. 7). Es wird demnach nicht diagnostiziert, welche Fehler den Schüler/inne/n in der Rechtschreibung unterlaufen, sondern über welches orthografische Strukturwissen und welche grundlegenden Rechtschreibstrategien sie bereits verfügen. Durch diese konzeptionelle Ausrichtung soll ein Beitrag zur Überwindung der

Defizit-Sichtweise auf die Schreibungen der Schüler/innen geleistet werden (vgl. May 2002a). Zudem zeichnet sich diese Vorgehensweise gegenüber defizitorientierten Testansätzen durch ihre höhere Differenzierungsfähigkeit im unteren Bereich der Leistungsverteilung aus, was gerade im vorliegenden Kontext von zentraler Bedeutung ist, da bei den Kindern mit Migrationshintergrund mit in der Tendenz eher unterdurchschnittlichen Kompetenzwerten zu rechnen ist.

Wie auch der DEMAT liegt die HSP in verschiedenen, nach Jahrgangstufen unterteilten Fassungen vor. Die derzeit verfügbaren Versionen decken die Klassenstufen 1 bis 9 ab (vgl. ebd.). Im Rahmen der SOKKE-Erhebungen wurden die HSP 1, HSP 2, HSP 3 und HSP 4/5 eingesetzt (vgl. May 2002b, 2005, 2007, 2009). Alle vier Fassungen nehmen in der Durchführung zeitlich ungefähr eine Schulstunde in Anspruch. Die HSP kann sowohl als Einzel- als auch als Gruppentest eingesetzt werden. Aus logistischen Gründen wurde die HSP bei den Erhebungen in den Klassen als Gruppentest eingesetzt. Der Testbogen selbst setzt sich aus Illustrationen mehrerer Wörter und Sätze zusammen. Die Schüler/innen erhalten die Arbeitsanweisung, die in den Illustrationen dargestellten Wörter und Sätze richtig aufzuschreiben. In der Auswertung können als grundlegende Indikatoren zur Ermittlung des Kompetenzstandes der Kinder die Anzahl der richtig geschriebenen Wörter und die sogenannten Graphemtreffer ermittelt werden (vgl. ebd.). Grapheme stellen die kleinste bedeutungsunterscheidende Einheit der geschriebenen Sprache dar (vgl. May 2002a). Zu unterscheiden sind eingliedrige Grapheme wie beispielsweise <e>, <g> oder <n> von mehrgliederigen Graphemen wie <au> oder <ie> (vgl. ebd.). In der Auswertung der sogenannten Graphemtreffer wird ermittelt, wie viele Grapheme richtig geschrieben bzw. getroffen wurden. In der Auswertung auf Wortebene wird ermittelt, wie viele Wörter jeweils vollständig richtig geschrieben wurden. Neben den beiden Indikatoren, richtig geschriebene Wörter und Graphemtreffer, kann auch eine qualitative Analyse der geschriebenen Wörter und Sätze vorgenommen werden, aus der hervorgeht, inwieweit die Kinder verschiedene grundlegende Rechtschreibstrategien beherrschen (vgl. ebd.). Die dabei getesteten Strategien sind:

– „Alphabetische Strategie: Damit wird die Fähigkeit beschrieben, den Lautstrom der Wörter aufzugliedern und mit Hilfe von Buchstaben bzw. Buchstabenkombinationen schriftlich festzuhalten. [...]

– Orthografische Strategie: Damit wird die Fähigkeit beschrieben, die einfache Laut-Buchstaben-Zuordnung unter Beachtung bestimmter orthographischer Prinzipien und Regeln zu modifizieren. [...]

– Morphematische Strategie: Damit wird die Fähigkeit beschrieben, bei der Herleitung der Schreibungen die morphematische Struktur der Wörter zu beachten.

– Wortübergreifende Strategie: Damit wird die Fähigkeit beschrieben, für die Herleitung der Schreibung eines Wortes und das Setzen des Satzzeichens größere sprachliche Einheiten (Satzteil, ganzer Satz, Satzpassage) einzubeziehen." (May 2007, S.5)

131

Ergänzend zu den aufgeführten Strategien können auch Auswertungen hinsichtlich überflüssiger orthografischer Elemente und hinsichtlich Oberzeichenfehler vorgenommen werden. Für alle genannten Auswertungsaspekte liegen jahrgangsspezifische Vergleichstabellen vor, mit deren Hilfe die individuelle Leistung in die Leistungsverteilung einer bundesdeutschen Vergleichsstichprobe eingeordnet werden kann (vgl. May 2002b, 2005, 2007, 2009). In den nachfolgenden Analysen werden, soweit nicht anderweitig angegeben, ausschließlich die Graphemtreffer als Indikatoren der Rechtschreibkompetenz herangezogen. Wie auch der DEMAT wurde die HSP einer umfangreichen empirischen Überprüfung unterzogen und weist eine hohe Testgüte auf (für genauere Informationen zur Testgüte der einzelnen HSP Versionen vgl. May 2002a).

Würzburger Leise Leseprobe

Der dritte und letzte schulische Kompetenzbereich, der neben der Mathematik und dem Rechtschreiben in SOKKE untersucht wurde, ist die Domäne Lesen. Zur Erfassung der Lesekompetenz der Schüler/innen wurde die Würzburger Leise Leseprobe (kurz: WLLP) ausgewählt (vgl. Küspert & Schneider 1998). Die WLLP fokussiert auf eine spezifische Facette des Lesens, die Dekodiergeschwindigkeit bzw. das Tempo, in dem die getesteten Personen lesen. Bei der WLLP handelt es sich demnach um einen Speedtest. In einer vorgegebenen Bearbeitungszeit von fünf Minuten sollen die Kinder auf dem Testbogen jeweils einzelne Worte leise erlesen und anschließend von vier gezeichneten Bildern dasjenige Bild ankreuzen, auf dem der gelesene Begriff abgebildet ist. In der Auswertung wird anschließend ermittelt, wie viele dieser Zuordnungsaufgaben von den Schüler/inne/n innerhalb der Bearbeitungszeit korrekt gelöst wurden. Der so ermittelte Testwert gibt vor allem über die Dekodiergeschwindigkeit Auskunft. Darüber hinaus lassen sich vom Lesetempo auch Rückschlüsse auf das zugrunde liegende Leseverständnis der Kinder ziehen. Küspert und Schneider (1998), die Testentwickler, betonen mit Nachdruck, dass die WLLP das leise Lesen erfasst. „Das leise Lesen entspricht nämlich eher den natürlichen Lesesituationen als das laute Vorlesen [...]. So lassen sich mithilfe der WLLP wirklich alltags- und insbesondere schulalltagsrelevante Lesefertigkeiten valide abbilden" (Küspert & Schneider 1998, S. 7).

Die WLLP ist ein Gruppentest und kann ab dem ersten Schuljahr bis zum Ende des vierten Schuljahres angewendet werden. Im Gegensatz zum DEMAT und zur HSP gibt es keine jahrgangsbezogenen Fassungen der WLLP. In allen Jahrgangsstufen wird der gleiche Testbogen eingesetzt. Lediglich bei der Interpretation der Testwerte werden unterschiedliche Normentabellen herangezogen, die auf umfassenden klassenstufenbezogenen Eichstichproben beruhen. Um Verzerrungen durch Abschreibversuche zu vermeiden, liegen zwei (Pseudo-)Parallelformen vor. Auch die WLLP weist hinsichtlich der Hauptgütekriterien eine angemessene Testgüte auf (vgl. Küspert & Schneider 1998).

Grundintelligenztest – Skala 1

Um innerhalb der Analysen Unterschiede in den kognitiven Grundfähigkeiten berücksichtigen und wo nötig kontrollieren zu können, wurden bereits in der ersten Klasse die an SOKKE teilnehmenden Kinder einem Intelligenztest unterzogen. Hierbei kam der Grundintelligenztest – Skala 1 (kurz: CFT) zum Einsatz (Weiß & Osterland 1977). Der CFT stellt eine partielle Adaption des Culture Fair Intelligence Tests von Cattell (1973) dar. Zielsetzung des CFT ist „die Bestimmung der Grundintelligenz, d.h. der Fähigkeit des Kindes, in neuartigen Situationen und anhand von sprachfreiem, figuralem Material, Denkprobleme zu erfassen, Beziehungen herzustellen, Regeln zu erkennen, Merkmale zu identifizieren und rasch wahrzunehmen" (Weiß & Osterland 1977, S. 4). Die Entscheidung, den CFT in SOKKE anzuwenden, liegt im Anspruch des Testverfahrens begründet, kulturell fair zu sein, also für Menschen unterschiedlicher kultureller, sprachlicher und sozialer Herkunft weitgehende Chancengleichheit bei der Testung zu gewährleisten. Um diese kulturelle Fairness zu erreichen, wurde der Test sprachfrei und zahlenfrei konzipiert, sodass grundlegende Kulturtechniken wie beispielsweise Lesen oder Mathematik bei der Bearbeitung des Tests nicht oder nur in geringem Maße zum Tragen kommen (vgl. ebd.).

Der CFT kann sowohl als Einzel- als auch als Gruppentest eingesetzt werden. Im Rahmen von SOKKE wurde er aus logistischen Gründen als Gruppentest durchgeführt. Der Test ist aus insgesamt fünf Subtests zusammengesetzt, deren Bearbeitung etwa eine Stunde in Anspruch nimmt. Diese fünf Subtests sind:

- *Subtest 1 – Substitutionen*: Hier werden dem Kind „sechs figürliche Darstellungen mit zugehörigen Symbolen [vorgegeben]. Diese Symbole sollen vom Kind unter die in unterschiedlicher Reihenfolge wiederkehrenden Darstellungen gesetzt werden" (Weiß & Osterland 1977, S. 5).
- *Subtest 2 – Labyrinthe*: „4 Labyrinthreihen mit insgesamt 12 Einzellabyrinthen sollen in einer vorgegebenen Zeit richtig durchfahren werden" (ebd., S. 5).
- *Subtest 3 – Klassifikationen*: „Von 5 vorgegebenen Zeichnungen ist eine Figur von 4 merkmalsähnlichen Figuren abzugrenzen" (ebd., S. 5).
- *Subtest 4 – Ähnlichkeiten*: „Eine vorgegebene Zeichnung soll genau erfasst werden und unter fünf Zeichnungen, von denen vier detail- bzw. merkmalsverändert sind, wieder herausgefunden werden" (vgl. ebd., S. 5).
- *Subtest 5 – Matrizen*: „Von fünf figuralen Vorgaben soll diejenige ausgewählt werden, die ein vorgegebenes Muster richtig vervollständigt (vgl. ebd., S. 5).

Die ermittelten Testwerte können für jeden Subtest einzeln interpretiert werden. Zudem können auch verschiedene Summenwerte aus den Werten der Subtests gebildet werden. Es können die beiden Subtests Substitutionen und Labyrinthe zusammengefasst werden. Der so gebildete Testwert stellt einen Indikator für den Wahrnehmungsumfang und das Wahrnehmungstempo dar. Auch die Testwerte der Subtests Klassifikationen, Ähnlichkeiten und Matrizen können zu einem Summenwert zusammengeführt werden, der über die allgemeine sprachfreie intellektuelle Leistungsfähigkeit Aufschluss gibt. Alle Testwerte der fünf Subtests zusammengefasst ergeben den Gesamttestwert. Für die Interpretation der verschiedenen Testwerte stehen zahlreiche Alters- und Klassennormen in Form von Prozenträngen, T-Werten und IQ-Werten zur Verfügung, die auf umfangreichen Eichstichproben beruhen (vgl. Weiß & Osterland 1977).

Beim CFT handelt es sich um ein breit geprüftes, vielfach eingesetztes und bewährtes Testverfahren. Die Testgüte des Verfahrens ist insgesamt angemessen, wenngleich darauf hingewiesen werden muss, dass für einzelne Subtests aufgrund ihrer Konzeption als Speedtest keine Reliabilitätswerte vorliegen (vgl. Weiß & Osterland 1977). Der Grundintelligenztest – Skala 1 eignet sich für die Anwendung bei Kindern vom Kindergartenalter bis zum Beginn der Grundschule. Da vereinzelt in den späteren Jahrgangsstufen noch Kinder in die Stichprobe aufgenommen wurden, konnte nicht mehr auf den Grundintelligenztest – Skala 1 zurückgegriffen werden, um deren kognitive Grundfähigkeiten zu erfassen. Anstatt dessen wurde das Pendant des CFT für höhere Altersgruppen, der Grundintelligenztest – Skala 2, eingesetzt (für weitere Informationen zu diesem Testinstrument vgl. Weiß 1998).

Sprachstandsüberprüfung und Förderdiagnostik für Ausländer- und Aussiedlerkinder

Wie der zuvor geschilderte CFT wurde in der 1. Klasse zu Kontrollzwecken auch ein Test zur Erfassung des Sprachstands durchgeführt. Die Messung des Sprachstands erfolgte mithilfe der Sprachstandsüberprüfung und Förderdiagnostik für Ausländer- und Aussiedlerkinder (kurz: SFD). Bei der SFD handelt es sich um ein Verfahren, mit dem überprüft werden kann, inwieweit der für Kinder im Grundschulalter typische Sprachgebrauch bei Kindern mit nichtdeutscher Erstsprache vorhanden ist und wie groß der Abstand in der sprachlichen Leistung zu Kindern mit deutscher Erstsprache ist (vgl. Hobusch, Lutz & Wiest 2002a). Obwohl der Test explizit auf die Kinder nichtdeutscher Erstsprache ausgerichtet ist, wurde er im Projekt SOKKE mit allen Kindern, also auch mit Kindern deutscher Erstsprache durchgeführt. Das Ziel dieses Vorgehens bestand darin, in den Analysen diesbezüglich einen Vergleich zwischen Kindern mit und ohne Migrationshintergrund zu ermöglichen.

Um die in der Grundschule anzutreffende Altersspanne in der Testung abdecken zu können, liegen drei Versionen der SFD vor: die SFD 1 für Kinder in der ersten Klasse, die SFD 2 für Kinder der 2. Klasse und die SFD 3/4, die sowohl bei Kindern der 3. als auch bei Kindern der 4. Klasse eingesetzt werden kann (vgl. Hobusch, Lutz & Wiest 2002b, 2002c, 2002d). Unterschiede zwischen den verschiedenen Fassungen beziehen sich auf die Eichstichproben und Normtabellen, auf die erfassten Testbereiche und auf die Testart. Während die SFD 1 (vgl. Hobusch, Lutz & Wiest 2002b) nur als Einzeltest durchgeführt werden kann, stellen die SFD 2 und SFD 3/4 (vgl. Hobusch, Lutz & Wiest 2002c, 2002d) Gruppentestverfahren dar. Im Rahmen von SOKKE wurde am Ende der 1. Jahrgangsstufe die SFD 2 und bei später in die Stichprobe aufgenommenen Kindern die SFD 3/4 eingesetzt (vgl. ebd.). In beiden Versionen werden die Kinder jeweils einem Test zum vorhandenen Wortschatz, einem Test zur Verwendung von Artikeln und einem Test zur Verwendung von Präpositionen unterzogen. In der SFD 3/4 wird zudem das Text- und Hörverständnis der Kinder überprüft (vgl. Hobusch, Lutz & Wiest 2002d). Auf der Grundlage der ermittelten Testwerte können die Kinder in folgende qualitativ abgestufte Sprachgruppen unterteilt werden:

- *„Sprachgruppe I*: Das Kind ist nicht in der Lage dem Regelunterricht angemessen zu folgen. [...]
- *Sprachgruppe II*: Das Kind kann dem Regelunterricht teilweise bis überwiegend folgen. [...]
- *Sprachgruppe III*: Das Kind kann dem Unterricht in angemessener Weise folgen." (Hobusch, Lutz & Wiest 2002a, S. 6).

Die SFD wurde bislang keiner tiefer gehenden Prüfung ihrer Testgüte unterzogen (vgl. Hobusch, Lutz & Wiest 2002a). Aufgrund der standardisierten Durchführung ist von einer hohen Objektivität auszugehen. Was die Reliabilität und die Validität anbelangt, so liegen diesbezüglich keine Daten oder Erkenntnisse vor. In Anbetracht der Konstruktion der Einzeltests ist zumindest eine grundlegende Inhaltsvalidität anzunehmen. Die Testwerte werden aufgrund der weitgehend ungeprüften Testgüte in den nachfolgenden Analysen nur in wenigen Fällen berücksichtigt und darüber erzielte Ergebnisse mit gebotener Vorsicht interpretiert.

6.2.2 Fragebögen

Neben den geschilderten psychometrischen Tests wurde auch eine Reihe eigens konstruierter Fragebögen in Schüler-, Eltern- und Lehrerbefragungen eingesetzt. Zielsetzung der damit durchgeführten Befragungen war es, ausgewählte Merkmale der Schüler/innen, der Schülerfamilien, der Lehrer/innen und der Klassen zu erfassen.

Die Konstruktion des Schüler- und des Elternfragebogens erfolgte in enger Anlehnung an entsprechende Instrumente aus PISA und IGLU (vgl. Bos, Lankes, Prenzel, Schwippert, Valtin, Voss & Walther 2006; Ramm, Prenzel, Baumert, Blum, Lehmann, Leutner, Neubrand, Pekrun, Rolff, Rost & Schiefele 2006). Die ausgewählten Fragen wurden großteils wortgetreu aus den Skalenhandbüchern (vgl. ebd.) übernommen oder bei der Schülerbefragung gegebenenfalls in den Formulierungen an das Alter der Kinder angepasst. Für die Schülerbefragung wurden zudem vier Skalen zur Erfassung der von den Kindern wahrgenommenen elterlichen Unterstützungsleistungen entwickelt, auf die am Ende dieses Abschnittes noch kurz näher eingegangen wird. Bei den Lehrerfragebögen handelt es sich um vollständige Eigenkonstruktionen.

Wie aus Tabelle 9 hervorgeht, wurden die Schüler/innen, Eltern und Lehrer/innen jeweils zu mehreren Merkmalsbereichen befragt. So sind im Schülerfragebogen Fragen zu den Schülermerkmalen und zu den familiären Merkmalen enthalten. Die Eltern gaben ebenfalls Auskunft über familiäre Merkmale und Schülermerkmale und die Lehrerinnen beantworteten Fragen zu allen drei untersuchten Merkmalsbereichen.

Tabelle 9: Übersicht Fragebögen

Schülermerkmale	
Schülerfragebogen	Angaben zur außerschulischen Förderung (z.B. Nachhilfeunterricht)
Elternfragebogen	Übertrittsentscheidung, Kindergartenbesuch
Lehrerfragebögen	Schulnoten in Deutsch und Mathematik, Übertrittsempfehlung, Übertrittsentscheidung, Geschlecht, Konfession, Alter, Angaben zum Migrationshintergrund (Staatsangehörigkeit, Geburtsort, Einreisejahr, Familiensprache), Einschätzung des Sprachstands im Deutschen
Familiäre Merkmale	
Schülerfragebogen	Berufe der Eltern, ausgewählte Kulturgüter und Konsumgüter (Bücher, Zeitungen, Lernprogramme, zweites Auto, Rasenmäher etc.), Familienstruktur (Ein-/Zweielternfamilie, Anzahl Geschwister), selbst wahrgenommene elterliche Unterstützungsleistungen
Elternfragebogen	Berufe und berufliche Stellung der Eltern, schulisches und berufliches Qualifikationsniveau der Eltern, elterliche Bildungsaspirationen, elterliche Zufriedenheit mit den Schulleistungen des Kindes, in der Familie gesprochene Sprache
Lehrerfragebögen	Herkunftsland der Mutter und des Vaters
Lehrer- und Klassenmerkmale	
Lehrerfragebögen	Migrantenanteil in der Klasse, Selbsteinschätzung der Interkulturellen Kompetenz, persönliche Daten des Lehrers (Geschlecht, Alter, Migrationshintergrund, Berufserfahrung)

Welche Merkmale innerhalb der verschiedenen Bereiche im Einzelnen abgefragt wurden, geht ebenfalls aus der Übersicht in Tabelle 9 hervor. Die Lehrerfragebögen erfragten vor allem Merkmale der Schüler/innen wie beispielsweise demographische Aspekte, Aspekte zur differenzierten Beschreibung des Migrationshintergrunds und der ethnischen Herkunft und verschiedene schulische Aspekte. Zu letzteren sind unter anderem die Schulnoten in den Fächern Deutsch und Mathematik und die Übertrittsempfehlungen zu zählen. Darüber hinaus enthielten die Lehrerfragebögen auch Fragen zur von ihnen unterrichteten Klasse. Sie wurden gebeten, persönliche Angaben zu machen und sie sollten eine Einschätzung ihrer persönlichen interkulturellen Kompetenz vornehmen.

Erfassung und Strukturierung des familiären Hintergrundes

Mithilfe des Eltern- und des Schülerfragebogens wurden neben einigen schülerbezogenen Angaben vorwiegend familiäre Merkmale erfasst. Die Zielsetzung dieser Fragebogenausrichtung bestand darin, auf der Grundlage der erfassten Merkmale eine differenzierte Abbildung und Beschreibung des familiären Hintergrundes der

Kinder vornehmen zu können. Zur besseren Veranschaulichung der erhobenen familiären Merkmale wurden sie in Tabelle 10 entlang des Bourdieuschen Kapitalsortenansatzes und entlang der Unterscheidung von Struktur- und Prozessvariablen in verschiedene Bereiche unterteilt (vgl. Abschnitt 3.7).

Als struktureller Indikator des in der Familie verfügbaren sozialen Kapitals wurden von den Schüler/inne/n verschiedene Angaben zur Familienstruktur erfragt. Die Kinder sollten unter anderem angeben, ob sie in einer Ein- oder Zweielternfamilie und mit wie vielen Geschwistern sie aufwachsen. Soziale Prozessvariablen, die einen Einblick in die alltäglichen sozialen Prozesse innerhalb der Familie geben, wurden nicht erfasst.

Tabelle 10:   Merkmale des familiären Hintergrundes

	Kulturelles Kapital	*Soziales Kapital*	*Ökonomisches Kapital*
Strukturvariablen	- Schulisches und berufliches Qualifikations- niveau der Eltern - Bildungsaspirationen der Eltern - Ausgewählte Kulturgüter	- Familienstruktur	- Berufe und berufliche Stellung der Eltern - Sozioökonomischer Status - Ausgewählte Konsumgüter
Prozessvariablen	- In der Familie gesprochene Sprache - Selbst wahrgenommene elterliche Unterstützungs- leistungen		- Nachhilfe

Hinsichtlich der familiären kulturellen Ressourcen wurden als Strukturvariablen das Vorhandensein verschiedene Kulturgüter wie zum Beispiel das Vorhandensein von Lernprogrammen oder einer Tageszeitung und die Anzahl der im Haushalt vorzufindenden Bücher abgefragt. Weitere kulturelle Strukturvariablen, die erhoben wurden, sind die Bildungsaspirationen der Eltern, d.h. welchen Schulabschluss sie sich für ihr Kind wünschen, und das schulische und berufliche Qualifikationsniveau der Eltern. Bei letzterem wurde darauf geachtet, dass auch im Ausland erworbene Bildungsabschlüsse angegeben werden können. Zusammen sollen diese Strukturvariablen ein Bild vom kulturellen Anregungsgehalt des jeweiligen familiären Haushalts vermitteln. Die in der Familie gesprochene Sprache und die bereits angesprochenen elterlichen Unterstützungsleistungen stellen jeweils kulturelle Prozessvariablen dar.

Um die ökonomischen Ressourcen der untersuchten Familien genauer beschreiben zu können, wurde nach dem Beruf und der beruflichen Stellung der beiden Elternteile gefragt. Wie aus Tabelle 10 hervorgeht, wurde die berufliche Tätigkeit der Eltern sowohl auf Seiten der Eltern als auch auf Seiten der Schüler/innen erfasst. Die Angaben der Schüler/innen wurden als sogenannte Proxy-Angaben genutzt, um bei Fehlen des entsprechenden Elternfragebogens oder bei Nicht-Beantwortung der entsprechenden Fragen von Seiten der Eltern auf die Angaben der Schüler/innen zurückgreifen zu können. Wie Maaz, Kreuter und Watermann (2006) in ausführlichen Analysen herausstellen, sind diese Proxy-Angaben der Schüler/innen zu ihrem sozialen Hintergrund, gerade in Bezug auf die elterliche Berufstätigkeit, sehr zuverlässig und in nur geringem Maße fehlerbehaftet. Ein Vergleich der Angaben der Schüler/innen mit den, wo vorhanden, entsprechenden Angaben der Eltern bestätigt diesen Befund auch für die vorliegenden Daten. Durch diese Vorgehensweise konnte der durch den Rücklauf der Elternbefragung bedingte Anteil fehlender Daten in Bezug auf die berufliche Tätigkeit von 28 % auf 14 % reduziert werden.

Die erhaltenen Berufsangaben wurden anschließend mithilfe des International Standard Classification of Occupations von 1988 (kurz: ISCO-88) klassifiziert (vgl. International Labour Office 1990). Durch diese Klassifizierung der Berufsangaben mithilfe eines international vergleichbaren Klassifikationssystems wird es ermöglicht, in einem weiteren Auswertungsschritt verschiedene Indizes zu bilden, an denen die jeweilige sozioökonomische Stellung der Familien abgelesen und miteinander verglichen werden kann. Dafür wurde auf eine von Ganzeboom und Treiman (1996) erstellte Kodierungsliste zurückgegriffen, mit der jede ISCO 88-Berufsklassifizierung in drei verschiedene international vergleichbare Maße des sozioökonomischen Status' rekodiert werden kann. Zu diesen drei Maßen zählt das von Treiman (1977) entwickelte Berufsprestigemaß, der Standard Index of Occupational Prestige Scores (kurz: SIOPS), der die Berufe entlang einer hierarchischen Prestigerangfolge anordnet. Ein weiteres Maß, in das eine Rekodierung erfolgen kann, ist der von Ganzeboom, De Graaf und Treiman (1992) entworfene International Socio-Economic-Index (kurz: ISEI). Der ISEI geht von der Grundüberlegung aus, dass jeder Beruf ein bestimmtes Bildungsniveau erfordert und ein bestimmtes Einkommen nach sich zieht. Auf der Grundlage dieser Überlegung werden die drei Aspekte Beruf, Einkommen und Bildung im ISEI zu einer intervallskalierten Skala zusammengeführt. Das letzte, über die ISCO-88 Klassifizierung ermittelbare Maß der sozioökonomischen Stellung sind die nach ihren Entwicklern benannten Erikson-Goldthorpe-Portocarero-Klassen, kurz EGP-Klassen (vgl. Erikson, Goldthorpe & Portocarero 1979). Die insgesamt zehn EGP-Klassen unterscheiden sich entlang folgender Dimensionen voneinander: berufliche Stellung (z. B. Arbeiter/in, Angestellte/r, Selbstständige/r), Weisungsbefugnis (keine, geringe, große), Art der Tätigkeit (manuell, nichtmanuell, landwirtschaftlich) und zur Berufsausübung erforderlichen Qualifikationen (keine, niedrige, hohe). Diese Dimensionen werden so miteinander kombiniert, „dass Personengruppen einerseits anhand ihrer Einkommensquellen und der damit verbundenen ökonomischen Sicherheit sowie andererseits anhand ihrer sozialen Position im Erwerbsprozess und der damit verbundenen Macht, Autorität und Autonomie im Beruf zusammengefasst werden" (Bos et al. 2006, S. 25). Im Gegensatz zu den beiden zuvor vorgestellten Indizes stehen die einzelnen Klassen in keinem hierarchischen Verhältnis zueinander. Vielmehr unterscheiden sie sich hinsichtlich ihrer zentralen Berufscharakteristika voneinander (vgl. ebd.).

In den nachfolgenden Analysen wird auf den ISEI als Maß zur Kennzeichnung der sozioökonomischen Stellung der Schülerfamilien zurückgegriffen. Aufgrund seiner Intervallskalierung kann der ISEI im Vergleich zu den anderen beiden Maßen mit einem deutlich höheren Informationsgehalt in den Analysen berücksichtigt werden. Zudem setzen einige der angewendeten Analyseverfahren Variablen auf metrischem Niveau voraus. In Familien mit zwei berufstätigen Elternteilen entsteht für die Auswertungen das Problem, dass für jeden Elternteil ein Kennwert vorliegt. Um dieses Problem zu lösen, ist es bei hierarchischen Indizes mittlerweile weit verbreitet, nur den höchsten Kennwert zur Kennzeichnung der sozialen Herkunft heranzuziehen (vgl. Ehmke & Siegle 2005). Im Fall des ISEI wird dieser als Highest ISEI, kurz HISEI bezeichnet (vgl. ebd.).

Neben dem Beruf der Eltern und dem sozioökonomischen Status wurde auch das Vorhandensein ausgewählter Konsumgüter wie beispielsweise ein zweites Auto oder ein Rasenmäher als ökonomische Strukturvariablen erfragt. Auf ökonomischer Prozessebene wurde der Erhalt von Nachhilfeunterricht in den Blick genommen, da dieser maßgeblich von den ökonomischen Ressourcen einer Familie abhängt.

Skalen zur Erfassung elterlicher Unterstützungsleistungen

Wie eingangs bereits erwähnt, wurden für die Schülerbefragung vier Skalen zur Erfassung elterlicher Unterstützungsleistungen entwickelt. Anknüpfend an die Arbeiten von Martinez-Pons (1996, 2002) und Hoover-Dempsey und Sandler (2005) wurden dafür vier elterliche Unterstützungsprozesse ausgewählt, anhand derer ein Einblick in die familiäre kulturelle Praxis im Hinblick auf die Frage gewonnen werden kann, wie Eltern das Lernverhalten ihrer Kinder unterstützen. Wie von Hoover-Dempsey und Sandler (2005) vorgeschlagen, wurden die Skalen so konzipiert, dass die Unterstützungsleistungen durch die Kinder und nicht durch die Eltern eingeschätzt werden. Hoover-Dempsey und Sandler (2005) begründen ihren Vorschlag mit der Annahme, dass die kindliche Wahrnehmung von Ereignissen aus ihrem Umfeld häufig am besten vermitteln kann, wie diese Ereignisse das Verhalten und das Lernen des jeweiligen Kindes beeinflussen. Hinzu kommt, dass die Einschätzung der Unterstützungsleistungen durch die Kinder vermutlich weniger Ergebnisverzerrungen aufgrund von Effekten sozialer Erwünschtheit aufweist als die Einschätzungen der Eltern.

Jede der vier entwickelten Skalen soll einen der folgenden Unterstützungsprozesse erfassen (vgl. Martinez-Pons 1996):

– *Ermutigung*: Die Eltern ermutigen ihr Kind (Lern-)Verhaltensweisen trotz erster gescheiterter Versuche beständig weiter zu versuchen.
Itembeispiel: Die Person in meiner Familie, die mir normalerweise mit den Hausaufgaben hilft, ermutigt mich, wenn ich Probleme beim Erledigen der Hausaufgaben habe.

– *Vorbildfunktion*: Die Eltern übernehmen durch ihr täglich gezeigtes Lernverhalten Vorbildfunktion für das Kind.
Itembeispiel: Die Person in meiner Familie, die mir normalerweise mit den Hausaufgaben hilft, lernt gerne Neues.

– *Positive Verstärkung*: Die Eltern bestärken das Kind, wenn es gewünschtes Lernverhalten zeigt.
Itembeispiel: Die Person in meiner Familie, die mir normalerweise mit den Hausaufgaben hilft, zeigt mir, dass sie es mag, wenn ich verstehe, wie man eine Aufgabe löst.

– *Förderung*: Die Eltern unterstützen und fördern das Lernverhalten ihres Kindes durch gezielte Interventionen.
Itembeispiel: Die Person in meiner Familie, die mir normalerweise mit den Hausaufgaben hilft, bringt mir bei, wie ich meine Hausaufgaben selbst überprüfen kann, während ich sie mache.

Drei Skalen setzen sich aus jeweils fünf Items zusammen. Die Skala Vorbildfunktion umfasst nur vier Items. Die auf der Grundlage der vorliegenden Stichprobe berechneten inneren Konsistenzen liegen mit Werten von $\alpha = .70$ bis $\alpha = .79$ alle im niedrigen Bereich (vgl. Fisseni 1997). Die den Items theoretisch zugrunde gelegte Vier-Faktorenstruktur kann faktorenanalytisch (Extraktionsmethode: Maximum Likelihood; Rotationsverfahren: Promax) weitgehend unverändert reproduziert werden. Neben der faktoriellen Validität wurden bislang keine weiteren Validitätsprüfungen mit den Skalen vorgenommen. In Anbetracht der niedrigen inneren Konsistenzwerte der Skalen und der weitgehend ungeprüften Validität werden die mit den Skalenwerten durchgeführten Analysen mit gebotener Vorsicht interpretiert.

6.3   Der Umgang mit fehlenden Daten

Fehlende Daten stellen in vielen quantitativ ausgerichteten Studien ein weitreichendes Problem dar. Wenn Daten durch Befragungen und Tests erhoben werden, können die Antworten unvollständig sein, weil beispielsweise Befragte oder Getestete die Antwort verweigern oder vergessen eine Frage oder eine Aufgabe zu bearbeiten. In Längsschnittstudien kommt das Problem hinzu, dass Teilnehmer teils frühzeitig aus der Untersuchung ausscheiden oder einmalig oder mehrfach an Erhebungen nicht teilnehmen (können) (Darmawan 2002). In allen diesen Fällen kommt es zum unbeabsichtigten und unkontrollierten Ausfall von Daten, was zur Verzerrung und Verfälschung der Untersuchungsergebnisse oder sogar zur Unbrauchbarkeit des Datensatzes für bestimmte statistische Analyseverfahren führen kann. Auch für die vorliegende Studie weist der erhobene Datensatz eine Reihe fehlender Beobachtungen auf. Wie mit diesen fehlenden Daten umgegangen wurde, um einen für die ausgewählten statistischen Analyseverfahren geeigneten Datensatz zu erhalten, wird im folgenden Abschnitt kurz erläutert.

Little und Rubin (2002) stellen heraus, dass es innerhalb der statistischen Standardmethoden drei grundlegende Verfahren gibt, um mit multivariaten Datensätzen, die fehlende Daten aufweisen, zu arbeiten. Diese sind erstens die Analyse ausschließlich vollständiger Datensätze bzw. der listenweise Ausschluss von Fällen, zweitens das Arbeiten mit dem paarweisen Ausschluss von Fällen und drittens Imputationsverfahren, bei denen fehlende Daten durch geschätzte Werte ersetzt werden. Jede dieser Verfahrensweisen weist ihre eigenen Stärken und Schwächen auf, sodass es sorgfältiger methodischer aber auch inhaltlicher Überlegungen bedarf, bevor eine Entscheidung zugunsten einer der drei Verfahrensarten getroffen wird. Im vorliegenden Fall wurde ein zweistufiges Vorgehen gewählt, um den Datensatz für die Analysen aufzubereiten. Der erste Schritt dieses Vorgehens bestand im listenweisen Ausschluss ausgewählter Fälle. Der zweite darauf aufbauende Schritt umfasste das Ersetzen der verbliebenen fehlenden Werte mit Hilfe des sogenannten Multiplen Imputationsverfahrens.

Wie an der Bezeichnung listenweiser Ausschluss bereits abgelesen werden kann, handelt es sich hierbei um ein Verfahren, bei dem Fälle mit fehlenden Werten vollständig aus dem Datensatz ausgeschlossen bzw. entfernt werden. Der listenweise Ausschluss zeichnet sich vor allem durch seine einfache und universale Einsetzbarkeit aus. Zur Durchführung werden keine speziellen Berechnungsverfahren benötigt (vgl. Allison 2001). Die zentrale Schwäche des Verfahrens hingegen liegt in der durch den Ausschluss bedingten Reduktion der Stichprobengröße, was sich mitunter negativ auf die Eignung des Datensatzes für bestimmte Analysemethoden auswirken kann. Zudem kann es, wenn das systematische Fehlen von Werten unberücksichtigt bleibt, zu inhaltlichen Verzerrungen der Analysen und der daraus resultierenden Ergebnisse führen. Um derartige negative Effekte weitgehend zu vermeiden, wurden für die folgenden Untersuchungen lediglich diejenigen Fälle mit fehlenden Werten aus dem Datensatz entfernt, die aufgrund verschiedener Ereignisse nicht mehr der anvisierten Grundgesamtheit zugerechnet werden können oder die für eine Multiple Imputation nicht oder nur bedingt geeignet sind. Dazu zählen im vorliegenden Fall zum einen die Schüler/innen aus drei Klassen, die im Laufe der Erhebungen aufgrund einer Umstrukturierung der Schulsprengel aufgelöst wurden (vgl. Abschnitt 6.6.2). Zum anderen zählen dazu Schüler/innen, deren elterliche Einverständniserklärung zurückgezogen wurde, oder Schüler/innen, die beispielsweise wegen eines Umzugs nur an einem Erhebungszeitpunkt teilnehmen konnten. Klassenwiederholer wurden, um einer positiven Leistungsverzerrung in den Ergebnissen vorzubeugen, nicht aus der Stichprobe ausgeschlossen.

Die sich an diesen Arbeitsschritt anschließende Anwendung des Multiplen Imputationsverfahrens stellt die eigentliche und wichtigste Maßnahme zum Erhalt eines vollständigen Datensatzes dar. Die Multiple Imputation ist den bereits oben genannten Imputationsverfahren zuzuordnen und hat sich gerade in den letzten Jahren zunehmend als flexible und zuverlässige Methode zur Behandlung einer großen Bandbreite von Fehlenden-Daten-Problemen erwiesen, die anderen Imputationsverfahren wie beispielsweise dem Ersetzen fehlender Daten durch den Mittelwert teils deutlich überlegen ist (vgl. Schafer & Graham 2002). Das Grundprinzip der Multiplen Imputation besteht darin, fehlende Werte für eine Variable durch bereits bestehende Daten anderer Variablen vorherzusagen. Die vorhergesagten Werte ersetzen die fehlenden Daten, wodurch ein vollständiger Datensatz entsteht. Dieser Vorgang wird mehrfach wiederholt, um mehrere derartige Datensätze zu erzeugen. Deren Variation untereinander soll die Unsicherheit widerspiegeln, mit der die fehlenden Daten auf der Grundlage der beobachteten Daten geschätzt werden können (vgl. Wayman 2003). Jeder dieser vollständigen Datensätze kann anschließend mit Standardanalyseverfahren untersucht werden und die dabei erhaltenen Ergebnisse werden kombiniert, um Schätzungen und Konfidenzintervalle berechnen zu können, die die Unsicherheit der fehlenden Daten berücksichtigen (vgl. Darmawan 2002). Die Multiple Imputation zielt also nicht nur darauf ab, die natürliche Variabilität des Datensatzes auch in den ersetzten Daten aufrechtzuerhalten, sondern auch die Ungenauigkeit bzw. Unsicherheit der Schätzungen einzubeziehen.

Mittlerweile stehen eine Reihe von gut zu bedienenden Programmpaketen zur Verfügung, die es dem Anwender erlauben, multiple Datensätze zu erstellen und diese entsprechend auszuwerten. Im vorliegenden Fall wurden mithilfe des im Statistikprogramm SPSS 18 enthaltenen Multiplen Imputationsverfahrens fünf vollständige Datensätze generiert. Für die dabei imputierten Variablen liegt der Anteil der fehlenden Werte in der Regel unter 15 %. In wenigen Fällen wird ein Anteil von ungefähr 25 % erreicht, was sich noch in einem akzeptablen Rahmen bewegt. Wie Schafer und Olsen (1998) feststellen, ist die Anwendung Multipler Imputation selbst bei ca. 40% fehlenden Daten dem Ausschluss der Fälle überlegen.

Das Arbeiten mit multiplen Datensätzen ist nur bei einem Teil der im Folgenden angewendeten Analyseverfahren möglich. Für einige Analyseverfahren existieren keine entsprechenden Berechnungsverfahren, um eine Mittelung zentraler statistischer Maße und Prüfgrößen über die imputierten Datensätze vorzunehmen, oder die Berechnung ist mit den eingesetzten statistischen Programmpaketen nicht möglich. Sowohl für die vorgenommenen logistischen Regressionsanalysen als auch für die Berechnung der latenten Wachstumskurvenmodelle (genauer dazu Abschnitt 6.5) ist dies der Fall. Aus diesem Grund wurden die mittels dieser beiden Analyseverfahren vorgenommenen Berechnungen einzeln an jedem der imputierten Datensätze durchgeführt. Die dabei erhaltenen Ergebnisse haben sich unter den imputierten Datensätzen als sehr stabil herausgestellt. Daher werden hier in Anlehnung an das Vorgehen von Baumert, Watermann & Schümer (2003) nur die für den ersten vollständigen Datensatz erhaltenen Ergebnisse dargestellt.

6.4 Der Umgang mit hierarchischen Daten

Es bestehen mehrere Möglichkeiten, um bei einer Untersuchung eine Stichprobe aus der jeweiligen Zielpopulation zu ziehen. Die klassische Testtheorie geht in ihren Grundannahmen und analytischen Verfahren im Regelfall von einer einfachen Zufallsstichprobe aus. Um eine einfache Zufallsstichprobe zu ziehen, muss eine vollständige Liste aller Objekte der Zielpopulation vorliegen, aus der nach dem Zufallsprinzip eine bestimmte Anzahl von Personen ausgewählt wird (vgl. Bortz & Döring 2003). Die Wahrscheinlichkeit, dass eine Person ausgewählt wird, muss dabei für alle Personen der Zielpopulation gleich sein. In vielen Studien ist diese Form der Stichprobenziehung nicht oder nur schwer umsetzbar. Zum einen liegen oft keine entsprechenden Listen der Grundgesamtheit vor, anhand derer die Zufallsauswahl erfolgen kann (vgl. ebd.). Zum anderen ist der mit einer einfachen Zufallsstichprobe verbundene Arbeitsaufwand, die einzeln gezogenen Personen zu befragen und/oder zu testen, in vielen Fällen zu hoch. Auch im vorliegenden Fall wurde aufgrund des zu hohen Arbeitsaufwandes keine einfache Zufallsstichprobe gezogen. Anstatt dessen wurde auf ein logistisch effizienteres Stichprobenverfahren, die Ziehung einer Klumpenstichprobe zurückgegriffen. Bei einer Klumpenstichprobe werden die Personen nicht einzeln gezogen, es wird daher auch keine Liste aller Objekte der Zielpopulation benötigt, sondern es werden sogenannte Klumpen gezogen (vgl. Bühner & Ziegler 2009). Als Klumpen bzw. Cluster werden in der Grundgesamtheit vorliegende natürliche Gruppen von Personen bezeichnet, die sich untereinander nicht überschneiden, d.h. jede Person ist eindeutig nur einem Klumpen zuordnenbar (vgl. Kauermann & Küchenhoff 2011). Derartige natürliche Gruppen sind beispielsweise Schulklassen, Schulen oder Betriebe. Im Rahmen von SOKKE wurden mehrere Schulklassen eines neu eingeschulten Jahrgangs an den Grundschulen der untersuchten süddeutschen Großstadt gezogen. Die Vorteile einer Klumpenstichprobe bestehen darin, dass nur eine Liste der Klumpen in der Zielpopulation benötigt wird, was im Regelfall leicht zu bewerkstelligen ist, und dass die Erhebung ganzer Klumpen von Personen einen wesentlich geringeren Arbeitsaufwand darstellt. Allerdings muss beachtet werden, dass die erhaltenen Daten aufgrund der Erhebung ganzer Klumpen eine hierarchische Strukturierung aufweisen. Neben der Ebene der Schüler/innen enthält der Datensatz einer Klumpenstichprobe gegenüber einer einfachen Zufallsstichprobe noch mindestens eine weitere hierarchische Ebene, die der Klumpen. Bei der Anwendung statistischer Analyseverfahren ist es wichtig, diese hierarchische Strukturierung der Daten zu berücksichtigen. „Analysen hierarchischer Daten unter Ignorierung ihrer Mehrebenenstruktur können zu gravierenden Fehlern führen und unter Umständen sogar völlig unbrauchbar sein" (Ditton 1998, S. 13). Denn bei Klumpenstichproben ist die Grundannahme vieler statistischer Analyseverfahren, dass die Stichprobenelemente untereinander unabhängig sind, verletzt (vgl. ebd.). Dies leuchtet unmittelbar ein, wenn man sich vor Augen führt, dass beispielsweise Schüler/innen innerhalb

einer Schulklasse vor allem bei schulbezogenen Merkmalen natürlich nicht unabhängig voneinander sind, sondern untereinander in Beziehung stehen. Werden hierarchische Daten nicht entsprechend behandelt, so kann es vor allem bei der Para-
meterschätzung zu gravierenden Verzerrungen kommen. Gerade der Standardfehler
von Parametern wie dem Mittelwert oder der Standardabweichung wird dadurch
häufig unterschätzt, was zur Überschätzung der Signifikanz und damit zu inhaltlichen Fehlschlüssen führen kann (vgl. Bacher 2009).

Es kann zwischen zwei zentralen Herangehensweisen unterschieden werden,
wie hierarchische Daten unter Berücksichtigung ihrer Mehrebenenstruktur analysiert werden können (vgl. Muthén & Muthén 2010b). Die erste Möglichkeit besteht
darin, eine sogenannte Mehrebenenanalyse durchzuführen (vgl. Ditton 1998). In
einer Mehrebenenanalyse wird eine direkte Modellierung der Mehrebenenstruktur
der Daten vorgenommen, wodurch auch die Nicht-Unabhängigkeit der Untersuchungsobjekte explizit modelliert wird. Der große Vorteil diese Vorgehens ist, dass
über den Ansatz der hierarchisch linearen Modellierung (vgl. Raudenbush & Bryk
2002) nicht nur eine adäquate Schätzung der Standardfehler erfolgt, sondern
gleichzeitig auch Effekte auf der Individual- und der Clusterebene modelliert werden können (vgl. Lüdtke, Köller, Bundt, Gomolka & Watermann 2004). So können
beispielsweise mithilfe einer Mehrebenenanalyse die Auswirkungen von Klassen-
merkmalen überprüft werden (vgl. Langer 2009). Da der vorliegende Datensatz mit
einem Umfang von 23 Klassen die für die Durchführung einer Mehrebenenanalyse
empfohlene Anzahl an erhobenen Clustern (vgl. Maas & Hox 2004) nicht aufweist,
kommt dieses Verfahren im Folgenden nicht zur Anwendung. Anstatt dessen werden alternative Verfahren zur Berechnung der Standardfehler eingesetzt, die der
Nicht-Unabhängigkeit der Untersuchungsobjekte entsprechend Rechnung tragen.
Zu diesen Verfahren zählen unter anderem der sogenannte Huber-Sandwich-
Estimator (vgl. Freedmann 2006), die Taylor-Linearisierung (vgl. Williams 2008),
die Jackknife-Methoden (vgl. Wolter 1985) oder die Replikationsmethode nach Fay
(vgl. Judkins 1990). Alle Verfahren erlauben eine robuste Standardfehlerschätzung
für verschiedene Parameter und auf der Grundlage der so geschätzten Standardfehler eine korrekte Anwendung der meisten statistischen Analyseverfahren.

In den Standardanalyseverfahren der meisten Statistikprogramme sind Verfahren zur korrekten Schätzung von Standardfehlern bei hierarchischen Daten nicht
enthalten. Es bedarf daher spezieller Programme oder Programmpakete, um die
vorliegenden hierarchischen Daten auszuwerten. In den nachfolgenden Analysen
kommen hierfür zwei Programme zum Einsatz. Zum einen werden Analysen mit
der Statistiksoftware SPSS Version 18 und dem zusätzlichen SPSS Zusatzmodul
Complex Samples (vgl. SPSS 2009) durchgeführt. Das Zusatzmodul erlaubt die
adäquate Berechnung von Standardfehlern für Datensätze, die mithilfe von komplexen Stichprobenplänen gewonnen wurden. Die entsprechenden Berechnungen
erfolgen auf der Grundlage der Taylor-Linearisierung (vgl. Bacher 2009; Williams
2008).

Das zweite in den nachfolgenden Analysen eingesetzte Statistikprogramm ist das von Muthén und Muthén entwickelte Statistikprogramm Mplus (vgl. Muthén & Muthén 2010b). Mplus kann anhand von Sandwich-Schätzern (vgl. Freedmann 2006; Muthén & Muthén 2010b) eine korrekte Schätzung der Standardfehler bei Klumpenstichproben vornehmen.

6.5 Analyseverfahren

Bei der Auswertung der Daten werden verschiedene Analyseverfahren angewendet. Zu diesen Verfahren zählen u.a. die lineare Regression, die logistische Regression und latente Wachstumskurvenmodelle. Zum besseren Verständnis der mit diesen Verfahren durchgeführten Auswertungen werden sie im Folgenden in zentralen Aspekten kurz erläutert.

6.5.1 Lineare und logistische Regressionsanalyse

Die Regressionsanalyse stellt eines der am häufigsten angewandten statistischen Analyseverfahren dar (vgl. Backhaus, Erichson, Plinke & Weiber 2006). Sie wird eingesetzt, um die Beziehungen zwischen einer abhängigen und einer oder mehreren unabhängigen Variablen zu untersuchen (vgl. ebd.). Je nachdem, ob eine oder mehrere unabhängige Variablen in die Regressionsgleichung aufgenommen werden, wird zwischen einfachen und multiplen Regressionsanalysen unterschieden. Darüber hinaus können Regressionsanalysen auch nach dem Skalenniveau der untersuchten abhängigen Variablen differenziert werden. Das grundlegende Regressionsmodell geht von einer metrisch skalierten abhängigen Variablen aus, deren Varianz durch den Einfluss unabhängiger Variablen erklärt werden soll. Zumeist wird dabei ein linearer Zusammenhang zwischen den oder der unabhängigen Variablen und der abhängigen Variablen angenommen und eine entsprechende Modellierung vorgenommen. Es besteht allerdings auch die Möglichkeit nichtlineare Zusammenhänge mithilfe von Regressionsanalysen zu modellieren (vgl. Schendera 2008).

Als unabhängige Variablen können sowohl metrische als auch kategoriale Variablen in die Regressionsanalysen aufgenommen werden. Bei metrischem Skalenniveau ist dafür keine Änderung der Variable nötig. Kategoriale Variablen hingegen müssen zunächst einer Dummy-Kodierung unterzogen werden, um in der Analyse berücksichtigt werden zu können. Dafür muss die jeweilige kategoriale Variable in eine Reihe binärer Variablen transformiert werden, bei der jede binäre Variable für eine Ausprägung bzw. Kategorie der ursprünglichen Variable steht.

Die Deutung der Analyseergebnisse erfolgt im Regelfall anhand verschiedener Maße, die Auskunft über die globale Güte der Regressionsfunktion geben und die zur Prüfung der Regressionskoeffizienten herangezogen werden können. Mit dem Bestimmtheitsmaß R^2 wird beispielsweise angegeben, wie hoch der durch die Regressionsfunktion erklärte Varianzanteil im Verhältnis zur Gesamtvarianz ist (vgl.

Backhaus, Erichson, Plinke & Weiber 2006). Die Prüfung der einzelnen Regressionskoeffizienten erfolgt zum einen anhand von t-Tests. Diese überprüfen die Forschungshypothese, ob von einer unabhängigen Variablen ein signifikanter Einfluss auf die abhängige Variable ausgeht. Die Beurteilung der Stärke dieses Einflusses kann über den geschätzten Regressionskoeffizienten b_j und dessen Konfidenzintervall vorgenommen werden. Umso größer der Regressionskoeffizient (unabhängig vom Vorzeichen) ausfällt, umso stärker beeinflusst er die Steigung der Regressionsgeraden. Umso kleiner das Konfidenzintervall ausfällt, umso genauer ist die Schätzung der Regressionskoeffizienten für die Grundgesamtheit (vgl. ebd.).

Nachfolgend werden einfache und multiple (lineare) Regressionsanalysen vor allem dazu eingesetzt, um den Einfluss verschiedener individueller und familiärer Faktoren auf die ausgewählten kulturellen Integrationsindikatoren zu untersuchen.

Eine Anwendung des grundlegenden Regressionsmodells auf kategoriale, abhängige Variablen ist nicht möglich. Dafür bedarf es einer Erweiterung des grundlegenden Regressionsmodells, die als logistische Regressionsanalyse bezeichnet wird. Im Gegensatz zum grundlegenden Regressionsmodell wird in einer logistischen Regressionsanalyse nicht die Ausprägung der abhängigen Variablen vorausgesagt, sondern die Wahrscheinlichkeit mit der bestimmte kategoriale Ereignisse in Abhängigkeit von verschiedenen Einflussgrößen eintreten (vgl. Backhaus, Erichson, Plinke & Weiber 2006).[15] Dargestellt werden die Eintrittswahrscheinlichkeiten mittels sogenannter Odds Ratios. Vergleichbar mit Wettquoten geben sie das Verhältnis an, in dem die Eintrittswahrscheinlichkeit eines Ereignisses zur Eintrittswahrscheinlichkeit eines zuvor als Referenz gesetzten Ereignisses steht. Im Rahmen dieser Arbeit werden logistische Regressionsanalysen vor allem dazu genutzt, den Einfluss verschiedener unabhängiger Variablen auf die Wahrscheinlichkeit, eine bestimmte Übertrittsempfehlung zu erhalten, zu beschreiben. Die dafür gewählte Referenzkategorie ist der Erhalt einer Übertrittsempfehlung für die Hauptschule. Als Ergebnisse der logistischen Regressionsanalysen erhält man demzufolge für jede im Modell enthaltene unabhängige Variable zwei Odds Ratios. Eine Odds Ratio, aus der hervorgeht, wie sich das Wahrscheinlichkeitsverhältnis, eine Realschul- statt einer Hauptschulempfehlung zu erhalten, durch den Einfluss einer unabhängigen Variablen verändert und eine Odds Ratio, die die Veränderung des Wahrscheinlichkeitsverhältnisses von Gymnasial- zu Hauptschulempfehlung angibt.

Um die globale Modellgüte einer logistischen Regression zu beurteilen, kann auf sogenannte Pseudo-R-Quadrat-Statistiken zurückgegriffen werden. Dazu zählen das McFadden-R^2, das Cox und Snell R^2 und das Nagelkerke-R^2 (vgl. Back-

---

15 Je nachdem, wie viele Kategorien die abhängige Variable aufweist, wird zwischen einer binär logistischen Regressionsanalyse bei nur zwei Kategorien und einer multinomial logistischen Regressionsanalyse bei mehr als zwei Kategorien differenziert. Die Methodik der binären und der multinomial logistischen Regression ist weitgehend gleich (vgl. Backhaus, Erichson, Plinke & Weiber 2006).

haus, Erichson, Plinke & Weiber 2006). Alle Pseudo-R-Quadrat-Maße geben das Verhältnis der Wahrscheinlichkeit des Nullmodells, in dem nur die Regressionskonstante berücksichtigt ist, zur Wahrscheinlichkeit des vollständigen Modells, in dem auch die unabhängige Variable enthalten ist, an. Auch sie versuchen demnach, in vergleichbarer Weise wie das Bestimmtheitsmaß R^2 der linearen Regressionsanalyse, den Anteil der durch die unabhängigen Variablen erklärten Varianz zu quantifizieren (vgl. ebd.).

Die Aufnahme von unabhängigen Variablen in das logistische Regressionsmodell erfolgt nach den bereits oben angegebenen Richtlinien. Während metrische Variablen ohne weitere Transformationen berücksichtigt werden können, müssen kategoriale Variablen zuvor in Dummy-Variablen umkodiert werden.

6.5.2 Latente Wachstumskurvenmodelle

Zur Beschreibung und Erklärung der längsschnittlichen Kompetenzverläufe in den Domänen Lesen, Rechtschreiben und Mathematik werden sogenannte latente Wachstumskurvenmodelle (latent growth curve models, kurz: LGCM; vgl. Duncan, Duncan & Strycker 2006) berechnet. Bei LGCM handelt es sich um eine spezielle Form von Strukturgleichungsmodellen zur Veränderungsmessung, mit der eine Reihe wichtiger Forschungsfragen beantwortet werden kann:

- „Wie groß ist der latente Mittelwert von Personen hinsichtlich eines Konstruktes zum ersten Messzeitpunkt (mittlerer Ausgangswert)?
- Gibt es interindividuelle Unterschiede im Ausgangswert („Intercept") und wenn ja, wie groß sind diese?
- Findet eine Veränderung des Merkmals über die Zeit statt und wenn ja, welche Form und Stärke weist die Veränderung auf? [...]
- Wie groß ist der mittlere Anstieg („Slope") bzw. Abfall des Merkmals über die Zeit?
- Gibt es interindividuelle Unterschiede hinsichtlich der Stärke des Anstiegs oder Abfalls und wenn ja, wie groß sind diese?
- Hängen Ausgangswert und Veränderungswert/Slope miteinander zusammen? Wenn ja, welche Richtung und Stärke weist dieser Zusammenhang auf?
- Gibt es andere Variablen („Kovariaten"), die Unterschiede im Ausgangs- und/oder im Veränderungswert/Slope erklären können?" (Geiser 2010, S. 168)

Der zentrale Vorteil von LGCM gegenüber anderen Modellen der Veränderungsmessung besteht darin, die Form der Veränderung über die Zeit explizit modellieren zu können (vgl. Geiser 2010). So können beispielsweise lineare, quadratische, logarithmische oder exponentielle Wachstumsverläufe abgebildet werden (vgl. Muthén & Muthén 2010a). Auch Modelle, deren Wachstumsfunktion nicht im Voraus festgelegt wurde, können geschätzt werden, indem einzelne Zeitkoeffizienten befreit werden und sich somit dem empirischen Wachstumsverlauf anpassen können (vgl. Urban 2002). Wie die zeitliche Modellierung der Wachstumsverläufe innerhalb eines LGCM möglich ist, kann am Ausgangsmodell einer LGC erläutert werden.

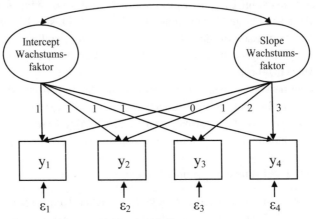

Abb. 7:   Latentes Wachstumskurvenmodell
            (in Anlehnung an Geiser 2010, S. 170)

Wie aus Abb. 7 hervorgeht, besteht ein LGCM aus verschiedenen manifesten und latenten Variablen. In der Abbildung stellen y1 bis y4 die zu unterschiedlichen Messzeitpunkten beobachtete bzw. gemessene Variable dar.[16] Jeder der Messzeitpunkte weist eine eigene Messfehlervariable ε_k auf. Darüber hinaus enthält das Modell zwei latente Wachstumsfaktoren, den sogenannten Intercept-Wachstumsfaktor und den sogenannten Slope-Wachstumsfaktor (vgl. Muthén & Muthén 2010a).

Der Intercept ist eine Konstante. Dies wird auch deutlich an den Ladungen der beobachteten Variable auf den Faktor, die für alle Messzeitpunkte den Wert 1 haben (vgl. Duncan, Duncan & Strycker 2006). Inhaltlich repräsentiert der Intercept den systematischen Variationsanteil zu einem festgelegten (meist dem ersten) Messzeitpunkt. Er indiziert damit den latenten Startwert des Entwicklungspfades für jede Person (vgl. Urban 2002), also beispielsweise den Kompetenzwert einer Schülerin zum ersten Messzeitpunkt. Die Varianz des Intercepts repräsentiert interindividuelle Differenzen im Ausgangsniveau der untersuchten Personen. An ihr wird deutlich, wie stark beispielsweise die Kompetenzwerte zum ersten Messzeitpunkt unter den Schüler/inne/n streuen.

Der Slope-Wachstumsfaktor veranschaulicht die Veränderung der abhängigen Variablen über die Messzeitpunkte hinweg. Der Mittelwert des Faktors gibt dabei die durchschnittliche Veränderungsrate zwischen zwei Messzeitpunkten an. In welchem Ausmaß die zeitlich bedingten Zuwächse interindividuell variieren, kann an der Varianz des Slope-Faktors abgeschätzt werden (vgl. Urban 2002). So kann eine

---

16 Die in der Abbildung vorgenommene Beschränkung auf vier Messzeitpunkte ist lediglich exemplarisch. LGCM können auch bei weniger und mehr als vier Messzeitpunkten angewendet werden.

große Varianz des Slope-Wachstumsfaktors beispielsweise darauf hindeuten, dass die Kompetenzzuwachsraten unter den Schüler/inne/n in ihrer Höhe sehr unterschiedlich ausfallen.

Welche Form der zeitlichen Veränderung mit dem LGCM abgebildet werden soll, hängt vor allem vom Slope-Faktor bzw. von dessen Modellierung ab. Im obigen Beispiel wurde mithilfe der Faktorladungen des Slope-Faktors ein lineares Wachstum modelliert. Das Ladungsmuster mit zwischen den einzelnen Messzeitpunkten gleichmäßig zunehmenden Werten von 0 bis 3 impliziert eine lineare Veränderung (vgl. Geiser 2010). Weitere Ladungsmuster erlauben auch die Modellierung logarithmischer, exponentieller oder frei geschätzter Wachstumsverläufe (vgl. Muthén & Muthén 2010a). Um quadratische Zeitverläufe abbilden zu können, muss ergänzend zu den beiden bereits enthaltenen Wachstumsfaktoren ein weiterer quadratischer Wachstumsfaktor in das Modell aufgenommen werden, der quadratisch gestufte Faktorladungen aufweist (vgl. Duncan, Duncan & Strycker 2006).

Neben der zeitlichen Modellierung und der Berechnung entsprechender Wachstumsfaktoren ermöglichen es LGCM auch, unabhängige Variablen als Kovariaten zur längsschnittlichen Entwicklung in Bezug zu setzen. Für jede Kovariate wird dabei berechnet, inwieweit sie den Intercept- und den Slopefaktor beeinflusst. Dadurch kann zum einen abgeschätzt werden, wie sich die jeweilige unabhängige Variable auf die Varianz des Ausgangsniveaus zum ersten Messzeitpunkt auswirkt. Zum anderen kann unabhängig davon festgestellt werden, in welchem Zusammenhang die Kovariate zur zeitlichen Veränderungsrate steht.

Da es sich bei latenten Wachstumskurvenmodellen um eine spezielle Form von Strukturgleichungsmodellen handelt, können die dort verwendeten Indizes zur Beurteilung der globalen Modellgüte auch auf die Wachstumsmodelle angewendet werden (vgl. Duncan, Duncan & Strycker 2006). Die Bewertung der Modellgüte kann auf mehrere Arten vorgenommen werden (Hoyle, 1995). Während in frühen Anwendungen von Strukturgleichungsmodellen vorwiegend mit einem χ^2-Test entschieden wurde, ob ein Modell zur Datenstruktur passt, ist es mittlerweile üblich auf sog. Modell-Fit-Indizes zurückzugreifen. Der Grund für dieses Umdenken ist in der starken Abhängigkeit des χ^2-Tests von der Stichprobengröße zu sehen. Je größer die Stichprobe wird, desto sensitiver reagiert der χ^2-Test und umgekehrt, was bei großen Stichproben zum frühzeitigen Verwerfen und bei sehr kleinen Stichproben zur fälschlichen Annahme eines Modells führen kann (Bühner, 2004).

Bei den eben angesprochenen Fit-Indizes handelt es sich um kein Verfahren zur Prüfung des exakten Modell-Fit, d.h. ob ein Modell perfekt auf die Daten passt oder nicht. Vielmehr wird erfasst, wie weit das eigene Modell vom perfekten Modell abweicht (Bühner, 2004). Zur Beurteilung der Abweichungen steht für jeden Fit-Index ein eigner Cut-Off-Wert zur Verfügung. Je näher der errechnete Wert dem Cut-Off-Wert kommt, desto besser ist die Passung des Modells. Wird er vom errechneten Wert überschritten bzw. in manchen Fällen auch unterschritten, liegt eine annäherungsweise gute Passung des Modells vor.

Die Wahl geeigneter Fit-Indizes gestaltet sich schwierig, unterscheiden sie sich doch in ihrer Sensitivität gegenüber Modellfehlspezifikationen und in ihrer Abhängigkeit von der Stichprobengröße. Hu und Bentler (1999) empfehlen bei Stichprobengrößen über 250 Personen auf den RMSEA (Root-Mean-Square-Error-of-Approximation) und den CFI (Comparative-Fit-Index) zurückzugreifen. Mit einem Umfang von n = 435 fällt der vorliegende Datensatz in diesen Bereich und ist damit geeignet für die Anwendung der beiden genannten Fit-Indizes. Die zur Bewertung herangezogenen Cut-Off-Werte orientieren sich an den von Byrne (2001) und von Hu und Bentler (1998, 1999) aufgestellten Richtlinien. Diesen zufolge signalisiert ein CFI-Wert > .90 einen guten Modell-Fit. Für den RMSEA gilt ein Wert < .06 als gute Passung und ein Wert > .10 als nicht akzeptable Passung.

6.6 Populations- und Stichprobenbeschreibung

Der Großteil der im Folgenden analysierten Daten wurde durch eine Klassen- bzw. Schülerstichprobe erhoben. Weitere, vorwiegend auf die Schüler/innen bezogene Daten wurden mithilfe einer Elternstichprobe und einer Stichprobe der jeweiligen Klassenlehrer/innen gewonnen. Im Folgenden werden zunächst das Untersuchungsfeld und die Zielpopulation, aus der die Schülerstichprobe gezogen wurde, näher vorgestellt. Anschließend wird die realisierte Stichprobe in ihrer demographischen, migrationsbezogenen und ethnischen Zusammensetzung beschrieben.

6.6.1 Beschreibung der Population und des Untersuchungsfeldes

Alle im Rahmen des Projekts untersuchten und befragten Personen entstammen der Stadtbevölkerung einer ausgewählten bayerischen Großstadt. Die ausgewählte Stadt ist für die mit dem Projekt SOKKE verfolgten Forschungsfragen gut geeignet (vgl. Herwartz-Emden et al. 2004), da die Stadtbevölkerung nicht nur einen hohen Anteil an Bewohnern mit Migrationshintergrund aufweist, sondern dieser Anteil auch ethnisch sehr heterogen zusammengesetzt ist. Derzeit verfügen 110 647 der dort lebenden Personen über einen Migrationshintergrund (vgl. Stadt Augsburg 2010). Diese Anzahl entspricht einem Anteil von 41,4 % der Stadtbevölkerung. Unter Personen mit Migrationshintergrund werden dabei, vergleichbar mit der in Abschnitt 4 eingeführten Typologie des Mikrozensus (vgl. Statistisches Bundesamt 2010), mehrere Personengruppen zusammengefasst. Dazu zählen Ausländer/innen, Aussiedler/innen, Spätaussiedler/innen und eingebürgerte Personen mit und ohne eigene Migrationserfahrung (vgl. Stadt Augsburg 2010). Abb. 8 ist zu entnehmen, wie sich die Stadtbevölkerung auf die genannten Gruppen aufteilt.

Die anteilig größte Gruppe unter den Personen mit Migrationshintergrund stellen demzufolge die Ausländer/innen, also die Personen ohne deutsche Staatsbürgerschaft, dar. Die verbleibenden drei Gruppen weisen jeweils kleinere, untereinander vergleichbare Anteile auf (vgl. ebd.). Von dieser Verteilung können auch

Rückschlüsse auf die ethnische Zusammensetzung der Gruppe der Migrant/inn/en gezogen werden. Den großen Anteilen an Aussiedler/inne/n und Spätaussiedler/inne/n entsprechend sind viele Migrant/inn/en aus Osteuropa und aus der ehemaligen Sowjetunion anzutreffen. Letztere sind mit 22 497 Personen sogar die größte Migrantengruppe. Neben den (Spät-)Aussiedler/inne/n sind auch Personen mit türkischem Migrationshintergrund breit vertreten. Ihr Anteil an der Stadtbevölkerung beläuft sich auf 8,1 %. Eine weitere große Gruppe mit über 10 000 Angehörigen stellen die Migrant/inn/en asiatischer Herkunft dar (vgl. ebd.). Insgesamt sind innerhalb der Gruppe der Migrant/inn/en derzeit mehr als 150 verschiedene Herkunftsländer vorzufinden (vgl. Stadt Augsburg 2009a).

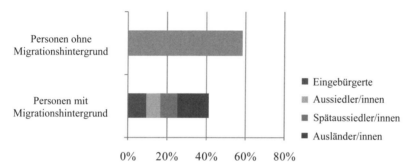

Abb. 8:   Zusammensetzung der Stadtbevölkerung
(in Anlehnung an Stadt Augsburg 2010)

Wie bereits in Abschnitt 6.1 dargestellt, wurden vor Beginn der eigentlichen Erhebungen zwei Vorstudien durchgeführt, die unter anderem auch der Vorbereitung der Stichprobenziehung dienten. Die erste Vorstudie wurde im Schuljahr 2003/04 durchgeführt. Eines der Ziele dieser Studie bestand darin, die Klassenstrukturen an den Grundschulen der ausgewählten Großstadt hinsichtlich des jeweiligen Migrantenanteils in den Klassen und hinsichtlich der ethnischen Zusammensetzung zu erfassen. Dadurch sollte ein erster Eindruck von der migrationsbezogenen und ethnischen Zusammensetzung des Untersuchungsfeldes gewonnen werden, da die amtlichen Schulstatistiken diesbezüglich nur ungenügende Informationen bereitstellen.[17] In der zweiten Vorstudie, die zu Beginn des Schuljahres 2004/2005 stattfand, erfolgte eine erneute Erhebung der Klassenstrukturen. Allerdings wurde die Erhebung in diesem Fall auf die ersten Klassen der Grundschulen beschränkt, um für die Stichprobenziehung eine nach Migrantenanteil in der Klasse differenzierte Liste mit allen Klumpen anfertigen zu können. Im Rahmen der Erhebung wurden Klassenstrukturfragebögen an alle Klassenlehrer/innen ausgegeben, in denen sie um detaillierte demographische und migrationsbezogene Angaben zu ihren Schüler/inne/n gebeten wurden.

---

17   Eine detaillierte Darstellung der Ergebnisse dieser Vorstudie finden sie bei Herwartz-Emden und Küffner 2006 und bei Herwartz-Emden et al. 2004.

Im Schuljahr 2004/05 wurden an den Grundschulen der ausgewählten Großstadt insgesamt 99 erste Klassen eingerichtet (vgl. Bayerisches Landesamt für Statistik und Datenverarbeitung 2005). Von 80 dieser Klassen liegt ein Klassenstrukturbogen aus der zweiten Vorstudie vor. In den Bögen sind Angaben der Klassenlehrer/innen zu 1 728 Schüler/inne/n enthalten. Diese Schülerzahl entspricht einem Anteil von 78 % an den Schulanfänger/inne/n dieses Jahrgangs (vgl. ebd.). 49 % der erfassten Schüler/innen weisen einen Migrationshintergrund auf. Wie stark eine auf Ausländer/innen beschränkte Betrachtung die Anzahl der Personen mit Migrationshintergrund unterschätzt, wird an der Staatsangehörigkeit dieser Schüler/innen deutlich. Etwas mehr als die Hälfte der Schüler/innen mit Migrationshintergrund verfügen über keine deutsche Staatsbürgerschaft, während ungefähr 47 % der Migrant/inn/en eine deutsche Staatszugehörigkeit haben. Was die direkten Migrationserfahrungen der Kinder anbelangt, so sind trotz sinkender Zahlen der Migrant/inn/en erster Generation in Deutschland (vgl. Statistisches Bundesamt 2010) immerhin 142 der erfassten Schüler/innen selbst migriert. Der Großteil der Kinder mit Migrationshintergrund gehört damit der zweiten oder dritten Generation von Migrant/inn/en an. Die ethnische Zusammensetzung der Erstklassschüler/innen bestätigt das für die gesamte Stadtbevölkerung gezeichnete Bild nur teilweise. Zwar kommen viele der Schüler/innen mit Migrationshintergrund bzw. deren (Groß-)Eltern ebenfalls aus Osteuropa und aus der ehemaligen Sowjetunion. Die mit Abstand größte Gruppe stellen allerdings die Kinder türkischer Herkunft dar. Ihr Anteil an den Schüler/inne/n mit Migrationshintergrund beläuft sich auf 40 %. Keine andere Gruppe weist einen ähnlich hohen Anteil auf. Die zweitgrößte Migrantengruppe sind die Kinder russischer Herkunft. Ihr Anteil beträgt im Vergleich zu den Kindern türkischer Herkunft aber lediglich 9 %.

6.6.2 Beschreibung der Stichprobe

Aus den 99 ersten Klassen des Jahrgangs 2004/05 wurden 25 Klassen als anfängliche Klumpen für die Klassen- bzw. Schülerstichprobe gezogen. Bei der Ziehung der Klumpen wurde mithilfe der in der Vorstudie angefertigten Klassenstrukturliste darauf geachtet, dass sich in der Stichprobe Klassen mit variierendem Migrantenanteil wiederfinden (vgl. Herwartz-Emden et al. 2004).

Im Verlauf des Projekts kam es neben punktuellen Ausfällen einzelner Schüler/innen zu zwei größeren Veränderungen der Stichprobe. Aufgrund einer Umstrukturierung der Schulsprengel wurden in der zweiten Jahrgangsstufe drei der untersuchten Klassen aufgelöst und deren Schüler/innen auf neue Klassen und großteils auch auf neue Schulen aufgeteilt. Infolgedessen wurden die betroffenen Klassen und Schüler/innen aus der Stichprobe genommen. Um der daraus resultierenden Verkleinerung der Stichprobe entgegenzuwirken, wurden nachträglich zwei weitere vollständige Klassen des gleichen Jahrgangs in die Stichprobe aufgenommen und die fehlenden Daten, soweit möglich, nacherhoben. Eine weitere Veränderung der Stichprobe erfolgte durch den Ausschluss einer Klasse. Da nur für einen kleinen Teil der Schüler/innen dieser Klasse eine Einverständniserklärung der Eltern zur Teilnahme an den Erhebungen vorlag, wurde die Klasse aus der Stichprobe ausgeschlossen. Die am Ende der Erhebungen realisierte Klassen- bzw. Schülerstichprobe umfasst 23 Klassen und 435 Schüler/innen. Diese Schülerzahl stellt einen Anteil von 84 % aller Schüler/innen dar, die am Ende der vierten Jahrgangsstufe die 23 untersuchten Klassen besucht haben. 325 Schüler/innen innerhalb der Stichprobe sind seit der ersten Jahrgangsstufe in einer der 23 Klassen. Auf die Gesamtzahl der in der ersten Jahrgangsstufe erfassten Schüler/innen bezogen entsprechen diese 325 Schüler/innen einem Anteil von insgesamt 70 %.

Tabelle 11: Zusammensetzung der Stichprobe

Schülerebene			
	Geschlecht		
	Jungen	Mädchen	*Gesamt*
Ohne Migrationshintergrund	95	91	186
Mit Migrationshintergrund	126	123	249
Gesamt	221	214	435

Wie Tabelle 11 entnommen werden kann, ist das Geschlechterverhältnis unter den Schüler/inne/n in der Stichprobe weitgehend ausgeglichen. 214 Mädchen stehen 221 Jungen gegenüber. Der Migrantenanteil unter den Schüler/inne/n beläuft sich auf 57 %. Fast zwei Drittel der untersuchten Kinder haben demnach einen Migrationshintergrund.[18] Auch innerhalb der beiden Gruppen der Kinder mit und ohne Migrationshintergrund ist das Geschlechterverhältnis ausgeglichen. Sowohl bei den Kindern mit Migrationshintergrund als auch bei den Kindern ohne Migrationshintergrund beträgt der Anteil der Jungen 51 % und der Anteil der Mädchen 49 %.

Abb. 9 gibt einen weiterführenden Überblick über die migrationsbezogene Zusammensetzung der Stichprobe. Die dargestellten Kategorien orientieren sich weitgehend an der Migrantentypologie des Mikrozensus. Differenziert nach der Staatsangehörigkeit zeigt sich hierbei, dass es sich bei über 40 % der erfassten Migrantenkinder um Ausländer/innen ohne deutsche Staatsangehörigkeit handelt. Bei den Migrantenkindern mit deutscher Staatsangehörigkeit werden zwei Gruppen unterschieden, die eingebürgerten Migrant/inn/en und die (Spät-)Aussiedler/innen. Auf die erste Gruppe entfällt ein Anteil von 35 %, auf die zweite ein Anteil von 23 %. Hinsichtlich der Generationenzuordnung überwiegen in der Stichprobe die Kinder ohne eigene Migrationserfahrung mit einem Anteil von 79 % deutlich. Anhand der erhobenen Daten ist es leider nicht möglich, dahingehend zu differenzieren, ob es sich bei den Kindern ohne eigene Migrationserfahrung um Migrant/inn/en der zweiten oder dritten Generation handelt.

---

18 Unter Personen bzw. Kindern mit Migrationshintergrund werden im vorliegenden Fall die vom statistischen Bundesamt (2010) vorgeschlagenen Personenkategorien zusammengefasst (vgl. Abschnitt 4). Dazu zählen Migrant/inn/en mit und ohne eigene Migrationserfahrung, Migrant/inn/en mit einseitigem oder beidseitigem Migrationshintergrund, Migrant/inn/en mit und ohne deutsche Staatsbürgerschaft und die Gruppe der (Spät-)Aussiedler/innen.

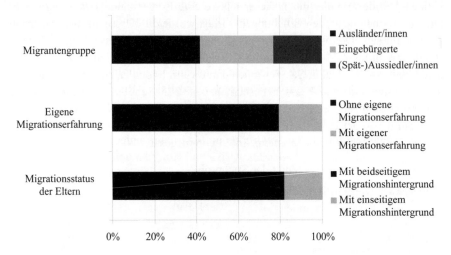

Abb. 9: Zusammensetzung der Kinder mit Migrationshintergrund in der Stichprobe

Die letzte vorgenommene Differenzierung bezieht sich auf den Migrationsstatus der Eltern. In vielen Studien, die sich mit Migrantenkindern beschäftigen, ist es mittlerweile gängig zwischen Kindern mit einem oder zwei migrierten Elternteilen zu unterscheiden. In der vorliegenden Stichprobe haben 82 % der Migrantenkinder aufgrund des Migrationsstatus ihrer Eltern einen beidseitigen Migrationshintergrund.

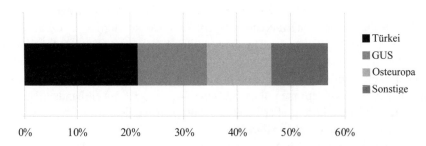

Abb. 10: Herkunftsländergruppen in der Stichprobe

Durch die Kinder mit Migrationshintergrund sind in der Stichprobe fast vierzig verschiedene Herkunftsländer vertreten. Die Stichprobe weist demzufolge eine hohe ethnische Heterogenität auf. Um die Herkunftsländer übersichtlich zu strukturieren und um für die Auswertungen geeignete Klassen zu bilden, da viele Herkunftsländer nur in geringen Anzahlen in der Stichprobe vorzufinden sind, wurden die Länder zu drei Herkunftsländergruppen zusammengefasst. Der ersten dieser Gruppen werden ausschließlich die Kinder türkischer Herkunft zugeordnet. Aufgrund des großen Anteils, den diese Gruppe an der Gesamtstichprobe ausmacht (vgl. Abb. 10), war es möglich, diese Gruppe auf ein Herkunftsland zu beschränken. In der zweiten Gruppe werden die Migrant/inn/en zusammengefasst, deren Herkunftsland der Gemeinschaft unabhängiger Staaten (kurz: GUS) angehört. Zu den Mitgliedsstaaten zählen unter anderem Russland, Ukraine, Usbekistan und Weißrussland. Nach der Gruppe der türkischen Migrant/inn/en entfällt auf sie der größte Anteil an Migrantenkindern. Die dritte Gruppe setzt sich aus Migrant/inn/en aus verschiedenen osteuropäischen Ländern wie beispielsweise Polen, Rumänien, Kroatien und Serbien zusammen. Sie weist einen ähnlichen prozentualen Anteil wie die zweite Gruppe, die der GUS-Länder, auf. Die verbleibenden Länder werden in der letzten Ländergruppe gesammelt. Diese Gruppe umfasst unter anderem Länder aus Zentralasien und Südostasien, Länder aus Afrika und Amerika und vereinzelte europäische Länder und ist daher sehr heterogen zusammengesetzt. Trotz der vielen darin abgedeckten Herkunftsländer beläuft sich der Anteil dieser Gruppe nur auf 10 % der insgesamt erfassten Kinder.

7. Empirische Ergebnisse zur Sozial-Integration in die Grundschule

Im folgenden Kapitel werden die Ergebnisse der durchgeführten empirischen Analysen dargestellt. Die Ergebnisdarstellung ist unterteilt in zwei größere Abschnitte. Der erste Abschnitt fasst Analysen und Ergebnisse zur strukturellen Sozial-Integration zusammen. Der zweite Abschnitt setzt sich mit der kulturellen Sozial-Integration und deren Zusammenhang mit strukturellen Integrationsprozessen auseinander.

Jeder Abschnitt umfasst sowohl deskriptive als auch inferenzstatistische Auswertungen. Eine grundlegende Beschreibung der angewendeten Analyseverfahren wurde bereits im vorhergehenden Kapitel vorgenommen (vgl. Abschnitt 6.5). Spezifischere Anmerkungen zur Durchführung finden sich in den jeweiligen Abschnitten.

7.1 Ergebnisse zur strukturellen Sozial-Integration

Im Mittelpunkt der in diesem Abschnitt vorgenommenen, empirischen Betrachtung der strukturellen Sozial-Integration stehen die am Ende der Grundschulzeit vergebenen Übertrittsempfehlungen sowie die Schuljahresnoten der vierten Klasse in den Fächern Deutsch und Mathematik. Die Übertrittsempfehlungen und die Schulnoten dienen als zentrale Indikatoren des Übertrittsprozesses von der Primar- zur Sekundarstufe, anhand derer ein Eindruck vom Verlauf dieses wichtigen schulischen Platzierungsprozesses gewonnen werden kann.

Im Folgenden wird zunächst der Frage nachgegangen, wie sich Übertrittsempfehlungen und Schulnoten unter den Schüler/inne/n mit und ohne Migrationshintergrund verteilen und welche Sozial-Integrationsform sich davon ableiten lässt. Zudem werden die am Ende der vierten Klasse erreichten Schulnoten mit den Schulnoten aus der ersten Klasse verglichen, um herauszustellen, wie sich die strukturelle Sozial-Integration im Verlauf der Grundschule entwickelt. Den Abschluss dieses Abschnitts bilden statistische Analysen, die den Einfluss individueller und familiärer Merkmale auf die strukturelle schulische Platzierung am Ende der Grundschulzeit untersuchen.

7.1.1 Übertrittsempfehlungen von Kindern mit Migrationshintergrund

Nachfolgend wird die Verteilung der Übertrittsempfehlungen für die weiterführenden Schulformen der Sekundarstufe betrachtet. Dabei werden verschiedene nach Migrationsmerkmalen und nach ethnischer Herkunft differenzierte Schülergruppen miteinander verglichen.

Übertrittsempfehlungen von Kindern mit und ohne Migrationshintergrund

In Abb. 11 sind die von den Klassenlehrer/inne/n vergebenen Übertrittsempfehlungen für Kinder mit und ohne Migrationshintergrund einander gegenübergestellt. Zwischen beiden Gruppen von Schüler/inne/n zeigen sich über alle Schulformen hinweg deutliche Unterschiede in der Verteilung der Empfehlungen. Mehr als die Hälfte der Kinder mit Migrationshintergrund erhalten eine Empfehlung für die Hauptschule. Bei den Kindern ohne Migrationshintergrund beträgt dieser Anteil lediglich 28 %. Noch größer fällt die Differenz bei den Gymnasialempfehlungen aus. Während 59 % der Kinder ohne Migrationshintergrund eine entsprechende Empfehlung erhalten, beläuft sich dieser Anteil unter den Migrant/inn/en nur auf 23 %. In beiden Gruppen stellen die Schüler/innen mit einer Realschulempfehlung die jeweils kleinste Gruppe dar, mit 13 % bei den Kindern ohne und 21 % bei den Kindern mit Migrationshintergrund.

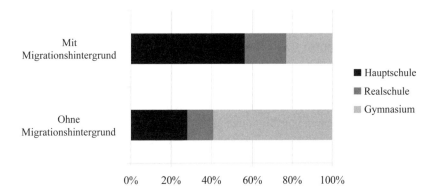

Abb. 11:   Übertrittsempfehlungen von Kindern mit und ohne Migrationshintergrund

Zur inferenzstatistischen Überprüfung des Einflusses, der vom Migrationshintergrund auf die Vergabe der Übertrittsempfehlungen ausgeht, wurde eine multinomiale logistische Regressionsanalyse durchgeführt. Die Ergebnisse der Analyse sind in Tabelle 12 wiedergegeben.

Tabelle 12:   Einfluss des Migrationshintergrundes auf die Vergabe von Übertrittsempfehlungen

Parameter	B (SE)	95 % Konfidenzintervall für Odds Ratio		
		Untere Grenze	Odds Ratio	Obere Grenze
Gymnasium vs. Hauptschule				
Migrationshintergrund	-1,68 (0,20)***	0,12	0,19***	0,24
Realschule vs. Hauptschule				
Migrationshintergrund	-0,32 (0,34)	0,35	0,72	1,48

Anm.: R^2 = .15 (Nagelkerke); Modell Wald-χ^2 (2) = 70,05; p < .001 ; * p < .05, ** p < .01,
*** p < .001; n = 435

Wie dem am Ende der Tabelle angegebenen Pseudo-R-Quadrat (kurz: R²) zu entnehmen ist, können mit dem analysierten Regressionsmodell, das nur den Migrationshintergrund als Prädiktorvariable enthält, insgesamt 15 % der Varianz bei der Vergabe von Übertrittsempfehlungen erklärt werden. Das Modell enthält zwei Odds Ratios, eine für das Quotenverhältnis, eine Empfehlung für das Gymnasium anstatt einer Empfehlung für die Hauptschule zu erhalten, und eine für das Quotenverhältnis, eine Real- statt einer Hauptschulempfehlung zu erhalten. Ein signifikanter Effekt zeigt sich nur für die erste Odds Ratio. Demzufolge ist die Wahrscheinlichkeit für ein Kind ohne Migrationshintergrund eine Gymnasialempfehlung statt einer Hauptschulempfehlung zu erhalten, mehr als fünf Mal so hoch wie die Wahrscheinlichkeit für ein Kind mit Migrationshintergrund. Für das Quotenverhältnis von Real- zu Hauptschulempfehlung kann dagegen kein signifikanter Effekt festgestellt werden. Ob ein Kind eine Empfehlung für die Realschule anstatt einer Empfehlung für die Hauptschule erhält, hängt also nicht vom Vorliegen eines Migrationshintergrundes ab.

Übertrittsempfehlungen von Ausländer/inne/n, (Spät-)Aussiedler/inne/n und einge-
bürgerten Migrant/inn/en

In Abb. 12 wird eine Unterteilung der untersuchten Schüler/innen in mehrere Gruppen vorgenommen. Neben den Kindern ohne Migrationshintergrund sind drei unterschiedliche Gruppen von Migrantenkindern aufgeführt: Kinder ohne deutsche Staatsbürgerschaft, (Spät-)Aussiedler/innen und die verbleibenden, eingebürgerten Migrant/inn/en.

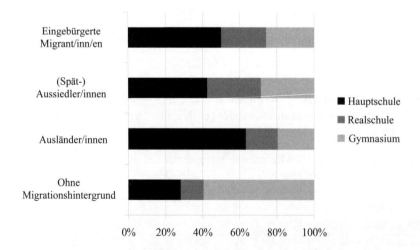

Abb. 12:   Übertrittsempfehlungen von Ausländer/inne/n, (Spät-)Aussiedler/inne/n
und eingebürgerten Migrant/inn/en

In den Verteilungen der Migrantengruppen zeigen sich deutliche Unterschiede zwischen den Migrant/inn/en mit deutscher Staatsbürgerschaft (eingebürgerte Migrant/inn/en und (Spät-)Aussiedler/inne/n) und den Migrant/inn/en ohne deutsche Staatsbürgerschaft. Letztere weisen unter den drei Gruppen den größten Anteil an Hauptschulempfehlungen (63 %) und die kleinsten Anteile an Realschul- (17 %) und Gymnasialempfehlungen (20 %) auf. Von den beiden Migrantengruppen mit deutscher Staatsbürgerschaft weisen die (Spät-)Aussiedler/innen eine geringfügig bessere Verteilung als die eingebürgerten Migrant/inn/en auf, mit höheren Anteilen an Empfehlungen für das Gymnasium (29 % vs. 26 %) und für die Realschule (29 % vs. 24 %). Doch im Vergleich zu den Kindern ohne Migrationshintergrund fallen auch die (Spät-)Aussiedler/innen deutlich hinter deren Verteilung zurück.

Auch im vorliegenden Fall wurde eine multinomiale Regressionsanalyse durchgeführt, um zu überprüfen, welcher Einfluss von den unterschiedlichen Gruppenzugehörigkeiten auf die Vergabe der Empfehlungen ausgeht. Dafür wurden die einzelnen Gruppenzugehörigkeiten jeweils als dummykodierte unabhängige Variablen in das Modell aufgenommen (vgl. Tabelle 13). Zur besseren Interpretierbarkeit der Odds Ratios wurde nicht nur für die Übertrittsempfehlungen, sondern auch für die Gruppenzugehörigkeit eine Referenzkategorie definiert. Als Referenzgruppe wurden die Kinder ohne Migrationshintergrund gewählt, sodass für alle drei Migrantengruppen jeweils ein Vergleich der Übertrittsempfehlungschancen mit den Chancen der Kinder ohne Migrationshintergrund gezogen werden kann.

Tabelle 13: Übertrittsempfehlungen von Ausländer/inne/n, (Spät-)Aussiedler/inne/n und eingebürgerten Migrant/inn/en

Parameter	B (SE)	95 % Konfidenzintervall für Odds Ratio		
		Untere Grenze	Odds Ratio	Obere Grenze
Gymnasium vs. Hauptschule				
Ausländer/innen	-2,10 (0,31)***	0,06	0,12***	0,23
(Spät-)Aussiedler/innen	-1,24 (0,31)**	0,15	0,29**	0,55
Eingebürgerte Migrant/inn/en	-1,56 (0,23)***	0,13	0,21***	0,34
Realschule vs. Hauptschule				
Ausländer/innen	-0,85 (0,39)*	0,19	0,43*	0,95
(Spät-)Aussiedler/innen	0,25 (0,40)	0,56	1,28	1,91
Eingebürgerte Migrant/inn/en	-0,21 (0,42)	0,34	0,81	2,92

Anm.: R^2 = .18 (Nagelkerke). Modell Wald-χ^2 (6) = 90,49 p < .001; * p < .05, ** p < .01, *** p < .001
Referenzkategorie bei der Gruppenzugehörigkeit: Kinder ohne Migrationshintergrund; n = 435

Der mit diesem Regressionsmodell erklärte Varianzanteil erhöht sich gegenüber dem vorhergehenden Modell auf 18 %. Für die relativen Chancen ergibt sich auf den ersten Blick ein ähnliches Bild wie in der vorhergehenden Analyse. In allen drei Migrantengruppen haben die Kinder signifikant geringere Chancen ein Gymnasium zu besuchen als Kinder ohne Migrationshintergrund. Am stärksten ist dieser Effekt bei den Kindern ohne deutsche Staatsbürgerschaft ausgeprägt. Deren relative Chance ein Gymnasium statt einer Hauptschule zu besuchen, beträgt gegenüber nicht migrierten Kindern nur 12 %. Deutlich bessere Chancen haben hingegen (Spät-)Aussiedler/innen. Ihre Odds Ratio für eine Gymnasialempfehlung liegt bei 0,29 also bei fast 30 %.

Die Quotenverhältnisse, eine Real- statt einer Hauptschulempfehlung zu erhalten, werden scheinbar vom Vorliegen einer deutschen Staatsangehörigkeit beeinflusst. Sowohl die (Spät-)Aussiedler/innen als auch die eingebürgerten Migrant/inn/en unterscheiden sich in ihren Chancen nicht von den Schüler/inne/n ohne Migrationshintergrund. Die ausländischen Mitschüler/innen haben dagegen signifikant schlechtere Chancen. Ihre relative Wahrscheinlichkeit auf eine Realschulempfehlung ist nur halb so groß wie die Chance der nicht migrierten Kinder. Hier gilt es allerdings das niedrigere Signifikanzniveau ($p < .05$) und vor allem das breite Konfidenzintervall dieser Odds Ratio (0,19 bis 0,95) zu berücksichtigen, das auf eine ungenaue Schätzung hindeutet.

Übertrittsempfehlungen von Kindern mit einseitigem und beidseitigem Migrationshintergrund

In mehreren aktuellen Schulleistungsstudien ist eine Differenzierung der Migrantenkinder in Kinder mit einseitigem oder Kinder mit beidseitigem Migrationshintergrund vorzufinden (vgl. Ditton 2007b; Schwippert, Bos & Lankes 2003). Hintergrund dieser Unterteilung ist vor allem die Annahme, dass Familien, in denen auch ein Elternteil ohne Migrationshintergrund lebt, eine im Regelfall bessere Sozial-Integration in die Aufnahmegesellschaft aufweisen. Deren Kinder, so wird weiter angenommen, können in mehrfacher Hinsicht davon profitieren. Beispielsweise beim Erwerb der Sprache des Aufnahmelandes, der durch einen entsprechenden muttersprachlichen Elternteil in der Familie problemloser verlaufen kann.

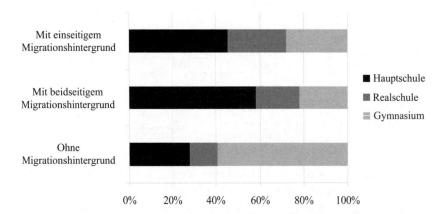

Abb. 13: Übertrittsempfehlungen von Kindern mit einseitigem und beidseitigem Migrationshintergrund

Ein Blick auf die Verteilung der Übertrittsempfehlungen (vgl. Abb. 13) bestätigt die Vorteilsthese zugunsten der Kinder mit nur einem migrierten Elternteil. Auf die Kinder mit beidseitigem Migrationshintergrund entfällt ein vergleichsweise höherer Anteil an Hauptschulempfehlungen (58 % vs. 45 %), während die Kinder mit einseitigem Migrationshintergrund höhere Anteile an Realschulempfehlungen (27 % vs. 20 %) und an Gymnasialempfehlungen (28 % vs. 22 %) vorweisen können.

Tabelle 14:   Übertrittsempfehlungen von Kindern mit einseitigem und beidseitigem Migrationshintergrund

Parameter	B (SE)	95 % Konfidenzintervall für Odds Ratio		
		Untere Grenze	Odds Ratio	Obere Grenze
Gymnasium vs. Hauptschule				
Einseitiger Mh	-1,24 (0,36)**	0,14	0,29**	0,62
Beidseitiger Mh	-1,75 (0,24)***	0,11	0,17***	0,28
Realschule vs. Hauptschule				
Einseitiger Mh	0,09 (0,43)	0,44	1,09	2,68
Beidseitiger Mh	-0,38 (0,34)	0,33	0,68	1,39

Anm.: R^2 = .15 (Nagelkerke). Modell Wald-χ^2 (4) = 72,67, $p < .001$; * $p < .05$, ** $p < .01$, *** $p < .001$, Mh = Migrationshintergrund; Referenzkategorie Migrationsstatus der Eltern: Kinder mit nicht migrierten Eltern; n = 435

Auch unter inferenzstatistischer Betrachtung mittels einer logistischen Regressionsanalyse bleiben die in der deskriptiven Analyse aufgezeigten Größenverhältnisse bestehen (vgl. Tabelle 14). Beide Gruppen von Migrantenkinder haben signifikant niedrigere Chancen eine Gymnasialempfehlung zu erhalten als Kinder ohne Migrationshintergrund, dabei unterschreitet das Quotenverhältnis der Schüler/innen mit beidseitigem Migrationshintergrund zudem auch deutlich das Verhältnis der Schüler/innen mit einseitigem Migrationshintergrund (0,17 vs. 0,29). Für die relativen Chancen einer Realschulempfehlung sind keine signifikanten Effekte festzustellen.

Übertrittsempfehlungen von Kindern mit und ohne Migrationserfahrung

Bereits mehrfach wurde im Lauf dieser Arbeit betont, dass Akkulturations- und Integrationsprozesse aus intergenerationaler Perspektive zu betrachten und zu untersuchen sind. Viele Akkulturationsmodelle gehen davon aus, dass eine erfolgreiche Sozial-Integration in die Aufnahmegesellschaft meist nur generationsübergreifend zu erreichen ist (vgl. Gordon 1964; Han 2005; Park 1950; Treibel 2008). Aus diesem Grund wird in der Migrationsforschung häufig zwischen Migrant/inn/en unterschiedlicher Generationen differenziert. Für Deutschland ist eine Unterscheidung von Migrant/inn/en erster Generation, die eigene Migrationserfahrung aufweisen, und Migrant/inn/en zweiter Generation, die bereits in Deutschland geboren wurden, gängig. In den letzten Jahren wird nach und nach auch eine dritte Generation von Migrant/inn/en unterschieden, zu der die Kinder von bereits im Aufnahmeland Deutschland geborenen Migrant/inn/en gezählt werden (vgl. Dollmann 2010). Klassischen Akkulturationsmodellen folgend ist im Generationenverlauf auch mit einer zunehmend besseren strukturellen Platzierung der Migrantenkinder in der Schule zu rechnen. Auf die hier betrachtete Vergabe der Übertrittsempfehlungen übertragen bedeutet das, Migrantenkinder höherer Generation müssten demzufolge jeweils eine vergleichsweise bessere Empfehlungsverteilung aufweisen.

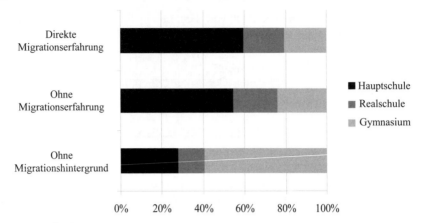

Abb. 14:   Übertrittsempfehlungen von Kindern mit und ohne Migrationserfahrung

Anhand der SOKKE-Daten ist es nicht möglich Migrant/inn/en zweiter und dritter Generation voneinander zu unterscheiden. Aus diesem Grund wird im Folgenden nur zwischen zwei Migrantengruppen differenziert, den Kindern mit direkter Migrationserfahrung, zu denen die Kinder erster Generation zählen, und den Kindern ohne eigene Migrationserfahrung, denen Kinder der zweiten und dritten Generation zugeordnet werden.

Abb. 14 sind entgegen der akkulturativen Annahme keine gravierenden Unterschiede zwischen den beiden Migrantengruppen zu entnehmen. Die Anteile an Gymnasial- und Realschulempfehlungen unterscheiden sich zwar zugunsten der Migrant/inn/en der zweiten und dritten Generation. Allerdings betragen die Unterschiede nur zwei bis drei Prozentpunkte. In dem in Tabelle 15 zusammengefassten logistischen Regressionsmodell treten die Unterschiede in den Odds Ratios für eine Gymnasialempfehlung etwas deutlicher hervor. Aber auch hier handelt es sich nur um einen moderaten positiven Effekt zugunsten der Migrant/inn/en ohne direkte Migrationserfahrung.

Tabelle 15:   Übertrittsempfehlungen von Kindern mit und ohne Migrationserfahrung

Parameter	B (SE)	95 % Konfidenzintervall für Odds Ratio		
		Untere Grenze	Odds Ratio	Obere Grenze
Gymnasium vs. Hauptschule				
Ohne Migrationserfahrung	-1,60 (0,19)***	0,14	0,20***	0,30
Mit Migrationserfahrung	-1,90 (0,32)***	0,08	0,15***	0,29
Realschule vs. Hauptschule				
Ohne Migrationserfahrung	-0,23 (0,32)	0,41	0,79	1,54
Mit Migrationserfahrung	-0,38 (0,45)	0,27	0,68	1,74

Anm.: R^2 = .15 (Nagelkerke). Modell Wald-χ^2 (4) = 48,96 p < .001; * p < .05, ** p < .01,
*** p < .001; Referenzkategorie Migrationserfahrung: Kinder ohne Migrationshintergrund; n = 435

Der vorgenommene Vergleich von Kindern mit und ohne direkte Migrationserfahrung weist interpretative Schwierigkeiten auf, auf die an dieser Stelle kurz hingewiesen werden soll. Aufgrund der deutschen Migrationsgeschichte können nach Generationszugehörigkeit aufgeteilte Gruppen mitunter sehr unterschiedliche ethnische Zusammensetzungen aufweisen, was deren Vergleichbarkeit wesentlich einschränkt. Wie bereits in Kapitel 4.1.2 am Beispiel der PISA-Ergebnisse aufgezeigt wurde, ist bei Migrant/inn/en zweiter oder dritter Generation oft von einem höheren Anteil an Arbeitsmigrant/inn/en bzw. an (Enkel-)Kindern von Arbeitsmigrant/inn/en auszugehen. Bei Migrant/inn/en mit direkter Migrationserfahrung stellen meist die Spätaussiedler/innen die anteilig größte Gruppe dar. Um diesen Unterschieden in der Gruppenzusammensetzung entsprechend Rechnung tragen zu können, empfiehlt es sich, die Gruppen ethnisch zu unterteilen und sie dann nochmals in der Generationenfolge miteinander zu vergleichen. Da in der vorliegenden Stichprobe nur eine geringe Anzahl von Migrant/inn/en der ersten Generation enthalten ist, kann ein dementsprechender Vergleich inferenzstatistisch lediglich für die Gruppe der Kinder, die oder deren Eltern aus der GUS stammen, vorgenommen werden. Die Überprüfung etwaiger Unterscheide zwischen den Kindern aus der GUS mit und ohne direkte Migrationserfahrung erfolgte anhand eines F-Tests nach Rao Scott. Im Ergebnis zeigte sich kein signifikanter Unterschied ($F(2,30) = 2,17$, $p > .05$). Aussiedler/innen erster Generation unterscheiden sich demzufolge in den erhaltenen Übertrittsempfehlungen nicht systematisch von den Aussiedlerkindern zweiter und dritter Generation. Für eine weitergehende Prüfung von generationsbedingten Effekten für verschiedene ethnische Herkunftsgruppen bedarf es einer entsprechend umfangreicheren Stichprobe.

Übertrittsempfehlungen von Kindern unterschiedlicher ethnischer Herkunft

Bereits bei der Stichprobenbeschreibung wurde eine Aufteilung der in der Stichprobe erfassten Schüler/innen mit Migrationshintergrund in vier verschiedene Herkunftsgruppen vorgestellt und angewendet. Im Folgenden sollen auch diese Herkunftsgruppen hinsichtlich der Empfehlungsvergabe miteinander verglichen werden.

Wie aus Abb. 15 hervorgeht, bestehen zwischen den Gruppen teils gravierende Unterschiede. Am deutlichsten sticht die Gruppe der Schüler/innen türkischer Herkunft hervor. Von allen verglichenen Herkunftsgruppen weist sie die nachteiligste Verteilung an Übertrittsempfehlungen auf. Über 70 % der türkischstämmigen Schüler/innen erhalten nur eine Empfehlung für die Hauptschule. Die Anteile an Realschul- und Gymnasialempfehlungen betragen lediglich 16 % und 13 %. Die anderen drei Herkunftsgruppen zeigen durchgängig deutlich größere Anteile. Auffallend sind die fast identisch großen Anteile an Übertrittsempfehlungen für das Gymnasium, die bei allen drei Gruppen bei ungefähr 30 % liegen. Die Realschulempfehlungen zeigen hingegen deutliche Schwankungen. Den größten Anteil (31 %) können diesbezüglich die aus der GUS stammenden Kinder vorweisen, gefolgt von den Schüler/inne/n osteuropäischer Herkunft mit 26 %. Der kleinste Anteil (14 %) entfällt auf die Kinder der verbleibenden Herkunftsländer. Erneut fallen die Verteilungen der Migrantengruppen deutlich hinter die der Kinder ohne Migrationshintergrund zurück.

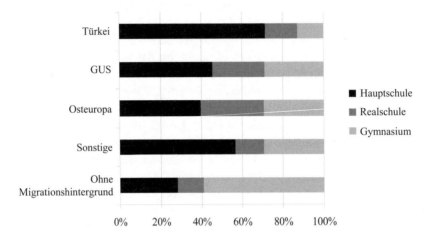

Abb. 15: Übertrittsempfehlungen von Kindern unterschiedlicher ethnischer Herkunft

Mithilfe einer multinomialen logistischen Regression, in der die Herkunftsgruppen als Prädiktorvariablen aufgenommen wurden, kann ein noch differenzierteres Bild von den Anteilsverhältnissen gezeichnet werden (vgl. Tabelle 16).

Tabelle 16: Übertrittsempfehlungen von Kindern unterschiedlicher ethnischer Herkunft

Parameter	B (SE)	95 % Konfidenzintervall für Odds Ratio		
		Untere Grenze	Odds Ratio	Obere Grenze
Gymnasium vs. Hauptschule				
Türkei	-2,48 (0,34) ***	0,04	0,08***	0,17
GUS	-1,12 (0,32)**	0,17	0,33**	0,63
Osteuropa	-1,12 (0,27)***	0,19	0,33***	0,57
Sonstige	-1,49 (0,27)***	0,13	0,23***	0,39
Realschule vs. Hauptschule				
Türkei	-0,83 (0,44)	0,17	0,44	1,08
GUS	0,43 (0,44)	0,61	1,54	3,86
Osteuropa	0,16 (0,44)	0,47	1,18	2,94
Sonstige	-0,77 (0,36)*	0,22	0,46*	0,97

Anm.: R^2 = .19 (Nagelkerke). Modell Wald-χ^2 (8) = 108,73 p < .001; * p <.05, ** p <.01, *** p <.001; Referenzkategorie Herkunftsgruppen: Kinder ohne Migrationshintergrund; n = 435

Das schlechte Abschneiden der Schüler/innen mit türkischem Migrationshintergrund beschränkt sich, so wird hier deutlich, nur auf die relative Chance, eine Gymnasial- anstelle einer Hauptschulempfehlung zu erhalten. Türkischstämmige Schüler/innen haben gegenüber Schüler/inne/n ohne Migrationshintergrund nur eine Odds Ratio von 8 %. Im Umkehrschluss bedeutet das, dass Kinder ohne Migrationshintergrund eine im Vergleich zwölf Mal höhere Chance haben, anstatt einer Hauptschulempfehlung eine Empfehlung für das Gymnasium zu erhalten. Bei der Differenzierung von Real- und Hauptschulempfehlung spielt das Vorliegen eines türkischen Migrationshintergrundes hingegen keine maßgebliche Rolle.

Bei den Schüler/inne/n mit osteuropäischer Herkunft und den Schüler/inne/n, die aus der GUS stammen, liegen sehr ähnliche Quotenverhältnisse gegenüber den nicht migrierten Schüler/inne/n vor. Es stimmen sowohl das Auftreten signifikanter Effekte als auch die Größe der signifikanten Odds Ratios überein.

Ein überraschendes Ergebnis findet sich bei den Kindern aus den verbleibenden Herkunftsländern. Neben einem signifikanten Effekt für die relative Chance, eine Empfehlung für das Gymnasium zu erhalten, tritt bei ihnen auch ein Effekt hinsichtlich der Realschulempfehlungen auf.

7.1.2 Schulnoten von Kindern mit Migrationshintergrund

Wie in Abschnitt 3.1 bereits ausführlich dargestellt wurde, richtet sich die Vergabe der Übertrittsempfehlungen für die weiterführenden Schulen in Bayern nach den Schuljahresnoten der vierten Klasse in den drei Fächern Deutsch, Mathematik und Heimat- und Sachunterricht. Je nach errechnetem Notendurchschnitt und unter Berücksichtigung bestimmter Notenkonstellationen werden unterschiedliche Empfehlungen ausgegeben. Wie sich die Übertrittsempfehlungen unter den Schüler/inne/n mit und ohne Migrationshintergrund verteilen, wurde im vorhergehenden Abschnitt bereits dargestellt. Im Folgenden werden nun die Schuljahresnoten in den Fächern Deutsch und Mathematik und deren Verteilung auf Kinder mit und ohne Migrationshintergrund am Ende der vierten Klasse analysiert und miteinander verglichen. Zunächst werden die jeweiligen Notenverteilungen unter Berücksichtigung verschiedener migrationsspezifischer und ethnischer Gruppenzuteilungen deskriptiv und regressionsanalytisch betrachtet. Unter Hinzunahme der Schuljahresnoten aus der ersten Klasse wird anschließend der Frage nachgegangen, wie sich die Notenverteilungen am Beginn der Grundschulzeit von den Notenverhältnissen am Ende der Grundschulzeit unterscheiden und welche Schlüsse daraus für die zeitliche Veränderung der strukturellen Integration gezogen werden können.

Schulnoten im Fach Deutsch in der vierten Klasse

Tabelle 17 gibt einen Überblick über die prozentuale Verteilung der Deutschnoten in der Stichprobe am Ende der vierten Klasse. Der Überblick ist wie die vorhergehende Darstellung der Empfehlungsvergabe entlang der Kriterien Migrationshintergrund, Migrationserfahrung bzw. Generationsstatus, Staatsangehörigkeit und Migrationshintergrund der Eltern in verschiedene Gruppen unterteilt. Da sich die Übertrittsempfehlungen unter anderem direkt von den Deutschnoten ableiten, stimmen die Verhältnisse der Empfehlungsverteilungen der Gruppen zueinander weitgehend mit den hier dargestellten Verhältnissen überein. Die über alle Gruppen hinweg mit deutlichem Abstand höchsten Anteile bei den Noten *sehr gut* und *gut* (14,3 % und 48,3 %) entfallen, wie zu erwarten, auf die Kinder ohne Migrationshintergrund. Über die Hälfte dieser Kinder erreicht damit im Fach Deutsch am Ende der Grundschulzeit eine bessere Note als *befriedigend*. Dies ist insofern von Bedeutung, da der Notendurchschnitt der drei Fächer Deutsch, Mathematik und Heimat und Sachunterricht insgesamt mindestens 2,33 betragen muss, um eine Empfehlung für das Gymnasium zu erhalten. Zudem müssen die Noten in Deutsch und Mathematik für eine Gymnasialempfehlung mindestens einen Notendurchschnitt von 2,0 aufweisen (vgl. Abschnitt 3.1). Für den Erhalt einer Realschulempfehlung liegt der Gesamtnotendurchschnitt der drei Noten immerhin noch bei 2,66.

Tabelle 17: Schulnoten im Fach Deutsch in der vierten Klasse –
Migrantengruppen

	sehr gut	gut	befriedigend	ausreichend	mangelhaft	ungenügend
Migrationshintergrund						
Ohne Mh	14 %	48 %	24 %	9 %	1 %	0 %
Mit Mh	3 %	26 %	40 %	24 %	7 %	1 %
Migrationserfahrung						
Ohne Migrationserf.	4 %	26 %	42 %	21 %	7 %	1 %
Direkte Migrationerf.	2 %	26 %	29 %	35 %	8 %	0 %
Staatsangehörigkeit						
Ausländer/innen	2 %	19 %	45 %	28 %	6 %	1 %
(Spät-) Aussiedler/innen	4 %	39 %	33 %	19 %	6 %	0 %
Eingebürgerte Migr.	3 %	26 %	37 %	23 %	10 %	0 %
Migrationshintergrund der Eltern						
Beidseitiger Mh	2 %	25%	39 %	25 %	8 %	0 %
Einseitiger Mh	8 %	27 %	42 %	16 %	4 %	3 %

Anm: Mh = Migrationshintergrund; Migrationserf. = Migrationserfahrung; Migr. = Migrant/inn/en

Von den aufgeführten Migrantengruppen erreicht keine bei der Note *sehr gut* einen Anteil, der 10 % übersteigt. Der mit 8 % beste Anteil zeigt sich noch bei den Kindern mit nur einem migrierten Elternteil. Bei der Note *gut* sind es die (Spät-)Aussiedler/innen, die mit einem Anteil von 39 % den Kindern ohne Migrationshintergrund am nächsten kommen. Ab der Note *befriedigend* drehen sich die Anteilsverhältnisse zwischen den Kindern mit und ohne Migrationshintergrund, denn ab dieser Notenstufe weisen (außer bei der Note *ungenügend*) alle Migrantengruppen höhere Prozentwerte auf als die Vergleichsgruppe ohne Migrationshintergrund. Eine im Verhältnis sehr nachteilige Verteilung kann für die Kinder ohne deutsche Staatsbürgerschaft festgestellt werden. Fast 80 % der ausländischen Kinder erzielen Noten zwischen *befriedigend* und *ungenügend*. Aber auch bei den verbleibenden Migrantengruppen, die (Spät-)Aussiedler/innen und die Kinder mit nur einem migrierten Elternteil ausgenommen, liegen die entsprechenden Anteile jeweils über 70 %.

Wie sich die Deutschnoten in der vierten Klasse auf die in der Stichprobe vorzufindenden ethnischen Herkunftsgruppen verteilen, kann dem Überblick in Tabelle 18 entnommen werden. Demzufolge weisen die Kinder aus der GUS und die Kinder aus Osteuropa eine jeweils ähnliche prozentuale Notenverteilung auf. In beiden Gruppen haben ungefähr 40 % der Kinder eine *sehr gute* oder *gute* Note im Fach Deutsch. Bei den Kindern aus den sonstigen Herkunftsländern liegt dieser Anteil niedriger (33 %) und bei den Schüler/inne/n türkischer Herkunft beträgt der Anteil lediglich 13 %. Das bedeutet für die türkischen Schüler/innen im Umkehrschluss, dass 87 % dieser Gruppe eine Note im Bereich von *befriedigend* bis *ungenügend* erhalten. Allein auf die Note *mangelhaft* entfällt bei den Kindern türkischer Herkunft ein Anteil von 10 %. Die Kinder ohne Migrationshintergrund heben sich sowohl bei der Note *sehr gut* als auch bei der Note *gut* deutlich von den verschiedenen ethnischen Herkunftsgruppen ab.

Tabelle 18:   Schulnoten im Fach Deutsch in der vierten Klasse – ethnische Herkunftsgruppen

	sehr gut	gut	befriedigend	ausreichend	mangelhaft	ungenügend
Ohne Mh	14 %	48 %	24 %	9 %	1 %	0 %
GUS	4 %	39 %	31 %	19 %	6 %	0 %
Osteuropa	3 %	36 %	41 %	15 %	5 %	0 %
Türkei	3 %	10 %	45 %	31 %	10 %	2 %
Sonstige	4 %	29 %	38 %	23 %	6 %	0 %

Anm.: Mh = Migrationshintergrund

Um den Einfluss der unterschiedlichen Gruppenzuteilungen auf die Deutschnoten auch inferenzstatistisch zu überprüfen und um herauszustellen, welche Varianzanteile der Notenverteilung durch die verschiedenen Gruppendifferenzierungen erklärt werden, wurden verschiedene lineare Regressionsmodelle berechnet. Jedes dieser linearen Regressionsmodelle enthält jeweils eine entweder migrationsbezogene oder ethnische Gruppendifferenzierung als Prädiktor(en). Die Ergebnisse der Analysen sind in Tabelle 19 aufgeführt.

Von allen in den Modellen enthaltenen Prädiktoren geht ein signifikanter Einfluss auf die Schulnoten im Fach Deutsch am Ende der vierten Klasse aus. Wie an den Regressionskoeffizienten zu erkennen ist, wirkt sich jede Zuteilung zu einer Migranten- oder zu einer ethnischen Herkunftsgruppe negativ auf die Deutschnote aus. Am deutlichsten zeigt sich das bei den Kindern türkischer Herkunft, bei denen sich die Deutschnote gegenüber den Kindern ohne Migrationshintergrund im Schnitt um eine ganze Notenstufe verschlechtert (B = 1,05, p < .001). Ein deutlich geringerer Einfluss auf die Deutschnote geht von der Gruppenzugehörigkeit zu den (Spät-)Aussiedler/inne/n, zu den Kindern mit einseitigem Migrationshintergrund und zu den Kindern aus der GUS und aus Osteuropa aus. Wobei gerade bei den letzten beiden Gruppen darauf hinzuweisen ist, dass diese eine große personelle Überschneidung mit der Gruppe der (Spät-)Aussiedler/innen aufweisen und hier dementsprechend von sehr ähnlich zusammengesetzten Gruppen auszugehen ist. In allen vier genannten Gruppen beträgt der Notenunterschied zu den Kindern ohne Migrationshintergrund ungefähr eine halbe Notenstufe.

Tabelle 19:   Lineare Regressionen der Schulnoten im Fach Deutsch in der vierten
Klasse

	B	SE B
Migrationshintergrund		
Konstante	2,32***	0,07
Migrationshintergrund	0,75***	0,09
	$R^2 = .14$	
Migrationserfahrung		
Konstante	2,32***	0,07
Ohne Migrationserfahrung	0,73***	0,09
Direkte Migrationserfahrung	0,89***	0,15
	$R^2 = .15$	
Staatsangehörigkeit		
Konstante	2,31***	0,07
Ausländer/innen	0,87***	0,11
(Spät-) Aussiedler/innen	0,56**	0,16
Eingebürgerte Migrant/inn/en	0,78***	0,12
	$R^2 = .16$	
Migrationshintergrund der Eltern		
Konstante	2,33***	0,07
Beidseitiger Migrationshintergrund	0,78***	0,09
Einseitiger Migrationshintergrund	0,58**	0,20
	$R^2 = .14$	
Ethnische Herkunft		
Konstante	2,33***	0,07
GUS	0,55***	0,15
Osteuropa	0,50***	0,11
Türkei	1,05***	0,13
Sonstige	0,67***	0,15
	$R^2 = .17$	

Anmerkungen: * $p < .05$, ** $p < .01$, *** $p < .001$; Referenzkategorie bei
allen Modellen: Kinder ohne Migrationshintergrund; n = 435

Der Anteil an Varianz, der durch das jeweilige Modell und die darin enthaltenen
Prädiktoren erklärt wird, ist bei allen vier Modellen auf einem ähnlichen Niveau.
Durch die Gruppenzuteilung nach verschiedenen migrationsbezogenen und ethnischen Kriterien können ohne die Berücksichtigung weiterer inhaltlicher Aspekte
jeweils ungefähr 15 % der Varianz aufgeklärt werden. Dieser Anteil entspricht
weitgehend den erklärten Varianzanteilen der zuvor durchgeführten logistischen
Regressionsanalysen zur Vorhersage der Übertrittsempfehlungen.

Schulnoten im Fach Mathematik in der vierten Klasse

Nachdem im vorhergehenden Abschnitt die Deutschnoten genauer betrachtet wurden, werden im Folgenden auch die Schuljahresnotenverteilungen der vierten Klasse im Fach Mathematik dargestellt und analysiert. Die dafür gewählte Vorgehensweise ist deckungsgleich mit dem vorhergehenden Abschnitt. Zunächst wird ein
deskriptiver Überblick über die prozentuale Verteilung der Mathematiknoten gege-

ben, differenziert nach verschiedenen migrationsbezogenen und ethnischen Gruppen. Anschließend werden die Ergebnisse mehrerer Regressionsanalysen zur Vorhersage der Mathematiknote durch die verschiedenen Gruppenzuteilungen berichtet.

Tabelle 20:   Schulnoten im Fach Mathematik in der vierten Klasse – Migrantengruppen

	sehr gut	gut	befriedigend	ausreichend	mangelhaft	ungenügend
Migrationshintergrund						
Ohne Mh	21 %	41 %	22 %	13 %	3 %	0 %
Mit Mh	5 %	32 %	33 %	23 %	7 %	1 %
Migrationserfahrung						
Ohne Migrationserf.	5 %	35 %	31 %	21 %	7 %	1 %
Direkte Migrationerf.	6 %	24 %	34 %	28 %	7 %	0 %
Staatsangehörigkeit						
Ausländer/innen	2 %	27 %	36 %	26 %	8 %	0 %
(Spät-) Aussiedler/innen	8 %	38 %	34 %	16 %	2 %	2 %
Eingebürgerte Migr.	6 %	33 %	27 %	24 %	9 %	1 %
Migrationshintergrund der Eltern						
Beidseitiger Mh	4 %	32 %	33 %	23 %	6 %	1 %
Einseitiger Mh	8 %	33 %	26 %	23 %	10 %	1 %

Anm: Mh = Migrationshintergrund; Migrationserf. = Migrationserfahrung; Migr. = Migrant/inn/en

Auch im Fach Mathematik zeigt sich am Ende der vierten Klasse ein deutlicher Notenvorsprung für die Kinder ohne Migrationshintergrund (vgl. Tabelle 20). 21 % der nicht migrierten Kinder erhalten die Note *sehr gut* und 41 % die Note *gut*. Gegenüber den Kindern mit Migrationshintergrund ist der Abstand bei der Note *sehr gut* am deutlichsten. Alle aufgeführten Migrantengruppen bleiben in ihren Anteilen auf dieser Notenstufe unter 10 %. Die höchsten Anteile unter den Migrant/inn/en sind mit insgesamt 8 % bei den Kindern mit nur einem migrierten Elternteil und bei den Spätaussiedler/innen zu finden.

Die Differenzen unter den Prozentanteilen für die Notenstufe *gut* fallen bei der Mathematiknote deutlich geringer aus als bei der zuvor betrachteten Deutschnote. Während bei der Deutschnote Unterschiede von bis zu 29 % (zwischen den Kindern ohne Migrationshintergrund und den Ausländer/inne/n) auftreten, sind im Fach Mathematik bei der Note *gut* nur Differenzen von maximal 17 % (zwischen den Kindern ohne Migrationshintergrund und den Kindern mit direkter Migrationserfahrung) festzustellen. Auch die Prozentanteile für den Notenbereich von *befriedigend* bis *ungenügend* fallen in Mathematik sowohl unter den verschiedenen Migrantengruppen als auch im Verhältnis zu den Schüler/inne/n ohne Migrationshintergrund etwas ausgeglichener aus. Keine der hier aufgeführten Migrantengruppen erreicht in diesem Bereich einen Anteil von über 70 %. Gleichzeitig liegt der Anteil der Kinder ohne Migrationshintergrund mit 39 % um 6 % höher als bei den Deutschnoten.

Tabelle 21 zeigt die Verteilung der Mathematiknoten auf die ethnischen Herkunftsgruppen.

Tabelle 21: Schulnoten im Fach Mathematik in der vierten Klasse – ethnische Herkunftsgruppen

	sehr gut	gut	befriedigend	ausreichend	mangelhaft	ungenügend
Ohne Mh	21 %	41 %	22%	13%	3%	0%
GUS	8 %	44 %	28%	16%	2%	2%
Osteuropa	4 %	37 %	36%	16%	6%	1%
Türkei	2 %	27%	34%	28%	9%	0%
Sonstige	9 %	25%	27%	29%	10%	0%

Anm.: Mh = Migrationshintergrund

Besonders auffallend an den ethnisch differenzierten Notenverteilungen im Fach Mathematik ist das vergleichsweise bessere Abschneiden der Schüler/innen türkischer Herkunft. Statt 87 % wie bei den Deutschnoten sind es hier nur 71 % der Schüler/innen, die eine Note zwischen *befriedigend* und *ungenügend* erhalten.

Tabelle 22: Lineare Regressionen der Schulnoten im Fach Mathematik in der vierten Klasse

	B	SE B
Migrationshintergrund		
Konstante	2,37***	0,10
Migrationshintergrund	0,62***	0,11
	$R^2 = .08$	
Migrationserfahrung		
Konstante	2,37***	0,10
Ohne Migrationserfahrung	0,58***	0,12
Direkte Migrationserfahrung	0,77**	0,18
	$R^2 = .08$	
Staatsangehörigkeit		
Konstante	2,35***	0,10
Ausländer/innen	0,76***	0,15
(Spät-) Aussiedler/innen	0,44**	0,16
Eingebürgerte Migrant/inn/en	0,63***	0,13
	$R^2 = .09$	
Migrationshintergrund der Eltern		
Konstante	2,37***	0,10
Beidseitiger Migrationshintergrund	0,61***	0,12
Einseitiger Migrationshintergrund	0,63***	0,14
	$R^2 = .08$	
Ethnische Herkunft		
Konstante	2,37***	0,10
GUS	0,34*	0,15
Osteuropa	0,47**	0,16
Türkei	0,79***	0,14
Sonstige	0,74***	0,16
	$R^2 = .09$	

Anm.: * $p < .05$, ** $p < .01$, *** $p < .001$; Referenzkategorie bei allen Modellen: Kinder ohne Migrationshintergrund; n =435

Eine ethnische Gruppe, die Kinder aus der GUS, weisen bereits ab der Notenstufe *gut* einen höheren Anteil auf als die Schüler/innen ohne Migrationshintergrund (44 % vs. 41 %). Dafür vergrößern sich die Unterschiede zwischen den ethnischen Herkunftsgruppen und den nicht migrierten Kindern bei der Note *sehr gut*.

Die Varianzanteile, die durch die verschiedenen in Tabelle 22 abgebildeten Regressionsmodelle erklärt werden können, liegen hinsichtlich der Mathematiknoten durchgehend deutlich niedriger als bei den Deutschnoten. Teils beträgt der Varianzanteil im direkten Vergleich sogar nur fast die Hälfte. Demzufolge wirken sich der Migrationsstatus in seinen unterschiedlichen Operationalisierungen und die ethnische Herkunft in deutlich geringerem Maß auf die Verteilung der Mathematiknoten aus als auf die Verteilung der Deutschnoten.

Schulnoten im Fach Deutsch in der ersten Klasse

Bereits zu Beginn der Erhebungen in der ersten Klasse wurden die jeweiligen Klassenlehrer/innen gebeten, für alle ihre Schüler/innen jeweils eine Schulnote für die Fächer Deutsch und Mathematik zu nennen, die den bisher im Unterricht gezeigten Leistungen entspricht. Diese Noten werden im Folgenden betrachtet, um einen Eindruck von der strukturellen Integration der Schüler/innen zu Beginn der Grundschulzeit zu erhalten und um herauszustellen, wie sich die in der ersten Klasse vorgefundenen Notenverhältnisse bis zum Ende der Grundschulzeit entwickeln.

Tabelle 23 fasst verschiedene Regressionsmodelle zur Vorhersage der Deutschnoten in der ersten Klasse zusammen. Zudem sind den verschiedenen Regressionskoeffizienten für die erste Klasse die entsprechenden Regressionskoeffizienten für die vierte Klasse gegenübergestellt, um Veränderungen der Koeffizienten und der erklärten Gesamtvarianz zu veranschaulichen.

In der Gesamtbetrachtung der hier aufgeführten und verglichenen Regressionsmodelle ist zunächst festzuhalten, dass fast alle aufgenommenen Prädiktoren, sowohl in der ersten als auch in der vierten Klasse einen signifikanten Einfluss auf die Deutschnote haben. Lediglich die Kinder aus der GUS und die Aussiedler/innen unterscheiden sich nur in der vierten Klasse signifikant von den Kindern ohne Migrationshintergrund. Werden die Ausprägungen der einzelnen Regressionskoeffizienten genauer betrachtet, so wird deutlich, dass sich jeder Prädiktor zuungunsten der Schüler/innen mit Migrationshintergrund auf die Deutschnote auswirkt. An den durch die Regressionsmodelle erklärten Varianzanteilen kann zudem abgelesen werden, dass für fast jedes Modell der Anteil an erklärter Varianz in der ersten und in der vierten Klasse weitgehend gleich ist. Lediglich bei dem Regressionsmodell, das die verschiedenen ethnischen Gruppenzugehörigkeiten als Prädiktoren beinhaltet, findet sich ein Unterschied von 3 %. Hier liegt der erklärte Varianzanteil in der ersten Klasse bei 20 % und in der vierten Klasse bei 17 %.

Tabelle 23:   Lineare Regressionen der Schulnoten im Fach Deutsch in der ersten und vierten Klasse

	1. Klasse		*4. Klasse*	
	B	SE B	B	SE B
Migrationshintergrund				
Konstante	2,08***	0,10	2,32***	0,07
Migrationshintergrund	0,78***	0,12	0,75***	0,09
	R² = .13		*R² = .14*	
Migrationserfahrung				
Konstante	2,09***	0,10	2,32***	0,07
Ohne Migrationserfahrung	0,76***	0,13	0,73***	0,09
Direkte Migrationserfahrung	0,86***	0,15	0,89***	0,15
	R² = .13		*R² = .15*	
Staatsangehörigkeit				
Konstante	2,08***	0,10	2,31***	0,07
Ausländer/innen	1,08***	0,13	0,87***	0,11
(Spät-) Aussiedler/innen	0,34	0,19	0,56**	0,16
Eingebürgerte Migrant/inn/en	0,71***	0,14	0,78***	0,12
	R² = .17		*R² = .16*	
Migrationshintergrund der Eltern				
Konstante	2,09***	0,10	2,33***	0,07
Beidseitiger Mh	0,81***	0,13	0,78***	0,09
Einseitiger Mh	0,65**	0,25	0,58**	0,20
	R² = .13		*R² = .14*	
Ethnische Herkunft				
Konstante	2,09***	0,10	2,33***	0,07
GUS	0,36	0,19	0,55***	0,15
Osteuropa	0,53***	0,13	0,50***	0,11
Türkei	1,22***	0,12	1,05***	0,13
Sonstige	0,70***	0,19	0,67***	0,15
	R² = .20		*R² = .17*	

Anm.: * p < .05, ** p < .01, *** p < .001; Referenzkategorie bei allen Modellen: Kinder ohne Migrationshintergrund; Mh = Migrationshintergrund; n = 435

In weiteren Regressionsanalysen wurde untersucht, inwieweit die in der vierten Klasse festgestellten migrations- und ethnisch bedingten Notendifferenzen den bereits in der ersten Klasse bestehenden Notendifferenzen entsprechen. Dafür wurden fünf verschiedene Modelle berechnet (vgl. Tabelle 24). In diese wurden zunächst separat der Migrationshintergrund, die vier ethnischen Gruppenzugehörigkeiten und die Deutschnoten in der ersten Klasse als Prädiktoren der Deutschnoten in der vierten Klasse aufgenommen (Modell I bis III). In den Modellen IV und V wurden der Migrationshintergrund und die ethnische Herkunft jeweils gemeinsam mit den Deutschnoten der ersten Klasse hinsichtlich ihres Einflusses auf die Noten der vierten Klasse untersucht. Ein Vergleich der erklärten Varianzanteile gibt Aufschluss darüber, welcher Anteil der migrations- und ethnisch bedingten Notenunterschiede bereits seit der ersten Klasse besteht und welcher Anteil erst in der vierten Klasse vorzufinden ist.

Tabelle 24: Lineare Regression der Deutschnote der vierten Klasse auf die
Deutschnote der ersten Klasse

Modell	Deutschnote – 4. Klasse (B / Sign.)				
	I	II	III	IV	V
Deutschnote					
1. Klasse			0,51***	0,44***	0,42***
Migrationshintergrund und ethnische Herkunft					
Migrationshintergrund	0,75***			0,41***	
GUS		0,55***			0,39*
Osteuropa		0,50***			0,27*
Türkei		1,05***			0,53**
Sonstige		0,67***			0,38**
R^2	.14	.17	.30	.34	.34

Anm.: * p < .05, ** p < .01, *** p < .001; Referenzkategorie bei allen Modellen: Kinder ohne
Migrationshintergrund; Mh = Migrationshintergrund; n = 435

Am erklärten Varianzanteil von Modell III ist abzulesen, dass die Deutschnoten am
Ende der Grundschulzeit zu fast einem Drittel durch die Deutschnoten in der ersten
Klasse vorhergesagt werden können. Durch die zusätzliche Berücksichtigung des
Migrationshintergrundes bzw. der ethnischen Gruppenzugehörigkeiten in den Modellen IV und V erhöht sich dieser Erklärungsanteil nur um jeweils 4 %, obwohl,
wie aus den separaten Analysen in den Modellen I und II hervorgeht, deren Einfluss auf die Deutschnoten in der vierten Klasse jeweils stärker ist (14 % und
17 %). Der daran abzulesende Anteil an gemeinsam erklärter Varianz deutet darauf
hin, dass ein Großteil der in der vierten Klasse festgestellten Notennachteile zuungunsten der Kinder mit Migrationshintergrund bereits in der ersten Klasse besteht.

Schulnoten im Fach Mathematik in der ersten Klasse

Die in Tabelle 25 abgebildeten Regressionsmodelle zur Vorhersage der Schulnoten
im Fach Mathematik in der ersten und der vierten Klasse liefern für beide Jahrgangsstufen vergleichbare Ergebnisse. Sowohl die Signifikanz der einzelnen Regressionskoeffizienten als auch der Umfang des jeweils erklärten Varianzanteils
sind in beiden Jahrgangsstufen weitgehend gleich. Ausnahmen stellen wie bereits
bei den Deutschnoten die Gruppen der (Spät-)Aussiedler/innen und der Schü-
ler/innen aus der GUS dar. Bei ihnen ist erst in der vierten Klasse ein bedeutsamer
Unterschied in den Mathematiknoten gegenüber den Schüler/inne/n ohne Migrationshintergrund festzustellen. Die Mehrheit der berücksichtigten Gruppenunter-
scheidungen hingegen wirkt sich in beiden Jahrgangsstufen signifikant auf die Mathematiknoten aus.

Tabelle 25: Lineare Regressionen der Schulnoten im Fach Mathematik in der ersten und vierten Klasse

	1. Klasse		4. Klasse	
	B	SE B	B	SE B
Migrationshintergrund				
Konstante	2,01***	0,06	2,37***	0,10
Migrationshintergrund	0,57***	0,11	0,62***	0,11
	$R^2 = .07$		$R^2 = .08$	
Migrationserfahrung				
Konstante	2,02***	0,06	2,37***	0,10
Ohne Migrationserfahrung	0,54***	0,11	0,58***	0,12
Direkte Migrationserfahrung	0,65***	0,19	0,77**	0,18
	$R^2 = .07$		$R^2 = .08$	
Staatsangehörigkeit				
Konstante	2,01***	0,06	2,35***	0,10
Ausländer/innen	0,69***	0,13	0,76***	0,15
(Spät-) Aussiedler/innen	0,20	0,17	0,44**	0,16
Eingebürgerte Migrant/inn/en	0,66***	0,14	0,63***	0,13
	$R^2 = .10$		$R^2 = .09$	
Migrationshintergrund der Eltern				
Konstante	2,02***	0,06	2,37***	0,10
Beidseitiger Mh	0,58***	0,11	0,61***	0,12
Einseitiger Mh	0,50**	0,17	0,63***	0,14
	$R^2 = .07$		$R^2 = .08$	
Ethnische Herkunftsgruppen				
Konstante	2,02***	0,06	2,37***	0,10
GUS	0,27	0,15	0,34*	0,15
Osteuropa	0,43**	0,14	0,47**	0,16
Türkei	0,84***	0,14	0,79***	0,14
Sonstige	0,53**	0,17	0,74***	0,16
	$R^2 = .10$		$R^2 = .09$	

Anm.: * $p < .05$, ** $p < .01$, *** $p < .001$; Referenzkategorie bei allen Modellen: Kinder ohne Migrationshintergrund; Mh = Migrationshintergrund; n = 435

Auch für die Mathematiknoten wurde überprüft, welche zeitliche Stabilität die migrations- und ethnisch bedingten Notendifferenzen aufweisen. Noch deutlicher als bei den Deutschnoten zeigt sich dabei, dass es sich bei den in der vierten Klasse festgestellten, migrations- und ethnisch bedingten Disparitäten in den Mathematiknoten vor allem um Disparitäten handelt, die bereits in der ersten Klasse bestehen (vgl. Tabelle 26). Bei gleichzeitiger Berücksichtigung der Mathematiknoten aus der ersten Klasse und dem Migrationshintergrund bzw. der ethnischen Herkunft als Prädiktoren (vgl. Modell IV und V) leisten der Migrationshintergrund und die ethnische Herkunft jeweils nur noch einen zusätzlichen, unabhängigen Beitrag zur Varianzaufklärung von 1 %.

Tabelle 26: Lineare Regression der Mathematiknote der vierten Klasse auf die
Mathematiknote der ersten Klasse

Modell	Mathematiknote – 4. Klasse (B / Sign.)				
	I	II	III	IV	V
Mathematiknote					
1. Klasse			0,64***	0,60***	0,60***
Migrationshintergrund und ethnische Herkunft					
Migrationshintergrund	0,62***			0,27**	
GUS		0,34*			0,18
Osteuropa		0,47**			0,22
Türkei		0,79***			0,28*
Sonstige		0,74***			0,42***
R²	.08	.09	.37	.38	.38

Anm.: * p < .05, ** p < .01, *** p < .001; Referenzkategorie bei allen Modellen: Kinder ohne
Migrationshintergrund; Mh = Migrationshintergrund; n = 435

7.1.3   Individuelle und familiäre Einflussfaktoren der strukturellen Integration

In Abschnitt 3.7 wurde eine Reihe verschiedener Einflussfaktoren der strukturellen
Integration in die Schule vorgestellt. Nachfolgend werden die Ergebnisse verschiedener deskriptiver und inferenzstatistischer Auswertungen dargestellt, in denen
eine Auswahl dieser individuellen und familiären Determinanten hinsichtlich ihres
Einflusses auf die Übertrittsempfehlungen untersucht wurde. Zunächst wird ein
Blick auf den Einfluss der kognitiven Grundfähigkeiten und des Geschlechts geworfen. Anschließend wird in mehreren Abschnitten der familiäre Hintergrund einer genaueren Betrachtung unterzogen. Sowohl Indikatoren des kulturellen als auch
Indikatoren des ökonomischen und des sozialen Kapitals der Schülerfamilien werden zu den Übertrittsempfehlungen in Bezug gesetzt. Abschließend werden individuelle und familiäre Einflussfaktoren in einem Gesamtmodell zusammengeführt
und auf Verschiebungen und Veränderungen in den Effekten untersucht. Um die
Anzahl der Variablen, die in die hierfür berechneten Regressionsmodelle eingehen,
in einem für die vorliegende Stichprobe angemessenen Umfang zu halten, wird im
Folgenden nur in ausgewählten Fällen zwischen verschiedenen Migranten- und
ethnischen Herkunftsgruppen differenziert.

Individuelle Einflussfaktoren – kognitive Grundfähigkeiten und Geschlecht

Wie in Abschnitt 6.2.1 beschrieben, wurden die kognitiven Grundfähigkeiten der
Schüler/innen mithilfe eines weitgehend sprach- und kulturfreien Intelligenztests
erfasst, um sprach- und kulturbedingte Verzerrungen gerade bei den Kindern mit
Migrationshintergrund zu vermeiden. Die dabei erzielten durchschnittlichen IQ-
Werte, deren Standardfehler und Standardabweichungen sind differenziert nach
verschiedenen migrationsbezogenen und ethnischen Gruppenzuteilungen in Tabelle
27 aufgeführt. Alle hier aufgelisteten Gruppen liegen in ihrem Gruppenmittel mindestens sechs IQ-Punkte unter dem Durchschnittswert der Kinder ohne Migrations-

hintergrund. Das bedeutet alle in der Stichprobe erfassten ethnischen Gruppen und Migrantengruppen weisen im durchgeführten Intelligenztest geringere kognitive Grundfähigkeiten auf als ihre Mitschüler/innen ohne Migrationshintergrund. Auch inferenzstatistisch bestätigt sich dieser Befund. Alle dafür vorgenommenen Mittelwertvergleiche weisen die Unterschiede unter den Gruppen als signifikante Differenzen aus.

Tabelle 27:   Kognitive Grundfähigkeiten der Kinder mit und ohne Migrationshintergrund

	M	SE	SD	$M_i - M_{oMH}$	d
Kinder ohne Migrationshintergrund	110,88	0,94	13,97		
Migrationshintergrund					
Mit Migrationshintergrund	102,02	0,85	12,24	-8,86	0,68***
Migrationserfahrung					
Ohne Migrationserfahrung	102,40	0,77	12,45	-8,48	0,64***
Direkte Migrationserfahrung	101,96	2,02	12,40	-8,92	0,65***
Staatsangehörigkeit					
Ausländer/innen	101,79	1,44	11,47	-9,09	0,69***
(Spät-) Aussiedler/innen	104,86	1,38	12,55	-6,02	0,44***
Eingebürgerte Migrant/inn/en	100,31	1,13	12,57	-10,57	0,78***
Migrationshintergrund der Eltern					
Beidseitiger Migrationshintergrund	102,69	1,07	11,85	-8,19	0,63***
Einseitiger Migrationshintergrund	99,69	1,47	13,45	-11,19	0,81***
Ethnische Herkunft					
GUS	104,86	1,36	11,11	-6,02	0,45**
Osteuropa	102,02	1,47	13,97	-8,86	0,63***
Türkei	101,46	1,38	11,78	-9,42	0,69***
Sonstige	100,35	2,01	11,68	-10,53	0,78***

Anm.: * $p < .05$, ** $p < .01$, *** $p < .001$; M = Arithmetisches Mittel; SE = Standardfehler des Mittelwertes; SD = Standardabweichung; $M_i - M_{oMH}$ = Differenzwert Gruppenmittelwert minus Mittelwert der Kinder ohne MH; d = Cohens d und Signifikanz eines Wald F-Tests mit Bonferroni-Korrektur zwischen der angegebenen Kategorie und Kindern ohne Migrationshintergrund; n = 435

Um neben der Signifikanz der Unterschiede auch beurteilen zu können, in welchem Ausmaß die IQ-Mittelwerte voneinander abweichen, wurde für jeden Mittelwertvergleich Cohens d als Maß der Effektstärke berechnet (vgl. Cohen 1992). Cohens d gibt die Stärke an, mit der sich zwei Populationen, in diesem Fall die beiden jeweils miteinander verglichenen Gruppen, in einem Merkmal angesichts dessen Streuung voneinander unterscheiden. Zur vereinfachten Interpretation der errechneten Effektstärke wird meist auf die von Cohen eingeführten Beurteilungskonventionen zurückgegriffen (vgl. Cohen 1992; Sedlmeier & Renkewitz 2008). Diesen zufolge handelt es sich ab einem d von 0,2 um einen kleinen, ab einem d von 0,5 um einen mittleren und ab einem d von 0,8 um einen großen Effekt. Darüber hinaus kann mithilfe von Cohens d bestimmt werden, inwieweit sich die beiden Gruppen in ihrer Merkmalsverteilung überschneiden, das heißt wie groß der Bereich ist, „in dem sich sowohl Elemente der einen als auch der anderen Verteilung befinden" (Bortz & Döring 2003, S. 605).

Der Großteil der berechneten Effektstärken bewegt sich im mittleren Bereich. Lediglich die Gruppe der (Spät-)Aussiedler/innen und der Migrant/inn/en aus der GUS fallen knapp unter die Grenze von 0,5. Ihr jeweiliger Überschneidungsbereich mit der Merkmalsverteilung der Kinder ohne Migrationshintergrund liegt bei mehr als 80 %. Der stärkste Effekt im Vergleich dazu ist überraschenderweise bei den Kindern mit nur einem migrierten Elternteil vorzufinden. Ihr Überschneidungsbereich entspricht Prozentanteilen von nur knapp unter 70 %. Ebenfalls starke Unterschiede treten bei den eingebürgerten Migrant/inn/en und den Migrant/inn/en aus sonstigen Herkunftsländern auf.

In den beiden Tabelle 28 und Tabelle 29 sind die Ergebnisse logistischer Regressionsanalysen dargestellt, mit denen der Einfluss der kognitiven Grundfähigkeiten und des Geschlechts auf die Vergabe der Übertrittsempfehlungen überprüft wurde. Es wird deutlich, welche bedeutende Rolle die kognitiven Grundfähigkeiten bei der Empfehlungsvergabe spielen. Insgesamt 18 % der Varianz der Übertrittsempfehlungen können mithilfe der kognitiven Fähigkeiten erklärt werden. Signifikant ist dieser Einfluss sowohl für den Erhalt einer Real- statt einer Hauptschulempfehlung als auch für den Erhalt einer Gymnasial- statt einer Hauptschulempfehlung. Das Geschlecht hingegen weist nicht nur einen deutlichen geringeren Anteil an erklärter Varianz auf (3 %), es wirkt sich auch nur auf die Wahrscheinlichkeit aus, eine Real- statt einer Hauptschulempfehlung zu erhalten. Mädchen haben demnach eine um das 2,23-fache erhöhte Chance auf eine Realschulempfehlung.

Tabelle 28:   Übertrittsempfehlungen – Einfluss individueller Einflussfaktoren

	Odds Ratios					
	Gymnasium vs. Hauptschule					
Modell	I	II	III	IV	V	VI
KGF	1,08***		1,07***			1,07***
Mh		0,19***	0,27***		0,19***	0,27***
Geschl.				1,00	0,99	0,86
	Realschule vs. Hauptschule					
KGF	1,03**		1,03**			1,03**
Mh		0,72	0,85		0,73	0,84
Geschl.				2,23**	2,22**	2,10**
R^2	.18	.03	.25	.03	.17	.27

Anm.: * $p < .05$, ** $p < .01$, *** $p < .001$; R^2 = R^2 (Nagelkerke);
KGF = Kognitive Grundfähigkeiten; Mh = Migrationshintergrund – Referenzgruppe: Kinder ohne Migrationshintergrund; Geschl. = Geschlecht - Referenzgruppe: Männlich; n = 435

Die Frage, ob Unterschiede zwischen Kindern mit und ohne Migrationshintergrund ausschließlich auf Intelligenzunterschiede zwischen beiden Gruppen zurückzuführen sind, kann auf der Grundlage der in Modell III (vgl. Tabelle 28) abgebildeten Regressionsanalyse verneint werden. Hier zeigt sich, dass der Einfluss des Migrationshintergrundes auf die Vergabe von Gymnasialempfehlungen bei gleichzeitiger Berücksichtigung der kognitiven Grundfähigkeiten in seiner Stärke merklich zurückgeht, aber dennoch in bedeutendem Ausmaß bestehen bleibt. Neben Vergabeunterschieden zwischen Kindern mit und ohne Migrationshintergrund, die auf unterschiedliche Verteilungen der kognitiven Grundfähigkeiten zurückzuführen sind, besteht ein deutlich über diesen Einfluss hinausgehender Effekt des Migrationsstatus. Aus einer zusätzlichen Berücksichtigung des Geschlechts hingegen resultiert nur eine geringfügige Änderung des migrationsbedingten Einflusses. Der Erklärungsanteil nimmt von Modell II, das nur den Migrationshintergrund als Prädiktorvariable umfasst, zu Modell V, in dem Geschlecht und Migrationshintergrund als unabhängige Variablen berücksichtigt sind, um 2 % zu, was knapp unter dem alleinigen Erklärungsanteil des Geschlechts liegt. Auch die Odds Ratios verändern sich im Vergleich der Modelle II und IV auf der einen und Modell V auf der anderen Seite nur geringfügig.

Die eben geschilderten Befunde lassen sich auch bei der Differenzierung in ethnische Herkunftsgruppen weitgehend reproduzieren (vgl. Tabelle 29). Deutlich wird allerdings, dass sich die Berücksichtigung der kognitiven Grundfähigkeiten unterschiedlich stark auf den Einfluss der ethnischen Herkunft auswirkt und die bereits zuvor bestehenden Unterschiede zwischen den einzelnen Herkunftsgruppen in den Odds Ratios durch die Berücksichtigung der Intelligenz noch stärker hervortreten. Dieses Ergebnis bestätigt partiell die in Tabelle 27 dargestellten Mittelwertunterschiede in den kognitiven Grundfähigkeiten unter den Kindern unterschiedlicher ethnischer Herkunft. Durch die zusätzliche Berücksichtigung des Geschlechts treten in Bezug auf die verschiedenen ethnischen Herkunftsgruppen keine substantiellen Veränderungen der Effekte auf.

Tabelle 29: Übertrittsempfehlungen – Einfluss individueller Einflussfaktoren und ethnischer Herkunft

| | Odds Ratios | | | | | |
| | Gymnasium vs. Hauptschule | | | Realschule vs. Hauptschule | | |
Modell	I	II	III	I	II	III
Kognitive Grundfähigkeiten		1,07***	1,07***		1,03**	1,03*
Ethnische Herkunft						
GUS	0,33**	0,41*	0,41*	1,54	1,66	1,62
Osteuropa	0,33***	0,48*	0,48*	1,18	1,42	1,40
Türkei	0,08***	0,12***	0,11***	0,44	0,50	0,50
Sonstige	0,23***	0,36***	0,37***	0,46*	0,57	0,54
Geschlecht						
Geschlecht			0,84			2,10**
R^2 (Nagelkerke)	Modell I: .19		Modell II: .29		Modell III: .31	

Anm.: * p < .05, ** p < .01, *** p < .001; Referenzgruppe Ethnische Herkunft: Kinder ohne Migrationshintergrund; Referenzgruppe Geschlecht: Männlich; n = 435

Familiäre Einflussfaktoren – Ökonomisches Kapital

Neben den individuellen Einflussfaktoren wird in diesem Kapitel auch der familiäre Hintergrund der Schüler/innen in seinem Einfluss auf die Übertrittsempfehlungen betrachtet. Zunächst wird dafür ein Blick auf die ökonomischen Ressourcen der Familien geworfen. Anhand von Eltern- und Schülerangaben zu den von den Eltern ausgeübten Berufen wurde eine Klassifizierung der Familien nach dem höchsten in der Familie vorgefundenen sozioökonomischen Status vorgenommen. Als Klassifizierungsmaßstab wurde der von Ganzeboom, De Graaf und Treiman (1992) entworfene International Socio-Economic-Index (kurz: ISEI) (vgl. Abschnitt 6.2.2) verwendet. Dieser ordnet den jeweiligen sozioökonomischen Status hierarchisch auf einer Intervallskala mit Werten von 16, dem niedrigsten Status, bis 90, dem höchsten Status. Die Kinder ohne Migrationshintergrund erzielen auf dieser Skala einen durchschnittlichen Status von 53,95 (vgl. Tabelle 30). Damit heben sie sich deutlich von den Kindern mit Migrationshintergrund ab, die mit einem durchschnittlichen Status von 40,27 eine Differenz von fast 14 Punkten aufweisen. Dies bestätigt sich auch in der Effektstärke, die mit 0,87 einen großen Effekt ausweist.

Tabelle 30:   Höchster sozioökonomischer Status (HISEI) in den Schülerfamilien

	M	SE	SD	$M_i - M_{oMH}$	d
Kinder ohne Migrationshintergrund	53,95	1,92	16,86		
Migrationshintergrund					
Mit Migrationshintergrund	40,27	1,06	14,95	-13,68	0,87***
Migrationserfahrung					
Ohne Migrationserfahrung	39,63	1,15	14,00	-14,32	0,93***
Direkte Migrationserfahrung	42,63	2,64	17,51	-11,32	0,67**
Staatsangehörigkeit					
Ausländer/innen	39,04	0,98	14,13	-14,91	0,94***
(Spät-) Aussiedler/innen	40,04	1,92	15,67	-13,91	0,84***
Eingebürgerte Migrant/inn/en	41,55	2,14	15,26	-12,40	0,76***
Migrationshintergrund der Eltern					
Beidseitiger Migrationshintergrund	39,07	1,10	14,72	-14,88	0,94***
Einseitiger Migrationshintergrund	45,42	1,79	14,58	-8,53	0,52***
Ethnische Herkunft					
GUS	40,48	2,16	15,37	-13,47	0,82***
Osteuropa	41,48	2,31	15,28	-12,47	0,76***
Türkei	38,51	1,79	11,10	-15,44	0,97***
Sonstige	41,98	2,77	19,51	-11,97	0,68***

Anm.: * $p < .05$, ** $p < .01$, *** $p < .001$; M = Arithmetisches Mittel; SE = Standardfehler des Mittelwertes; SD = Standardabweichung; $M_i - M_{oMH}$ = Differenzwert Gruppenmittelwert minus Mittelwert der Kinder ohne MH; d = Cohens d und Signifikanz eines Wald F-Tests mit Bonferroni-Korrektur zwischen der angegebenen Kategorie und Kindern ohne Migrationshintergrund; n = 435

Bei den meisten der aufgeführten Migranten- und ethnischen Herkunftsgruppen treten ebenfalls große Differenzen mit hohen Effektstärken gegenüber den Familien ohne Migrationshintergrund auf, was den in der Forschung immer wieder berichteten Zusammenhang von sozialer Herkunft und ethnischer Herkunft bzw. Migrationshintergrund bestätigt. Die geringste Differenz zu den Kindern ohne Migrationshintergrund weisen die Kinder mit nur einem migrierten Elternteil auf. Ihre durchschnittliche Differenz beträgt nur 8,53 Punkte und zeigt einen mittleren Effekt. Ein mutmaßlicher Grund für diesen, in Relation betrachtet, geringen Abstand kann darin gesehen werden, dass der nicht migrierte Elternteil eine auch in ökonomischer Hinsicht gelungenere Sozial-Integration in die Aufnahmegesellschaft aufweist, wovon die gesamte Familie profitieren kann.

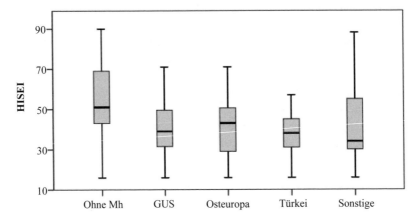

Abb. 16:   Boxplots – Sozioökonomischer Status nach ethnischen Herkunftsgruppen[19]

Zur besseren Veranschaulichung der Streuung des familiären sozioökonomischen Status innerhalb der verschiedenen ethnischen Herkunftsgruppen sind in Abb. 16 für jede Gruppe entsprechende Boxplots dargestellt. Auffällig an der Abbildung ist vor allem die unterschiedliche Streubreite der Werte innerhalb der Gruppen, die einen Eindruck davon vermittelt, wie sozioökonomisch homogen oder heterogen die Gruppen jeweils zusammengesetzt sind. Während beispielsweise die Gruppe der Kinder ohne Migrationshintergrund den gesamten Wertebereich des ISEI von 16 bis 90 Punkten abdeckt, fällt die Streubreite bei den Kindern türkischer Herkunft wesentlich geringer aus. Die in der Stichprobe erfassten Familien türkischer Herkunft stellen demzufolge gegenüber den Familien ohne Migrationshintergrund eine wesentlich homogenere Gruppe mit einem durchschnittlich niedrigen sozioökonomischen Status dar. Die anderen drei Herkunftsgruppen weisen jeweils eine deutlich größere Streubreite auf, die im Fall der Kinder aus sonstigen Herkunftsländern sogar die Streubreite der Familien ohne Migrationshintergrund erreicht, wenngleich vor allem aufgrund eines sehr breiten obersten Quartils. Dieses hohe Maß an Heterogenität kann mit der großen ethnischen Heterogenität dieser Sammelgruppe zusammenhängen, die Migrant/inn/en unterschiedlicher ethnischer Herkunft und mit unterschiedlichen Migrationsmotiven zusammenfasst. Die Familien aus der GUS und aus Osteuropa zeigen eine weitgehend vergleichbare Streuung, die sowohl Familien mit sehr niedriger und Familien mit hoher sozioökonomischer Positionierung umfasst.

---

19 Anmerkung: Insgesamt drei Ausreißer bei den Kindern türkischer Herkunft (Werte 69, 69 und 88) und ein Ausreißer bei den Kindern aus der GUS (Wert 88) sind nicht abgebildet.

Neben dem sozioökonomischen Status wurde in den Erhebungen auch die Ausstattung des familiären Haushalts mit verschiedenen Konsumgütern wie zum Beispiel einem Geschirrspüler oder einem Zweitauto erfragt. Mithilfe dieser Informationen kann ein den sozioökonomischen Status ergänzendes Bild davon gezeichnet werden, welcher strukturellen ökonomischen Kapitalausstattung Kinder alltäglich in ihren Familien begegnen. Zudem wurde mit dem wöchentlich wahrgenommenen Nachhilfeunterricht auch eine Prozessvariable erfasst, die in ihrer Inanspruchnahme vor allem an ausreichende ökonomische Ressourcen gebunden ist.

Tabelle 31: Ausgewählte Konsumgüter innerhalb der Schülerfamilien

	Geschirr-spüler	Internet	Rasen-mäher	Zweites Auto	Nachhilfe		
					1 Std.	≥2 Std.	Sign.
Kinder ohne Mh	86%	93%	58%	39%	5%	5%	/
Migrationshintergrund							
Mit Mh	77%*	83%**	20%***	23%***	17%	9%	***
Migrationserfahrung							
Ohne Migrationserf.	82%-	84%**	24%***	28%*	16%	8%	**
Direkte Migrationserf.	59%***	75%***	2%***	8%***	20%	10%	**
Staatsangehörigkeit							
Ausländer/innen	68%***	82%**	19%***	23%***	19%	8%	***
(Spät-)Aussiedler/innen	84%-	83%*	11%***	19%**	12%	12%	*
Eingebürgerte Migrant/inn/en	83%-	84%*	26%***	26%*	17%	7%	**
Migrationshintergrund der Eltern							
Beidseitiger Mh	78%*	84%**	17%***	23%***	18%	7%	***
Einseitiger Mh	78%-	78%**	31%**	27%-	11%	13%	*
Ethnische Herkunft							
GUS	82%-	84%-	5%***	20%**	11%	11%	-
Osteuropa	69%**	87%-	25%***	23%*	23%	6%	***
Türkei	84%-	83%**	27%***	31%-	17%	11%	**
Sonstige	70%**	76%**	15%***	13%**	17%	4%	*

Anm.: * p < .05, ** p < .01, *** p < .001, - nicht signifikant; Mh = Migrationshintergrund;
Sign. = Signifikanzwert: Angegebene Signifikanzwerte aus F-Tests nach Rao Scott zwischen der angegebenen Kategorie und Kindern ohne Migrationshintergrund; n = 435

Tabelle 31 fasst für die verschiedenen Gruppen die prozentualen Anteile an Haushalten zusammen, in denen die jeweiligen Konsumgüter vorhanden sind. Vom Geschirrspüler abgesehen sind die aufgeführten Konsumgüter mehrheitlich signifikant seltener in Migrantenhaushalten anzutreffen als in Haushalten von Kindern ohne Migrationshintergrund. Im inhaltlichen Gegensatz dazu steht der Erhalt von Nachhilfeunterricht. Außer bei den Kindern aus der GUS erhalten in allen aufgeführten Herkunftsgruppen mehr Schüler/innen Nachhilfeunterricht als bei den Schüler/inne/n ohne Migrationshintergrund und das ungeachtet der durchschnittlich schlechteren sozioökonomischen Stellung der Migrantenfamilien. Gleichzeitig deutet dieses Ergebnis allerdings auch auf einen erhöhten Nachhilfebedarf unter den Schüler/inne/n mit Migrationshintergrund hin.

Tabelle 32: Übertrittsempfehlungen – Einfluss ökonomischen Kapitals

Modell	Odds Ratios					
	Gymnasium vs. Hauptschule					
	I	II	III	IV	V	VI
HISEI	1,07***		1,05***		1,06***	1,05***
NH 1 Std.				0,17**	0,18**	0,21**
NH ≥2 Std.				0,07**	0,08**	0,09**
Rasen				2,33**	1,85*	1,40
Geschirrsp.				2,10*	1,72	1,84
Internet				2,72*	2,34	2,24
Auto				1,46	1,47	1,51
Mh		0,19***	0,32***			0,44**
	Realschule vs. Hauptschule					
HISEI	1,02*		1,02*		1,02*	1,02*
NH 1 Std.				0,56	0,56	0,57
NH ≥2 Std.				0,87	0,86	0,87
Rasen				0,83	0,78	0,73
Geschirrsp.				1,71	1,64	1,68
Internet				0,87	0,84	0,83
Auto				0,96	0,95	0,96
Mh		0,72	0,83			0,78
R^2	.20	.15	.25	.23	.33	.35

Anm.: * p < .05, ** p < .01, *** p < .001; R^2 = R^2 (Nagelkerke); HISEI = höchster sozioökonomischer Status; Mh = Migrationshintergrund - Referenzgruppe: Kinder ohne Migrationshintergrund; NH = Nachhilfe - Referenzgruppe: der/die Schüler/in erhält keine Nachhilfe; Referenzgruppe Konsumgüter: Im familiären Haushalt ist das jeweilige Konsumgut nicht vorhanden; n = 435

In welchem Verhältnis das familiäre ökonomische Kapital zur Vergabe der Übertrittsempfehlungen steht, wurde wie bereits bei den individuellen Einflussfaktoren anhand logistischer Regressionsanalysen untersucht (vgl. Tabelle 32 & Tabelle 33). Der sozioökonomische Status (HSIEI) erweist sich dabei als substantieller Prädiktor der Übertrittsempfehlungen. Durch ihn werden allein 20 % der Varianz bei der Empfehlungsvergabe erklärt. Ein Anteil, der sogar knapp über dem Einfluss der kognitiven Grundfähigkeiten liegt. Durch die ausgewählten Konsumgüter und den Erhalt von Nachhilfe werden sogar 23 % der Varianz aufgeklärt. Eine nähere Betrachtung des letzten Ergebnisses zeigt, dass sich vor allem der Erhalt von Nachhilfe wesentlich und nachteilig auswirkt. Demnach haben beispielsweise Schüler/innen, die mehr als zwei Stunden Nachhilfe pro Woche erhalten, gegenüber Schüler/inne/n ohne Nachhilfeunterricht eine um das 14-fache niedrigere Chance eine Gymnasial- statt einer Hauptschulempfehlung zu bekommen. Der starke Einfluss, der von der Nachhilfe auf die Empfehlungsvergabe ausgeht, erklärt sich allerdings nicht durch die Tatsache, dass Kinder Nachhilfeunterricht erhalten, sondern über das im Regelfall schlechte Schulleistungsniveau, das zum Erhalt von Nachhilfe führt. Nachhilfe fungiert daher im Regressionsmodell gewissermaßen als Proxyvariable des Leistungsniveaus der Schüler/innen und hängt so natürlich eng mit den Übertrittsempfehlungen zusammen. Unter den Konsumgütern sind es vor allem Rasenmäher, Geschirrspüler und Internetanschluss, von denen ein signifikanter Einfluss auf die Empfehlungsvergabe ausgeht. Dieser Einfluss verringert sich allerdings wesentlich, sobald auch der sozioökonomische Status im Regressionsmodell berücksichtigt wird.

In vielen aktuellen Studien, die sich mit Schulleistungen von Migrant/inn/en auseinandersetzen, wird die Annahme geäußert, dass deren Schulleistungsdifferenzen ausschließlich auf die schlechtere soziale Herkunft und nicht auf deren Migrationsstatus und deren ethnische Herkunft zurückzuführen sind. Um diese Annahme zu überprüfen, wird in Modell III und Modell VI (vgl. Tabelle 32) zusätzlich zu den verschiedenen Indikatoren des ökonomischen Kapitals der Migrationshintergrund als Prädiktorvariable in die Regressionsanalysen mit aufgenommen. In beiden Fällen geht der Einfluss des Migrationshintergrundes bei gleichzeitiger Berücksichtigung der anderen Variable(n) zwar zurück, ein signifikanter Einfluss auf die Übertrittsempfehlungen bleibt jedoch bestehen. An der Veränderung der erklärten Varianz kann abgelesen werden, dass Migrationshintergrund und soziale (ökonomische) Herkunft zwar in einem engen Zusammenhang stehen, der Migrationshintergrund aber auch einen vom sozioökonomischen Status unabhängigen Effekt aufweist.

Tabelle 33:   Übertrittsempfehlungen – Einfluss sozioökonomischer Status und ethnische Herkunft

Modell	Odds Ratios					
	Gymnasium vs. Hauptschule			Realschule vs. Hauptschule		
	I	II	III	I	II	III
HISEI	1,07***		1,05***	1,02*		1,02*
Ethnische Herkunft						
GUS		0,33**	0,55		1,54	1,81
Osteuropa		0,33***	0,53*		1,18	1,36
Türkei		0,08***	0,15***		0,44	0,51
Sonstige		0,23***	0,33**		0,46*	0,54
R² (Nagelkerke)	*Modell I: .20*		*Modell II: .19*		*Modell III: .29*	

Anm.: * $p < .05$, ** $p < .01$, *** $p < .001$; Referenzgruppe Ethnische Herkunft: Kinder ohne Migrationshintergrund; n = 435

Um diesen Effekt genauer eingrenzen und differenzieren zu können, wurden weitere logistische Regressionsanalysen durchgeführt, in denen lediglich der HISEI und die ethnischen Herkunftsgruppen als Prädiktoren aufgenommen wurden. Die Ergebnisse dieser Analysen sind in Tabelle 33 dargestellt. Es zeigt sich, dass dieser vom sozioökonomischen Status unabhängige Effekt nicht bei allen Gruppen vorzufinden ist. Die Kinder aus der GUS unterscheiden sich unter Berücksichtigung des HISEI nicht mehr von den Kindern ohne Migrationshintergrund. Die Odds Ratios für eine Gymnasialempfehlung verändern sich bei den Kindern aus Osteuropa in vergleichbarer Weise wie die der Kinder aus der GUS. Allerdings erreichen sie noch ein statistisch signifikantes Niveau.

Familiäre Einflussfaktoren – soziales Kapital

Als Indikatoren des sozialen Kapitals, das den Kindern innerhalb der Familie als Ressource zur Verfügung steht, wurden von den Schüler/inne/n die Familienstruktur und die Anzahl der im Haushalt lebenden Kinder erfragt. Letzteres mit der Absicht, um sowohl die Geschwister der Kinder, als auch um andere im gleichen Haushalt lebende Kinder, beispielsweise von Verwandten, zu erfassen.

Tabelle 34:   Familienstruktur und Anzahl der Kinder im Haushalt

	Familienstruktur	*Kinder im Haushalt*			
	Alleinerziehend	Einzelkind	2 Kinder	≥ 3 Kinder	Sign.
Kinder ohne Mh	17 %	27 %	44 %	30 %	
Migrationshintergrund					
Mit Mh	15 % -	13 %	44 %	43 %	**
Migrationserfahrung					
Ohne Migrationserfahrung	15 % -	12 %	45 %	43 %	**
Direkte Migrationserfahrung	14 % -	18 %	39 %	43 %	-
Staatsangehörigkeit					
Ausländer/innen	13 % -	10 %	43 %	47 %	**
(Spät-) Aussiedler/innen	12 % -	19 %	58 %	23 %	-
Eingebürgerte Migrant/inn/en	19 % -	15 %	34 %	51 %	**
Migrationshintergrund der Eltern					
Beidseitiger Mh	12 % -	11 %	44 %	45 %	***
Einseitiger Mh	25 % -	25 %	42 %	33 %	-
Ethnische Herkunft					
GUS	7 % -	18 %	59 %	23 %	**
Osteuropa	14 % -	14 %	46 %	40 %	-
Türkei	12 % -	7 %	40 %	54 %	***
Sonstige	30 % -	22 %	30 %	48 %	-

Anm.: * p < .05, ** p < .01, *** p < .001, - nicht signifikant; Mh = Migrationshintergrund;
Sign. = Signifikanzwert: Angegebene Signifikanzwerte aus F-Tests nach Rao Scott zwischen der angegebenen Kategorie und Kindern ohne Migrationshintergrund; n = 435

Hinsichtlich der Familienstruktur werden einerseits Familien mit zwei im gleichen Haushalt lebenden Elternteilen unterschieden. Dazu zählen Kern- und Stieffamilien. Auf der anderen Seite finden sich alleinerziehende Einelternfamilien. Wie Tabelle 34 zu entnehmen ist, gibt es unter den aufgeführten Migrantengruppen keine signifikanten Unterschiede in der so differenzierten Familienstruktur gegenüber den Kindern ohne Migrationshintergrund.

Ein differenzierteres Bild als bei der Familienstruktur zeigt sich hinsichtlich des Indikators Kinder im Haushalt. Mehrere Migrantengruppen und ethnische Herkunftsgruppen weichen in ihren diesbezüglichen Verteilungen signifikant von der Verteilung der Gruppe ohne Migrationshintergrund ab. Bei den meisten dieser Gruppen liegt der Anteil an Haushalten, in denen mehr als zwei Kinder leben, deutlich höher. So leben beispielsweise in über der Hälfte der türkischstämmigen Familienhaushalte mehr als zwei Kinder. Den mit Abstand höchsten Anteil an Einzelkindern weisen die Familien ohne Migrationshintergrund auf. In fast einem Drittel dieser Familien lebt nur ein Kind. Auf einen ähnlich hohen Anteil (25 %) kommen nur die Familien mit einem migrierten Elternteil.

Welche Auswirkungen das durch die Familienstruktur und die Kinderanzahl abgebildete familiäre soziale Kapital auf die Vergabe der Übertrittsempfehlungen hat, kann den logistischen Regressionsanalysen in Tabelle 35 entnommen werden. Demzufolge wirkt sich die Struktur der Schülerfamilien nicht signifikant auf die Empfehlungsvergabe aus. Wobei es hier anzumerken gilt, dass die vorgenommene Differenzierung in zwei Familienformen stark vereinfacht ist und gerade die Gruppe der Familien mit zwei Elternteilen einer weiteren Aufteilung bedürfte, was anhand der vorliegenden Stichprobe allerdings nicht möglich ist. Schauenberg (2007) stellt beispielsweise in einer vergleichbaren Untersuchung fest, dass gerade Kinder aus Stieffamilien eine nachteiligere Verteilung an Übertrittsempfehlungen aufweisen.

Tabelle 35: Übertrittsempfehlungen – Einfluss sozialen Kapitals

Modell	Odds Ratios							
	Gymnasium vs. Hauptschule				Realschule vs. Hauptschule			
	I	II	III	IV	I	II	III	IV
Familienstruktur								
Alleinerziehend		0,76		0,70		0,92		0,87
Kinder im Haushalt								
Zwei Kinder			1,16	1,53			1,17	1,20
Mehr als zwei Kinder			0,65	0,97			0,49*	0,51*
Migrationshintergrund								
Migrationshintergrund	0,19***			0,19***	0,72			0,77
R² (Nagelkerke)	*Modell I: .15*		*Modell II: .00*		*Modell III: .03*		*Modell IV: .18*	

Anm.: * p < .05, ** p < .01, *** p < .001; Referenzgruppe Familienstruktur: Zwei Elternteile in der Familie; Referenzgruppe Kinder im Haushalt: Einzelkind; Referenzgruppe Migrationshintergrund: Kinder ohne Migrationshintergrund; n = 435

Von der Anzahl der Kinder im Familienhaushalt geht ein signifikanter, aber geringer Einfluss auf die Vergabe der Übertrittsempfehlungen aus. Kinder, die gemeinsam mit mehr als einem Kind im Haushalt leben, haben eine geringere Wahrscheinlichkeit als Einzelkinder eine Real- statt einer Hauptschulempfehlung zu erhalten (Odds Ratio 0,49). Die nur geringfügige Abnahme des migrationsbedingten Einflusses unter Berücksichtigung der Kinderanzahl und der Familienstruktur in Modell IV zeigt, dass keine Wechselwirkung von Migrationshintergrund und familiärem sozialen Kapital auf die Empfehlungsvergabe besteht. Auch für die ethnische Herkunft konnte in einer separaten, hier nicht aufgeführten Regressionsanalyse keine Wechselwirkung mit dem sozialen Kapital festgestellt werden.

Familiäre Einflussfaktoren – kulturelles Kapital

Die letzte Kapitalform, die in diesem Kapitel betrachtet werden soll, ist das kulturelle Kapital. Als Indikatoren des familiären kulturellen Kapitals werden die von den Schüler/inne/n wahrgenommenen elterlichen Unterstützungsleistungen und das

Vorhandensein ausgewählter Kulturgüter im familiären Haushalt untersucht (vgl. Abschnitt 6.2.2).

Tabelle 36:   Ausgewählte Kulturgüter innerhalb der Schülerfamilien

	Zeitung	Lern-programme	*Bücher im Haushalt*			Sign.
			0-25 Bücher	25-100 Bücher	> 100 Bücher	
Kinder ohne Mh	76%	63%	11%	26%	63%	/
Migrationshintergrund						
Mit Mh	51%***	64%-	39%	35%	26%	***
Migrationserfahrung						
Ohne Migrationserfahrung	52%***	65%-	36%	38%	26%	***
Direkte Migrationserfahrung	49%***	59%-	51%	28%	22%	***
Staatsangehörigkeit						
Ausländer/innen	49%***	62%-	45%	35%	20%	***
(Spät-) Aussiedler/innen	54%***	82%-	35%	37%	28%	***
Eingebürgerte Migrant/inn/en	52%***	61%-	34%	36%	30%	***
Migrationshintergrund der Eltern						
Beidseitiger Mh	48%***	63%-	42%	36%	23%	***
Einseitiger Mh	67%-	64%-	27%	36%	38%	**
Ethnische Herkunft						
GUS	52%***	71%-	34%	32%	34%	***
Osteuropa	54%**	52%-	44%	37%	19%	***
Türkei	53%***	70%-	36%	44%	20%	***
Sonstige	46%***	54%	46%	22%	33%	***

Anm.: * $p < .05$, ** $p < .01$, *** $p < .001$, - nicht signifikant; Mh = Migrationshintergrund; Sign. = Signifikanzwert: Angegebene Signifikanzwerte aus F-Tests nach Rao Scott zwischen der angegebenen Kategorie und Kindern ohne Migrationshintergrund; n = 435

In Tabelle 36 sind die prozentualen Anteile der Schülerfamilien aufgelistet, in denen eine (Tages-)Zeitung und Lernprogramme vorzufinden sind. Außerdem ist in prozentualen Anteilen angegeben, in wie vielen Haushalten wie viele Bücher vorhanden sind. Alle drei Indikatoren stellen Strukturvariablen dar, die nicht nur einen eng gefassten kulturellen Anregungsgehalt abbilden sollen, im Sinne der Möglichkeit für das Kind, sich konkret mit dem jeweiligen Kulturgut auseinanderzusetzen. Die Indikatoren sollen auch einen weiter gefassten familiären Anregungsgehalt, sozusagen das kulturelle Klima widerspiegeln, das in einer Familie vorherrscht und in dem verschiedene Faktoren wie der Bildungshintergrund der Eltern, die familiär unternommenen kulturellen Aktivitäten und die Unterstützung und Anregung der Kinder in Lern- und Bildungsprozessen zusammenlaufen.

Was die Ausstattung der Familien mit einer (Tages-)Zeitung anbelangt, so haben in den meisten der hier differenzierten Gruppen mehr als die Hälfte der Familien eine Zeitung im Haushalt. Bei den Familien der Schüler/innen ohne Migrationshintergrund beläuft sich dieser Anteil sogar auf 76 %. Dieser hohe Anteil unterscheidet sich fast durchgängig signifikant von den Anteilen der verschiedenen Migrantengruppen. Erneut sind es die Kinder mit nur einem migrierten Elternteil, die den geringsten Abstand zur Gruppe der Schüler/innen ohne Migrationshintergrund aufweisen. Sie unterscheiden sich mit einem Anteil von 67 % nicht signifikant von den Kindern ohne Migrationshintergrund.

Hinsichtlich der heimischen Ausstattung mit Lernprogrammen für die Kinder können keine bedeutsamen Unterschiede festgestellt werden. In allen Gruppen weisen mehr als die Hälfte der Haushalte eine entsprechende Ausstattung auf.

Gravierende Unterscheide zeigen sich jedoch bei der Verteilung der Bücher. Während 63 % aller Familien ohne Migrationshintergrund mehr als 100 Bücher im Haushalt haben, sind es bei keiner der Migrantengruppen mehr als 38 %. Die meisten Gruppen bewegen sich sogar nur im Anteilsbereich von 20 bis 28 %. Im Gegenzug sind Haushalte, in denen nur sehr wenige Bücher (0-25) vorzufinden sind, bei den Familien mit Migrationshintergrund deutlich verbreiteter als bei den Familien ohne Migrationshintergrund.

Wie in Abschnitt 6.2.2 bereits eingehender erläutert, wurden in der Schülerbefragung auch vier Skalen zur Erfassung der von den Schüler/inne/n wahrgenommenen Unterstützungsleistungen eingesetzt. Die in Anlehnung an Arbeiten von Martinez-Pons (1996, 2002) und Hoover-Dempsey und Sandler (2005) entwickelten Skalen bilden folgende vier Unterstützungsprozesse ab: Ermutigung, Vorbildfunktion, positive Verstärkung und Förderung. Erfasst wurden diese Prozesse auf einer vier stufigen Skala von 1 *stimmt gar nicht* bis 4 *stimmt genau*.

In Tabelle 37 sind die nach Gruppen differenzierten Mittelwerte der vier Unterstützungsskalen aufgeführt. Zudem ist angegeben, ob sich der jeweilige Gruppenmittelwert signifikant vom Gruppenmittelwert der Kinder ohne Migrationshintergrund unterscheidet und welche Effektstärke diese Mittelwertdifferenz aufweist.

In allen aufgeführten Gruppen geben die Kinder im Durchschnitt an, dass das jeweils beschriebene elterliche Unterstützungsverhalten weitgehend auf ihre Eltern zutrifft. Bei allen Gruppen ist diese Zustimmung am stärksten bei der positiven Verstärkung und der Förderung des Lernverhaltens und am schwächsten bei den ermutigenden Unterstützungsleistungen ausgeprägt.

Die vorgenommenen Mittelwertvergleiche zeigen nur bei zwei Unterstützungsleistungen, der Ermutigung und der Vorbildfunktion, bedeutsame Unterschiede zwischen Migrantengruppen und der nicht migrierten Gruppe. Alle diese signifikanten Unterschiede fallen zuungunsten der Migrant/inn/en aus, d.h. die Migrantenkinder fühlen sich in diesen Fällen von ihren Eltern weniger unterstützt als die Kinder ohne Migrationshintergrund. Die Mittelwertunterschiede bewegen sich allerdings meist im Bereich niedriger Effektstärken. Mittlere Effekte treten lediglich bei den Kindern aus der GUS und bei den Kindern mit direkter Migrationserfahrung hinsichtlich der ermutigenden Unterstützungsleistungen auf. Erneut unterscheiden sich die Kinder mit nur einem migrierten Elternteil in ihren Einschätzungen nicht von den Kindern ohne Migrationshintergrund. Die Kinder osteuropäischer Herkunft weichen ebenfalls auf keiner der Skalen bedeutsam von den Kindern ohne Migrationshintergrund ab.

Tabelle 37:   Elterliche Unterstützungsleistungen

		Ermutigung	Vorbild-funktion	Positive Verstärkung	Förderung
Kinder ohne Mh	M (SE)	3,01 (0,07)	3,25 (0,06)	3,37 (0,05)	3,37 (0,05)
	d	-	-	-	-
Migrationshintergrund					
Mit Migrationshintergrund	M (SE)	2,73 (0,04)	3,06 (0,04)	3,30 (0,04)	3,28 (0,03)
	d	0,36***	0,27**	0,10-	0,13-
Migrationserfahrung					
Ohne Migrationserfahrung	M (SE)	2,75 (0,04)	3,05 (0,04)	3,33 (0,05)	3,28 (0,04)
	d	0,33**	0,29*	0,06-	0,13-
Direkte Migrationserfahrung	M (SE)	2,65 (0,13)	3,05 (0,13)	3,19 (0,09)	3,30 (0,09)
	d	0,50*	0,29-	0,26-	0,11-
Staatsangehörigkeit					
Ausländer/innen	M (SE)	2,68 (0,08)	3,06 (0,07)	3,22 (0,06)	3,30 (0,06)
	d	0,44**	0,28-	0,22-	0,11-
(Spät-) Aussiedler/innen	M (SE)	2,75 (0,08)	2,97 (0,07)	3,37 (0,09)	3,22 (0,06)
	d	0,35*	0,41**	0,00-	0,23-
Eingebürgerte Migrant/inn/en	M (SE)	2,78 (0,07)	3,12 (0,07)	3,35 (0,07)	3,29 (0,05)
	d	0,30*	0,19-	0,03-	0,12-
Migrationshintergrund der Eltern					
Beidseitiger Mh	M (SE)	2,70 (0,04)	3,04 (0,05)	3,29 (0,03)	3,26 (0,03)
	d	0,40***	0,30*	0,12-	0,16-
Einseitiger Mh	M (SE)	2,90 (0,09)	3,17 (0,07)	3,34 (0,11)	3,40 (0,09)
	d	0,14-	0,12-	0,04-	0,05-
Ethnische Herkunft					
GUS	M (SE)	2,52 (0,09)	2,91 (0,07)	3,37 (0,08)	3,19 (0,06)
	d	0,67***	0,49***	0,00-	0,27-
Osteuropa	M (SE)	3,03 (0,08)	3,14 (0,10)	3,25 (0,10)	3,35 (0,08)
	d	0,03-	0,16-	0,17-	0,03-
Türkei	M (SE)	2,65 (0,07)	3,04 (0,06)	3,26 (0,06)	3,22 (0,07)
	d	0,48***	0,32*	0,16-	0,22-
Sonstige	M (SE)	2,82 (0,12)	3,20 (0,09)	3,35 (0,06)	3,46 (0,08)
	d	0,25-	0,07*	0,03-	0,14-

Anm.: * p < .05, ** p < .01, *** p < .001; M = Arithmetisches Mittel; SE = Standardfehler des Mittelwertes; d = Cohens d und Signifikanz eines Wald F-Tests mit Bonferroni-Korrektur zwischen der angegebenen Kategorie und Kindern ohne Migrationshintergrund; n = 435

Wie sich die verschiedenen strukturellen und prozessualen Indikatoren des familiären kulturellen Kapitals auf die Vergabe der Übertrittsempfehlungen auswirken, wurde mithilfe logistischer Regressionsanalysen überprüft (vgl. Tabelle 38). Dabei stechen vor allem die verschiedenen Kulturgüter heraus. Mit einem ähnlich hohen Erklärungsanteil (19 %) wie die kognitiven Grundfähigkeiten (18 %) und der sozioökonomische Status (20 %) wirken sie sich maßgeblich auf die Empfehlungsvergabe aus. Die Bücherzahl und das Vorhandensein einer (Tages-)Zeitung haben einen Einfluss darauf, ob Schüler/innen eine Gymnasialempfehlung anstelle einer Hauptschulempfehlung erhalten. Während eine Zeitung und eine hohe Anzahl von Büchern im Haushalt die Wahrscheinlichkeit einer Gymnasialempfehlung erhöhen, wird sie durch eine sehr geringe Anzahl von Büchern deutlich gesenkt. Auf die Vergabeentscheidung zwischen Real- und Hauptschulempfehlung haben die Kulturgüter allerdings keinen Einfluss.

Tabelle 38:   Übertrittsempfehlungen – Einfluss kulturellen Kapitals

	Odds Ratios							
	Gymnasium vs. Hauptschule				Realschule vs. Hauptschule			
Modell	I	II	III	IV	I	II	III	IV
Kulturgüter im Haushalt								
0-25 Bücher [1]		0,37**		0,45**		0,56		0,59
> 100 Bücher [1]		3,22***		2,44***		1,10		1,00
Zeitung		1,85**		1,51		1,19		1,14
Lernprogramme		1,04		1,05		1,27		1,18
Elterliche Unterstützungsleistungen								
Ermutigung			1,22	1,18			1,11	1,14
Vorbildfunktion			1,42	1,23			1,03	0,99
Positive Verstärkung			1,62**	1,62**			2,18**	2,17**
Förderung			0,84	0,82			0,95	0,95
Migrationshintergrund								
Migrationshintergrund	0,19***			0,33***	0,72			0,86
R^2 (Nagelkerke)	Modell I: .15		Modell II: .19		Modell III: .08		Modell IV: .28	

Anm: * $p < .05$, ** $p < .01$, *** $p < .001$; [1] Referenzgruppe für Bücher im Haushalt: 25-100 Bücher; Referenzgruppe Migrationshintergrund: Kinder ohne Migrationshintergrund; n = 435

Die elterlichen Unterstützungsleistungen wirken sich nur partiell und in wesentlich geringerem Umfang auf die Empfehlungsvergabe aus. Nur eine der vier Skalen, die positive Verstärkung, steht in signifikantem Zusammenhang mit den Übertritts-empfehlungen. Je mehr Eltern ihre Kinder darin bestärken, wenn sie gewünschtes Lernverhalten zeigen, desto höher ist die Wahrscheinlichkeit für das Kind eine Gymnasial- oder Realschulempfehlung anstelle einer Hauptschulempfehlung zu erhalten.

In Modell IV (vgl. Tabelle 38) sind alle Indikatoren des kulturellen Kapitals und zusätzlich der Migrationshintergrund als Prädiktoren der Empfehlungsvergabe be-rücksichtigt. Zunächst fällt auf, dass durch die Berücksichtigung des Migrations-hintergrundes und der Unterstützungsleistungen der zuvor signifikante Effekt der (Tages-)Zeitung verschwindet. Differenzierende, in Tabelle 38 nicht aufgeführte Regressionsanalysen, in denen nur die Kulturgüter und der Migrationshintergrund bzw. nur die Kulturgüter und die Unterstützungsleistungen als unabhängige Variab-len aufgenommen wurden, zeigen, dass die Abnahme des Effekts der Zeitung auf die Berücksichtigung des Migrationshintergrunds zurückzuführen ist. Demnach ist davon auszugehen, dass sich im Einfluss des Kulturguts Zeitung vor allem migrati-onsbedingte Unterschiede bzw. migrationsbedingte Effekte auf die Empfehlungs-vergabe widerspiegeln.

Hinsichtlich der Anzahl der Bücher und hinsichtlich des Migrationshintergrun-des findet im Modell mit allen Prädiktorvariablen (Modell IV) ebenfalls eine Ab-nahme der Effektstärke statt. Die verbleibenden Effekte sind aber weiterhin signifikant und in bedeutsamer Höhe (vgl. Tabelle 38). Die beidseitige Abnahme zeigt, dass zwischen beiden Faktoren Zusammenhänge bestehen und sie sich daher Anteile erklärter Varianz teilen. Der signifikante Einfluss der positiven Verstärkung bleibt durch die Berücksichtigung des Migrationshintergrundes und der Kulturgüter in seiner Stärke weitgehend unbeeinflusst. Dieses Ergebnis war insoweit zu erwarten, da bereits in Tabelle 37 aufgezeigt werden konnte, dass hinsichtlich der positiven Verstärkung keine migrationsbedingten Differenzen auftreten. Insgesamt erklärt Modell IV, in dem alle ausgewählten Indikatoren des familiären kulturellen Kapitals zusammen mit dem Migrationshintergrund berücksichtigt wurden, einen Varianzanteil von 28 %.

Tabelle 39: Übertrittsempfehlungen – Einfluss kulturellen Kapitals und ethnischer Herkunft

	Odds Ratios					
	Gymnasium vs. Hauptschule			Realschule vs. Hauptschule		
Modell	I	II	III	I	II	III
Kulturgüter im Haushalt						
0-25 Bücher [1]		0,38**	0,39**		0,56	0,52
> 100 Bücher [1]		3,21***	2,41***		1,09	1,02
Zeitung		1,87**	1,59*		1,25	1,26
Ethnische Herkunft						
GUS	0,33**		0,52	1,54		1,87
Osteuropa	0,33***		0,66	1,18		1,53
Türkei	0,08***		0,14***	0,44		0,51
Sonstige	0,23***		0,39**	0,46*		0,61
R² (Nagelkerke)	*Modell I: .19*		*Modell II: .19*		*Modell III: .28*	

Anm.: * $p < .05$, ** $p < .01$, *** $p < .001$; [1] Referenzgruppe für Bücher im Haushalt: 25-100 Bücher; Referenzgruppe Ethnische Herkunft: Kinder ohne Migrationshintergrund; n = 435

Abschließend wird noch ein kurzer Blick darauf geworfen, wie sich die Zuteilung zu den ethnischen Herkunftsgruppen unter gleichzeitiger Berücksichtigung der Kulturgüter auf die Vergabe der Übertrittsempfehlungen auswirkt (vgl. Tabelle 39). Die elterlichen Unterstützungsleistungen wurden nicht mit in die Analysen aufgenommen, da sie teilweise keine bedeutsamen Effekte zeigen oder im Fall der positiven Verstärkung nicht mit der ethnischen Gruppenzugehörigkeit zusammenhängen.

Von zentralem Interesse ist hier vor allem Modell III mit allen unabhängigen Variablen. Durch die Berücksichtigung der Kulturgüter im Haushalt verringern sich die von den Herkunftsgruppen ausgehenden Effekte wesentlich. Bei den Kindern aus der GUS und den Kindern aus Osteuropa sind in Modell III sogar keine signifikanten Unterschiede gegenüber den Kindern ohne Migrationshintergrund mehr feststellbar. Das bedeutet, die Nachteile der aus der GUS und aus Osteuropa stammenden Schüler/innen hinsichtlich der Empfehlungsvergabe sind im vorliegenden Fall vollständig auf Unterschiede in der kulturellen Kapitalausstattung der jeweiligen Familien zurückzuführen.

Gesamtmodell

Nachdem in den vorhergehenden Abschnitten jeweils einzelne Kapitalsorten und die individuellen Einflussfaktoren getrennt voneinander untersucht wurden, wird im nun folgenden Abschnitt eine gemeinsame Betrachtung des familiären Hintergrunds, der individuellen Einflussfaktoren und des Migrationshintergrunds in ihrem Einfluss auf die Übertrittsempfehlungen vorgenommen. Um die dafür berechneten logistischen Regressionsmodelle in Anbetracht der Stichprobengröße nicht zu umfangreich zu gestalten, wurde für jede der differenzierten Kapitalsorten jeweils die Variable ausgewählt, die sich in den vorhergehenden Analysen als erklärungsstärkster Prädiktor erwiesen hat. Dies sind für das ökonomische Kapital der sozioökonomische Status operationalisiert über den HISEI, für das soziale Kapital die Anzahl der im familiären Haushalt lebenden Kinder und für das kulturelle Kapital der strukturelle kulturelle Anregungsgehalt in der Familie operationalisiert über die Anzahl der im Haushalt vorhandenen Bücher. Nur bei den individuellen Determinanten wurden zwei Indikatoren, die kognitiven Grundfähigkeiten und das Geschlecht, berücksichtigt.

In Tabelle 40 sind sechs verschiedene Regressionsmodelle aufgeführt. In den Modellen II bis V wird jeweils ein Faktorenbündel dem Analysemodell hinzugefügt. In Modell VI werden schließlich alle ausgewählten Einflussfaktoren gemeinsam mit dem Migrationshintergrund hinsichtlich ihres Einflusses auf die Empfehlungsvergabe untersucht. Dieses Gesamtmodell erklärt einen Anteil von 39 % an der Varianz der Übertrittsempfehlungen. Mit einem Modell, das allein den familiären Hintergrund, also die drei Indikatoren der verschiedenen Kapitalsorten umfasst, können im Vergleich dazu 29 %, mit einem Modell, das auf die beiden individuellen Einflussfaktoren beschränkt ist, 21 % und mit einem Modell mit allen individuellen und familiären Faktoren können 38 % der Varianz in den Übertrittsempfehlungen erklärt werden. Die zusätzliche Aufnahme des Migrationshintergrundes trägt trotz seiner Bedeutung für die Empfehlungsvergabe (vgl. Modell I) nur einen geringfügigen unabhängigen Varianzanteil bei. Zwischen den individuellen Determinanten, dem familiären Hintergrund und dem Migrationshintergrund besteht demzufolge ein hohes Maß an gemeinsam erklärter Varianz.

Diese Überschneidung in der Vorhersagekraft wird auch deutlich an der Form, wie sich der Einfluss des Migrationshintergrundes durch die Berücksichtigung der familiären und individuellen Einflussfaktoren von Modell I zu Modell VI verändert. Während Schüler/innen mit Migrationshintergrund ohne Berücksichtigung ihrer individuellen und familiären Eingangsvoraussetzungen eine mehr als fünf Mal niedrigere Wahrscheinlichkeit haben, eine Gymnasial- anstelle einer Hauptschulempfehlung zu erhalten, reduziert sich dieses Verhältnis durch die Berücksichtigung der Eingangsvoraussetzungen auf eine nur noch halb so große Wahrscheinlichkeit. Dieser Einfluss bleibt aber trotz seiner Abnahme bedeutsam. Es besteht im vorliegenden Fall also ein sowohl über die individuellen Einflussfaktoren als auch über den familiären Hintergrund hinausgehender signifikanter Zusammenhang von

Migrationshintergrund und der Vergabe von Übertrittsempfehlungen. Dieser beschränkt sich allerdings auf die Vergabe von Gymnasialempfehlungen.

Tabelle 40: Übertrittsempfehlungen – individuelle Einflussfaktoren und familiärer Hintergrund

	Odds Ratios					
	Gymnasium vs. Hauptschule					
Modell	I	II	III	IV	V	VI
Individuelle Einflussfaktoren: Kognitive Grundfähigkeiten und Geschlecht						
KGF		1,08***	1,08***	1,08***	1,07***	1,06***
Geschlecht		0,85	0,97	1,00	0,95	0,96
Ökonomisches Kapital: HISEI						
HISEI			1,06***	1,06***	1,05***	1,05***
Soziales Kapital: Kinder im Haushalt						
2				1,41	1,54	1,69
> 2				1,20	1,26	1,41
Kulturelles Kapital: Bücher im Haushalt						
0-25					0,51*	0,56
> 100					2,07***	1,88**
Migrationshintergrund						
Migrationshintergrund	0,19***					0,55**
	Realschule vs. Hauptschule					
Individuelle Einflussfaktoren: Kognitive Grundfähigkeiten und Geschlecht						
KGF		1,03**	1,03**	1,03**	1,03*	1,03*
Geschlecht		2,07**	2,16**	2,26**	2,17**	2,18**
Ökonomisches Kapital: HISEI						
HISEI			1,02*	1,01	1,01	1,01
Soziales Kapital: Kinder im Haushalt						
2				1,33	1,39	1,38
> 2				0,57	0,58	0,57
Kulturelles Kapital: Bücher im Haushalt						
0-25					0,61	0,60
> 100					0,91	0,91
Migrationshintergrund						
Migrationshintergrund	0,72					1,08
R^2	.15	.21	.33	.35	.38	.39

Anm.: * $p < .05$, ** $p < .01$, *** $p < .001$; $R^2 = R^2$ (Nagelkerke); KGF = Kognitive Grundfähigkeiten; HISEI = höchster sozioökonomischer Status; Referenzgruppe Geschlecht: Männlich; Referenzgruppe Kinder im Haushalt: Einzelkind; Referenzgruppe Bücher im Haushalt: 25-75; Referenzgruppe Migrationshintergrund: Kinder ohne Migrationshintergrund; n = 435

Eine tiefergehende Differenzierung dieses Effekts wird erreicht, wenn anstelle des Migrationshintergrundes ethnische Herkunftsgruppen in das Gesamtmodell aufgenommen werden (vgl. Tabelle 41). Dadurch kann differenziert werden, ob sich die Berücksichtigung der Einflussfaktoren unterschiedlich auf die einzelnen Herkunftsgruppen auswirkt.

Tabelle 41: Übertrittsempfehlungen – individuelle Einflussfaktoren, familiärer Hintergrund und ethnische Herkunft

	Odds Ratios					
	Gymnasium vs. Hauptschule					
Modell	I	II	III	IV	V	VI
Individuelle Einflussfaktoren: Kognitive Grundfähigkeiten und Geschlecht						
KGF		1,08***	1,08***	1,08***	1,07***	1,06***
Geschlecht		0,85	0,97	1,00	0,95	0,93
Ökonomisches Kapital: HISEI						
HISEI			1,06***	1,06***	1,05***	1,04***
Soziales Kapital: Kinder im Haushalt						
2				1,41	1,54	1,89
> 2				1,20	1,26	1,72
Kulturelles Kapital: Bücher im Haushalt						
0-25					0,51*	0,47*
> 100					2,07***	1,79**
Ethnische Herkunft						
GUS	0,33**					0,80
Osteuropa.	0,33***					1,03
Türkei	0,08***					0,22***
Sonstige	0,23***					0,68
	Realschule vs. Hauptschule					
Individuelle Einflussfaktoren: Kognitive Grundfähigkeiten und Geschlecht						
KGF		1,03**	1,03**	1,03**	1,03*	1,03*
Geschlecht		2,07**	2,16**	2,26**	2,17**	2,15**
Ökonomisches Kapital: HISEI						
HISEI			1,02*	1,01	1,01	1,01
Soziales Kapital: Kinder im Haushalt						
2				1,33	1,39	1,44
> 2				0,57	0,58	0,69
Kulturelles Kapital: Bücher im Haushalt						
0-25					0,61	0,57
> 100					0,91	0,91
Ethnische Herkunft						
GUS	1,54					1,84
Osteuropa	1,18					1,77
Türkei	0,44					0,63
Sonstige	0,46*					0,78
R²	.15	.21	.33	.35	.38	.42

Anm.: * p < .05, ** p < .01, *** p < .001; R² = R² (Nagelkerke); KGF = Kognitive Grundfähigkeiten; HISEI = höchster sozioökonomischer Status; Referenzgruppe Geschlecht: Männlich; Referenzgruppe Kinder im Haushalt: Einzelkind; Referenzgruppe Bücher im Haushalt: 25-75; Referenzgruppe Ethnische Herkunft: Kinder ohne Migrationshintergrund; n = 435

Wie Tabelle 41 zu entnehmen ist, verändern sich auch bei den ethnischen Herkunftsgruppen durch die zusätzliche Aufnahme individueller und familiärer Prädiktorvariablen die Odds Ratios zugunsten der Schüler/innen mit Migrationshintergrund. In allen Fällen steigt die Wahrscheinlichkeit der Kinder mit Migrationshintergrund eine Real- oder eine Gymnasialempfehlung anstelle einer Hauptschulempfehlung zu erhalten, sodass fast alle aufgeführten Wahrscheinlichkeitsverhältnisse der verschiedenen ethnischen Gruppen kein signifikantes Niveau mehr erreichen. Das bedeutet, durch die Berücsichtigung des familiären Hintergrundes und der individuellen Einflussfaktoren lassen sich die zuvor festgestellten ethnisch beding-ten Effekte auf die Empfehlungsvergabe vollständig aufklären. Dies trifft auf die Gruppe der Kinder aus der GUS, die Kinder aus Osteuropa und die Kinder aus den sonstigen Herkunftsländern zu. Lediglich die Kinder türkischer Herkunft weisen auch im Gesamtmodell einen zwar verringerten, aber dennoch signifikanten Unter-schied in der Wahrscheinlichkeitsverteilung auf. Ihre Chance, eine Empfehlung für das Gymnasium zu erhalten, ist unter Berücsichtigung der ausgewählten Einfluss-faktoren fünf Mal niedriger als die der Kinder ohne Migrationshintergrund.

Übertrittsempfehlungen und Übertrittsentscheidungen

Um besser beurteilen zu können, wie die differentiellen Muster der Bildungsbetei-ligung von Kindern mit und ohne Migrationshintergrund in der Sekundarstufe ent-stehen, müssen neben den bereits analysierten Schulleistungen und Übertrittsemp-fehlungen auch die letztendlichen Übertrittsentscheidungen mit in den Blick ge-nommen werden. Sie geben nicht nur Auskunft darüber, welche Schulform die Kinder nach der Grundschule besuchen werden, an ihnen können auch sogenannte sekundäre Herkunftseffekte abgelesen werden. In Abschnitt 4.3 wurde bereits ein-gehend die von Boudon (1974) eingeführte theoretische Unterscheidung von pri-mären und sekundären Herkunftseffekten vorgestellt. Zu den sekundären Her-kunftseffekten zählen demnach unter anderem Bildungsentscheidungen, die Schü-lerfamilien in Abhängigkeit von ihrer sozialen Lage treffen. Eltern entscheiden bei-spielsweise vor dem Hintergrund ihres sozioökonomischen Status oder ihres eige-nen Bildungshintergrundes, dass ihr Kind trotz einer anders lautenden Empfehlung an das Gymnasium übertritt. Kristen und Dollmann (2009) nehmen, wie ebenfalls in Abschnitt 4.3 dargestellt wurde, eine weitergehende Unterteilung dieser Effekte in soziale und ethnische Herkunftseffekte vor. Letzteren sind demnach diejenigen elterlichen Entscheidungen zuzurechnen, die nicht aufgrund der sozialen, sondern aufgrund der ethnischen Herkunft von der vergebenen Übertrittsempfehlung ab-weichen.

Im Folgenden werden die vorliegenden Daten auf das Auftreten entsprechender ethnischer und sozialer sekundärer Herkunftseffekte untersucht. Dafür werden zum einen die in der Elternbefragung erhobenen Übertrittsentscheidungen herangezo-gen. Fehlende Angaben auf Seiten der Eltern werden durch Proxyangaben der je-weiligen Klassenlehrerinnen ergänzt. Zum anderen werden die von den Lehrerin-nen vergebenen Übertrittsempfehlungen als Vergleichsgrundlage herangezogen, um Abweichungen zwischen Übertrittsempfehlung und Übertrittsentscheidung feststellen zu können. Die Ergebnisse der vorgenommenen Vergleiche wurden in drei Kategorien eingeteilt: *erstens* Übertrittsempfehlung und -entscheidung ent-sprechen sich, *zweitens* die Übertrittsentscheidung weicht nach oben von der Empfehlung ab, d.h. das jeweilige Kind tritt an eine höhere Schulform als empfohlen über, und *drittens* die Übertrittsentscheidung weicht nach unten ab, das bedeutet das Kind tritt an eine niedrigere Schulform als empfohlen über.

Innerhalb der vorliegenden Daten sind sekundäre Effekte in Form abweichender Übertrittsentscheidungen nur in geringem Umfang vorzufinden. Von 435 Schüler/inne/n treten lediglich 25 an eine andere Schulform der Sekundarstufe über als die, die ihnen von der Klassenlehrerin empfohlen wurde. 20 davon wechseln an eine höhere (11 an die Realschule und 9 an das Gymnasium) und 5 an eine niedrigere Schulform. Wie sich diese Schüler/innen auf die beiden Gruppen der Kinder mit und der Kinder ohne Migrationshintergrund verteilen, ist in Tabelle 42 dargestellt. Beide Gruppen weisen vergleichbare Verteilungen mit geringfügigen Unterschieden auf. Ein signifikanter Unterschied zwischen den beiden Verteilungen ist nicht festzustellen (F nach Rao Scott (3, 65) = 1,65; p = 0,19).

Tabelle 42:   Übertrittsempfehlungen und Übertrittsentscheidungen

	Übertrittsentscheidung ... Übertrittsempfehlung		
	niedriger	gleich	höher
Kinder ohne Migrationshintergrund	93 %	5 %	3 %
Kinder mit Migrationshintergrund	95 %	4 %	1 %

Anm.: n = 435

Um zu überprüfen, ob es sich bei den vorgefundenen abweichenden Übertrittsentscheidungen eventuell um soziale oder ethnische bzw. migrationsbedingte Herkunftseffekte handelt, wurden zwei logistische Regressionsanalysen durchgeführt, in denen zum einen der sozioökonomische Status und zum anderen der Migrationshintergrund zu den Übertrittsentscheidungen in Bezug gesetzt wurde (vgl. Tabelle 43). Die Berechnung eines Regressionsmodells mit den ethnischen Herkunftsgruppen als Prädiktoren konnte aufgrund der geringen Anzahl an abweichenden Übertrittsentscheidungen nicht vorgenommen werden.

Tabelle 43:   Soziale und migrationsbedingte sekundäre Herkunftseffekte

	Odds Ratios			
	Höher vs. Gleich		Niedriger vs. Gleich	
Modell	I	II	I	II
Sozialer Herkunftseffekt				
HISEI	1,00		1,00	
Migrationsbedingter Herkunftseffekt				
Migrationshintergrund		0,89		0,18
R² (Nagelkerke)	*Modell I: .00*		*Modell II: .02*	

Anm.: * p < .05, ** p < .01, *** p < .001; Referenzgruppe Migrationshintergrund: Kinder ohne Migrationshintergrund; n = 435

In beiden Regressionsmodellen wirken sich die Prädiktorvariablen nicht signifikant auf die (abweichenden) Übertrittsentscheidungen aus. Es ist daher davon auszugehen, dass den vorgefundenen, abweichenden Entscheidungsverhalten keine sozialen und keine migrationsbedingten sekundären Herkunftseffekte zugrunde liegen.

7.1.4 Zusammenfassung und Interpretation

Im Mittelpunkt des Abschnitts 7.1 stand die Auseinandersetzung mit einem zentralen strukturellen Sozial-Integrationsprozess in die Grundschule: die Vergabe der Übertrittsempfehlungen am Ende der Grundschulzeit. Aufgrund ihrer engen Verbindung und Koppelung an die Übertrittsempfehlungen wurden auch die Schulnoten in den Fächern Deutsch und Mathematik und die Übertrittsentscheidungen mit in den Fokus dieses Abschnitts gerückt. Mithilfe dieser Auswahl an strukturellen Integrationsaspekten kann ein Eindruck davon gewonnen werden, wie Schüler/innen am Ende der vierten Jahrgangsstufe in der Grundschule platziert sind und wie sich diese Platzierung im Übergang zur Sekundarstufe fortsetzt oder verändert. Gerade für die wissenschaftliche Auseinandersetzung mit Migrant/inn/en im deutschen Schulsystem ist dieser Blickwinkel ein geeigneter Anknüpfungspunkt, um zu beschreiben, wie Schüler/innen mit Migrationshintergrund gerade im Vergleich zu Kindern ohne Migrationshintergrund schulisch platziert sind, und um zu untersuchen, wie diese Platzierung unter Berücksichtigung verschiedener Einflussfaktoren und zeitlicher Verläufe zustande kommt.

In Kapitel 5 wurden drei verschiedene Forschungsfragen zu diesem Themenkomplex formuliert, die im Folgenden wieder aufgegriffen und entlang der zuvor berichteten Ergebnisse beantwortet werden sollen.

– *Wie sind Kinder mit Migrationshintergrund im Hinblick auf ihre Übertrittsempfehlungen und ihre Schulnoten am Ende der Grundschulzeit strukturell integriert bzw. platziert?*

Die strukturellen Rahmenbedingungen, die an bayerischen Grundschulen vorzufinden sind, grenzen die auf Aggregatebene denkbaren Integrationskonstellationen, wie Kinder mit Migrationshintergrund im Hinblick auf ihre Übertrittsempfehlungen integriert sein können, auf zwei bzw. drei grundlegende Integrationsformen ein (vgl. Abschnitt 3.6.1). Zu diesen zählen die Assimilation und die migrationsbedingte oder ethnische Schichtung, die weiter in eine Über- oder Unterschichtung differenziert werden kann. Alle drei Konstellationen können empirisch auf ihre Gültigkeit überprüft werden, indem die Gruppe der Kinder mit Migrationshintergrund zur Gruppe der Kinder ohne Migrationshintergrund ins Verhältnis gesetzt wird. Die vorgestellten empirischen Analysen verfolgen daher durchgängig das Ziel, entsprechende Vergleiche zwischen Schüler/inne/n ohne Migrationshintergrund und Schüler/inne/n mit Migrationshintergrund vorzunehmen. Die Gruppe der Kinder mit Migrationshintergrund wurde dabei meist in verschiedene migrationsbezogene oder ethnische Gruppen unterteilt, um eine differenzierte Beschreibung der betrachteten strukturellen Integrationsprozesse zu erreichen. Die migrationsbedingte Aufteilung orientiert sich am Aufteilungsschema des statistischen Bundesamtes (vgl. Abschnitt 4), die Aufteilung der ethnischen Herkunftsgruppen wurde anhand der in der Stichprobe vorgefundenen Herkunftsländer der Migrant/inn/en vorgenommen (vgl. Abschnitt 6.6.2).

In den Analysen der am Ende der 4. Klasse vergebenen Übertrittsempfehlungen zeigt sich eine deutlich ausgeprägte Schichtung der Kinder mit Migrationshintergrund unter ihre Mitschüler/innen ohne Migrationshintergrund. Alle differenzierten Migrantengruppen und ethnischen Herkunftsgruppen weisen eine wesentlich nachteiligere Empfehlungsverteilung auf. Diese äußert sich darin, dass Kinder mit Migrationshintergrund eine durchgängig höhere Wahrscheinlichkeit haben, eine Hauptschul- anstelle einer Gymnasialempfehlung zu erhalten. Für das Wahrscheinlichkeitsverhältnis, eine Real- statt einer Hauptschulempfehlung zu erhalten, spielen der Migrationsstatus und die ethnische Gruppenzugehörigkeit hingegen nur in zwei Fällen, bei der Gruppe der Ausländer/innen und bei der Gruppe der sonstigen Herkunftsländer, eine Rolle. Kinder, die diesen beiden Gruppen angehören, haben demnach auch eine niedrigere Chance eine Real- anstatt einer Hauptschulempfehlung zu erhalten.

Verglichen mit den im Forschungsstand berichteten Zahlen zur Bildungsbeteiligung in der Sekundarstufe bestätigt sich auch in den vorliegenden Auswertungen die schlechtere schulische Platzierung der Kinder mit Migrationshintergrund. Weitgehende Übereinstimmung zeigt sich insbesondere mit Blick auf das Gymnasium und die Hauptschule. Sowohl in den zuvor dargestellten Studien als auch in den vorgenommenen Auswertungen finden sich jeweils bei der Gruppe der Migrant/inn/en die geringeren Anteile an Schüler/inne/n, die ein Gymnasium besuchen bzw. die eine Übertrittsempfehlung für das Gymnasium erhalten. Bei den Anteilen für die Hauptschule verhält es sich umgekehrt. Diese grundlegende inhaltliche Übereinstimmung reicht aber auf Deutschland und auch auf Bayern bezogen in keinem Fall so weit, dass zwischen den aus anderen Studien und den anhand des SOKKE Datensatzes berichteten Anteilen von Deckungsgleichheit gesprochen werden kann. Gerade was die Realschule anbelangt weichen die berichteten Anteile teils deutlich voneinander ab. Diese Abweichungen können auf mehrere Faktoren zurückzuführen sein. Erstens fällt ein Vergleich mit anderen derzeit verfügbaren Studien allein aufgrund der Tatsache schwer, dass die jeweils zugrunde gelegten Definitionen und Operationalisierungen von Schüler/inne/n mit Migrationshintergrund teils stark voneinander abweichen. Noch einmal gilt es hier zu betonen, dass es studienübergreifender Standards zur Operationalisierung eines Migrationshintergrundes bedarf, um eine bessere Vergleichbarkeit der einzelnen Studien untereinander und damit eine genauere und validere Beschreibung von migrationsbedingten Disparitäten zu ermöglichen. Zweitens beziehen sich die vorgestellten Studien und die vorliegende Studie auf räumlich unterschiedliche Grundgesamtheiten. Diese reichen von Schüler/inne/n an deutschen Schulen, über bayerische Schüler/innen bis hin zur Beschränkung auf Schüler/innen einer ausgewählten Großstadt. Drittens kommt hinzu, dass innerhalb der Studien auch verschiedene Jahrgangsstufen untersucht wurden. So kann es beispielsweise aufgrund der Jahrgangsdifferenz zwischen den Schüler/inne/n der vierten Klasse, die im Rahmen von SOKKE untersucht wurden, und den Schüler/inne/n der 9. Jahrgangsstufe, auf die die PISA-Studien fokussieren, zu Verschiebungen in den Schulanteilen kommen. Viertens und letztens spielt es natürlich auch eine Rolle, dass im vorliegenden Kontext vorwiegend die Übertrittsempfehlungen und nicht die Übertrittsentscheidungen untersucht wurden. Wie in Abschnitt 7.1.3 herausgestellt, gibt es den Empfehlungen entgegen laufende Übertrittsentscheidungen der Eltern. Dadurch kommt es noch zu geringfügigen Verschiebungen der Anteile, die auf die einzelnen Schulformen entfallen.

Die vorgenommenen Auswertungen zeichnen aufgrund ihrer breiten Gruppenaufteilung der Schüler/innen mit Migrationshintergrund ein differenziertes Bild von der Empfehlungsvergabe. Diesem kann entnommen werden, dass teils große Anteilsunterschiede unter den Migrantengruppen und den ethnischen Herkunftsgruppen auftreten und das obwohl sich alle Gruppen in der Empfehlungsverteilung signifikant von der Gruppe der Kinder ohne Migrationshintergrund unterscheiden. Der Anteil an Übertrittsempfehlungen für die Hauptschule reicht beispielsweise von knapp 40 % bei den Kindern aus der GUS bis zu 71 % bei den Kindern aus der Türkei. Das sehr schlechte Abschneiden der Kinder türkischer Herkunft stimmt mit den in anderen Studien berichteten Ergebnissen überein, die ebenfalls die Kinder mit türkischem Migrationshintergrund zu den besonders benachteiligten Gruppen im deutschen Schulsystem zählen. Weitere Übereinstimmungen zeigen sich bei den (Spät-)Aussiedler/inne/n und bei den Kindern aus der GUS und aus Osteuropa, die untereinander große personelle Überschneidungen aufweisen. Von allen verglichenen Gruppen kommen sie der Empfehlungsverteilung und der Bildungsbeteiligung der Kinder ohne Migrationshintergrund am nächsten. Auch die Kinder mit nur einem migrierten Elternteil weisen eine vergleichsweise niedrige Distanz zu den Kindern ohne Migrationshintergrund auf. Die Nähe dieser beiden Gruppen zueinander leuchtet insoweit ein, da Familien, in denen auch ein Elternteil ohne Migrationshintergrund lebt, eine im Regelfall bessere Sozial-Integration in die Aufnahmegesellschaft aufweisen. Davon können die Kinder in mehrfacher Hinsicht profitieren. Beispielsweise beim Erwerb der Sprache des Aufnahmelandes, der durch einen entsprechenden muttersprachlichen Elternteil in der Familie problemloser verlaufen kann.

Neben der Empfehlungsvergabe wurden in diesem Auswertungsabschnitt auch die Notenverteilungen in den Fächern Mathematik und Deutsch in der vierten Klasse einer genaueren Betrachtung unterzogen. Die dabei festgestellten Verhältnisse entsprechen weitgehend den für die Übertrittsempfehlungen berichteten Ergebnissen, leiten sich die Empfehlungen ja im Wesentlichen von diesen beiden Noten ab. Auf eine Besonderheit gilt es allerdings an dieser Stelle noch kurz hinzuweisen. Anhand der Noten kann gezeigt werden, dass der Zusammenhang zwischen den Fachnoten auf der einen Seite und dem Migrationshintergrund und der ethnischen Gruppenzugehörigkeit auf der anderen Seite, bei den Deutschnoten bedeutend höher ausfällt als bei den Mathematiknoten. Die Deutschnoten wirken sich daher auch wesentlich stärker auf die migrations- und ethnisch bedingten Differenzen in den Empfehlungen aus als die Mathematiknoten. Dieses Ergebnis bestätigt erneut, dass gerade die Schulleistung im Fach Deutsch ein zentraler, aber nicht der einzige Bedingungsfaktor der Schulerfolgsdiskrepanzen zuungunsten der Schüler/innen mit Migrationshintergrund ist.

– *Wie entwickelt sich die strukturelle Sozial-Integration der Kinder mit Migrationshintergrund zwischen der ersten und der vierten Klasse?*

Um diese Forschungsfrage zu beantworten, wurden zusätzlich zu den Schulnoten der vierten auch die Schulnoten der ersten Klasse in den Fächern Deutsch und Mathematik mit in die Analysen einbezogen. Auf diesem Weg sollte erstens herausgefunden werden, welche Sozial-Integrationsform zu Beginn der Schulzeit und welche Form am Ende der Schulzeit vorliegt. Als mögliche Integrationskonstellationen kamen, wie bereits bei der ersten Forschungsfrage ausgeführt, das Vorliegen von Schichtungseffekten oder einer Assimilation in Betracht. Zweitens sollte von den Notendifferenzen zwischen der ersten und der vierten Klasse abgeleitet werden, wie sich die Leistungen und die Integrationskonstellation unter Berücksichtigung des Migrationsstatus und der ethnischen Gruppenzugehörigkeit längsschnittlich entwickeln. Drei zu überprüfende Verlaufsformen wurden dafür vorher definiert: das Auftreten eines Schereneffekts, eines Kompensationseffekts oder eines Karawaneneffekts (vgl. Abschnitt 5.1).

Die durchgeführten Analysen haben zunächst gezeigt, dass bereits zu Beginn der Grundschulzeit eine ausgeprägte migrationsbedingte und ethnische Unterschichtung besteht. Der Großteil der verglichenen Gruppen weist schon in der ersten Klasse eine signifikant schlechtere Notenverteilung auf als die Gruppe der Kinder ohne Migrationshintergrund. Ein Vergleich der Deutsch- und Mathematiknoten der ersten Klasse mit den Noten der vierten Klasse zeigt im Hinblick auf migrationsbedingte und ethnische Verteilungsdifferenzen deutliche Parallelen. Für beide Jahrgangsstufen kann meist die gleiche Integrationsform, eine migrationsbedingte und ethnische Unterschichtung, festgehalten werden. Lediglich die Gruppe der Schüler/innen aus der GUS und die Gruppe der (Spät-)Aussiedler/innen unterscheiden sich in der ersten Klasse weder in der Deutsch- noch in der Mathematiknote von der Gruppe der Schüler/innen ohne Migrationshintergrund. Sie können für diesen Zeitpunkt als assimiliert gelten. Erst in der vierten Klasse finden sich auch bei ihnen entsprechende Unterschichtungseffekte.

Auch die Rangfolge und die Verhältnisse der differenzierten Migrantengruppen und ethnischen Herkunftsgruppen untereinander sind in beiden Jahrgangsstufen weitgehend deckungsgleich. Mit deutlichem Abstand zu den anderen Gruppen weisen die türkischstämmigen Kinder die nachteiligste Notenverteilung sowohl im Fach Deutsch als auch im Fach Mathematik auf. Geringe Abstände gegenüber den Kindern ohne Migrationshintergrund können hingegen vor allem bei den Kindern aus der GUS und aus Osteuropa, bei den (Spät-)Aussiedler/inne/n und bei den Kindern mit nur einem migrierten Elternteil festgestellt werden.

Die Ergebnisse deuten insgesamt auf eine hohe zeitliche Stabilität der Leistungsplatzierung der Kinder mit Migrationshintergrund in der Grundschule und damit auf einen Karawaneneffekt hin. Von der ersten zur vierten Klasse finden keine wesentlichen Veränderungen der ethnisch- und migrationsbedingten Disparitäten in den Deutsch- und Mathematiknoten statt. Zudem konnte festgestellt werden, dass ein Großteil der am Ende der Grundschulzeit festgestellten Notendifferenzen auf bereits in der ersten Klasse vorliegende Notendifferenzen zurückgeht.

– *Wie wirkt sich der familiäre Hintergrund der Kinder mit Migrationshintergrund auf deren Übertrittsempfehlungen am Ende der Grundschulzeit aus?*

Wie in Abschnitt 4.3 näher erläutert wurde, gehen verschiedene Ansätze zur Erklärung der Schulerfolgsdifferenzen zwischen Kindern mit und ohne Migrationshintergrund davon aus, dass diese Differenzen (großteils) auf Unterschiede in den familiären Sozialisationsbedingungen zurückzuführen sind. So beispielsweise auch humankapitaltheoretische Ansätze, die die Grundannahme vertreten, Migrantenfamilien mangele es an entsprechendem Humankapital zum erfolgreichen Durchlaufen des deutschen Schulsystems. Um diese und vergleichbare Annahmen zu überprüfen, wurde in Abschnitt 7.1.3 der familiäre Hintergrund anhand verschiedener Indikatoren des ökonomischen, sozialen und kulturellen Kapitals zur Vergabe der Übertrittsempfehlungen in Bezug gesetzt. Darüber hinaus wurden auch elterliche Übertrittsentscheidungen auf Abweichungen von den Empfehlungen untersucht, um das Auftreten sekundärer sozialer oder migrationsbedingter Herkunftseffekte überprüfen zu können.

Als erste Kapitalsorte wurde das ökonomische Kapital, dessen Verteilung in den Migrantenfamilien und dessen Einfluss auf die strukturelle Platzierung der Schüler/innen am Ende der Grundschulzeit untersucht. Übereinstimmend mit dem in Abschnitt 4.3 geschilderten Forschungsstand weisen die Familien mit Migrationshintergrund durchschnittlich einen bedeutend niedrigeren sozioökonomischen Status auf als die Familien ohne Migrationshintergrund. Überdeutlich kristallisiert sich hier die häufig konstatierte, enge Konfundierung von Migrationsstatus, ethnischer Gruppenzugehörigkeit und Schichtzugehörigkeit heraus. Am stärksten sind erneut die Kinder türkischer Abstammung davon betroffen. Der sozioökonomische Status ihrer Familien fällt mitunter sogar weit hinter den durchschnittlichen Status anderer ethnischer Herkunftsgruppen zurück. Den geringsten wenngleich immer noch deutlich ausgeprägten Abstand zu den Familien ohne Migrationshintergrund zeigen die Familien mit nur einem migrierten Elternteil. Ein ähnlich nachteiliges Bild von der Ausstattung der Migrantenfamilien mit ökonomischem Kapital, wie es sich entlang des sozioökonomischen Status zeigt, kann auch anhand des Vorhandenseins ausgewählter Konsumgüter gezeichnet werden, die in den meisten Fällen wesentlich seltener in Migrantenhaushalten anzutreffen sind.

Diese gravierenden Unterschiede in der ökonomischen Kapitalausstattung der Familien haben auch einen eindeutigen Effekt auf die schulische Platzierung. Umso höher der sozioökonomische Status einer Familie, umso höher ist auch die Wahrscheinlichkeit für deren Kinder eine Gymnasial- oder Realschulempfehlung anstelle einer Hauptschulempfehlung zu erhalten. Auch die Konsumgüter wirken sich in ähnlicher Weise auf das Wahrscheinlichkeitsverhältnis von Gymnasial- und Hauptschulempfehlung aus. Ihr Effekt ist allerdings abhängig vom sozioökonomischen Status und verschwindet, sobald dieser kontrolliert wird.

Die enge Konfundierung von ökonomischem Kapital und Migrationsstatus zeigt sich auch in einer Wechselwirkung dieser beiden Aspekte auf die Empfehlungsvergabe. Allerdings ist auf Grundlage der Analyseergebnisse die Annahme nicht aufrecht zu erhalten, das schlechtere schulische Abschneiden von Migrant/inn/en sei lediglich ein Effekt deren schlechter sozioökonomischer Positionierung. Zwar nehmen die migrationsbedingten und ethnischen Schichtungseffekte durch die Berücksichtigung des sozioökonomischen Status ab, es bleiben jedoch davon unabhängige substantielle Effekte bestehen. Lediglich bei den aus der GUS stammenden Familien und deren Kindern basiert der ethnische Schichtungseffekt allein auf der differierenden familiären Ausstattung mit ökonomischem Kapital. Wenngleich es hier anzumerken gilt, dass die schlechtere familiäre Ausstattung mit ökonomischem Kapital (und partiell auch mit anderen Kapitalsorten) selbst eine Folge des Migrationsprozesses und des Migrationsstatus sein kann (vgl. Abschnitt 3.7).

Das soziale Kapital spielt nur eine untergeordnete Rolle bei der Vergabe von Übertrittsempfehlungen. Von den beiden hier betrachteten Indikatoren des sozialen Kapitals, der Familienstruktur und der Anzahl der Kinder im Haushalt, geht nur von letzterem ein Effekt aus. Demzufolge sinkt die Wahrscheinlichkeit, eine Realschulempfehlung anstatt einer Hauptschulempfehlung zu erhalten, wenn im familiären Haushalt mehr als zwei Kinder leben. Obwohl zwischen den einzelnen Migrantengruppen und den ethnischen Herkunftsgruppen auf der einen Seite und den Familien ohne Migrationshintergrund auf der anderen Seite teilweise Unterschiede in der Anzahl der im familiären Haushalt lebenden Kinder bestehen, kann keine Wechselwirkung zwischen beiden Seiten in Bezug auf die Empfehlungsvergabe festgestellt werden.

Für die Auseinandersetzung mit der kulturellen Kapitalausstattung der Familien wurden eine Reihe verschiedener Kulturgüter und deren Vorhandensein in den familiären Haushalten untersucht. Die durchgeführten Analysen zeigen, dass sich Migrantenfamilien im Hinblick auf das kulturelle Klima, das in ihren Familien vorherrscht, stark von Familien ohne Migrationshintergrund unterscheiden. Erneut sind es die Kinder mit nur einem migrierten Elternteil, die in ihrer kulturellen Kapitalausstattung den nicht migrierten Familien am nächsten kommen.

Das familiäre kulturelle Kapital wirkt sich nachhaltig auf die schulische Platzierung am Ende der Grundschulzeit aus. Umso stärker der kulturelle Anregungsgehalt einer Familie ausgeprägt ist, umso höher ist die Wahrscheinlichkeit eine Empfehlung für den Übertritt an ein Gymnasium zu erhalten. Für den Erhalt einer Realschulempfehlung spielen die Kulturgüter hingegen keine Rolle.

Wie schon beim sozioökonomischen Status kann eine starke Wechselwirkung einzelner kultureller Kapitalindikatoren mit dem Migrationshintergrund bzw. der ethnischen Herkunft in Bezug auf die Empfehlungsvergabe festgestellt werden. Die Berücksichtigung der Kulturgüter führt dazu, dass die Schichtungseffekte deutlich abgeschwächt werden. Aber auch hier reicht die Abnahme teilweise nicht soweit, dass die migrationsbedingte und ethnische Schichtung vollständig verschwindet. Bei zwei ethnischen Gruppen, den Kindern aus Osteuropa und den Kindern aus der GUS, tritt unter Berücksichtigung der Kulturgüter eine Assimilation an die Kinder ohne Migrationshintergrund ein. Bei den Schüler/inne/n aus der GUS war dies auch unter Berücksichtigung des ökonomischen Kapitals bereits der Fall. Für die gesamte Gruppe der Migrant/inn/en, für die Kinder aus der Türkei und für die Kinder aus den sonstigen Herkunftsländern bleibt eine vom kulturellen Kapital der Familie unabhängige Unterschichtung bestehen.

Zur Abbildung der kulturellen Praxis und der kulturellen Prozesse in Familien wurden neben den Kulturgütern auch vier verschiedene elterliche Unterstützungsleistungen in ihrer Bedeutung für die schulische Platzierung betrachtet (vgl. Abschnitt 3.7 & Abschnitt 6.2.2). Die Unterstützungsleistungen bilden verschiedene Formen ab, wie Eltern ihre Kinder in ihrem Lernverhalten unterstützen können. Nur von einer dieser vier untersuchten Leistungen, der sogenannten positiven Verstärkung, geht ein bedeutsamer Effekt aus. Sie erhöht die Wahrscheinlichkeit eine Empfehlung für eine höhere Schulform ausgesprochen zu bekommen. Durch den Migrationsstatus oder die ethnische Gruppenzugehörigkeit bedingte Differenzen in der Ausprägung dieser Unterstützungsleistung und eine darauf aufbauende Wechselwirkung in Bezug auf die Empfehlungsvergabe liegen allerdings nicht vor.

Mit einem Gesamtmodell, das Indikatoren aller Kapitalsorten umfasst und gleichzeitig das Geschlecht und die kognitiven Grundfähigkeiten als individuelle Einflussfaktoren berücksichtigt, sollte überprüft werden, ob migrationsspezifische oder ethnische Effekte bestehen, die sich unabhängig von den familiären und individuellen Faktoren auf die Übertrittsempfehlungen auswirken. Oder ob durch die Berücksichtigung der familiären und individuellen Einflussfaktoren alle zuvor festgestellten Schichtungseffekte soweit abgeschwächt werden, dass eine Assimilation mit den Kindern ohne Migrationshintergrund eintritt. Auf drei der vier verglichenen ethnischen Herkunftsgruppen trifft letzterer Fall zu. Durch die Berücksichtigung des familiären Hintergrundes, der kognitiven Grundfähigkeiten und des Geschlechts sind keine signifikanten Differenzen gegenüber den Schüler/inne/n ohne Migrationshintergrund mehr festzustellen. Für die Kinder türkischer Herkunft und für die Gesamtgruppe bleibt ein nachteiliger Schichtungseffekt bestehen. Die Frage, worauf diese verbleibenden Effekte zurückzuführen sind, ob beispielsweise auf Kulturunterschiede, Diskriminierung durch Lehrer/innen oder auf nicht berücksichtigte individuelle oder familiäre Aspekte, gilt es in weiterführenden Analysen und Studien weiter zu verfolgen. Für den über alle verglichenen Gruppen hinweg festgestellten starken Einfluss der familiären Herkunft auf die Vergabe der Übertrittsempfehlungen muss noch angemerkt werden, dass auch die Schule und vor allem die Lehrer/innen deutlichen Anteil an der Ausprägung dieses familiären Effekts haben können. So kann beispielsweise die soziale Herkunft der Schüler/innen als ein bewusstes oder unbewusstes Kriterium in das Beurteilungsverhalten der Lehrer/innen mit einfließen und so die Effekte des familiären Hintergrundes weiter verstärken.

Abschließend soll ein kurzer Blick auf die letzten in Abschnitt 7.1.3 durchgeführten Analysen geworfen werden. In diesen lag der Fokus auf den elterlichen Übertrittsentscheidungen, welche Schulform ihre Kinder nach der Grundschule besuchen werden. Zunächst sollte herausgefunden werden, in wie vielen Fällen sich Eltern gegen die von der Lehrerin ausgesprochene Übertrittsempfehlung für den Übertritt an eine andere Schulform entscheiden. Im vorliegenden Datensatz ist diese Anzahl sehr überschaubar. Nur in 25 Fällen erfolgt eine Entscheidung, die nicht mit der Übertrittsempfehlung übereinstimmt. Das daraus zu folgernde hohe Maß an Übereinstimmung ist sicherlich zu großen Teilen auf die für Bayern geltenden Übertrittsregeln zurückzuführen (vgl. Abschnitt 3.1). Denn diese schränken den Elternwillen im Vergleich zu vielen anderen Bundesländern deutlich ein und verfügen daher über eine höhere Verbindlichkeit. In den abweichenden Fällen wird die Entscheidung meist zugunsten einer höheren Schulform also zugunsten der Realschule oder zugunsten des Gymnasiums getroffen. Sekundäre Herkunftseffekte, seien sie migrationsbedingt oder sozialbedingt, können in diesen wenigen abweichenden Fällen nicht festgestellt werden. Weder der sozioökonomische Status der Familie noch das Vorliegen eines Migrationshintergrundes beeinflussen das gezeigte Entscheidungsverhalten.

7.2 Ergebnisse zur kulturellen Sozial-Integration

Nachdem im vorhergehenden Abschnitt eingehend die strukturelle Sozial-Integration der Schüler/innen mit Migrationshintergrund in die Grundschule betrachtet und analysiert wurde, wird im nun folgenden Abschnitt die kulturelle Dimension der Sozial-Integration in den Blick genommen. Wie in Abschnitt 3.2 dargestellt, sind der kulturellen Sozial-Integration vor allem schulische Lern- und Kompetenzerwerbsprozesse mit enkulturierender, akkulturierender und qualifizierender Funktion zuzurechnen. Das Projekt SOKKE fokussiert hinsichtlich dieser Prozesse vor allem auf drei, schulisch relevante Kompetenzdomänen: das Lesen, das Rechtschreiben und die Mathematik. In jedem der vier betrachteten Grundschuljahre wurden domänenspezifische Leistungstests eingesetzt (vgl. Abschnitt 6.2.1), um die Kompetenzen der Schüler/innen in diesen Bereichen zu erfassen und um deren Entwicklung von Schuleintritt bis zum Übertritt in die Sekundarstufe nachverfolgen zu können. Die folgenden Analysen sollen aufzeigen, inwieweit zwischen Kindern mit und Kindern ohne Migrationshintergrund Differenzen im Kompetenzniveau und in der Kompetenzentwicklung bestehen. Von diesen Ergebnissen soll schließlich abgeleitet werden, welche Integrationsform zu Beginn der Grundschulzeit vorliegt und ob sich diese bis zum Ende der Grundschulzeit verändert. Zur differenzierten Abbildung dieser kulturellen Integrationsprozesse wird erneut entlang der Auftcilung in verschiedene Migrantengruppen und ethnische Herkunftsgruppen ausgewertet. Durch die Hinzunahme verschiedener Einflussfaktoren wird überprüft, wie sich der familiäre Hintergrund und individuelle Faktoren auf den Kompetenzerwerb auswirken. Ein weiterer Aspekt, der in diesem Abschnitt in Form eigener Analysen Berücksichtigung findet, ist der Sprachstand der Kinder. An ihm soll herausgestellt werden, wie die zu Schulbeginn festgestellten Sprachkenntnisse im Deutschen die Kompetenzentwicklung in den verschiedenen Domänen beeinflussen. Den Abschluss der Auswertungen bildet die Betrachtung des Zusammenhangs zwischen struktureller und kultureller Integration in die Grundschule.

7.2.1 Lesekompetenz und Kompetenzentwicklung

Der erste Auswertungsabschnitt zur kulturellen Sozial-Integration beschäftigt sich mit der Lesekompetenz. Zur Erfassung der Lesekompetenz wurde in allen vier Jahrgangsstufen die Würzburger Leise Leseprobe (kurz: WLLP / vgl. Abschnitt 6.2.1) eingesetzt. Mit der WLLP kann die individuelle Lesegeschwindigkeit der Schüler/innen bestimmt werden. Der Test umfasst insgesamt 140 Aufgaben, die von den Schüler/inne/n in einer vorgegebenen Zeit zu bearbeiten sind. Jeweils am Ende der Jahrgangsstufen wurden die Kinder mit der WLLP getestet und erfasst, wie viele der 140 Aufgaben sie in der vorgegebenen Zeit richtig bearbeitet haben. Die so ermittelte Zahl der richtigen Aufgaben wird in den folgenden Analysen als Indikator der individuellen Lesekompetenz herangezogen. Da in jeder Stufe der gleiche Test eingesetzt wurde, weisen die entsprechenden Daten eine gute Eignung für längsschnittliche Modellierungen auf.

Tabelle 44:   Übersicht Lesekompetenz

		1. Klasse	2. Klasse	3. Klasse	4. Klasse
Kinder ohne Mh	M (SE)	42,62 (1,45)	75,08 (1,89)	99,97 (1,53)	118,18 (1,72)
	SD	15,52	18,65	18,93	15,91
Migrationshintergrund					
Mit Migrationshintergrund	M (SE)	35,23 (1,13)	61,90 (1,37)	88,79 (1,61)	108,49 (1,86)
	SD	14,71	18,59	19,37	19,81
	d	0,49***	0,71***	0,58***	0,53***
Migrationserfahrung					
Ohne Migrationserfahrung	M (SE)	35,37 (1,28)	62,43 (1,46)	89,96 (1,55)	109,41 (1,93)
	SD	14,47	17,44	19,37	19,71
	d	0,48***	0,70***	0,52***	0,49***
Direkte Migrationserfahrung	M (SE)	34,39 (2,03)	59,04 (2,87)	83,84 (2,56)	104,39 (2,76)
	SD	15,61	21,68	18,55	19,50
	d	0,53***	0,83***	0,86***	0,82***
Staatsangehörigkeit					
Ausländer/innen	M (SE)	33,07 (1,34)	60,12 (2,06)	86,97 (1,86)	106,97 (2,69)
	SD	12,35	16,60	16,83	20,28
	d	0,66***	0,83***	0,71***	0,64***
(Spät-) Aussiedler/innen	M (SE)	37,69 (1,47)	62,47 (2,15)	89,12 (2,43)	109,40 (2,63)
	SD	15,76	18,66	21,10	20,54
	d	0,32*	0,68***	0,56***	0,51**
Eingebürgerte Migrant/inn/en	M (SE)	36,09 (1,98)	63,47 (1,93)	90,53 (2,36)	109,36 (1,98)
	SD	16,09	20,42	20,71	18,78
	d	0,42**	0,60***	0,48**	0,52***
Migrationshintergrund der Eltern					
Beidseitiger Mh	M (SE)	34,81 (1,00)	60,94 (1,57)	87,77 (1,65)	108,03 (2,07)
	SD	14,29	17,88	18,75	20,10
	d	0,52***	0,77***	0,65***	0,56***
Einseitiger Mh	M (SE)	36,78 (3,07)	65,27 (2,57)	92,84 (3,33)	110,04 (3,14)
	SD	16,53	20,60	21,62	18,36
	d	0,37*	0,51**	0,37*	0,50**
Ethnische Herkunft					
GUS	M (SE)	39,55 (2,02)	60,91 (2,41)	89,48 (2,15)	109,78 (2,14)
	SD	16,17	19,27	20,69	20,31
	d	0,20	0,75***	0,54**	0,49**
Osteuropa	M (SE)	35,21 (2,15)	62,75 (2,85)	91,67 (2,95)	108,90 (2,99)
	SD	15,09	19,35	21,12	20,86
	d	0,48**	0,65***	0,42*	0,52**
Türkei	M (SE)	31,98 (1,22)	59,26 (2,19)	84,69 (1,99)	107,08 (2,74)
	SD	12,59	16,33	17,59	19,61
	d	0,71***	0,87***	0,82***	0,66***
Sonstige	M (SE)	36,22 (2,48)	66,57 (2,87)	92,48 (2,64)	108,83 (2,65)
	SD	15,00	19,53	17,69	18,12
	d	0,42**	0,45**	0,40**	0,57**

Anm.: * p < .05, ** p < .01, *** p < .001; M = Arithmetisches Mittel; SE = Standardfehler des Mittelwertes; SD = Standardabweichung; Mh = Migrationshintergrund; d = Cohens d und Signifikanz eines Wald F-Tests mit Bonferroni-Korrektur zwischen der angegebenen Kategorie und Kindern ohne Migrationshintergrund; n = 435

In Tabelle 44 findet sich eine in verschiedene Migranten- und Herkunftsgruppen unterteilte Übersicht über die Gruppenmittelwerte und deren Streuung in der ersten, zweiten, dritten und vierten Klasse. Zudem ist angegeben, ob und in welcher Ef-

fektstärke sich die jeweilige Gruppe von der Gruppe der Kinder ohne Migrationshintergrund unterscheidet. Erwartungsgemäß nimmt die Anzahl der gelösten Lese-
aufgaben in allen Gruppen von Schuljahr zu Schuljahr deutlich zu. Während die
Kinder ohne Migrationshintergrund beispielsweise in der ersten Klasse durchschnittlich nur 43 Aufgaben richtig bearbeiten, sind sie in der vierten Klasse in der
Lage, in der gleichen Bearbeitungszeit durchschnittlich 118 Aufgaben zu lösen.

Der Großteil der aufgeführten Migranten- und Herkunftsgruppen schneidet in
allen vier Jahrgangsstufen schlechter ab als die Gruppe der Kinder ohne Migrationshintergrund. Allerdings differieren die Gruppen untereinander in der Stärke des
Unterschieds. Einen bereits hier erkennbaren, besonders nachteiligen Verlauf zeigen, wie bereits bei der strukturellen Integration, die Kinder türkischer Herkunft. In
allen Jahrgangsstufen kann bei ihnen ein mittlerer bis stark ausgeprägter Leistungsunterschied gegenüber den Kindern ohne Migrationshintergrund festgestellt werden. Am stärksten ist dieser in der zweiten und dritten Klasse ausgeprägt. Auch die
Kinder mit direkter Migrationserfahrung weisen ähnlich nachteilige Kompetenzdifferenzen auf. Der verbleibende Großteil der hier verglichenen Gruppen zeigt hingegen fast durchgehend gering bis mittel ausgeprägte Kompetenzdifferenzen.

Auffällig an den dargestellten Werten ist die Zunahme des Kompetenzunter-
schieds zwischen Kindern mit und ohne Migrationshintergrund von der ersten zur
zweiten Klasse. Zu vermuten ist, dass hier eventuell ein Schereneffekt auftritt, was
es in den nachfolgenden Analyseschritten zu überprüfen gilt.

Den in Tabelle 45 dargestellten linearen Regressionsanalysen kann die Größe
des Varianzanteils entnommen werden, der durch das Vorliegen eines Migrationshintergrundes oder die Zuteilung zu einer ethnischen Herkunftsgruppe aufgeklärt
wird. Sowohl in der ersten, als auch in der dritten und vierten Klasse weisen die
jeweiligen Varianzanteile ähnliche Umfänge auf. Die durch den Migrationshintergrund erklärte Varianz bewegt sich zwischen 6 % und 8 %, die durch die Aufteilung in ethnische Herkunftsgruppen erklärte Varianz liegt in diesen drei Jahrgangsstufen im Bereich zwischen 7 % und 9 %. Eine kleine Spitze nach oben tritt in der
zweiten Klasse auf. Hier nehmen der migrationsbedingte Varianzanteil auf 11 %
und der ethnisch bedingte Varianzanteil auf 12 % zu. Zurückzuführen ist diese
Spitze vor allem auf die Gruppe der Kinder, die aus der GUS stammen. Während
sie sich in der ersten Klasse nicht signifikant von den Kindern ohne Migrationshintergrund unterscheiden ($\beta = -0,20$ p $> .05$), kann am Ende der zweiten Klasse ein
bedeutsamer Kompetenzunterschied zwischen beiden Gruppen festgestellt werden
($\beta = -0,72$ p $< .001$), der bis zum Ende der Grundschulzeit bestehen bleibt. Auch
bei den anderen drei Herkunftsgruppen sind die Differenzen in der zweiten Klasse
größer, wenngleich bei den Schüler/inne/n aus den sonstigen Herkunftsländern nur
geringfügig.

Tabelle 45:   Lesekompetenz – Lineare Regressionen

	1. Klasse		2. Klasse		3. Klasse		4. Klasse	
	B (SE B)	β Sig.	B (SE B)	β Sig.	B (SE B)	β Sig.	B (SE B)	β Sig.
Migrationshintergrund								
Konstante	42,62 (1,45)		75,08 (1,89)		99,97 (1,53)		118,18 (1,72)	
Migrations-hintergrund	-7,40 (1,56)	- 0,48 ***	- 13,19 (2,07)	- 0,67 ***	- 11,89 (2,09)	- 0,56 ***	- 9,69 (2,01)	- 0,51 ***
	$R^2 = .06$		$R^2 = .11$		$R^2 = .08$		$R^2 = .07$	
Ethnische Herkunft								
Konstante	42,62 (1,44)		75,16 (1,85)		99,97 (1,52)		118,20 (1,67)	
GUS	- 3,07 (2,31)	- 0,20 -	- 14,25 (3,31)	- 0,72 ***	- 10,49 (2,87)	- 0,53 ***	- 8,43 (2,66)	- 0,45 **
Osteuropa	- 7,41 (2,50)	- 0,48 **	- 12,41 (3,13)	- 0,63 ***	- 8,30 (3,47)	- 0,42 *	- 9,29 (3,03)	- 0,49 **
Türkei	- 10,64 (1,91)	- 0,69 ***	- 15,90 (2,73)	- 0,81 ***	- 15,29 (2,18)	- 0,77 ***	- 11,21 (2,66)	- 0,59 ***
Sonstige	- 6,41 (2,19)	- 0,41 **	- 8,60 (2,67)	- 0,44 **	- 7,50 (2,65)	- 0,38 **	- 9,37 (2,50)	- 0,50 ***
	$R^2 = .08$		$R^2 = .12$		$R^2 = .09$		$R^2 = .07$	

Anm.: * $p < .05$, ** $p < .01$, *** $p < .001$, - nicht signifikant; Referenzkategorie bei allen Modellen: Kinder ohne Migrationshintergrund; $n = 435$

Einen grafischen Eindruck vom Entwicklungsverlauf der Lesekompetenz über die Grundschulzeit hinweg vermitteln die beiden Diagramme in Abb. 17 und Abb. 18.

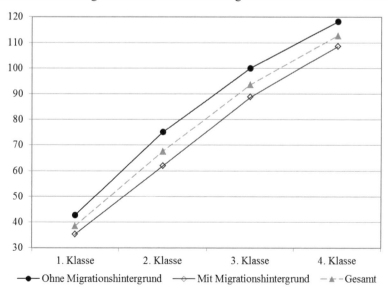

Abb. 17:   Lesekompetenzentwicklung – Migrationshintergrund

Ein Vergleich der beiden Entwicklungsverläufe von Kindern mit und ohne Migrationshintergrund zeigt zunächst, dass sich die Kinder mit Migrationshintergrund in
ihrem durchschnittlichen Lesekompetenzniveau durchgängig unter dem Niveau der
Kinder ohne Migrationshintergrund bewegen. Die jeweilige Form des Entwick-
lungsverlaufs ähnelt sich bei beiden Gruppen. Vor allem ab der zweiten Klasse verlaufen die Entwicklungen auf den unterschiedlichen Kompetenzniveaus nahezu
parallel. Lediglich im Übergang von der ersten zur zweiten Klasse ist eine leichte
Zunahme der Kompetenzdifferenz zwischen den Gruppen zu erkennen. In der vierten Klasse geht in beiden Gruppen die Entwicklungsgeschwindigkeit etwas zurück,
zu erkennen an einem leichten Knick im Verlauf.

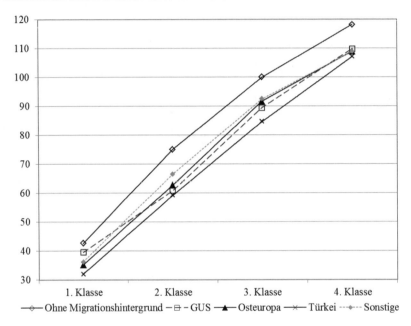

Abb. 18:   Lesekompetenzentwicklung – ethnische Herkunft

Auch die durchschnittlichen Kompetenzniveaus der vier ethnischen Herkunftsgruppen verlaufen durchgehend unterhalb des Niveaus der Kinder ohne Migrationshintergrund. Nur die aus der GUS stammenden Schüler/innen sind zu Schulbeginn in ihrer Lesekompetenz den Schüler/inne/n ohne Migrationshintergrund so
nahe, dass kein bedeutsamer Unterschied zwischen beiden Gruppen festgestellt
werden kann (vgl. Tabelle 45). Ab der zweiten Klasse weisen sie wie die anderen
drei ethnischen Herkunftsgruppen eine signifikante Kompetenzdifferenz auf.

   Den schlechtesten Entwicklungsverlauf zeigen die Schüler/innen türkischer
Herkunft. Sie bewegen sich in allen vier Jahrgangsstufen stets am unteren Ende der
verglichenen Gruppen. Unter den anderen drei Gruppen gibt es auf die vier Grundschuljahre betrachtet keine eindeutige Rangfolge. Mehrfach kreuzen sich deren
Verlaufslinien.

Um die Entwicklung der Lesekompetenz inferenzstatistisch untersuchen und überprüfen zu können, wurde auf der Grundlage des in Abschnitt 6.5.2 beschriebenen methodischen Vorgehens ein latentes Wachstumskurvenmodell generiert. Latente Wachstumskurvenmodelle bieten vor allem den Vorteil, dass das Ausgangsniveau der abhängigen Variable und die Veränderung der abhängigen Variable über mehrere Messzeitpunkte als latente Variablen modelliert und so getrennt voneinander untersucht werden können. Im vorliegenden Fall kann mithilfe eines Wachstumskurvenmodells zum einen das Ausgangsniveau der Schüler/innen in der Lesekompetenz in der ersten Klasse als latente Variable abgebildet werden. Diese latente Variable wird im Folgenden als Intercept bezeichnet. Zum anderen kann eine weitere latente Variable generiert werden, die ausschließlich den Entwicklungsverlauf der Lesekompetenz von der ersten bis zur vierten Klasse ohne Berücksichtigung des Ausgangsniveaus erfasst. Diese Variable wird im Folgenden als Slope bezeichnet. Um das Wachstumskurvenmodell an den empirisch erfassten Verlauf der Testwerte anzupassen, können mit den Faktorladungen des Slope-Faktors verschiedene zeitliche Veränderungsmuster modelliert werden wie beispielsweise lineare, quadratische oder exponentielle Verläufe. Wie gut die jeweils gewählte zeitliche Modellierung auf die Daten passt, kann anschließend anhand des Modell-Fit beurteilt werden (vgl. Abschnitt 6.5.2).

Im vorliegenden Fall wurden mehrere zeitliche Modellierungen des Slope-Faktors berechnet und deren Modell-Fit miteinander verglichen. Von allen getesteten Modellen wurde das Modell mit dem besten Modell-Fit ausgewählt. Für die Entwicklung der Lesekompetenz handelt es sich dabei um ein Modell mit zwei fest vorgegebenen Faktorladungen, den Messzeitpunkten in der ersten und der vierten Klasse, und zwei frei geschätzten Faktorladungen, den Messzeitpunkten in der zweiten und der dritten Klasse. Die freie Schätzung von Ladungen auf den Slope-Faktor erlaubt es, nichtlineare Entwicklungsverläufe abzubilden. Wie vor allem am in Abb. 18 dargestellten Gesamtverlauf zu erkennen ist, weist dieser leichte kurvilineare Trends auf, die auf Phasen unterschiedlich starker Kompetenzentwicklung zwischen den einzelnen Jahrgangsstufen hindeuten. Von der ersten zur zweiten Klasse sind die größten Fortschritte in der Testleistung festzustellen. Von der zweiten zur dritten und auch von der dritten zur vierten werden die Fortschritte jeweils schrittweise geringer. Um diese unterschiedlichen Entwicklungsgeschwindigkeiten im Modell zu erfassen, wurden zwei zeitliche Faktorladungen frei geschätzt. Das so gestaltete Wachstumskurvenmodell weist insgesamt einen noch angemessenen Modell-Fit auf (CFI = 0,99; RMSEA = .09).

In Tabelle 46 sind die Kennwerte des latenten Wachstumsmodells, die unstandardisierten Mittelwerte und die Varianzen für den Intercept-Faktor und den Slope-Faktor, angegeben. Der latente Mittelwert der Testleistungen in der ersten Klasse liegt demnach bei 38 richtig gelösten Aufgaben. Die signifikante Varianz des Intercepts zeigt, dass es im Ausgangsniveau signifikante Unterschiede unter den Schüler/inne/n gibt. Das bedeutet, unter den Schüler/inne/n sind bereits in der ersten

Klasse signifikante Kompetenzdifferenzen vorzufinden. Ob und wie sich diese im weiteren Verlauf der Grundschule entwickeln, kann am Slope-Faktor und dessen Signifikanz abgelesen werden. Wie auch schon an den Diagrammen deutlich wurde, steigt das Niveau der Lesekompetenz, also die durchschnittliche Anzahl der richtig gelösten Aufgaben über die Schuljahre hinweg an. Von der ersten bis zur vierten Klasse kommen zu den bereits in der ersten Klasse durchschnittlich richtig bearbeiteten 38 Aufgaben im Durchschnitt weitere 74 richtig gelöste Aufgaben hinzu. An der signifikanten Varianz des Slope-Faktors ist zu erkennen, dass dieses Wachstum jedoch nicht für alle Schüler/innen gleich ist, sondern dass bedeutsame interindividuelle Unterschiede im Entwicklungsverlauf bestehen. Ein Zusammenhang zwischen Intercept und Slope besteht nicht. Der Verlauf der Lesekompetenzentwicklung hängt demnach nicht davon ab, welches Lesekompetenzniveau die Kinder in der ersten Klasse zeigen.

Tabelle 46:   Wachstumskurvenmodell – Lesekompetenz

	Mittelwert	Varianz	Korrelation Slope
Intercept	38,35***	182,27***	- .12
Slope	74,25***	173,19***	
Model Fit	χ^2 (3) = 15,05 p < .01; CFI = 0,99; RMSEA = .09;		

Anm.: * p < .05, ** p < .01, *** p < .001; n = 435

Im nächsten Analyseschritt wurde untersucht, wie sich der Migrationshintergrund und die ethnische Gruppenzuteilung auf das Wachstumskurvenmodell der Lesekompetenz auswirken. Dafür wurden beide Aspekte als Kovariaten zum Intercept-Faktor und zum Slope-Faktor in Bezug gesetzt. Die Ergebnisse dieser Analyse finden sich in Tabelle 47.

Sowohl hinsichtlich des Migrationshintergrundes als auch hinsichtlich der ethnischen Gruppenzugehörigkeit können bedeutsame Differenzen im Ausgangsniveau der Schüler/innen festgestellt werden. Alle aufgeführten Gruppen zeigen bereits in der ersten Klasse schlechtere Leseleistungen als ihre Mitschüler/innen ohne Migrationshintergrund. Am schlechtesten schneiden dabei die Kinder türkischer Herkunft ab. Sie lösen bei der ersten Testdurchführung durchschnittlich 12 Aufgaben weniger als die Schüler/innen ohne Migrationshintergrund. Insgesamt trennt die Migrantenkinder zu Schulbeginn ein durchschnittlicher Leistungsunterschied von 9 Aufgaben von den Kindern ohne Migrationshintergrund. Diese Kompetenzdifferenz nimmt im Verlauf der Grundschulzeit jedoch weder systematisch zu noch systematisch ab. Das Gleiche gilt für die Aufteilung in ethnische Herkunftsgruppen. Auch sie wirkt sich nicht auf die weitere Lesekompetenzentwicklung aus, wenngleich hier anzumerken ist, dass die Zugehörigkeit zur Gruppe der aus der GUS stammenden Migrant/inn/en das Signifikanzniveau von 5 % nur knapp verpasst.

Tabelle 47: Lesekompetenz – Wachstumskurvenmodell und Kovariaten

	Intercept		Slope	
	B (SE B)	β Sig.	B (SE B)	β Sig.
Migrationshintergrund				
Konstante	43,31 (1,52)		75,36 (1,96)	
Migrationshintergrund	- 8,66 (1,69)	- 0,65 ***	- 1,95 (1,87)	- 0,15 -
	$R^2 = .10$		$R^2 = .01$	
Ethnische Herkunft				
Konstante	43,31 (1,51)		75,36 (1,93)	
GUS	- 5,36 (2,34)	- 0,40 *	- 4,69 (2,49)	- 0,37 -
Osteuropa	- 8,33 (2,63)	- 0,62 **	- 1,20 (2,50)	- 0,09 -
Türkei	- 12,10 (1.91)	- 0,91 ***	- 0,51 (2,27)	- 0,04 -
Sonstige	- 6,55 (2,28)	- 0,49 **	- 2,63 (2,90)	- 0,21 -
	$R^2 = .13$		$R^2 = .02$	

Anm.: * p < .05, ** p < .01, *** p < .001, - nicht signifikant;
Referenzkategorie bei allen Modellen: Kinder ohne Migrationshintergrund; n = 435

7.2.2 Rechtschreibkompetenz und Kompetenzentwicklung

Die zweite schulisch relevante Kompetenzdomäne, die neben dem Lesen quer- und längsschnittlich auf migrationsbedingte und ethnisch bedingte Kompetenzdifferenzen untersucht werden soll, ist das Rechtschreiben. Zur Erfassung der Rechtschreibkompetenz der Schüler/innen wurde die Hamburger Schreibprobe (kurz: HSP / vgl. Abschnitt 6.2.1) eingesetzt. Im Gegensatz zur für die Lesekompetenz verwendeten WLLP wird bei der HSP nicht in jeder Jahrgangsstufe der gleiche Test eingesetzt, sondern die HSP liegt in verschiedenen Fassungen vor, die jeweils an die einzelnen Jahrgangsstufen angepasst sind. Im Projekt SOKKE kamen vier HSP Versionen für die betrachteten vier Grundschuljahre zum Einsatz. Diese Form der Kompetenztestung anhand jahrgangsspezifischer Testversionen erlaubt einerseits eine breite, differenzierte und enger am Lehrplan geführte Leistungserfassung, hat aber andererseits nachteilige Auswirkungen auf die Längsschnittmodellierung.[20] Um eine jahrgangsübergreifende Vergleichbarkeit zu erreichen, können nicht wie im Fall der WLLP die Testrohwerte herangezogen werden, da diese in jeder Testfassung einen anderen zugrundeliegenden Maßstab aufweisen. Miteinander vergleichbare Indikatoren können nur über entsprechende Transformationen der Testrohwerte hergestellt werden. Zu diesem Zweck wurde das zentrale Beurtei-

---

20 Diese Aussage bezieht sich auf jahrgangsspezifische Tests, die keine sogenannten Ankeritems enthalten, über die die Tests jahrgangsübergreifend miteinander verbunden werden können.

lungskriterium der HSP, die sogenannten Graphemtreffer (vgl. Abschnitt 6.2.1), durch die Gesamtzahl der in der jeweiligen Testversion maximal erreichbaren Graphemtreffer dividiert. Die dadurch erhaltenen Werte geben für jede/n Schüler/in die Prozentzahl der von ihr/m erzielten richtigen Graphemtreffer an (vgl. May 2002a). Dieser Indikator weist über alle Jahrgangsstufen den gleichen Maßstab auf und ermöglicht damit auch einen zumindest vereinfachten jahrgangsübergreifenden Vergleich, wie er für längsschnittliche Analysen notwendig ist. Bevor allerdings auf die längsschnittlichen Analysen eingegangen wird, soll noch ein Blick auf die Testergebnisse in den einzelnen Jahrgangsstufen geworfen werden.

In Tabelle 48 sind die Gruppenmittelwerte und Standardabweichungen des Anteils richtiger Grapheme aufgeführt, unterteilt nach den vier untersuchten Jahrgangsstufen und differenziert nach verschiedenen Migrationsmerkmalen und nach der ethnischen Herkunft. Darüber hinaus ist wie auch in Tabelle 44 angegeben, ob und mit welcher Effektstärke sich die aufgeführten Gruppen in ihrem Mittelwert von der Gruppe der Kinder ohne Migrationshintergrund unterscheiden.

Für die erste Klasse zeigen sich unter den Schüler/inne/n große Differenzen in den Testleistungen. Bei fast allen verglichenen Gruppen können mittel bis stark ausgeprägte Mittelwertunterschiede festgestellt werden. Die Differenzen reichen von Anteilsunterschieden im Umfang von 4 % bei den aus der GUS und aus Osteuropa stammenden Schüler/inne/n bis hin zu Anteilsunterschieden von 9 % bei den Schüler/inne/n türkischer Herkunft. Letztere erzielen demzufolge im Durchschnitt 9 % weniger Graphemtreffer als die Schüler/innen ohne Migrationshintergrund. Die Streuung der Kompetenzwerte unter den Schüler/inne/n fällt in dieser Jahrgangsstufe bei den Migrantengruppen und ethnischen Herkunftsgruppen durchgehend wesentlich höher aus als die Streuung bei den Kindern ohne Migrationshintergrund. Die verschiedenen Migranten- und Herkunftsgruppen sind demnach zu Beginn der Erhebungen in ihrem Leistungsspektrum heterogener zusammengesetzt als die Gruppe der Kinder ohne Migrationshintergrund.

In der zweiten Klasse gleichen sich die anfänglichen Differenzen in der Streuung weitgehend aus. Nur noch ein Teil der Migrantengruppen weist eine geringfügig höhere Standardabweichung auf. Doch nicht nur die Differenzen in der Leistungsstreuung nehmen ab, auch die Mittelwerte der Graphemtrefferanteile nähern sich einander an. So findet sich zum zweiten Erhebungszeitpunkt eine Reihe von Gruppen, die sich nicht signifikant von den Schüler/inne/n ohne Migrationshintergrund unterscheiden. Zu diesen zählen unter anderem die Kinder aus der GUS, aus Osteuropa und die Kinder mit nur einem migrierten Elternteil. Zum dritten Erhebungszeitpunkt nimmt die Zahl bedeutsamer Mittelwertunterschiede wieder zu. Bis auf wenige Ausnahmen weist die Mehrheit der Gruppen in der dritten Klasse ein signifikant niedrigeres Kompetenzniveau auf. Die Höhe der Kompetenzdifferenzen erreicht allerdings nicht mehr das in der ersten Klasse festgestellte Ausmaß. Gleiches gilt für die Verteilung der Graphemtrefferanteile am Ende der vierten Klasse.

Tabelle 48:   Übersicht Rechtschreibkompetenz

		1. Klasse	2. Klasse	3. Klasse	4. Klasse
Kinder ohne Mh	M (SE)	83,77 (0,51)	92,39 (0,32)	95,50 (0,29)	96,3 (0,26)
	SD	6,28	4,69	3,33	2,89
Migrationshintergrund					
Mit Migrationshintergrund	M (SE)	77,72 (0,80)	91,08 (0,47)	93,85 (0,42)	94,94 (0,28)
	SD	9,67	5,03	4,57	3,82
	D	0,72***	0,27**	0,40***	0,39***
Migrationserfahrung					
Ohne Migrationserfahrung	M (SE)	77,87 (0,94)	91,32 (0,53)	94,02 (0,47)	95,21 (0,29)
	SD	9,78	5,18	4,66	3,73
	D	0,71***	0,22*	0,36**	0,33**
Direkte Migrationserfahrung	M (SE)	77,31 (1,39)	90,17 (0,69)	93,13 (0,59)	93,84 (0,52)
	SD	9,29	4,31	4,14	3,97
	D	0,92***	0,48**	0,67***	0,78***
Staatsangehörigkeit					
Ausländer/innen	M (SE)	76,81 (1,06)	90,83 (0,73)	93,91 (0,51)	94,85 (0,38)
	SD	9,71	5,40	4,35	3,86
	D	0,90***	0,31	0,43*	0,44**
(Spät-) Aussiedler/innen	M (SE)	79,75 (1,08)	91,51 (0,67)	93,56 (0,63)	94,74 (0,63)
	SD	9,08	4,66	3,99	3,93
	D	0,57**	0,19	0,55**	0,49*
Eingebürgerte Migrant/inn/en	M (SE)	77,62 (1,07)	91,12 (0,53)	93,94 (0,65)	95,17 (0,32)
	SD	9,82	4,75	5,10	3,67
	D	0,81***	0,27	0,39*	0,36**
Migrationshintergrund der Eltern					
Beidseitiger Mh	M (SE)	77,67 (0,82)	91,07 (0,50)	93,94 (0,40)	94.95 (0,29)
	SD	9,24	4,97	4,32	3,53
	D	0,77***	0,27*	0,40**	0,42**
Einseitiger Mh	M (SE)	78,03 (1,72)	91,04 (1,11)	93,33 (1,01)	94,79 (0,66)
	SD	11,52	5,32	5,58	4,92
	D	0,76**	0,28	0,56*	0,45*
Ethnische Herkunft					
GUS	M (SE)	80,04 (1,06)	91,66 (0,82)	93,72 (0,62)	94,79 (0,64)
	SD	8,47	4,83	3,98	3,95
	D	0,54**	0,15	0,51**	0,48*
Osteuropa	M (SE)	80,04 (1,51)	91,31 (0,64)	94,25 (0,68)	95,43 (0,41)
	SD	9,88	4,66	4,38	3,10
	D	0,49*	0,23	0,34	0,29
Türkei	M (SE)	74,6 (0,94)	90,04 (0,64)	93,21 (0,69)	94,43 (0,55)
	SD	9,27	5,42	4,88	4,05
	D	1,31***	0,48**	0,62**	0,59*
Sonstige	M (SE)	78,65 (1,72)	92,14 (1,00)	94,73 (0,99)	95,35 (0,77)
	SD	10,01	4,49	4,63	3,77
	D	0,70**	0,05	0,21	0,31

Anm.: * p < .05, ** p < .01, *** p < .001; M = Arithmetisches Mittel; SE = Standardfehler des Mittelwertes; SD = Standardabweichung; Mh = Migrationshintergrund; d = Cohens d und Signifikanz eines Wald F-Tests mit Bonferroni-Korrektur zwischen der angegebenen Kategorie und Kindern ohne Migrationshintergrund; n = 435

Davon kann abgeleitet werden, dass sich die Kompetenzdifferenzen im Rechtschreiben zwischen Kindern mit und Kindern ohne Migrationshintergrund ab der dritten Klasse scheinbar stabilisieren, was unter anderem auch durch eine Annäherung der Testwerte an die Maximalzahl an Graphemtreffern und einen damit verbundenen Deckeneffekt des Testinstruments begünstigt sein könnte.

Tabelle 49:   Rechtschreibkompetenz – lineare Regressionen

	1. Klasse		2. Klasse		3. Klasse		4. Klasse	
	B (SE B)	β Sig.	B (SE B)	β Sig.	B (SE B)	β Sig.	B (SE B)	β Sig.
Migrationshintergrund								
Konstante	83,77 (0,51)		92,39 (0,32)		95,50 (0,29)		96,30 (0,26)	
Migrationshintergrund	- 6,04 (0,90)	- 0,68 ***	-1,31 (0,50)	- 0,27 **	-1,65 (0,45)	- 0,40 ***	- 1,36 (0,38)	- 0,39 ***
	$R^2 = .11$		$R^2 = .02$		$R^2 = .04$		$R^2 = .04$	
Ethnische Herkunft								
Konstante	83,69 (1,22)		92,38 (0,31)		95,52 (0,29)		96,32 (0,26)	
GUS	- 3,66 (1,48)	- 0,41 **	- 0,72 (0,86)	- 0,15 -	- 1,80 (0,60)	- 0,43 **	- 1,53 (0,66)	- 0,44 *
Osteuropa	- 3,65 (1,48)	- 0,41 *	- 1,08 (0,70)	- 0,22 -	- 1,27 (0,68)	- 0,30 -	- 0,78 (0,48)	- 0,22 -
Türkei	- 9,10 (1,10)	- 1,02 ***	- 2,35 (0,69)	- 0,48 ***	- 2,31 (0,77)	- 0,56 **	-1,89 (0,66)	- 0,54 **
Sonstige	- 5.04 (1,70)	- 0,57 **	- 0,24 (0,96)	- 0,05 -	- 0,79 (0,10)	- 0,19 -	-0,98 (0,75)	- 0,28 -
	$R^2 = .15$		$R^2 = .03$		$R^2 = .05$		$R^2 = .05$	

Anmerkungen: * p < .05, ** p < .01, *** p < .001, - nicht signifikant; Referenzkategorie bei allen Modellen: Kinder ohne Migrationshintergrund; n = 435

Auch die erklärten Varianzanteile in Tabelle 49 spiegeln die eben berichteten Verschiebungen in den Kompetenzwerten zwischen den Jahrgangsstufen wider. Die deutlich ausgeprägten ethnisch und migrationsbedingten Differenzen in der ersten Klasse führen zu entsprechenden erklärten Varianzanteilen von 11 % durch den Einfluss des Migrationshintergrundes und 15 % durch den Einfluss der ethnischen Gruppenzugehörigkeiten. Diese Anteile nehmen im Übergang zur zweiten Klasse deutlich ab. Hier sind es lediglich Anteile im Umfang von 2 % und 3 %, die jeweils durch den Einbezug des Migrationshintergrundes und der Herkunftsgruppen als Kovariaten erklärt werden können. In der dritten Klasse nimmt der Einfluss der Kovariaten wieder etwas zu (4 % bzw. 5 %) und bleibt auch in der vierten Klasse auf ähnlichem Niveau. Was die einzelnen ethnischen Gruppen anbelangt, so lassen sich bei den Schüler/inne/n aus Osteuropa und den Schüler/inne/n aus den sonstigen Herkunftsländern nach anfänglichen Differenzen ab der zweiten Klasse keine Unterschiede im durchschnittlichen Kompetenzniveau gegenüber den Schüler/inne/n ohne Migrationshintergrund feststellen. Kinder türkischer Herkunft hingegen weisen in allen vier Jahrgangsstufen eine niedrigere Rechtschreibkompetenz auf.

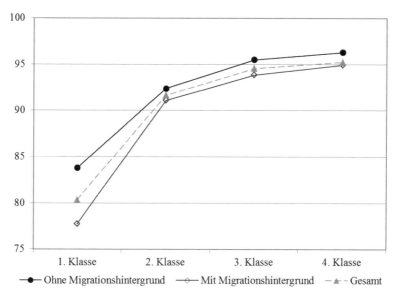

Abb. 19:   Rechtschreibkompetenzentwicklung – Migrationshintergrund

Einen Überblick über den Verlauf der Leistungsentwicklung in den Rechtschreib-
tests geben die beiden Diagramme in Abb. 19 und Abb. 20. An beiden Diagrammen ist nochmals sehr deutlich zu erkennen, dass die migrationsbedingten und herkunftsbedingten Kompetenzdifferenzen in der ersten Klasse am stärksten ausgeprägt sind.

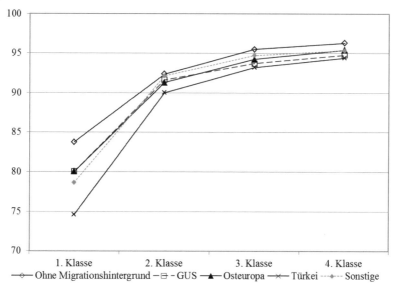

Abb. 20:   Rechtschreibkompetenzentwicklung – ethnische Herkunft

Im Übergang von der ersten zur zweiten Klasse findet sich ein substantieller Kompensationseffekt. Die anfänglichen Kompetenzdifferenzen zwischen den Kindern mit Migrationshintergrund und den Kindern ohne Migrationshintergrund reduzieren sich wesentlich. Bei drei der vier ethnischen Herkunftsgruppen, den Kindern aus der GUS, aus Osteuropa und aus den sonstigen Herkunftsländern, reicht dieser Effekt sogar soweit, dass die Kompetenzdifferenzen kein signifikantes Niveau erreichen (vgl. Tabelle 49).

In der dritten Klasse nehmen die Differenzen unter den Gruppen wieder etwas zu. Allerdings bleiben die durchschnittlichen Kompetenzniveaus nun deutlich enger beieinander. Insgesamt kann festgestellt werden, dass sich die Leistungsentwicklung im Rechtschreiben nach anfänglich großen Fortschritten ab der dritten Klasse mit Annäherung an die maximale Anzahl von Graphemtreffern deutlich verlangsamt. Zwischen der dritten und der vierten Klasse ist in den meisten Gruppen nur noch ein leichter Leistungsanstieg zu erkennen.

Auch für die Rechtschreibkompetenz wurden verschiedene latente Wachstumskurvenmodelle generiert und getestet. Das Modell mit zwei festen Ladungen (1. und 4. Klasse) und zwei frei geschätzten Ladungen (2. und 3. Klasse) auf dem Slope-Faktor weist dabei den besten Modell-Fit auf (CFI = 0,98; RMSEA = .09 p < .05). Im Vergleich zur Lesekompetenz ist bei den Rechtschreibleistungen ein wesentlich stärkerer kurvilinearer Verlauf zu erkennen. Zwischen jedem Testzeitpunkt verändern bzw. reduzieren sich die Wachstumsraten deutlich. Diesen Veränderungen wird durch die frei geschätzten Ladungen auf den Slope-Faktor Rechnung getragen.

Der grundlegenden Beschreibung des Wachstumskurvenmodells in Tabelle 50 kann zunächst entnommen werden, dass bedeutsame interindividuelle Unterschiede im Intercept, also im Ausgangsniveau der Rechtschreibkompetenz in der ersten Klasse, bestehen. Die Schüler/innen zeigen demzufolge im Rechtschreibtest Ende der ersten Klasse ein heterogenes Leistungsspektrum. Der nachfolgende Entwicklungsverlauf bis einschließlich Ende der vierten Klasse ist gekennzeichnet von einem bedeutsamen Leistungszuwachs. Von der ersten bis zur vierten Klasse umfasst dieser einen Prozentanteil richtiger Grapheme von durchschnittlich 15 %. Diese Zuwachsraten variieren allerdings signifikant unter den Schüler/inne/n.

Tabelle 50:   Rechtschreibkompetenz – Wachstumskurvenmodell

	Mittelwert	Varianz	Korrelation Slope
Intercept	80,31***	50,47***	- .90***
Slope	15,24***	29,85***	
Model Fit	χ^2 (3) = 15,7 p < .01; CFI = 0,98; RMSEA = .09;		

Anm.: * p < .05, ** p < .01, *** p < .001; n = 435

Wie sich der Verlauf der Kompetenzentwicklung vom Ende der ersten bis zum Ende der vierten Klasse gestaltet, hängt in hohem Maße davon ab, über welches Ausgangsniveau die jeweiligen Schüler/innen in der ersten Klasse verfügen (r = - .90

p < .001). Je höher das individuelle Ausgangsniveau der Rechtschreibkompetenz bereits in der ersten Klasse ist, desto geringer ist der Leistungszuwachs in den nachfolgenden Schuljahren und umgekehrt.

Wie sich der Migrationshintergrund und die ethnische Herkunft auf das Wachstumskurvenmodell auswirken, zeigt Tabelle 51. Sowohl die Gruppe der Kinder mit Migrationshintergrund als auch die einzelnen ethnischen Herkunftsgruppen weisen ein signifikant schlechteres Ausgangsniveau in der Rechtschreibkompetenz auf als die Schüler/innen ohne Migrationshintergrund. Am stärksten ist diese Kompetenzdifferenz bei den Schüler/inne/n türkischer Herkunft ausgeprägt. Insgesamt 14 % der Leistungsstreuung in den Ausgangswerten kann durch den Einfluss des Migrationshintergrundes erklärt werden und 20 % durch den Einfluss der ethnischen Herkunft.

Tabelle 51: Rechtschreibkompetenz – Wachstumskurvenmodell und Kovariaten

	Intercept		Slope	
	B (SE B)	β Sig.	B (SE B)	β Sig.
Migrationshintergrund				
Konstante	83,49 (0,52)		12,77 (0,48)	
Migrationshintergrund	- 5,60 (0,90)	- 0,76 ***	4,35 (0,83)	0,75 ***
	$R^2 = .14$		$R^2 = .14$	
Ethnische Herkunft				
Konstante	83,42 (0,52)		12,85 (0,49)	
GUS	- 3,20 (1,20)	- 0,43 **	1,74 (0,95)	0,30 -
Osteuropa	- 3,53 (1,47)	- 0,48 *	2,69 (1,37)	0,46 *
Türkei	- 8,62 (1,06)	- 1,16 ***	6,86 (0,97)	1,17 ***
Sonstige	- 4,38 (1,74)	- 0,59 **	3,70 (1,43)	0,63 **
	$R^2 = .20$		$R^2 = .20$	

Anm.: * p < .05, ** p < .01, *** p < .001, - nicht signifikant; Referenzkategorie bei allen Modellen: Kinder ohne Migrationshintergrund; n = 435

In Bezug auf den Slope-Faktor leisten die beiden Kovariaten jeweils den gleichen Erklärungsbeitrag wie beim Intercept-Faktor. Das heißt, auch auf den weiteren Entwicklungsverlauf der Rechtschreibkompetenz haben der Migrationshintergrund und die ethnische Herkunft einen substantiellen Einfluss. Lediglich bei den Kindern aus der GUS hat die ethnische Herkunft keinen Effekt auf die Kompetenzentwicklung. Bei allen anderen aufgeführten Gruppen zeigt sich im Verlauf der Grundschulzeit ein stärkerer Leistungsfortschritt als bei den Kindern ohne Migrationshintergrund, der eng mit dem niedrigeren Ausgangsniveau zusammenhängt. Am stärksten ist dieses positive Wachstum demnach bei den Kindern türkischer Herkunft ausgeprägt, die über das vergleichsweise niedrigste Ausgangsniveau verfügen. Für die meisten hier aufgeführten Gruppen kann demnach festgehalten werden, dass im Verlauf der Grundschulzeit eine deutliche, aber nicht vollständige Kompensation der eingangs starken Differenzen in der Rechtschreibkompetenz stattfindet.

7.2.3 Mathematikkompetenz und Kompetenzentwicklung

Die letzte noch zu betrachtende Kompetenzdomäne ist die Mathematik. Die Mathematikkompetenz der Schüler/innen wurde mit Hilfe des Deutschen Mathematiktests (kurz: DEMAT / vgl. Abschnitt 6.2.1) erfasst. Wie auch die HSP liegt er in verschiedenen klassenstufenbezogenen Fassungen vor, von denen in den Erhebungen die vier Testversionen für die erste, zweite, dritte und vierte Klasse zum Einsatz kamen. Auch in Bezug auf den DEMAT stellt sich die methodische Frage, wie die damit erhobenen Daten längsschnittlich analysiert werden können, da sich die Testversionen im Umfang und in den getesteten Inhalten teils deutlich voneinander unterscheiden. Als Behelfslösung wird im Folgenden für jedes Schuljahr auf die individuellen Normwerte des Gesamttestergebnisses zurückgegriffen. Mithilfe dieser Werte kann zumindest grob abgeschätzt werden, wie die Schüler/innen innerhalb der Eichstichprobe platziert sind und wie sich diese Platzierung von Schuljahr zu Schuljahr verändert. Darüber hinaus können Aussagen dazu getroffen werden, ob gruppenspezifische Unterschiede in der Platzierung vorliegen und ob bzw. wie sich diese Unterschiede schuljahrübergreifend verändern. Bereits an dieser Stelle muss vorweggenommen werden, dass dieses Vorgehen maßgeblich von der Zusammensetzung und Qualität der Eichstichprobe abhängt, die der jeweiligen Testversion zugrunde liegt. So ist vorstellbar, dass eine Verschiebung der Platzierung von Schüler/inne/n zwischen Schuljahren nicht nur auf die individuellen Testleistungen der Schüler/innen und deren Veränderung zurückzuführen ist, sondern auch von Unterschieden in den Eichstichproben beeinflusst sein kann. Die nachfolgend dargestellten Ergebnisse sind daher diesbezüglich mit gebotener Vorsicht zu betrachten.

Die Normwerte des DEMAT liegen in Form verschiedener Normskalen vor. Im Folgenden werden ausschließlich die T-Werte verwendet. Zur Transformation in T-Werte wurden die Rohwerte bei der Testentwicklung so normiert, dass der Mittelwert der Werteverteilung bei 50 liegt und die Standardabweichung bei 10. Aus dem Vergleich der für die vorliegende Stichprobe erhaltenen Kennwerte mit den Kennwerten der Eichstichprobe kann abgeschätzt werden, inwieweit Stichprobe und Eichstichprobe voneinander abweichen.

Ein erster Blick auf die in Tabelle 52 dargestellten statistischen Kennwerte zeigt, dass die Gruppe der Kinder ohne Migrationshintergrund vor allem in der ersten und zweiten Klasse in ihrer Werteverteilung der Eichstichprobe ähnelt. Sowohl der Mittelwert als auch die Standardabweichungen sind den Kennwerten einer T-

Wert-Verteilung nahe (1. Klasse: M = 50,19 SD = 9,14; 2. Klasse M = 50,98 SD = 9,75).

Tabelle 52: Übersicht Mathematikkompetenz

		1. Klasse	2. Klasse	3. Klasse	4. Klasse
Kinder ohne Mh	M (SE)	50,19 (1,13)	50,98 (1,14)	54,12 (0,73)	52,77 (0,91)
	SD	9,14	9,75	9,04	9,78
Migrationshintergrund					
Mit Migrationshintergrund	M (SE)	46,83 (0,86)	47,56 (0,86)	50,75 (0,84)	48,96 (0,76)
	SD	9,10	9,14	8,78	9,41
	d	0,37**	0,36**	0,38**	0,40***
Migrationserfahrung					
Ohne Migrationserfahrung	M (SE)	46,91 (0,85)	47,64 (0,93)	51,00 (0,92)	48,87 (0,87)
	SD	9,42	9,51	8,95	9,64
	d	0,35**	0,35**	0,35**	0,40**
Direkte Migrationserfahrung	M (SE)	46,33 (1,54)	47,16 (1,27)	49,86 (1,44)	49,33 (1,28)
	SD	7,68	7,61	8,12	8,55
	d	0,44*	0,41**	0,48**	0,36*
Staatsangehörigkeit					
Ausländer/innen	M (SE)	45,98 (0,77)	45,84 (0,97)	49,64 (1,04)	48,51 (0,89)
	SD	8,11	8,40	8,16	8,24
	d	0,48**	0,55***	0,51**	0,46**
(Spät-) Aussiedler/innen	M (SE)	48,32 (1,49)	50,16 (1,56)	52,16 (1,55)	49,77 (1,41)
	SD	9,78	8,63	8,31	9,38
	d	0,20	0,09	0,22	0,31*
Eingebürgerte Migrant/inn/en	M (SE)	46,79 (1,16)	47,79 (1,11)	51,00 (1,38)	48,81 (1,46)
	SD	9,57	9,86	9,64	10,66
	d	0,37**	0,33**	0,34**	0,39**
Migrationshintergrund der Eltern					
Beidseitiger Mh	M (SE)	46,60 (0,93)	47,39 (0,91)	50,85 (0,89)	49,04 (0,98)
	SD	9,43	9,19	8,85	9,67
	d	0,39**	0,38**	0,37**	0,38**
Einseitiger Mh	M (SE)	47,51 (0,78)	48,05 (1,26)	50,56 (1,34)	48,76 (1,24)
	SD	7,42	9,01	8,55	8,36
	d	0,30*	0,30	0,40*	0,42**
Ethnische Herkunft					
GUS	M (SE)	48,23 (1,40)	50,11 (1,33)	52,61 (1,43)	51,04 (1,42)
	SD	9,04	8,55	8,85	9,42
	d	0,21	0,09	0,17	0,18
Osteuropa	M (SE)	47,39 (1,07)	48,48 (1,08)	51,69 (1,15)	49,83 (0,90)
	SD	8,68	9,09	8,78	8,07
	d	0,31*	0,26	0,27*	0,32**
Türkei	M (SE)	45,09 (1,21)	45,27 (0,89)	49,60 (1,22)	47,28 (1,45)
	SD	9,03	9,01	8,57	10,15
	d	0,56***	0,59***	0,51**	0,56**
Sonstige	M (SE)	47,67 (1,33)	47,76 (1,33)	50,00 (1,81)	48,98 (1,55)
	SD	9,29	9,20	8,72	8,79
	d	0,27	0,33*	0,46*	0,40*

Anm.: * $p < .05$, ** $p < .01$, *** $p < .001$; M = Arithmetisches Mittel; SE = Standardfehler des Mittelwertes; SD = Standardabweichung; Mh = Migrationshintergrund; d = Cohens d und Signifikanz eines Wald F-Tests mit Bonferroni-Korrektur zwischen der angegebenen Kategorie und Kindern ohne Migrationshintergrund; n = 435

In der dritten und vierten Klasse erzielt die Gruppe der Kinder ohne Migrationshintergrund im Durchschnitt etwas bessere Testleistungen als die Eichstichprobe (3.Klasse: M = 54,12; 4. Klasse M = 52,77). Die verschiedenen Gruppen mit Migrantenkindern schneiden dagegen in den ersten beiden Jahrgangsstufen in ihren Testleistungen großteils schlechter ab als der Durchschnitt der Eichstichprobe. In der dritten und vierten Klasse bewegen sie sich mit ihren durchschnittlichen Testleistungen auf dem Niveau der Eichstichprobe. Worauf diese positive Leistungsverschiebung im Übergang von der zweiten zur dritten Klasse zurückzuführen ist, kann auf der Grundlage der vorliegenden Daten nicht endgültig geklärt werden. Als mögliche Erklärungen kommen vor allem Unterschiede in den Eichstichproben und Testeffekte aufgrund unterschiedlicher Testinhalte infrage. Das zentrale Augenmerk soll in den vorliegenden Analysen jedoch nicht auf die Platzierung in Bezug zur Eichstichprobe, sondern auf gruppenspezifische Testleistungs- und Platzierungsdifferenzen zwischen Kindern mit und ohne Migrationshintergrund gerichtet werden.

Die festgestellten Differenzen in den Testleistungen zwischen den verschiedenen Migrantengruppen bzw. Herkunftsgruppen und der Gruppe der Kinder ohne Migrationshintergrund sind über die vier untersuchten Grundschuljahre hinweg weitgehend stabil. Bereits Ende der ersten Klasse besteht eine Leistungsrangfolge unter den Gruppen, die sich bis zum Ende der Grundschulzeit weitgehend aufrechterhält. Am unteren Ende dieser Rangfolge finden sich erneut die Kinder türkischer Herkunft, die mit mittleren Effekten im Mittelwertvergleich die vergleichsweise größten Kompetenzdifferenzen gegenüber den Kindern ohne Migrationshintergrund aufweisen. Ähnliche Kompetenzdifferenzen können auch bei den Kindern ohne deutsche Staatsangehörigkeit festgestellt werden, die ebenfalls teilweise Mittelwertdifferenzen mittlerer Effektstärke aufweisen. Der Großteil der Gruppen unterscheidet sich jedoch nur geringfügig von der Gruppe der Schüler/innen ohne Migrationshintergrund. Bei den Kindern aus der GUS sind keine und bei den (Spät-)Aussiedler/inne/n sind nur in einem Schuljahr bedeutsame Leistungsdifferenzen festzustellen.

Die Stabilität der Leistungsdifferenzen spiegelt sich auch in den in Tabelle 53 dargestellten linearen Regressionsanalysen wider. Über alle vier Schuljahre unterliegt der durch den Migrationshintergrund und die ethnische Gruppenzugehörigkeiten aufgeklärte Varianzanteil der Mathematik-Kompetenztestleistungen nur geringen Schwankungen. Durch den Migrationshintergrund können 3 bis 4 % der Leistungsvarianz und durch die ethnische Herkunft insgesamt 4 bis 6 % der Leistungsvarianz aufgeklärt werden. Auch ist hier noch einmal deutlich zu erkennen, dass sich die ethnische Gruppenzugehörigkeit, außer bei der Gruppe der türkischen Migrant/inn/en, nicht oder nur geringfügig auf die Mathematikkompetenz auswirkt.

Tabelle 53:   Mathematikkompetenz – lineare Regressionen

	1. Klasse		2. Klasse		3. Klasse		4. Klasse	
	B (SE B)	β Sig.	B (SE B)	β Sig.	B (SE B)	β Sig.	B (SE B)	β Sig.
Migrationshintergrund								
Konstante	50,19 (1,13)		50,98 (1,14)		54,12 (0,73)		52,77 (0,91)	
Migrations-hintergrund	- 3,37 (1,24)	- 0,36 **	- 3,43 (1,14)	- 0,36 **	- 3,73 (0,95)	- 0,37 ***	- 3,81 (1,06)	- 0,39 ***
	$R^2 = .03$		$R^2 = .03$		$R^2 = .03$		$R^2 = .04$	
Ethnische Herkunft								
Konstante	50,24 (1,12)		51,02 (1,12)		54,03 (0,74)		52,70 (0,90)	
GUS	- 2,01 (1,67)	- 0,22 -	- 0,91 (1,40)	- 0,10 -	- 1,42 (1,38)	- 0,16 -	- 1,66 (1,48)	- 0,17 -
Osteuropa	- 2,86 (1,42)	- 0,31 *	- 2,54 (1,57)	- 0,27 -	- 2,33 (1,25)	- 0,26 -	- 2,87 (1,15)	- 0,29 *
Türkei	- 5,15 (1,44)	- 0,56 ***	- 5,75 (0,10)	- 0,60 ***	- 4,42 (1,39)	- 0,49 **	- 5,42 (1,77)	- 0,56 **
Sonstige	- 2,57 (1,61)	- 0,28 -	- 3,26 (1,69)	- 0,34 -	- 4,03 (1,85)	- 0,45 *	- 3,72 (1,62)	- 0,38 *
	$R^2 = .05$		$R^2 = .06$		$R^2 = .04$		$R^2 = .05$	

Anmerkungen: * p < .05, ** p < .01, *** p < .001, - nicht signifikant; Referenzkategorie bei allen Modellen: Kinder ohne Migrationshintergrund; n = 435

Einen grafischen Eindruck vom gruppenspezifischen Entwicklungsverlauf der Mathematiktestleistungen und der Entwicklung der Leistungsdifferenzen über die vier Grundschuljahre vermitteln die beiden Diagramme in Abb. 21 und Abb. 22.

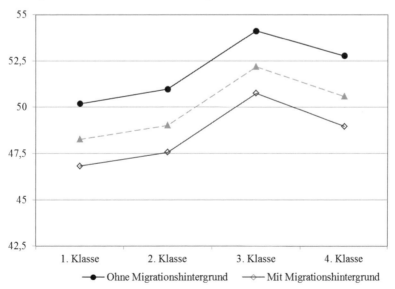

Abb. 21:   Mathematikkompetenzentwicklung – Migrationshintergrund

Gerade dem ersten Diagramm ist zu entnehmen, dass gruppenübergreifend von der ersten zur zweiten Klasse eine geringfügige und von der zweiten zur dritten eine deutliche Verbesserung des Gruppenmittelwerts stattfindet. Die Kinder mit Migrationshintergrund schließen hier zum durchschnittlichen Niveau der Eichstichprobe auf und bei den Kindern ohne Migrationshintergrund geht die Verbesserung sogar über das Niveau der Eichstichprobe hinaus. Von der dritten zur vierten Klasse findet in beiden Gruppen wieder eine leichte Verschlechterung der Platzierung gegenüber der Eichstichprobe statt. Wie bereits zuvor herausgestellt, sind diese Verlaufskurven, vor allem deren Spitze in der dritten Klasse, mit den vorliegenden Daten nicht eindeutig zu erklären. Aber die Vermutung liegt nahe, dass es sich hierbei zumindest teilweise um Effekte handelt, die durch Unterschiede in den Eichstichproben und durch inhaltliche Unterschiede in den eingesetzten Tests bedingt sind.

Ungeachtet der Schwierigkeiten bei der Verlaufsinterpretation kann für den Gruppenvergleich festgehalten werden, dass sich die Verlaufsformen bei den hier abgebildeten Gruppen teilweise sehr ähneln. Am deutlichsten zeigt sich dies im Vergleich der Gruppe der Kinder mit und der Gruppe der Kinder ohne Migrationshintergrund. Zwar bewegen sich beide Gruppen auf jeweils unterschiedlichen Kompetenzniveaus. Die Entwicklungen der beiden Kompetenzniveaus verlaufen hinsichtlich Zu- und Abnahme allerdings fast parallel.

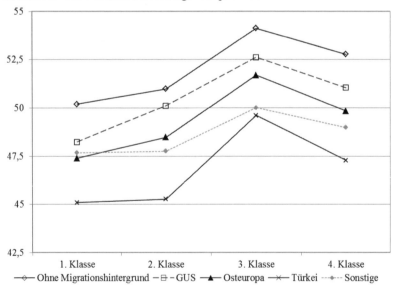

Abb. 22:   Mathematikkompetenzentwicklung – ethnische Herkunft

Auch bei den dargestellten Verlaufskurven der ethnischen Herkunftsgruppen können grundlegende Ähnlichkeiten in der Verlaufsform festgestellt werden. Die Leistungsrangfolge der Gruppen bleibt von Ende der ersten Klasse bis Ende der vierten Klasse bestehen. Lediglich nach dem ersten Messzeitpunkt kreuzen sich die Entwicklungslinien der Kinder aus Osteuropa und der Kinder aus den sonstigen Herkunftsländern, wenngleich die Ausgangsniveaus beider Gruppen sehr eng beieinander liegen. Die Kinder türkischer Herkunft sind, wie bereits herausgestellt, am unteren Ende der Rangfolge zu finden. Den Testleistungen der Kinder ohne Migrationshintergrund kommen die aus der GUS stammenden Kinder über die gesamten vier Jahre so nahe, dass sich keine signifikanten Unterschiede zwischen den beiden Gruppen zeigen (vgl. Tabelle 53).

Das für die Mathematikkompetenz entwickelte latente Wachstumskurvenmodell weist im Gegensatz zu den zuvor vorgestellten Modellen der Lese- und der Rechtschreibkompetenz drei feste und nur eine frei geschätzte Ladung auf den Slope-Faktor auf. Die festen Ladungen sind linear ausgerichtet und beziehen sich auf den ersten, zweiten und vierten Messzeitpunkt. Die frei geschätzte Ladung bezieht sich auf den dritten Messzeitpunkt und soll eine Abbildung der Verlaufsspitze in der dritten Klasse und des daraus resultierenden non-linearen Verlaufs ermöglichen. Der Fit dieses Modells ist sehr gut (CFI = 1,00; RMSEA = .00).

In Tabelle 54 sind jeweils der Mittelwert und die Varianz des Intercept- und des Slope-Faktors angegeben. An der signifikanten Varianz des Intercept-Faktors ist zu erkennen, dass bereits zum ersten Messzeitpunkt bedeutsame Unterschiede in der Testleistung unter den Schüler/inne/n bestehen. Die Platzierung innerhalb der Eichstichprobe verbessert sich zudem von der ersten bis zur vierten Klasse um den Wert 2,11 auf der T-Wertskala. Zwischen dem Intercept- und dem Slope-Faktor besteht ein schwacher negativer Zusammenhang ($r = - .36$ $p < .001$). Ein hohes Eingangsniveau wirkt sich demnach negativ auf den Leistungszuwachs aus und umgekehrt. Es findet folglich im Lauf der Grundschulzeit eine leichte Nivellierung der in der ersten Klasse festgestellten Leistungsheterogenität unter den Schüler/inne/n statt.

Tabelle 54:   Wachstumskurvenmodell – Mathematikkompetenz

	Mittelwert	Varianz	Korrelation Slope
Intercept	48,32***	62,38***	-.36***
Slope	2,11**	14,00***	
Model Fit	$\chi^2 (4) = 1,97$ $p > .05$; CFI = 1,00; RMSEA = .00;		

Anm.: * $p < .05$, ** $p < .01$, *** $p < .001$; n = 435

Abschließend soll noch der Frage nachgegangen werden, wie der Migrationshintergrund und die ethnische Herkunft die Mathematikkompetenzentwicklung beeinflussen. Wie Tabelle 55 zu entnehmen ist, bestehen bereits in der ersten Klasse signifikante Kompetenzunterschiede zwischen den Kindern mit und den Kindern ohne Migrationshintergrund. Durch die Differenzierung in Herkunftsgruppen wird ersichtlich, dass sich diese Unterschiede auf die Gruppe der Kinder mit türkischem oder osteuropäischem Migrationshintergrund beschränken.

Keine der aufgeführten Kovariaten wirkt sich in statistisch bedeutsamer Weise auf den Slope-Faktor aus. Die Leistungsentwicklung im Mathematiktest verläuft demnach unbeeinflusst vom Migrationsstatus oder der ethnischen Gruppenzugehörigkeit. Dieses Ergebnis deckt sich auch mit den zuvor betrachteten Verlaufskurven, die für alle verglichenen Gruppen eine ähnliche Verlaufsform zeigen.

Tabelle 55: Wachstumskurvenmodelle – Mathematikkompetenz und Kovariaten

	Intercept		*Slope*	
	B (SE B)	β Sig.	B (SE B)	β Sig.
Migrationshintergrund				
Konstante	50,30 (1,10)		2,12 (0,81)	
Migrationshintergrund	- 3,46 (1,13)	- 0,44 **	0,01 (0,64)	0,00 -
	$R^2 = .05$		$R^2 = .00$	
Ethnische Herkunft				
Konstante	50,35 (1,08)		2,03 (0,80)	
GUS	- 1,64 (1,43)	- 0,21 -	0,13 (0,75)	0,04 -
Osteuropa	- 2,82 (1,28)	- 0,36 *	0,24 (0,70)	0,07 -
Türkei	- 5,53 (1,28)	- 0,70 ***	0,54 (0,85)	0,15 -
Sonstige	- 2,78 (1,53)	- 0,35 -	- 0,70 (0,91)	- 0,19 -
	$R^2 = .07$		$R^2 = .01$	

Anm.: * $p < .05$, ** $p < .01$, *** $p < .001$, - nicht signifikant;
Referenzkategorie bei allen Modellen: Kinder ohne Migrationshintergrund; n = 435

7.2.4 Sprachstand

Eine zentrale Voraussetzung zum erfolgreichen Verlauf schulischer Kompetenzerwerbsprozesse und damit verbunden auch schulischer Platzierungsprozesse sind ausreichende Kenntnisse der deutschen Sprache, denn sie ermöglichen eine angemessene Teilhabe am Unterrichtsgeschehen. Gerade bei Kindern mit nichtdeutscher Muttersprache ist diese Voraussetzung allerdings oft nur unzureichend erfüllt. Um überprüfen zu können, in welchem Umfang sich die oft schlechteren Deutschkenntnisse der Kinder mit Migrationshintergrund auf deren kulturelle Integrationsprozesse auswirken, wurden die Schüler/innen zu Erhebungsbeginn einer Sprachstandsfeststellung unterzogen. Als Testverfahren wurde dafür die Sprachstandsüberprüfung und Förderdiagnostik für Ausländer- und Aussiedlerkinder (kurz: SFD/ vgl. Abschnitt 6.2.1) eingesetzt.

Mithilfe der SFD können drei Sprachgruppen mit variierenden Sprachkenntnissen differenziert werden:

– Sprachgruppe I: Zu dieser Gruppe zählen Schüler/innen, die nicht in der Lage sind, dem Regelunterricht in angemessener Weise zu folgen.
– Sprachgruppe II: Zu dieser Gruppe zählen Schüler/innen, die dem Unterricht teilweise bis überwiegend folgen können.

– Sprachgruppe III: Zu dieser Gruppe zählen Schüler/innen, die dem Unterricht in angemessener Weise folgen können (vgl. Hobusch, Lutz & Wiest 2002a).

Tabelle 56 gibt einen Überblick, wie sich die Schüler/innen in der vorliegenden Stichprobe auf die Sprachgruppen verteilen. Wie zu erwarten, weist die Gruppe der Kinder ohne Migrationshintergrund in den beiden oberen Sprachgruppen die mit deutlichem Abstand höchsten Anteile auf. In den verschiedenen Migranten- und Herkunftsgruppen finden sich dagegen großteils Schüler/innen der Sprachgruppe I, also Schüler/innen mit einem sehr niedrigen Sprachstand. Die Anteile, die auf diese Sprachgruppe entfallen, reichen von 71 % bei den Kindern aus Osteuropa bis zu 90 % bei den türkisch stämmigen Kindern.

Tabelle 56: Sprachstand

	Sprachstand			
	Sprachgruppe I	Sprachgruppe II	Sprachgruppe III	Sign.
Kinder ohne Mh	30 %	50 %	21 %	/
Migrationshintergrund				
Mit Mh	80 %	17 %	3 %	***
Migrationserfahrung				
Ohne Migrationserfahrung	78 %	18 %	4 %	***
Direkte Migrationserfahrung	88 %	12 %	0 %	***
Staatsangehörigkeit				
Ausländer/innen	87 %	13 %	0 %	***
(Spät-) Aussiedler/innen	74 %	21 %	5 %	***
Eingebürgerte Migrant/inn/en	75 %	19 %	6 %	***
Migrationsstatus der Eltern				
Beidseitiger Mh	81 %	16 %	3 %	***
Einseitiger Mh	73 %	22 %	4 %	***
Ethnische Herkunft				
GUS	75 %	20 %	5 %	***
Osteuropa	71 %	23 %	6 %	***
Türkei	90 %	9 %	1 %	***
Sonstige	74 %	24 %	2 %	***

Anm.: * $p < .05$, ** $p < .01$, *** $p < .001$, - nicht signifikant; Mh = Migrationshintergrund; Sign. = Signifikanzwert: Angegebene Signifikanzwerte aus F-Tests nach Rao Scott zwischen der angegebenen Kategorie und Kindern ohne Migrationshintergrund; n =435

Wie sich diese deutlichen Unterschiede in den vorschulischen Sprachkenntnissen auf den Kompetenzerwerb in den Domänen Lesen, Rechtschreiben und Mathematik auswirken, wird in den folgenden Analysen überprüft. Dafür wird auf die latenten Wachstumskurvenmodelle für die drei untersuchten Kompetenzdomänen zurückgegriffen und der Sprachstand im Rahmen von linearen Regressionsanalysen zum jeweiligen Intercept- und Slope-Faktor dieser Modelle in Bezug gesetzt. Darüber hinaus werden auch der Migrationshintergrund und die verschiedenen ethnischen Gruppenzugehörigkeiten als unabhängige Variablen in den Analysen berück-

sichtigt, um herausstellen zu können, ob diese einen über den Sprachstand hinausgehenden Effekt aufweisen.

Als erster Kompetenzbereich wird die Lesekompetenz betrachtet (vgl. Tabelle
57). Der Sprachstand wirkt sich sehr deutlich auf das Ausgangsniveau der Lesekompetenz in der ersten Klasse aus. Kinder, die der Sprachgruppe I angehören,
schneiden im ersten Lesekompetenztest um mehr als eine halbe Standardabweichung ($\beta = -0,71$ p < .001) schlechter ab als Schüler/innen der Sprachgruppe II.
Schüler/innen der Sprachgruppe III weisen hingegen einen deutlichen Kompetenzvorsprung gegenüber der Sprachgruppe II auf ($\beta = 0,61$ p < .001). Was die Veränderung bzw. das Wachstum der Lesekompetenz anbelangt, so unterscheiden sich
Schüler/innen der Sprachgruppen I und II nicht voneinander. Sie haben im Lauf der
Grundschulzeit den gleichen Lesekompetenzzuwachs. Das bedeutet, es findet keine
Annäherung der Lesekompetenzniveaus zwischen diesen beiden Gruppen statt.
Gegenüber den Kindern der Sprachgruppe III gelingt es jedoch, die anfänglichen
Kompetenzdifferenzen durch vergleichsweise größere Kompetenzfortschritte zu
reduzieren.

Tabelle 57:   Sprachstand und Lesekompetenz

	Intercept (β / Sign.)				
Modell	I	II	III	IV	V
Sprachstand					
Sprachgruppe I	- 0,71***			- 0,60***	- 0,56***
Sprachgruppe III	0,61***			0,58***	0,57**
Migrationshintergrund und ethnische Herkunft					
Mh		- 0,65***		- 0,24*	
GUS			- 0,40*		- 0,06
Osteuropa			- 0,62**		- 0,30
Türkei			- 0,91***		- 0,45**
Sonstige			-0,49**		- 0,14
R²	*.21*	*.10*	*.13*	*.22*	*.24*
	Slope (β / Sign.)				
Modell	I	II	III	IV	V
Sprachstand					
Sprachgruppe I	- 0,16			- 0,07	- 0,09
Sprachgruppe III	- 0,48*			- 0,51*	- 0,51*
Migrationshintergrund und ethnische Herkunft					
Mh		- 0,15		- 0,21	
GUS			- 0,37		- 0,40*
Osteuropa			- 0,09		- 0,14
Türkei			- 0,04		- 0,09
Sonstige			- 0,21		- 0,26
R²	*.02*	*.01*	*.02*	*.03*	*.04*

Anm.: * p < .05, ** p < .01, *** p < .001 Mh = Migrationshintergrund; Referenzgruppe Sprachstand: Sprachgruppe II; Referenzgruppe Migrationshintergrund und
ethnische Herkunft: Kinder ohne Migrationshintergrund; n = 435

Werden Sprachstand und Migrationshintergrund gleichzeitig als Kovariaten des Intercepts berücksichtigt wie in Modell IV, so zeigt sich, dass der Einfluss des Migrationshintergrundes auf die Lesekompetenz deutlich abnimmt (β = - 0,65 vs. β = - 0,24). Ein wesentlicher Teil des migrationsbedingten Einflusses auf das Kompetenzausgangsniveau geht also auf den schlechteren Sprachstand der Migrantenkinder zurück. Im Fall der ethnischen Gruppendifferenzierung wirkt sich die gleichzeitige Berücksichtigung des Sprachstands sogar so weit aus, dass nur noch von der türkischen Gruppenzugehörigkeit ein deutlich abgeschwächter, aber noch bedeutsamer Effekt ausgeht (β = - 0,45 p < .01).

In Bezug auf den Wachstumsfaktor tritt durch die zusätzliche Aufnahme der ethnischen Gruppenzugehörigkeiten eine interessante Veränderung ein. Die zuvor für die Lesekompetenzentwicklung unbedeutende Zugehörigkeit zur Gruppe der Kinder aus der GUS wirkt sich nun negativ auf den weiteren Kompetenzerwerb aus. Diese Veränderung ist vermutlich Folge eines Supressionseffektes (vgl. Bortz 1999), bedingt durch eine hohe Korrelation zwischen Gruppenzugehörigkeit und Sprachstand und einem gleichzeitig niedrigeren Zusammenhang zwischen Gruppenzugehörigkeit und Wachstumsfaktor.

Tabelle 58: Sprachstand und Rechtschreibkompetenz

	Intercept (β / Sign.)				
Modell	I	II	III	IV	V
Sprachstand					
Sprachgruppe I	- 0,83***			- 0,63***	- 0,56***
Sprachgruppe III	0,38*			0,32	0,32
Migrationshintergrund und ethnische Herkunft					
Mh		- 0,76***		- 0,39**	
GUS			- 0,43**		- 0,13
Osteuropa			- 0,48*		- 0,21
Türkei			- 1,16***		- 0,77***
Sonstige			- 0,59**		- 0,29
R^2	.22	.14	.20	.24	.28
	Slope (β / Sign.)				
Modell	I	II	III	IV	V
Sprachstand					
Sprachgruppe I	0,72***			0,47***	0,40**
Sprachgruppe III	- 0,32			- 0,24	- 0,23
Migrationshintergrund und ethnische Herkunft					
Mh		0,75***		0,48***	
GUS			0,30		0,08
Osteuropa			0,46*		0,27
Türkei			1,17***		0,90***
Sonstige			0,63**		0,42
R^2	.16	.14	.20	.19	.25

Anm.: * p < .05, ** p < .01, *** p < .001 Mh = Migrationshintergrund; Referenzgruppe Sprachstand: Sprachgruppe II; Referenzgruppe Migrationshintergrund und ethnische Herkunft: Kinder ohne Migrationshintergrund; n = 435

Im nächsten Schritt wird der Einfluss des Sprachstands auf die Rechtschreibkompetenz betrachtet (vgl. Tabelle 58). Wie bereits bei der Lesekompetenz hat der Sprachstand bedeutsamen Einfluss darauf, welches Ausgangsniveau die Schüler/innen zu Beginn der Kompetenztests zeigen. Die Kinder der Sprachgruppe I liegen in ihrem Ausgangsniveau bei der Rechtschreibkompetenz erneut deutlich unterhalb der Sprachgruppe II (β = - 0,83 p < .001) und Sprachgruppe III weist erneut einen signifikanten Kompetenzvorsprung (β = 0,38 p < .001) auf. Der Wachstumsfaktor, also die weitere Entwicklung der Rechtschreibkompetenz, ist bei den Kindern der Sprachgruppe I stärker ausgeprägt als bei den Kindern der Sprachgruppen II und III. Den Kindern, die dieser Sprachgruppe angehören, gelingt es demnach im Verlauf der Grundschule, die anfänglichen Kompetenzdifferenzen etwas zu vermindern.

Der Migrationshintergrund verliert wesentlich an Bedeutung für die Rechtschreibkompetenz und deren Entwicklung, sobald er gemeinsam mit dem Sprachstand als Prädiktorvariable in das Modell mit aufgenommen wird. Im Vergleich zu den Modellen I und II, die nur den Sprachstand bzw. nur den Migrationshintergrund als Kovariaten beinhalten, nehmen in Modell IV, das beide Aspekte enthält, auf beiden Seiten die Effektstärken ab. Grund dafür ist der hohe Anteil an gemeinsam erklärter Varianz. Zwischen den Kindern der oberen beiden Sprachgruppen sind unter Berücksichtigung des Migrationshintergrundes sogar keine bedeutsamen Unterschiede im Ausgangsniveau mehr festzustellen.

Wie der Migrationshintergrund ist auch die ethnische Gruppendifferenzierung in ihrem Einfluss auf die Rechtschreibkompetenz eng mit dem Sprachstand konfundiert. Sowohl hinsichtlich des Intercept-Faktors als auch hinsichtlich des Slope-Faktors lassen sich Effekte, die von der Zugehörigkeit zu einer ethnischen Gruppe ausgehen, durch die gleichzeitige Berücksichtigung des Sprachstands aufheben. Nur die türkischen Kinder sind auch über den Sprachstand hinaus in besonderem Maße in ihrer anfänglichen Rechtschreibleistung benachteiligt. Einen Teil dieser Benachteiligung gegenüber den anderen Kindern können sie jedoch durch stärkere Leistungsfortschritte wieder ausgleichen.

Wie im vorhergehenden Abschnitt bereits herausgearbeitet wurde, sind der Migrationsstatus und die Aufteilung in ethnische Herkunftsgruppen nur für die zu Erhebungsbeginn festgestellten Differenzen in den Mathematik-Testleistungen von Bedeutung. Eine systematische Veränderung dieser Differenzen im Verlauf der vier Grundschuljahre, die auf das Vorliegen eines Migrationshintergrundes und die Zugehörigkeit zu einer Herkunftsgruppe zurückzuführen ist, findet nicht statt. Ähnlich verhält es sich mit dem Sprachstand. Das Ausgangsniveau, das Schüler/innen in den Mathematik-Kompetenztests in der ersten Klasse zeigen, ist in hohem Maße von den Sprachkenntnissen der Kinder abhängig (vgl. Tabelle 59). Ein schlechter Sprachstand hat auch eine vergleichsweise schlechtere Testleistung zur Folge. Ob und wie sich die anfänglichen Leistungsdifferenzen in den nachfolgenden Messzeitpunkten entwickeln, steht allerdings nicht mit dem Sprachstand im Zusammenhang.

Tabelle 59:   Sprachstand und Mathematikkompetenz

	Intercept (β / Sign.)				
Modell	I	II	III	IV	V
Sprachstand					
Sprachgruppe I	- 0,53***			- 0,49**	- 0,44**
Sprachgruppe III	0,62***			0,61***	0,61***
Migrationshintergrund und ethnische Herkunft					
Mh		- 0,44**		- 0,08	
GUS			- 0,21		0,08
Osteuropa			- 0,36*		- 0,09
Türkei			- 0,70***		- 0,32
Sonstige			- 0,35		- 0,05
R²	*.15*	*.05*	*.07*	*.15*	*.16*
	Slope (β / Sign.)				
Modell	I	II	III	IV	V
Sprachstand					
Sprachgruppe I	- 0,07			- 0,11	- 0,16
Sprachgruppe III	0,12			0,13	0,13
Migrationshintergrund und ethnische Herkunft					
Mh		0,00		0,08	
GUS			0,04		0,13
Osteuropa			0,07		0,15
Türkei			0,15		0,26
Sonstige			- 0,19		- 0,10
R²	*.00*	*.00*	*.01*	*.01*	*.02*

Anm.: * p < .05, ** p < .01, *** p < .001 Mh = Migrationshintergrund; Referenzgruppe Sprachstand: Sprachgruppe II; Referenzgruppe Migrationshintergrund und ethnische Herkunft: Kinder ohne Migrationshintergrund; n = 435

Die schon zuvor konstatierte Konfundierung von Sprachstand und Migrationshintergrund bzw. von Sprachstand und ethnischer Gruppenzugehörigkeit führt hinsichtlich der Mathematikkompetenz dazu, dass nach Berücksichtigung des Sprachstandes keine bedeutsamen, migrationsbedingten oder ethnisch bedingten Effekte auf den Intercept-Faktor mehr festgestellt werden können. Der Migrationshintergrund und die ethnische Gruppenzugehörigkeit sind also nur insoweit für die Mathematikkompetenz in der ersten Klasse von Bedeutung, sofern sie sprachliche Differenzen abbilden. Darüber hinaus sind sie für die Mathematikkompetenz und deren Entwicklung in der Grundschule irrelevant.

7.2.5   Individuelle und familiäre Einflussfaktoren der kulturellen Integration

Nachdem in den ersten drei Abschnitten dieses Kapitels ausschließlich der Einfluss des Migrationshintergrundes und verschiedener ethnischer Gruppenzugehörigkeiten auf die Kompetenzen und die Kompetenzentwicklung untersucht wurde, werden im nachfolgenden Abschnitt weitere Einflussfaktoren in die Analysen einbezogen. Diese Einflussfaktoren sollen das durch die bisherigen Auswertungen gezeichnete Bild vom Verlauf kultureller Sozial-Integrationsprozesse im Kontext Grundschule um zentrale individuelle und familiäre Determinanten auf Seiten der Schüler/innen erweitern und so eine tiefergehende und differenziertere Beschreibung ermöglichen. Deren primäre Zielsetzung besteht darin, die teils nachteiligen Auswirkungen des Migrationshintergrundes und der ethnischen Herkunft in ihrem Zustandekommen genauer zu untersuchen, indem eine Reihe von theoretisch diskutierten Ursachenbündeln zusammen mit dem Migrationshintergrund und verschiedenen ethnischen Gruppenzugehörigkeiten zur kulturellen Sozial-Integration in Bezug gesetzt werden (vgl. Abschnitt 3.7).

Das methodische Vorgehen in diesem Abschnitt unterteilt sich in drei jeweils ähnlich aufgebaute Auswertungsschritte. Anhand von linearen Regressionsanalysen werden verschiedene, nach inhaltlichen Gesichtspunkten zusammengestellte Variablenblöcke hinsichtlich ihres Einflusses auf die Lese-, Rechtschreib- und Mathematikkompetenz untersucht. Die einzelnen Variablenblöcke setzen sich aus individuellen Einflussfaktoren, aus Indikatoren des familiären ökonomischen Kapitals und aus Indikatoren des familiären kulturellen Kapitals zusammen. Das in den Schülerfamilien vorhandene soziale Kapital findet keine Berücksichtigung, da sich in separaten Analysen kein bedeutsamer Zusammenhang zwischen den verfügbaren Indikatoren des sozialen Kapitals und den zu betrachtenden Kompetenzen gezeigt hat. Um die Regressionsmodelle in Anbetracht der Stichprobengröße nicht zu überfrachten, wird für das ökonomische und das kulturelle Kapital nur auf diejenigen Indikatoren zurückgegriffen, die sich bereits in der Auswertung der strukturellen Integration und auch im vorliegenden Fall als besonders erklärungsstark erwiesen haben. Zur Abbildung der Kompetenzen und der Kompetenzentwicklung werden die in den Abschnitten 7.2.1, 7.2.2 und 7.2.3 generierten Wachstumskurvenmodelle als abhängige Variablen in den Analysen verwendet.

Individuelle und familiäre Einflussfaktoren der Lesekompetenz

Das Eingangsniveau, das die Schüler/innen zu Beginn der Erhebungen in den Lesekompetenztests zeigen, kann in seiner Varianz zu insgesamt 27 % bzw. 29 % durch die verschiedenen Einflussfaktoren erklärt werden (vgl. Tabelle 60). Der größte Erklärungsanteil entfällt dabei auf die kognitiven Grundfähigkeiten. Sie erklären alleine einen Anteil von 18 %. Die Wirkrichtung ist dabei wie zu erwarten: höhere kognitive Fähigkeiten haben ein höheres Lesekompetenzniveau zur Folge und umgekehrt. Weitere größere Varianzanteile können durch den sozioökonomischen Status der Familie (10 %) und wie bereits zuvor beschrieben durch den Migrationshintergrund (10 %) und die ethnische Gruppendifferenzierung (13 %) erklärt werden. Von den berücksichtigten Indikatoren des kulturellen Kapitals wirkt sich nur eine Anzahl von mehr als 100 Büchern im Haushalt (positiv) auf das Ausgangsniveau der Lesekompetenz in der ersten Klasse aus. Kinder aus Haushalten, in denen bis zu 25 Bücher vorhanden sind, unterscheiden sich nicht systematisch in ihren Anfangsleistungen von Kindern aus Haushalten mit bis zu 100 Büchern. Auch vom letzten aufgeführten Einflussfaktor, dem Geschlecht, geht ein signifikanter, in diesem Fall aber nur schwacher Einfluss zugunsten der Mädchen aus. Der durch das Geschlecht erklärte Varianzanteil beträgt 2 %. Alle aufgeführten individuellen und familiären Indikatoren zusammengenommen, können 26 % der Varianz in den anfänglichen Leseleistungen aufklären.

Tabelle 60: Lesekompetenz – individuelle und familiäre Einflussfaktoren

Modell	\multicolumn{9}{c}{Intercept (β / Sign.)}
	I	II	III	IV	V	VI	VII	VIII	IX
Individuelle Einflussfaktoren: Kognitive Grundfähigkeiten und Geschlecht									
KGF	0,42***				0,34***			0,32***	0,32***
Geschlecht		0,26*			0,24*			0,24*	0,23*
Ökonomisches Kapital: HISEI									
HISEI			0,31***		0,19***			0,16***	0,15**
Kulturelles Kapital: Bücher im Haushalt									
0-25				- 0,22	- 0,05			- 0,02	- 0,05
> 100				0,48***	0,26**			0,22*	0,18*
Migrationshintergrund und ethnische Herkunft									
Mh						- 0,65***		- 0,22	
GUS							- 0,40*		- 0,09
Osteuropa							- 0,62**		- 0,22
Türkei							- 0,91***		- 0,46**
Sonstige							-0,49**		- 0,08
R^2	.18	.02	.10	.09	.26	.10	.13	.27	.29

Modell	\multicolumn{9}{c}{Slope (β / Sign.)}
	I	II	III	IV	V	VI	VII	VIII	IX
Individuelle Einflussfaktoren: Kognitive Grundfähigkeiten und Geschlecht									
KGF	0,03				- 0,01			- 0,02	- 0,01
Geschlecht		0,27*			0,25			0,25	0,26
Ökonomisches Kapital: HISEI									
HISEI			0,01		-0,03			- 0,04	- 0,04
Kulturelles Kapital: Bücher im Haushalt									
0-25				- 0,42*	- 0,40*			- 0,39*	- 0,39*
> 100				- 0,07	-0,04			- 0,06	- 0,04
Migrationshintergrund und ethnische Herkunft									
Mh						- 0,15		- 0,11	
GUS							- 0,37		- 0,34
Osteuropa							- 0,09		- 0,03
Türkei							- 0,04		0,00
Sonstige							- 0,21		- 0,13
R^2	.00	.02	.00	.03	.05	.01	.02	.05	.06

Anm.: * p < .05, ** p < .01, *** p < .001 Mh = Migrationshintergrund; KGF = Kognitive Grundfähigkeiten; HISEI = höchster sozioökonomischer Status; Referenzgruppe Geschlecht: Männlich; Referenzgruppe Kinder im Haushalt: Einzelkind; Referenzgruppe Bücher im Haushalt: 25-75; Referenzgruppe Migrationshintergrund und ethnische Herkunft: Kinder ohne Migrationshintergrund; n = 435

In den beiden Modellen VIII und IX sind die Variablenblöcke mit individuellen und familiären Einflussfaktoren enthalten. Als jeweils letzter Variablenblock wird der Migrationshintergrund bzw. werden die verschiedenen ethnischen Gruppenzugehörigkeiten in die Modelle aufgenommen, um herausstellen zu können, inwieweit auch nach Berücksichtigung zentraler individueller und familiärer Faktoren ein eigenständiger Effekt dieser Variablen bestehen bleibt.

Es zeigt sich, dass der Migrationshintergrund in Modell VIII kein signifikantes Niveau mehr erreicht, während die anderen Einflussfaktoren zwar teils an Einfluss einbüßen, aber sich dennoch bedeutsam auf den Intercept-Faktor der Lesekompetenz auswirken. Dieses Ergebnis legt die Vermutung nahe, dass die in der ersten Klasse festgehaltenen migrationsbedingten Kompetenzdifferenzen im Lesen vor allem auf individuelle und familiäre Ursachen und Unterschiede zurückzuführen sind. Auch die Ergebnisse in Modell IX, die sehr ähnlich ausfallen, verdeutlichen dies noch einmal. Insgesamt drei der vier Zuteilungen zu Herkunftsgruppen, die in diesem Modell berücksichtigt wurden, sind nach Aufnahme der verschiedenen Determinanten ohne nennenswerten Einfluss auf die anfänglichen Lesekompetenzdifferenzen. Nur von der Zugehörigkeit zur Gruppe der türkisch stämmigen Schüler/innen geht noch ein eigenständiger negativer Effekt aus.

Die Entwicklung der Lesekompetenz vom Ende der ersten bis zum Ende der vierten Klasse verläuft großteils unbeeinflusst von individuellen, familiären, ethnischen und migrationsbedingten Einflüssen. Selbst in den beiden Gesamtmodellen VIII und IX können mithilfe der einbezogenen unabhängigen Variablen nur 5 % bzw. 6 % der Gesamtvarianz erklärt werden. Dieser Erklärungsanteil geht großteils auf das familiäre kulturelle Kapital zurück. Kinder, die in Haushalten mit sehr wenigen Büchern und damit in einem Umfeld mit geringem kulturellem Anregungspotential aufwachsen, weisen eine schlechtere Leistungsentwicklung in den Kompetenztests auf als der Rest der Kinder. Weitere Varianz der Lesekompetenz entfällt auf das Geschlecht. Nicht nur im Ausgangsniveau, auch im Kompetenzwachstum liegen die Mädchen im Lesen etwas vor den Jungen. Dieser Effekt erreicht allerdings in den Gesamtmodellen, vermutlich aufgrund der stichprobenbedingten niedrigen Teststärke, trotz eines nur geringfügigen Rückgangs kein signifikantes Niveau mehr.

Individuelle und familiäre Einflussfaktoren der Rechtschreibkompetenz

Die anfängliche Leistungsvarianz im Rechtschreibtest kann durch die verschiedenen Einflussfaktoren besser vorhergesagt werden als die Lesekompetenz (vgl. Tabelle 61). Mit Modell VIII, das alle individuellen und familiären Variablen und den Migrationshintergrund umfasst, kann ein Varianzanteil von 30 % und mit Modell IX, das anstatt des Migrationshintergrundes die vier ethnischen Gruppenzugehörigkeiten enthält, kann ein Varianzanteil von 35 % erklärt werden. Dieser höhere Erklärungsanteil hängt nicht zuletzt damit zusammen, dass sich in den Rechtschreibleistungen stärker ausgeprägte migrationsbedingte Kompetenzunterschiede finden. Scheinbar stellt der Erwerb der Rechtschreibkompetenz zu Schulbeginn für Kinder mit Migrationshintergrund eine größere Herausforderung dar als der Erwerb der Lesekompetenz. Dass auch im Gesamtmodell IX noch ein bedeutsamer Effekt des Migrationshintergrundes bestehen bleibt, während er bei der Lesekompetenz verschwindet, scheint dies zusätzlich zu bestätigen. Durch die Aufnahme des Migrationshintergrundes in Ergänzung zu den individuellen und familiären Einflussfaktoren erhöht sich auch die erklärte Gesamtvarianz um 2 %.

Tabelle 61:   Rechtschreibkompetenz – individuelle und familiäre Einflussfaktoren

Modell	I	II	III	IV	V	VI	VII	VIII	IX
	Intercept (β / Sign.)								
Individuelle Einflussfaktoren: Kognitive Grundfähigkeiten und Geschlecht									
KGF	0,45***				0,35***			0,31***	0,30***
Geschl.		0,25*			0,21*			0,21*	0,18*
Ökonomisches Kapital: HISEI									
HISEI			0,30***		0,17***			0,12**	0,11*
Kulturelles Kapital: Bücher im Haushalt									
0-25				-0,43*	-0,26			-0,20	-0,26
> 100				0,41***	0,19			0,13	0,08
Migrationshintergrund und ethnische Herkunft									
Mh						-0,76***		-0,37**	
GUS							-0,43**		-0,15
Osteu.							-0,48*		-0,10
Türkei							-1,16***		-0,78***
Sonst.							-0,59**		-0,18
R^2	.20	.02	.09	.12	.28	.14	.20	.30	.35
	Slope (β / Sign.)								
Modell	I	II	III	IV	V	VI	VII	VIII	IX
Individuelle Einflussfaktoren: Kognitive Grundfähigkeiten und Geschlecht									
KGF	-0,40***				-0,32***			-0,27**	-0,26***
Geschl.		-0,19			-0,14			-0,13	-0,11
Ökonomisches Kapital: HISEI									
HISEI			-0,23***		-0,11			-0,05	-0,04
Kulturelles Kapital: Bücher im Haushalt									
0-25				0,41*	0,27			0,20	0,26
> 100				-0,35**	-0,18			-0,09	-0,04
Migrationshintergrund und ethnische Herkunft									
Mh						0,75***		0,46**	
GUS							0,30		0,09
Osteu.							0,46*		0,18
Türkei							1,17***		0,91***
Sonst.							0,63**		0,32
R^2	.16	.01	.06	.09	.22	.14	.20	. 24	.31

Anm.: * p < .05, ** p < .01, *** p < .001 Mh = Migrationshintergrund; KGF = Kognitive Grundfähigkeiten; HISEI = höchster sozioökonomischer Status; Referenzgruppe Geschlecht: Männlich; Referenzgruppe Kinder im Haushalt: Einzelkind; Referenzgruppe Bücher im Haushalt: 25-75; Referenzgruppe Migrationshintergrund und ethnische Herkunft: Kinder ohne Migrationshintergrund; n = 435

Neben dem Migrationshintergrund und den ethnischen Gruppenzugehörigkeiten geht von jedem der Einflussfaktoren in den einzelnen Modellen ein signifikanter Einfluss auf das Ausgangsniveau der Rechtschreibkompetenz aus. Am stärksten ausgeprägt ist dieser erneut bei den kognitiven Grundfähigkeiten, auf die alleine ein Varianzanteil von 20 % entfällt. Deutlich schwächer ausgeprägt ist er bei den familiären Kapitalindikatoren und beim Geschlecht. Alle in den Regressionsmodellen vorzufindenden Wirkzusammenhänge fallen in ihrer Wirkrichtung erwartungsgemäß aus.

In den beiden Gesamtmodellen VIII und IX erreicht von den individuellen und familiären Determinanten nur das kulturelle Kapital kein signifikantes Niveau mehr. Zwischen den kognitiven Grundfähigkeiten, dem Geschlecht und dem sozio-ökonomischen Status auf der einen Seite und dem Intercept-Faktor der Recht-schreibkompetenz auf der anderen Seite bleiben bedeutsame Zusammenhänge bestehen, die nur geringfügig in ihrer Höhe abnehmen. Die ethnischen Gruppenzuge-hörigkeiten verändern sich in ähnlicher Weise wie bei der Lesekompetenz. Die zuvor signifikanten Effekte der Herkunft aus der GUS, aus Osteuropa und aus sonstigen Herkunftsländern verschwinden. Dagegen bleibt der Einfluss der türkischen Herkunft bestehen, der hier noch stärker als bei der Lesekompetenz ausgeprägt ist.

Hinsichtlich des Kompetenzwachstums zeigen sich bei der Rechtschreibkompe-tenz mehr und ebenfalls wesentlich stärkere Zusammenhänge als bei der Lesekom-petenz. Bis zu 31 % der Gesamtvarianz können insgesamt durch die verschiedenen Einflussfaktoren erklärt werden (vgl. Modell IX). Unter den einzelnen Variablen-blöcken tut sich besonders die ethnische Herkunft hervor, die alleine 20 % der Va-rianz im Kompetenzwachstum aufklärt (vgl. Modell VII). Hier sind es vor allem die Kinder türkischer Herkunft, deren Leistungszuwachs im Rechtschreiben um mehr als eine Standardabweichung besser ausfällt als der Leistungszuwachs bei den Kindern ohne Migrationshintergrund. Aber auch die meisten individuellen und fa-miliären Determinanten wirken sich, jeweils separat betrachtet, auf den Slope-Faktor aus. Allen voran die kognitiven Grundfähigkeiten, gefolgt vom kulturellen Kapital und dem soziökonomischen Status. Alle diese Indikatoren wirken sich auf die Leistungsentwicklung entgegengesetzt zur Wirkrichtung aus, die sie bezüglich des Eingangsniveaus zeigen. Beispielsweise geht von den kognitiven Fähigkeiten ein positiver Effekt auf den Intercept-Faktor, aber ein negativer Effekt auf den Slope-Faktor aus. D.h. während zu Beginn der Rechtschreibtestung diejenigen Kinder einen Vorteil haben, die über höhere kognitive Fähigkeiten verfügen, kön-nen die Kinder mit vergleichsweise niedrigeren Fähigkeiten im Lauf der Grund-schule einen Teil dieser Leistungsdifferenzen durch einen stärker voranschreiten-den Kompetenzerwerb kompensieren. Gleiches gilt auch für die Kinder mit Migra-tionshintergrund und die Kinder türkischer Herkunft, die zwar zu Beginn der Erhe-bungen deutlich schlechtere Testleistungen zeigen, aber dann ein vergleichsweise besseres Kompetenzwachstum an den Tag legen.

Individuelle und familiäre Einflussfaktoren der Mathematikkompetenz

Die Leistungen, die die Schüler/innen im Mathematiktest zu Beginn der Erhebun-gen zeigen, sind maßgeblich beeinflusst von allen in Tabelle 62 aufgeführten indi-viduellen und familiären Faktoren. Modell V ist zu entnehmen, dass alle diese Va-riablen zusammen einen Varianzanteil von insgesamt 33 % aufklären. Der Migrati-onshintergrund erhöht diesen Varianzanteil bei seiner Berücksichtigung in Modell VIII nicht und auch die Differenzierung ethnischer Gruppen trägt in Modell IX nur geringfügig zur Anteilssteigerung bei. Der Überschneidungsbereich zwischen dem

Migrationshintergrund bzw. der ethnischen Gruppendifferenzierung und den individuellen und familiären Faktoren ist demzufolge so groß, dass kein unabhängiger migrationsbedingter Erklärungszusammenhang mit dem Ausgangsniveau der Mathematikkompetenz besteht, der über den gemeinsam mit den anderen Einflussfaktoren erklärten Varianzanteil hinausgeht.

Tabelle 62: Mathematikkompetenz – individuelle und familiäre Einflussfaktoren

Modell	Intercept (β / Sign.)								
	I	II	III	IV	V	VI	VII	VIII	IX
Individuelle Einflussfaktoren: Kognitive Grundfähigkeiten und Geschlecht									
KGF	0,44***				0,39***			0,40***	0,39***
Geschl.		-0,51***			-0,58***			-0,58***	-0,59***
Ökonomisches Kapital: HISEI									
HISEI			0,13***		0,12*			0,12**	0,11*
Kulturelles Kapital: Bücher im Haushalt									
0-25				-0,39*	-0,29*			-0,30*	-0,33*
> 100				0,37**	0,14			0,15	0,11
Migrationshintergrund und ethnische Herkunft									
Mh						- 0,44**		0,06	
GUS							- 0,21		0,19
Osteu.							- 0,36*		0,14
Türkei							- 0,70***		-0,23
Sonst.							- 0,35		0,19
R²	.19	.07	.08	.09	.33	.05	.07	.33	.35
Modell	Slope (β / Sign.)								
	I	II	III	IV	V	VI	VII	VIII	IX
Individuelle Einflussfaktoren: Kognitive Grundfähigkeiten und Geschlecht									
KGF	0,03				0,02			0,02	0,02
Geschl.		0,28*			0,32*			0,32*	0,33*
Ökonomisches Kapital: HISEI									
HISEI			0,02		0,04			0,05	0,06
Kulturelles Kapital: Bücher im Haushalt									
0-25				0,13	0,17			0,17	0,19
> 100				0,12	0,10			0,10	0,14
Migrationshintergrund und ethnische Herkunft									
Mh						0,00		0,04	
GUS							0,04		0,07
Osteu.							0,07		0,12
Türkei							0,15		0,24
Sonst.							- 0,19		- 0,18
R²	.00	.02	.00	.00	.03	.00	.01	.03	.04

Anm.: * p < .05, ** p < .01, *** p < .001 Mh = Migrationshintergrund; KGF = Kognitive Grundfähigkeiten; HISEI = höchster sozioökonomischer Status; Referenzgruppe Geschlecht: Männlich; Referenzgruppe Kinder im Haushalt: Einzelkind; Referenzgruppe Bücher im Haushalt: 25-75; Referenzgruppe Migrationshintergrund und ethnische Herkunft: Kinder ohne Migrationshintergrund; n = 435

Auf die Leistungsentwicklung in Mathematik haben der Migrationshintergrund und die vier ethnischen Gruppenzugehörigkeiten weder in den beiden Gesamtmodellen VIII und IX noch in den separaten Modellen VI und VII einen Einfluss. Auch unter den familiären und individuellen Determinanten wirkt sich lediglich das Geschlecht in geringem Umfang auf den Wachstumsfaktor aus. Bemerkenswert ist diesbezüglich allerdings, dass sich hier die Wirkrichtung der Variable durch den Wechsel der

abhängigen Variable umkehrt. Während die Mädchen zu Beginn der Kompetenztestung durchschnittlich schlechtere Leistungen als die Jungen im Mathematiktest
zeigen, so bewegt sich ihre Leistungsentwicklung bzw. ihr Leistungswachstum in
den nachfolgenden Schuljahren etwas über dem der Jungen. Dadurch können die
anfänglichen Kompetenzdifferenzen in der Mathematik zumindest abgeschwächt
werden.

Zusammenfassend kann festgehalten werden, dass anhand der ausgewählten
familiären, individuellen, migrationsbezogenen und ethnischen Einflussfaktoren
lediglich eine angemessene Vorhersage des Ausgangsniveaus der Mathematikkompetenz in der ersten Klasse, nicht jedoch der daran anschließenden Kompetenzentwicklung vorgenommen werden kann. Zum Vergleich kann ein Blick auf die insgesamt aufgeklärten Varianzanteile geworfen werden, die sich bezogen auf das Gesamtmodell IX für den Intercept-Faktor auf 35 % und für den Slope-Faktor auf nur
4 % belaufen. Die ausgewählten individuellen Merkmale der Schüler/innen, deren
familiärer Hintergrund und das Vorliegen eines Migrationshintergrundes sind, vom
Geschlecht abgesehen, also nur zu Schulbeginn für das Zustandekommen der
Kompetenzdifferenzen in der Mathematik relevant, verlieren aber für deren weitere
Entwicklung im Verlauf der Grundschulzeit an Bedeutung.

7.2.6 Kompetenzen und Kompetenzentwicklung als Einflussfaktoren der strukturellen Integration

Die letzten in diesem Kapitel beschriebenen Analysen sollen Aufschluss über den
Zusammenhang von struktureller und kultureller Sozial-Integration in der Grundschule geben. Mehrfach wurde im Rahmen dieser Arbeit bereits darauf hingewiesen, dass strukturelle und kulturelle Integrationsprozesse auch im schulischen Kontext eine enge Kopplung untereinander aufweisen (vgl. Abschnitt 3.5.1). Diese
Kopplung ist bei schulischen Platzierungsprozessen wie der Vergabe von Übertrittsempfehlungen offenkundig. Das Ziel der nachfolgenden Auswertungen besteht
demnach nicht darin, diese Verbindung zu belegen, sondern sie hinsichtlich zweier
inhaltlicher Gesichtspunkte näher zu beschreiben. Da bislang nur sehr wenige Studien vorliegen, die eine längsschnittliche Erfassung und Modellierung der Kompetenzentwicklung in den Domänen Lesen, Rechtschreiben und Mathematik in der
Grundschule vornehmen, soll zum einen beschrieben werden, welchen Beitrag die
vorliegenden empirischen Kompetenzentwicklungsmodelle zur schulischen Platzierung der Schüler/innen am Ende der Grundschulzeit leisten. Dabei ist von besonderem Interesse, in welchem Größenverhältnis Intercept-Faktor und Slope-Faktor des
jeweiligen Kompetenzbereichs in ihrem Einfluss auf die strukturelle Integration
zueinander stehen. Denn daran kann grob abgeschätzt werden, inwieweit Unterschiede in der Platzierung bereits zu Schulbeginn bestehen und inwieweit sie sich
im Lauf der vier Grundschuljahre verändern bzw. erst herausbilden.

Zum anderen soll eine weitergehende Differenzierung der bereits in Abschnitt
7.1.1 und 7.1.2 näher betrachteten migrationsbedingten Effekte auf die Platzierung

der Schüler/innen am Ende der vierten Klasse erfolgen. Indem die verschiedenen Kompetenzen und der Migrationshintergrund gleichzeitig zur strukturellen Integration in Bezug gesetzt werden, ist es möglich herauszustellen, ob in der Platzierung der Schüler/innen am Ende der Grundschulzeit migrationsbedingte Differenzen vorzufinden sind, die über die bereits in den Kompetenzen enthaltenen Differenzen hinausgehen. Sollten keine entsprechenden zusätzlichen Effekte vorzufinden sein, so kann dies dahingehend gedeutet werden, dass die am Ende der Grundschulzeit festgestellten Nachteile zuungunsten der Schüler/innen mit Migrationshintergrund vor allem auf primäre Herkunftseffekte zurückzuführen sind. Das etwaige Vorliegen entsprechender unabhängiger Effekte ist schwieriger zu deuten. Denn diese können ebenfalls auf primäre Herkunftseffekte zurückgehen, die allerdings durch die eingesetzten Kompetenztests nicht abgedeckt und somit auch nicht erfasst werden. Andernfalls können sie auch auf sekundäre Herkunftseffekte der sozialen oder ethnischen Herkunft zurückgeführt werden (vgl. Abschnitt 4.3). Vor allem zur besseren Interpretation des letzteren Falles werden daher die bereits zuvor verwendeten individuellen und familiären Indikatoren mit in die Analysen einbezogen.

Da es derzeit mit den eingesetzten statistischen Programmen nicht möglich ist, die generierten latenten Wachstumskurvenmodelle anhand von multinomialen logistischen Regressionsanalysen hinsichtlich ihres Einflusses auf die Vergabe der Übertrittsempfehlungen zu untersuchen, wird im Folgenden anstatt dessen auf die Schuljahresnoten der vierten Klasse in den Fächern Deutsch und Mathematik als abhängige Variablen zurückgegriffen. Mit diesen können lineare Regressionsanalysen durchgeführt werden, die auch eine Berücksichtigung der Wachstumskurvenmodelle als unabhängige Variablen erlauben. Wie in Abschnitt 3.6.1 anhand der bayerischen Übertrittsregelungen erläutert wurde, leiten sich die vergebenen Übertrittsempfehlungen direkt von den Schuljahresnoten in Deutsch, Mathematik und Heimat- und Sachunterricht ab. Die Schulnoten können daher als gut geeigneter Indikator der vergebenen Übertrittsempfehlungen und der Platzierung am Ende der Grundschulzeit angesehen werden.

Deutschnoten und Lese- und Rechtschreibkompetenz

In Tabelle 63 sind mehrere Regressionsmodelle aufgeführt, die die Deutschnoten am Ende der vierten Klasse in ihrem Zustandekommen näher beschreiben. Jedes der aufgeführten Modelle enthält eine unterschiedliche Auswahl von kompetenzbezogenen, familiären und individuellen Indikatoren. Zudem ist in jedem der berechneten Regressionsmodelle der Migrationshintergrund berücksichtigt.

Die Modelle II bis IV zeigen, wie sich die Rechtschreib- und Lesekompetenz (zusammen mit dem Migrationshintergrund) auf die vergebenen Deutschnoten auswirken. Beide latenten Wachstumskurvenmodelle leisten jeweils einen substantiellen Beitrag zur Vorhersage der Deutschnoten. Die Lesekompetenz klärt zusammen mit dem Migrationshintergrund einen Varianzanteil von 47 % auf, die Rechtschreibkompetenz zusammen mit dem Migrationshintergrund sogar einen Varianzanteil von 58 %. Beide Modelle weisen allerdings bezüglich des erklärten Varianzanteils untereinander einen großen Überschneidungsbereich auf. In Modell IV, das beide Wachstumskurvenmodelle beinhaltet, liegt der Erklärungsanteil nur 3 % über dem Anteil, der alleine durch die Rechtschreibkompetenz und den Migrationshintergrund aufgeklärt wird. Auch durch die Hinzunahme der individuellen und familiären Indikatoren in den Modellen V bis VII wird dieser Anteil nur geringfügig erhöht.

Tabelle 63: Deutschnote – Einfluss von Rechtschreib- und Lesekompetenz, individuellen und familiären Faktoren und Migrationshintergrund

Modell	Deutschnote – 4. Klasse (β / Sign.)						
	I	II	III	IV	V	VI	VII
Rechtschreibkompetenz							
Intercept		- 1,41***		- 1,11***	- 1,05***	- 1,04***	- 0,99***
Slope		- 0,92 ***		- 0,74***	- 0,70***	- 0,70***	- 0,66***
Lesekompetenz							
Intercept			- 0,58***	- 0,22**	- 0,19*	- 0,20**	- 0,17*
Slope			- 0,23***	- 0,12*	- 0,13*	- 0,12*	- 0,12**
Individuelle Einflussfaktoren							
KGF					- 0,03		- 0,04
Geschlecht					- 0,02		- 0,05
SG I					0,21**		0,18**
SG III					- 0,13		- 0,16
Familiäre Einflussfaktoren							
HISEI						- 0,15***	- 0,15***
Bücher: 0-25						0,17	0,15
Bücher: > 100						- 0,02	0,01
Migrationshintergrund							
Migrationshintergrund	0,77***	0,37***	0,36***	0,32***	0,21**	0,18**	0,09
R²	*.14*	*.58*	*.47*	*.61*	*.62*	*.64*	*.64*

Anm.: * $p < .05$, ** $p < .01$, *** $p < .001$; KGF = kognitive Grundfähigkeiten; SG = Sprachstand-Sprachgruppe; Referenzgruppe Geschlecht: Männlich; Referenzgruppe Sprachstand: Sprachgruppe II; Referenzgruppe Bücher: 26-100 Bücher; Referenzgruppe Migrationshintergrund: Kinder ohne Migrationshintergrund; n = 435

Bei genauerer Betrachtung des Zusammenhangs der Intercept- und Slope-Faktoren mit den Deutschnoten zeigt sich, dass sich sowohl bei der Rechtschreib- als auch bei der Lesekompetenz die Leistungsunterschiede in der ersten Klasse jeweils wesentlich stärker auf die Deutschnoten auswirken als die Leistungsentwicklung in den nachfolgenden Schuljahren. Am Ende der ersten Klasse sind demnach bereits Leistungsunterschiede im Lesen und Rechtschreiben festzustellen, die maßgeblichen Einfluss auf die Notendifferenzen am Ende der vierten Klasse haben. Durch den Verlauf der Kompetenzentwicklung in den nachfolgenden Schuljahren können diese Leistungsunterschiede nur teilweise verändert werden.

Was den Einfluss des Migrationshintergrundes anbelangt, so bewegt sich dieser in den Modellen II bis IV trotz der Berücksichtigung der Lese- und Rechtschreibkompetenz auf signifikantem Niveau und in bedeutsamer Höhe. Auch unter Kontrolle der Lese- und Rechtschreibkompetenz und der darin enthaltenen migrationsbedingten primären Herkunftseffekten bleibt ein eigenständiger Effekt des Migrationshintergrundes bestehen. Durch die zusätzliche Berücksichtigung individueller Faktoren und des familiären Hintergrundes in den Modellen V bis VII nimmt der Einfluss des Migrationshintergrundes schrittweise ab, bis im Gesamtmodell VII mit allen unabhängigen Variablen kein statistisch signifikanter Effekt des Migrationshintergrundes mehr auftritt. Verteilungsunterschiede in den Deutschnoten der vierten Klasse zwischen Kindern mit und ohne Migrationshintergrund können also vollständig auf migrationsbedingte Disparitäten in der Rechtschreib- und Lesekompetenz, im familiären Hintergrund und in zentralen individuellen Einflussfaktoren zurückgeführt werden. Unter den individuellen Einflussfaktoren ist es der Sprachstand und unter den familiären Einflussfaktoren ist es der sozioökonomische Status, die sich auch im Gesamtmodell VII neben den berücksichtigten Kompetenzen noch signifikant auf die Deutschnoten auswirken.

Tabelle 64: Deutschnote – Einfluss von Rechtschreib- und Lesekompetenz, individuellen und familiären Faktoren und ethnische Herkunft

Modell	Deutschnote – 4. Klasse (β / Sign.)						
	I	II	III	IV	V	VI	VII
Rechtschreibkompetenz							
Intercept		- 1,42***		- 1,11***	- 1,05***	- 1,04***	- 0,99***
Slope		0,94***		- 0,77***	- 0,73***	- 0,73***	- 0,69***
Lesekompetenz							
Intercept			- 0,56***	- 0,22**	- 0,19**	- 0,20**	- 0,17*
Slope			- 0,24***	- 0,13*	- 0,13**	- 0,12**	- 0,12**
Individuelle Einflussfaktoren							
KGF					- 0,04		- 0,03
Geschlecht					- 0,01		- 0,04
SG I					0,20**		0,17**
SG III					- 0,13		- 0,17
Familiäre Einflussfaktoren							
HISEI						- 0,15***	- 0,15***
Bücher: 0-25						0,19	0,17
Bücher: > 100						- 0,01	0,01
Ethnische Herkunft							
GUS	0,55***	0,22**	0,24*	0,17*	0,07	0,04	- 0,05
Osteuropa	0,50***	0,26**	0,13	0,18	0,09	0,03	- 0,04
Türkei	1,06***	0,51***	0,54***	0,46***	0,35**	0.33**	0,24*
Sonstige	0,68***	0,43***	0,36**	0,37**	0,27*	0,23	0,14
R^2	.17	.59	.48	.62	.63	.64	.65

Anm.: * p < .05, ** p < .01, *** p < .001; KGF = kognitive Grundfähigkeiten; SG = Sprachstand-Sprachgruppe; Referenzgruppe Geschlecht: Männlich; Referenzgruppe Sprachstand: Sprachgruppe II; Referenzgruppe Bücher: 26-100 Bücher; Referenzgruppe ethnische Herkunft: Kinder ohne Migrationshintergrund; n = 435

In Tabelle 64 finden sich die gleichen Regressionsmodelle wie in Tabelle 63. Jedoch wurde der Migrationshintergrund durch die vier ethnischen Gruppenzugehörigkeiten ersetzt, um überprüfen zu können, wie sich die einzelnen Gruppenzugehörigkeiten in ihrem Einfluss auf die Deutschnote unter Berücksichtigung der verschiedenen anderen unabhängigen Variablen verhalten. Gegenüber der Recht-

schreibkompetenz und der Lesekompetenz behalten alle ethnischen Gruppenzugehörigkeiten außer der osteuropäischen Herkunft einen signifikanten Einfluss, der
im Vergleich zu Modell I aber jeweils wesentlich abnimmt (vgl. Modell III). Unter
zusätzlicher Berücksichtigung individueller Determinanten, insbesondere des
Sprachstands, ist auch für die Gruppe der Kinder aus der GUS kein signifikanter,
nachteiliger Effekt auf die Deutschnote mehr feststellbar. In Modell VI, in das zusätzlich familiäre Einflussfaktoren mit aufgenommen wurden, und im Gesamtmodell VII ist nur noch eine ethnische Herkunftsgruppe zu finden, die einen geringen
aber signifikanten Notennachteil in der Deutschnote der vierten Klasse aufweist:
die Kinder türkischer Herkunft.

Mathematiknote und Mathematikkompetenz

Das eben gewählte methodische Vorgehen zur Vorhersage der Deutschnoten am
Ende der vierten Klasse soll nun auf die Mathematiknoten übertragen werden. Anstatt der Lese- und Rechtschreibkompetenz geht allerdings die Mathematikkompetenz als unabhängige Variable in die Analysen mit ein. Die Variablenblöcke mit
individuellen und familiären Einflussfaktoren bleiben unverändert.

Tabelle 65: Mathematiknote – Einfluss von Mathematikkompetenz, individuellen
und familiären Faktoren und Migrationshintergrund

	Mathematiknote – 4. Klasse (β / Sign.)				
Modell	I	II	III	IV	V
Mathematikkompetenz					
Intercept		- 0,90***	- 0,97***	- 0,87***	- 0,95***
Slope		- 0,50***	- 0,49***	- 0,49***	- 0,49***
Individuelle Einflussfaktoren					
KGF			0,05		0,05
Geschlecht			- 0,27***		- 0,27***
Sprachstand: SG I			- 0,08		- 0,10
Sprachstand: SG III			0,17		0,16
Familiäre Einflussfaktoren					
HISEI				- 0,05	- 0,06
Bücher: 0-25				- 0,02	- 0,05
Bücher: > 100				- 0,12*	- 0,13*
Migrationshintergrund					
Migrationshintergrund	0,57***	0,17	0,23*	0,10	0,17
R^2	.08	.75	.77	.76	.78

Anm.: * p < .05, ** p < .01, *** p < .001; KGF = kognitive Grundfähigkeiten;
SG = Sprachgruppe; Referenzgruppe Geschlecht: Männlich; Referenzgruppe
Sprachstand: Sprachgruppe II; Referenzgruppe Bücher: 26-100 Bücher; Referenz-
gruppe Migrationshintergrund: Kinder ohne Migrationshintergrund; n = 435

Bereits auf den ersten Blick fällt auf (vgl. Tabelle 65), dass das latente Wachstumskurvenmodell der Mathematikkompetenz die Varianz der Mathematiknoten in
deutlich höherem Maße voraussagen kann als die Lese- und Rechtschreibkompe-

tenz gemeinsam die Varianz der Deutschnoten. Insgesamt kann ein Anteil von 75 % an der gesamten Notenvarianz durch die Mathematikkompetenz und deren Entwicklung von der ersten bis zur vierten Klasse aufgeklärt werden. Bezüglich der Deutschnoten beläuft sich der gemeinsam durch die Lese- und Rechtschreibkompetenz aufgeklärte Varianzanteil nur auf 58 %. Der Grund für die unterschiedlich ausgeprägten Erklärungszusammenhänge ist vermutlich in Art und Umfang der eingesetzten Tests zu suchen. Gegenüber der HSP und der WLLP, die jeweils nur einen zentralen Aspekt des Rechtschreibens und des Lesens erfassen, versteht sich der für die Erfassung der Mathematikkompetenz eingesetzte DEMAT als lehrplanvalider Test, der die jahrgangsspezifischen Lehrplaninhalte testet. Der DEMAT deckt damit vermutlich in größerem Umfang die für die Notenvergabe relevanten Kompetenzbereiche ab und hat daher vermutlich auch eine höhere Vorhersagekraft für die Mathematiknoten.

Die in den Modellen II bis V vorgenommene zusätzliche Berücksichtigung individueller und familiärer Einflussfaktoren als unabhängige Variablen führt nur zu geringfügigen Veränderungen im erklärten Varianzanteil. Unter den berücksichtigten Einflussfaktoren ist vor allem das Geschlecht hervorzuheben. Bei Konstanthaltung der anderen unabhängigen Variablen, darunter vor allem der Mathematikkompetenz, wirkt sich das Geschlecht wider Erwarten zugunsten der Benotung der Mädchen aus. Dieser Effekt deutet auf einen geringfügigen *Notenbonus* der Mädchen hin, die auch bei gleichem Mathematikkompetenzniveau bessere Noten erhalten als die Jungen. Dieser Effekt ist auch in anderen Studien belegt (vgl. Thiel & Valtin 2002) und kann eventuell als Kompensationsmaßnahme der Lehrer/innen interpretiert werden, um die mutmaßlich schlechteren Mathematikleistungen der Mädchen etwas auszugleichen.

Neben dem Geschlecht zeigt sich auch für die Anzahl der im familiären Haushalt vorhandenen Bücher ein konstant positiver Effekt auf die Notenvergabe im Fach Mathematik. Dieser Effekt ist allerdings nur von geringer Stärke. Der Sprachstand und die kognitiven Fähigkeiten haben unter gleichzeitiger Berücksichtigung der Mathematikkompetenz keine bedeutsamen Auswirkungen auf die Mathematiknoten. Ihr Einfluss geht in der durch das Wachstumskurvenmodell der Mathematikkompetenz erklärten Varianz auf.

Wie bereits bei den Deutschnoten sind auch für die Mathematiknoten, die in der ersten Testung erfassten Leistungsunterschiede unter den Schüler/inne/n von größerer Bedeutung als die sich daran anschließende Leistungsentwicklung bis zum Ende der Grundschulzeit. Bereits in der ersten Klasse sind demzufolge Kompetenzdifferenzen festzustellen, die die Notenverteilung im Fach Mathematik in der vierten Klasse und damit die Vergabe der Übertrittsempfehlungen maßgeblicher prägen als die Kompetenzentwicklung in den dazwischen liegenden drei Schuljahren.

Der in Modell I dargestellte Einfluss des Migrationshintergrundes auf die Notenvergabe im Fach Mathematik erreicht bereits in Modell II unter Berücksichtigung der Mathematikkompetenz kein signifikantes Niveau mehr. Auch in den Modellen IV und V finden sich keine vom Migrationshintergrund abhängigen Unterschiede in den Mathematiknoten. Lediglich in Modell III ist ein kleiner signifikanter Effekt des Migrationshintergrundes festzustellen, der evtl. auf einen Supressionseffekt zurückzuführen ist. Insgesamt zeigt die starke Abnahme des Einflusses des Migrationshintergrundes von Modell I zu den anderen aufgeführten Modellen, dass es sich beim Großteil dieses Effektes vermutlich um migrationsbedingte primäre Herkunftseffekte handelt.

Was die ethnischen Gruppenzugehörigkeiten und ihre Auswirkungen auf die Vergabe der Mathematiknoten anbelangt, so zeigen sich auch hier vor allem stark ausgeprägte primäre Herkunftseffekte (vgl. Tabelle 66). Sobald der Intercept- und der Slope-Faktor der Mathematikkompetenz als Kovariaten in das Modell mit aufgenommen werden, nehmen die nachteiligen Effekte der verschiedenen Gruppenzugehörigkeiten deutlich ab (vgl. Modell II). Unter zusätzlicher Berücksichtigung der ausgewählten individuellen und familiären Einflussfaktoren sind nur noch bei den Kindern aus den sonstigen Herkunftsländern Nachteile in der Mathematiknote festzustellen (vgl. Modelle III bis V).

Tabelle 66: Mathematiknote – Einfluss von Mathematikkompetenz, individuellen und familiären Faktoren und ethnischer Herkunft

	Mathematiknote – 4. Klasse $(\beta$ / Sign.$)$				
Modell	I	II	III	IV	V
Mathematikkompetenz					
Intercept		- 0,90***	- 0,97***	- 0,89***	- 0,90***
Slope		- 0,50***	- 0,49***	- 0,50***	- 0,46***
Individuelle Einflussfaktoren					
KGF			0,05		0,05
Geschlecht			- 0,27***		- 0,27***
Sprachstand: SG I			- 0,08		- 0,10
Sprachstand: SG III			0,17		0,16
Familiäre Einflussfaktoren					
HISEI				- 0,05	- 0,06
Bücher: 0-25				- 0,02	- 0,06
Bücher: > 100				- 0,12	- 0,14*
Ethnische Herkunft					
GUS	0,31*	0,15	0,23*	0,02	0,17
Osteuropa	0,43**	0,14	0,21	0,07	0,14
Türkei	0,72***	0,16	0,21	0,08	0,14
Sonstige	0,67***	0,25*	0,33*	0,19	0,29*
R²	*.09*	*.75*	*.77*	*.76*	*.78*

Anm.: * p < .05, ** p < .01, *** p < .001; KGF = kognitive Grundfähigkeiten; SG = Sprachgruppe; Referenzgruppe Geschlecht: Männlich; Referenzgruppe Sprachstand: Sprachgruppe II; Referenzgruppe Bücher: 26-100 Bücher; Referenzgruppe ethnische Herkunft: Kinder ohne Migrationshintergrund; n = 435

7.2.7 Zusammenfassung und Interpretation

Im Mittelpunkt der empirischen Analysen, die in diesem Kapitel dargestellt wurden, steht die kulturelle Dimension der Sozial-Integration in die Grundschule. Bereits zuvor wurde darauf hingewiesen, welche Bedeutung dem gelingenden Verlauf kultureller Integrationsprozesse für die individuelle Enkulturation, Qualifikation und im Fall der Kinder mit Migrationshintergrund auch für deren individuelle Akkulturation zukommt (vgl. Abschnitte 3.2 & 3.6.2). Mehrfach wurde ebenfalls die darüber hinausgehende Relevanz der kulturellen Integration für den Verlauf der strukturellen Integration, insbesondere für die vertikale Platzierung im Schulsystem betont (vgl. Abschnitt 3.5.1). Mit der Lesekompetenz, der Rechtschreibkompetenz und der Mathematikkompetenz sind in diesem Abschnitt drei kulturelle Integrationsprozesse betrachtet worden, an denen dieser Stellenwert sehr gut abzulesen ist. Zum einen werden in der Grundschule in allen drei Kompetenzdomänen grundlegende Kulturtechniken und Fertigkeiten vermittelt, deren erfolgreicher Erwerb wesentlich zur Enkulturation, zur Akkulturation und zur Qualifikation der Kinder beiträgt. Zum anderen spielen die jeweilige Mathematik-, Rechtschreib- und Lesekompetenz der Schüler/innen eine maßgebliche Rolle in schulischen Platzierungsprozessen und Platzierungsentscheidungen wie der bereits eingehender betrachteten Vergabe von Übertrittsempfehlungen.

Das Ziel dieses Kapitels und der dort dargestellten empirischen Analysen bestand darin, zu untersuchen, inwieweit der Verlauf des Kompetenzerwerbs in den Bereichen Mathematik, Lesen und Rechtschreiben und dessen Zusammenhang mit der Platzierung der Schüler/innen am Ende der Grundschule durch den Migrationshintergrund und die ethnische Herkunft beeinflusst werden. Entsprechende Forschungsfragen wurden bereits in Kapitel 5 formuliert. Diese werden im Folgenden wieder aufgegriffen, um sie entlang der zuvor dargestellten Analyseergebnisse zu beantworten.

– *Welche Integrationsform ist hinsichtlich der Lese-, Schreib- und Mathematikkompetenz von Kindern mit Migrationshintergrund festzustellen und wie verändert sich diese im Lauf der Grundschulzeit?*

In Abschnitt 3.6.2 wurde eine genauere Betrachtung der Rahmenbedingungen und Regelungen an bayerischen Grundschulen vorgenommen, die für den Verlauf kultureller Integrationsprozesse im schulischen Kontext relevant sind, und es wurde dargestellt, inwieweit sich diese für Schüler/innen mit und Schüler/innen ohne Migrationshintergrund voneinander unterscheiden. Dabei wurde unter anderem festgestellt, dass gerade in denjenigen inhaltlichen Bereichen, in denen Wissen und Kompetenzen erworben werden sollen, die auch als Entscheidungskriterien in die schulischen Platzierungsprozesse am Ende der Grundschule eingehen, die weitgehend gleichen kulturellen Integrationsziele für Grundschulkinder mit und ohne Migrationshintergrund gelten. Zu den entsprechenden inhaltlichen Bereichen zählen auch die hier betrachteten Domänen Lesen, Rechtschreiben und Mathematik.

Ausgehend von der Annahme gleicher kultureller Integrationsziele wurde eine Eingrenzung der auf Aggregatebene empirisch denkbaren Integrationsformen unternommen, wie Schüler/innen mit Migrationshintergrund gegenüber Schüler/inne/n ohne Migrationshintergrund im Hinblick auf ihr Kompetenzniveau und ihren Kompetenzerwerb kulturell integriert sein können. Diesen theoretischen Überlegungen zufolge sind zwei bzw. drei Integrationsformen vorstellbar (vgl. Abschnitt 3.6.2): die Assimilation und die migrationsbedingte bzw. ethnische Schichtung, die weiter in eine Über- oder Unterschichtung unterteilt werden kann. Anhand der zuvor dargestellten Analysen und deren Ergebnisse soll nun domänenspezifisch beurteilt werden, welche dieser Integrationsformen unter den Schüler/inne/n vorzufinden ist. Zudem soll herausgestellt werden, ob und ggf. wie sich die Integrationsform im Lauf der vier Grundschuljahre verändert.

Die Integrationskonstellation, die sich in der ersten Kompetenztestung *am Anfang der Grundschulzeit* zeigt, ist in allen drei Kompetenzbereichen ähnlich. Sowohl in der Mathematik, als auch im Lesen und Rechtschreiben zeigen sich in den anfänglichen Kompetenzniveaus deutliche Schichtungseffekte zuungunsten der Kinder mit Migrationshintergrund. Am stärksten sind diese Schichtungseffekte bei der Rechtschreibkompetenz ausgeprägt. Die Kompetenzunterschiede im Lesen fallen im Vergleich dazu etwas geringer aus und die durchschnittlich geringsten, aber großteils noch bedeutsamen Differenzen treten in den Mathematikleistungen auf. Daraus ist zu schließen, dass der Erwerb der Rechtschreibkompetenz für Kinder mit Migrationshintergrund gerade zu Schulbeginn von allen drei Lernbereichen die größte Herausforderung darstellt. Besonders betroffen davon ist die Gruppe der Kinder mit türkischer Herkunft, die im ersten Rechtschreibtest die mit Abstand größte Kompetenzdifferenz zur Gruppe der Kinder ohne Migrationshintergrund aufweist. Ebenfalls große Differenzen sind für die Gruppe der Ausländer/innen und für die Gruppe der Kinder mit direkter Migrationserfahrung festzustellen. Bezüglich der beiden anderen Kompetenzbereiche zeichnet sich in der Rangfolge der verschiedenen Migrantengruppen und ethnischen Herkunftsgruppen ein ähnliches Bild ab. In besonders benachteiligter Position finden sich durchgehend jeweils die Kinder türkischer Herkunft, mit etwas Abstand gefolgt von den ausländischen Kindern und den Kindern mit eigener Migrationserfahrung.

Während sich bei der Rechtschreibkompetenz alle Migrantengruppen und ethnischen Gruppen signifikant von der Gruppe der Kinder ohne Migrationshintergrund unterscheiden, zeigen sich bei der Mathematikkompetenz zu Beginn der Erhebungen auch mehrere Gruppen mit ähnlichen Kompetenzniveaus. Die Kinder aus der GUS und den sonstigen Herkunftsländern und die (Spät-)Aussiedler/innen erreichen im Mathematiktest der ersten Klasse ähnliche Leistungsverteilungen wie die Kinder ohne Migrationshintergrund. Zudem finden sich sowohl bezüglich der Mathematikkompetenz als auch bezüglich der Lesekompetenz einzelne Gruppen, die sich in nur so geringem Umfang von den Kindern ohne Migrationshintergrund unterscheiden, dass die praktische Bedeutsamkeit des Unterschieds in Frage zu stellen ist.

Am Ende der Grundschulzeit, am Übergang von der Primar- zur Sekundarstufe, stellen sich die Leistungsverhältnisse zwischen Kindern mit und ohne Migrationshintergrund ähnlich wie am Ende der ersten Klasse dar. In allen drei Kompetenzbereichen finden sich bei den verglichenen Gruppen überwiegend Schichtungseffekte zuungunsten der Kinder mit Migrationshintergrund. Allerdings haben die Schichtungseffekte bei der Rechtschreibkompetenz in ihrer Ausprägungsstärke deutlich abgenommen. Bei zwei der verglichenen Gruppen, den Kindern aus Osteuropa und den Kindern aus den sonstigen Herkunftsländern, sind sogar keine bedeutsamen Kompetenzunterschiede mehr zu den Kindern ohne Migrationshintergrund festzustellen. In Bezug auf die Lesekompetenz und die Mathematikkompetenz kommt es zu keiner vergleichbaren Abnahme der Unterschichtungseffekte.

Insgesamt gilt es festzuhalten, dass sich im direkten Vergleich der Testleistungen von erster und vierter Klasse keine grundlegende Veränderung der Integrationsform zeigt. Der Großteil der verglichenen Gruppen, insbesondere die Gesamtgruppe der Kinder mit Migrationshintergrund, bewegt sich sowohl zu Beginn als auch am Ende der Grundschulzeit in ihrem Kompetenzniveau deutlich unter dem Niveau der Kinder ohne Migrationshintergrund. Gleichzeitig gilt es allerdings zu betonen, dass es in der Mathematik- und Lesekompetenz bereits ab der ersten und in der Rechtschreibkompetenz mit Abschwächung der Schichtungseffekte spätestens ab der vierten Klasse vereinzelte Gruppen gibt, deren Leistungsniveau sich nicht oder nur in geringem Maße von der Gruppe der Kinder ohne Migrationshintergrund unterscheidet und bei denen von einer Assimilation oder zumindest von assimilativen Tendenzen gesprochen werden kann.

Wenn zusätzlich zu den Messzeitpunkten in der ersten und vierten Klasse auch die in der zweiten und dritten Klasse durchgeführten Kompetenztests in die Analysen einbezogen werden, so sind, was den Verlauf der Kompetenzentwicklung in den drei Domänen anbelangt, sowohl Gemeinsamkeiten als auch Unterschiede zu erkennen. Vor allem die Entwicklung der Lesekompetenz in den vier Grundschuljahren zeigt deutliche Ähnlichkeiten zur Entwicklung der Mathematikkompetenz. In beiden Bereichen hat der Migrationshintergrund oder die ethnische Gruppenzuteilung nur bedeutsamen Einfluss auf das Eingangsniveau, also das Kompetenzniveau in der ersten Klasse. In Bezug auf die Leistungsentwicklung in den nachfolgenden Jahren treten in beiden Bereichen keine systematischen migrationsbedingten oder ethnischen Veränderungen auf. Bei der Betrachtung der entsprechenden Verlaufsdiagramme ist gut zu erkennen, dass sich die in der ersten Klasse festgestellten Unterschiede im Lese- und im Mathematiktest von kleineren Schwankungen abgesehen nicht grundlegend verändern. Es kann demnach bei der Lese- und der Mathematikkompetenz von einem Karawaneneffekt gesprochen werden.

Die Entwicklung der Rechtschreibkompetenz weicht deutlich von dieser Verlaufsform ab. Zum einen sind, wie bereits hervorgehoben, die in der ersten Klasse vorgefundenen Schichtungseffekte deutlich stärker ausgeprägt, was vor allem auf das besonders schlechte Abschneiden der Kinder türkischer Herkunft zurückzuführen ist. Zum anderen findet im Übergang von der ersten zur zweiten Klasse ein starker Kompetenzanstieg statt. Dieser fällt bei den Kindern mit Migrationshintergrund wesentlich stärker aus als bei den Kindern ohne Migrationshintergrund, was nicht nur zu einer Abschwächung der Leistungsdifferenzen, sondern bei einigen Gruppen sogar zur Assimilation mit den Kindern ohne Migrationshintergrund führt. Scheinbar lernen die Schüler/innen in dieser Phase der Grundschulzeit die zentralen prozeduralen Aspekte des Rechtschreibens, die mit dem eingesetzten Test abgefragt werden. Dieser Lernprozess verläuft bei den Schüler/inne/n mit Migrationshintergrund so erfolgreich, dass der Leistungsvorsprung, den die Schüler/innen ohne Migrationshintergrund vermutlich bereits mit in die Schule bringen, bei einigen der betrachteten Gruppen weitgehend ausgeglichen wird.

Ab dem Ende der zweiten Klasse gleicht sich das Kompetenzwachstum der Schüler/innen mit und der Schüler/innen ohne Migrationshintergrund weitgehend einander an. Nur bei der Gruppe der Kinder aus der GUS nehmen die Schichtungseffekte wieder etwas zu, doch insgesamt bleiben die Kompetenzdifferenzen ab diesem Zeitpunkt bis zum Ende der Grundschulzeit weitgehend stabil.

– *Wie wirken sich ausgewählte individuelle und familiäre Faktoren auf die Lese-, Rechtschreib- und Mathematikkompetenzentwicklung von Kindern mit Migrationshintergrund aus?*

Um genauer zu untersuchen, wie die festgestellten migrationsbedingten und ethnisch bedingten Unterschiede in der Kompetenzentwicklung in ihrem Zustandekommen zu erklären sind, wurde in diesem Kapitel auch eine Reihe von Analysen dargestellt, in denen neben dem Migrationshintergrund und den verschiedenen ethnischen Gruppenzugehörigkeiten auch andere Einflussfaktoren berücksichtigt wurden. Der erste hierfür berücksichtigte Einflussfaktor war der Sprachstand der Schüler/innen. Alleine betrachtet zeigt sich, dass der Sprachstand für alle drei Kompetenzen von maßgeblicher Bedeutung ist. Vor allem das Ausgangsniveau der Kompetenzen hängt in hohem Maße vom vorschulischen Sprachstand der Kinder ab. Schüler/innen mit einem guten Sprachstand erzielen in den anfänglichen Kompetenztests bessere Leistungen als Schüler/innen mit schlechteren sprachlichen Fähigkeiten. Auch auf die Kompetenzentwicklung hat der Sprachstand teilweise Auswirkungen. In Bezug auf die Lese- und die Rechtschreibkompetenz zeigt sich, dass Kinder der unteren Sprachstandsgruppen in der Lage sind, ihre anfänglichen Leistungsnachteile durch ein besseres Kompetenzwachstum abzuschwächen. Lediglich auf die Entwicklung der Mathematikkompetenz hat der Sprachstand keinen systematischen Einfluss.

Der Migrationshintergrund und der Sprachstand sind in ihrem Einfluss auf die verschiedenen Kompetenzen eng miteinander konfundiert. Sobald der Sprachstand für alle Schüler/innen konstant gehalten wird, nehmen die zuvor festgestellten migrationsbedingten Effekte auf das jeweilige Kompetenzausgangsniveau deutlich ab. Bei der Mathematikkompetenz verschwindet der Einfluss des Migrationshintergrundes sogar vollständig. Auch in den einzelnen Herkunftsgruppen sind unter Berücksichtigung des Sprachstands keine Differenzen in den anfänglichen Mathematikleistungen mehr festzustellen. Sämtliche bezüglich der Mathematikkompetenz festgestellten migrations- und ethnisch bedingten Unterschiede sind demzufolge auf Unterschiede im Sprachstand der Schüler/innen zurückzuführen. Für die Lesekompetenz und die Rechtschreibkompetenz lassen sich die Effekte des Migrationshintergrundes durch die Kontrolle des Sprachstands wesentlich reduzieren. Es bleiben aber vor allem im Rechtschreiben substantielle Differenzen im Ausgangsniveau bestehen, die vor allem die Kinder türkischer Herkunft betreffen. Parallel zur Abschwächung der negativen Effekte des Migrationshintergrundes auf das Ausgangsniveau der Rechtschreibkompetenz nimmt auch der positive Effekt des Migrationshintergrundes auf die Kompetenzentwicklung etwas ab.

Weitere Einflussfaktoren, die in den Analysen berücksichtigt wurden, sind die kognitiven Grundfähigkeiten der Schüler/innen, deren Geschlecht und die Ausstattung der Schülerfamilien mit ökonomischem und kulturellem Kapital. Beide Bereiche, die individuellen Einflussfaktoren und die familiären Einflussfaktoren, sind für das zu Beginn der Erhebungen festgestellte Ausgangsniveau der Lese-, Rechtschreib- und Mathematikkompetenz von grundlegender Bedeutung. Ein wesentlicher Teil der anfänglichen Kompetenzunterschiede kann auf das kognitive Leistungsniveau und den familiären Hintergrund der Schüler/innen zurückgeführt werden. Hinzu kommt die enge Kopplung des Migrationshintergrundes an diese Faktoren. Diese führt dazu, dass sowohl bei der Lesekompetenz als auch bei der Mathematikkompetenz nach Berücksichtigung der individuellen und familiären Einflussfaktoren die zuvor substantielle Kompetenzdifferenz zwischen den Kindern mit und den Kindern ohne Migrationshintergrund verschwindet. Lediglich die Kinder türkischer Herkunft zeigen in der Lesekompetenz auch unter Konstanthaltung der anderen Faktoren ein etwas niedrigeres Kompetenzniveau. In Bezug auf die Rechtschreibkompetenz bleiben ausgeprägte Differenzen in den Ausgangsniveaus zwischen Kindern mit und ohne Migrationshintergrund, insbesondere zwischen Kindern türkischer Herkunft und Kindern ohne Migrationshintergrund, bestehen, die über den Einfluss der berücksichtigten individuellen und familiären Determinanten hinausgehen. Worauf diese zurückzuführen sind, ob auf schulische und unterrichtliche Faktoren oder auf nicht einbezogene familiäre, kulturelle oder individuelle Faktoren, kann anhand der vorliegenden Daten nicht geklärt werden.

Für die weitere Kompetenzentwicklung in den Bereichen Lesen, Rechtschreiben und Mathematik spielen die Einflussfaktoren keine vergleichbar prägende Rolle. Die individuellen und familiären Einflussfaktoren wirken sich nur partiell und meist nur in geringem Umfang auf die Kompetenzentwicklung aus. Hervorzuheben ist lediglich der Einfluss der kognitiven Fähigkeiten auf die Kompetenzentwicklung im Rechtschreiben. Kindern mit niedrigeren kognitiven Fähigkeiten gelingt es im Lauf der Grundschulzeit anfängliche Kompetenzunterschiede im Rechtschreiben durch ein durchschnittlich stärkeres Kompetenzwachstum abzuschwächen. Dieser Effekt erklärt auch einen Teil des positiven Einflusses, der vom Migrationshintergrund auf die Entwicklung der Rechtschreibkompetenz ausgeht.

– *Wie ist der Zusammenhang zwischen der strukturellen und der kulturellen Integration ausgeprägt?*

Das mit dieser Frage verbundene Erkenntnisinteresse ist zweigeteilt. Einerseits sollte untersucht werden, wie die Kompetenzen und die Kompetenzentwicklung in den Domänen Lesen, Rechtschreiben und Mathematik und die Platzierung der Schüler/innen am Übergang von der Grundschule in die weiterführenden Schulen zusammenhängen. Andererseits sollte herausgestellt werden, inwieweit die migrationsbedingten Notendifferenzen am Ende der Grundschule durch diesen Zusammenhang erklärt bzw. auf Kompetenzunterschiede zurückgeführt werden können.

In den entsprechenden Analysen haben sich die Wachstumskurvenmodelle für die einzelnen Kompetenzbereiche als insgesamt angemessene Prädiktoren der Deutsch- und Mathematiknotenverteilung am Ende der vierten Klasse erwiesen. Mithilfe des Mathematikkompetenzmodells können fast drei Viertel der Notenvarianz im Fach Mathematik aufgeklärt werden. Mit dem Rechtschreib- und dem Lesekompetenzmodell können zusammen fast zwei Drittel der Notenvarianz im Fach Deutsch aufgeklärt werden, wenngleich hier die Rechtschreibkompetenz etwas erklärungsstärker ist. Die Differenz in den Erklärungsanteilen an den Deutsch- und den Mathematiknoten resultiert vermutlich aus den unterschiedlichen Konzeptionen der eingesetzten Tests. So wird beispielsweise im Fall der Lesekompetenz nur ein zentraler Aspekt wie die Lesegeschwindigkeit fokussiert und dabei andere zentrale Kompetenzaspekte wie das Leseverständnis unberücksichtigt gelassen. Der verwendete Mathematiktest hingegen wählt eine inhaltlich wesentlich breiter gefächerte Herangehensweise und zeigt daher vermutlich auch einen engeren Zusammenhang mit der entsprechenden Notenvergabe.

Für alle drei Kompetenzen gilt, dass sowohl das zu Beginn der Erhebungen festgestellte Ausgangsniveau als auch die nachfolgende Kompetenzentwicklung die Notenverteilungen am Ende der Grundschule maßgeblich prägen. Größeres Gewicht fällt dabei immer dem Ausgangsniveau zu, das durchgängig einen stärkeren Zusammenhang mit den Noten aufweist. Das bedeutet vor allem, dass bereits in der ersten Klasse unter den Schüler/inne/n in Mathematik, im Lesen und im Rechtschreiben Leistungsunterschiede bestehen, die über eine so hohe zeitliche Stabilität verfügen, das sie sich am Ende der vierten Klassen noch deutlich in den Notenverteilungen widerspiegeln. Die zeitliche Stabilität ist jedoch nicht so hoch, dass es zu keinen Veränderungen in der Leistungsrangfolge kommt. Auch die Leistungsentwicklung, die die Schüler/innen zwischen dem Ende der ersten und dem Ende der vierten Klasse in den verschiedenen Domänen durchlaufen, prägen die Verteilung der Deutsch- und Mathematiknoten unter den Schüler/inne/n, wenn auch in geringerem Umfang.

Um den zweiten Aspekt des eingangs dargestellten Erkenntnisinteresses genauer zu untersuchen, wurden zusätzlich zu den Wachstumsmodellen auch der Migrationshintergrund und die ethnische Gruppenzugehörigkeit als Differenzierungsmerkmale in den Analysen berücksichtigt. Hierbei zeigt sich, dass (mindestens) ein Teil der Notendifferenzen am Ende der vierten Klasse zwischen Kindern mit und ohne Migrationshintergrund auf primäre Herkunftseffekte zurückzuführen ist. Ein großer Teil der Notendifferenzen zwischen Kindern mit und ohne Migrationshintergrund resultiert aus entsprechenden Unterschieden in der Lese-, Rechtschreib- und Mathematikkompetenz. Darüber hinaus bleiben aber auch substantielle migrationsbedingte Notendifferenzen bestehen, die nicht durch die berücksichtigten Kompetenzen erklärt werden können. Auch diese können die Folge primärer Herkunftseffekte sein, die jedoch mit den eingesetzten Kompetenztests nicht aufgedeckt wurden. Gerade hinsichtlich der Deutschnoten sind weitere primäre Herkunftseffekte zu vermuten, da sich der Sprachstand auch unter Konstanthaltung der Rechtschreib- und Lesekompetenz negativ auf die Notenvergabe auswirkt, was auf eventuell unberücksichtigte Leistungsbereiche im Fach Deutsch hindeuten könnte. Ein weiterer Erklärungsansatz ist die Annahme sekundärer Herkunftseffekte. In diesem Fall läge es an der Beurteilung bzw. der Benotung der Lehrer/innen, in die neben den Kompetenzen der Kinder zusätzlich auch deren ethnische und/oder soziale Herkunft wertend mit einfließt. Eine Klärung der Frage, ob es sich bei den verbleibenden Notendifferenzen um primäre oder sekundäre Disparitäten handelt, ist im vorliegenden Fall nicht möglich. Wie bereits in Abschnitt 4.3 angesprochen, ist das grundlegende Problem einer eindeutigen und vollständigen empirischen Trennung von primären und sekundären Herkunftseffekten bei schulischen Leistungsbeurteilungen bislang nicht angemessen gelöst.

Abschließend wurden in die Analysen auch individuelle Einflussfaktoren und Indikatoren des familiären Hintergrundes aufgenommen, um untersuchen zu können, ob die verbleibenden migrationsbedingten Effekte auf die Deutsch- und Mathematiknoten mit diesen Aspekten zusammenhängen. Beide Notenverteilungen weisen auch bei gleichzeitiger Berücksichtigung der Kompetenz(en) noch Unterschiede auf, die entlang familiärer und individueller Merkmale verlaufen. So wirkt sich beispielsweise der sozioökonomische Status positiv auf die Vergabe der Deutsch- und Mathematiknoten aus. Auch vom kulturellen Kapital der jeweiligen Familie hängt die Notengebung in beiden Fächern ab.

Der Einfluss des Migrationshintergrundes auf die Noten nimmt in den Modellen mit den verschiedenen Einflussfaktoren jeweils deutlich ab. Bei den Mathematiknoten geht er bereits unter Einbezug des familiären Hintergrundes vollständig zurück. Bei den Deutschnoten bedarf es der Berücksichtigung individueller und familiärer Determinanten, damit keine bedeutsamen migrationsbedingten Notendifferenzen mehr festgestellt werden können. Mithilfe der in diesem Auswertungsschritt analysierten Modelle zur Vorhersage der Deutsch- und Mathematiknoten am Ende der vierten Klasse ist es demnach möglich, die in den Notenverteilungen vorgefundenen migrationsbedingten Unterschiede fast vollständig in anderen unabhängigen Variablen aufgehen zu lassen. Ein wesentlicher Teil der Unterschiede entfällt je nach betrachteter Note auf die Lese-, Rechtschreib- und Mathematikkompetenz, ein weiterer substantieller Teil der Unterschiede hängt mit dem familiären Hintergrund der Schüler/innen zusammen und schließlich gehen auch Teile der migrationsbedingten Differenzen in den Deutschnoten auf den Sprachstand der Kinder zurück. Da sich die Schuljahresnoten der vierten Klasse in den Fächern Deutsch und Mathematik zusammen mit der Note in Heimat- und Sachunterricht direkt in die vergebenen Übertrittsempfehlungen überführen lassen, ist davon auszugehen, dass die geschilderten Ergebnisse zu weiten Teilen auch auf diese zu übertragen sind.

8. Fazit und Ausblick

Als inhaltlicher Abschluss dieser Arbeit wird im Folgenden auf der Grundlage der vorhergehenden theoretischen und empirischen Ausführungen ein kritisches Fazit gezogen und ein Ausblick gegeben, welche praktischen und wissenschaftlichen Impulse aus den vorliegenden Forschungsergebnissen abgeleitet werden können. Zur Strukturierung der Ausführungen werden drei aufeinander aufbauende Leitfragen formuliert, deren Beantwortung einen Eindruck vom theoretischen und empirischen Beitrag dieser Arbeit, von der praktischen Verwertbarkeit der Forschungsergebnisse und von Ansatzpunkten für weiterführende Forschungsbemühungen vermitteln soll.

– *Welchen theoretischen und empirischen Beitrag leistet die vorliegende Arbeit zur Forschung über Kinder mit Migrationshintergrund im deutschen Schulsystem?*

Auf theoretischer Ebene bestand die zentrale Zielsetzung dieser Arbeit darin, ein auf das soziale System (Grund-)Schule bezogenes Modell der Sozial-Integration zu generieren, das einen heuristischen Bezugsrahmen vorgibt, mit dem die individuelle und kategoriale Integration von Schüler/inne/n in die Schule beschrieben werden kann. Das entwickelte Modell baut auf dem gesellschaftlichen Sozial-Integrationsmodell Essers auf und übernimmt dessen multidimensionale Grundstruktur, welche die Sozial-Integration in vier zentrale Dimensionen, eine strukturelle, eine kulturelle, eine soziale und eine emotionale Dimension, unterteilt. Unter Rückgriff auf schultheoretische Konzepte, darunter vor allem die Schultheorie Fends, wurde jede dieser Dimensionen an das soziale System Schule adaptiert. Um die besondere Ausgangslage von Schüler/inne/n mit Migrationshintergrund bezüglich ihrer Sozial-Integration angemessen berücksichtigen zu können, wurde das Modell um die ebenfalls in Essers Modell enthaltene Unterscheidung verschiedener Integrationsformen erweitert. Das aus diesen konzeptuellen Arbeitsschritten resultierende Modell stellt den wesentlichen theoretischen Beitrag dieser Arbeit dar. Es zeichnet sich durch seine inhaltliche Breite aus, die den Einsatz des Modells, über den Kontext dieser Arbeit hinaus, für eine Reihe inhaltlich unterschiedlich ausgerichteter Forschungsfragen ermöglicht. Es eignet sich insbesondere für die theoretische Modellierung des komplexen Zusammenspiels verschiedener Integrationsdimensionen und legt die Fokussierung und Einbeziehung oft vernachlässigter Aspekte des Schullebens wie beispielsweise der Schülerbeziehungen oder der individuellen emotionalen Identifikation mit der Schule nahe. In der vorliegenden Arbeit wird diese Breite des Modells nur eingeschränkt genutzt. Durch die Beschränkung der empirischen Analysen auf nur zwei schulische Integrationsdimensionen, die strukturelle und die kulturelle Sozial-Integration, die zudem alleine und gemeinsam häufig im Fokus der Bildungsforschung stehen, kommt diese Stärke des Modells in den Ergebnissen nicht entsprechend zum Tragen. Umso deutlicher soll daher an dieser Stelle auf die Erkenntnispotentiale des Modells bei einer multidimensionalen Anwendung und bei einer Anwendung auf bislang nur wenig erforschte schulische Integrationsaspekte hingewiesen werden.

Neben der inhaltlichen Breite zeichnet sich das theoretische Modell auch durch die explizite Berücksichtigung und konzeptuelle Aufarbeitung der Migrantenperspektive aus. Viele der aktuell in der Bildungsforschung angewendeten Konstrukte und Modelle werden oft undifferenziert auf Schüler/innen mit und ohne Migrationshintergrund angewendet. Dieses Vorgehen birgt unter anderem die Gefahr, dass eventuell wichtige Unterschiede zwischen den beiden Gruppen beispielsweise in deren Charakteristika oder deren Behandlung übersehen und so falsche Zusammenhänge konstruiert und falsche Ursachenzuschreibungen vorgenommen werden. Um dem vorzubeugen, wird im hier generierten Modell wie auch im zugrunde liegenden Sozial-Integrationsmodell von Esser zwischen verschiedenen Ausgangslagen bzw. Ausgangsperspektiven unterschieden, von denen aus die Integration von Personen mit und ohne Migrationshintergrund in ein soziales System betrachtet werden sollte. Mit Blick auf den schulischen Kontext ist nicht nur von Interesse zu überlegen und zu untersuchen, ob und wie sich die Ausgangslagen der Gruppen systematisch voneinander unterscheiden, sondern auch wie die Schule als Institution und wie ihre zentralen Akteure und Akteurinnen mit diesen Unterschieden umgehen. Im ersten analytischen Schritt der Arbeit wurde daher versucht, für jede der vier Sozial-Integrationsdimensionen herauszuarbeiten, welche Integrationsformen im Kontext Grundschule überhaupt denkbar und empirisch überprüfbar sind. Dafür wurden die an bayerischen Grundschulen vorzufindenden organisatorischen, curricularen und gesetzlichen Rahmenbedingungen und Regelungen dahingehend untersucht, welche Rolle den Kindern mit Migrationshintergrund darin zukommt bzw. inwieweit der Migrationshintergrund der Kinder darin überhaupt Berücksichtigung findet. Dieses Vorgehen lehnt sich in weiten Teilen an die Arbeit von Gogolin, Neumann und Reuter (2001) an, die eine Analyse der schulischen Rahmenbedingungen für Minderheiten in allen deutschen Bundesländern durchgeführt haben. Gerade in Anbetracht der intensiven wissenschaftlichen und politischen Diskussionen und Bemühungen um das Thema Migrant/inn/en im deutschen Bildungssystem in den letzten Jahren bedürfte es dringend einer Aktualisierung dieser Untersuchung. Darüber hinaus wäre es sehr interessant, diese Betrachtung nicht nur auf Bundesländerebene vorzunehmen, sondern auch um eine regionale, kommunale und lokale Betrachtung zu ergänzen. Besondere Bedeutung kommt hierbei, so ist zu vermuten, der Betrachtung der Schulebene und der Klassenebene zu, denn dort findet die Umsetzung der strukturellen Vorgaben statt und bislang liegen nur sehr wenige Studien vor, die sich eingehend mit Form und Qualität dieser Umsetzung von Seiten der Schulen und Lehrer/innen auseinandersetzen.

Das Ergebnis der hier vorgenommenen Betrachtung der organisatorischen, curricularen und gesetzlichen Rahmenbedingungen und Regelungen an bayerischen Grundschulen zeigt in weitgehender Übereinstimmung mit der eben genannten Arbeit von Gogolin, Neumann und Reuter (2001), dass gerade in zentralen schulischen Bereichen wie der Leistungsfeststellung und -bewertung oder dem Curriculum nur selten zwischen Kindern mit und ohne Migrationshintergrund differenziert wird. So gelten beispielsweise mit Blick auf wichtige schulische Platzierungsprozesse wie die Vergabe von Übertrittsempfehlungen und mit Blick auf den Kompetenzerwerb in den übertrittsrelevanten Unterrichtsfächern Deutsch und Mathematik spätestens mit Ende der Grundschulzeit die gleichen Integrationsziele, Rahmenbedingungen und Bewertungsmaßstäbe für Schüler/innen mit Migrationshintergrund wie für Schüler/innen ohne Migrationshintergrund. Ausnahmen finden sich hingegen vor allem bei der Sprachförderung oder in unterrichtlichen Nebenschauplätzen wie der islamischen Unterweisung, wo Kinder mit Migrationshintergrund zeitweise eine gesonderte Behandlung erfahren. Wie sich diese Ausnahmen auf die Sozial-Integration von Migrant/inn/en in die Grundschule auswirken, wurde bislang noch nicht eingehender untersucht und stellt ein interessantes Forschungsdesiderat dar. Insbesondere eine systematische Überprüfung und Evaluation der Umsetzung und Wirksamkeit der zweifellos überaus wichtigen Sprachfördermaßnahmen steht bislang noch aus.

Im Anschluss an die Betrachtung der Rahmenbedingungen für Schüler/innen mit Migrationshintergrund erfolgte die bereits angesprochene Fokussierung der Arbeit auf konkrete strukturelle und kulturelle Sozial-Integrationsprozesse. An Daten aus dem Forschungsprojekt SOKKE wurde unter anderem untersucht, welche schulische Platzierung Kinder mit Migrationshintergrund im Vergleich zu Kindern ohne Migrationshintergrund am Ende der Grundschulzeit erreichen, wie sich deren Kompetenzen im Lesen, Rechtschreiben und in Mathematik von der ersten bis zur vierten Klasse entwickeln und in welchem Zusammenhang Kompetenzentwicklung und schulische Platzierung zueinander stehen. Durch die zusätzliche Berücksichtigung familiärer und individueller Einflussfaktoren wurde zudem versucht, eine Ursachenzuschreibung für etwaige migrationsbedingte Differenzen in den betrachteten Integrationsprozessen vorzunehmen. Um die sehr heterogen zusammengesetzte Gruppe der Schüler/innen mit Migrationshintergrund differenzierter abbilden und untersuchen zu können, wurde auf ein Differenzierungsschema des statistischen Bundesamtes zurückgegriffen, das entlang verschiedener Migrationskriterien eine Unterteilung der Schüler/innen mit Migrationshintergrund in verschiedene Untergruppen erlaubt. Darüber hinaus wurde die in der Stichprobe vorgefundene Vielzahl an Herkunftsländern, aus denen die Kinder oder deren Familien stammen, zu vier verschiedenen Herkunftsgruppen zusammengefasst. Diese weisen, wie auch die Ergebnisse belegen, eine etwas höhere Homogenität auf als die Gesamtgruppe der Kinder mit Migrationshintergrund. Auch diese Gruppenunterteilung wurde in den Analysen berücksichtigt, um differenzierte Aussagen zu den Schüler/inne/n mit Migrationshintergrund treffen zu können.

Was die erzielten Ergebnisse zur strukturellen und kulturellen Sozial-Integration der Schüler/innen in die Grundschule anbelangt, so zeigt sich in weitgehender Übereinstimmung mit dem bisherigen Forschungsstand, dass in allen analysierten Integrationsprozessen eine deutlich ausgeprägte Schichtung der Kinder mit Migrationshintergrund unter die Kinder ohne Migrationshintergrund vorliegt. Neu an diesen Ergebnissen ist insbesondere deren zeitliche Perspektive. Die längsschnittlichen Analysen zeigen, dass die Unterschichtung nicht erst gegen Ende der Grundschulzeit zutage tritt, sondern schon weitgehend ab Schuleintritt besteht. Bereits in der ersten Klasse sind migrationsbedingte Disparitäten in den Schulnoten und in den Kompetenzen festzustellen, die sich auf Gruppenebene bis zum Übertritt meist nur wenig verändern. Es ist demnach für die Schulnoten in Deutsch und Mathematik und für die Kompetenzen in den Domänen Lesen und Mathematik von einem Karawaneneffekt der Differenzen zwischen Kindern mit und ohne Migrationshintergrund auszugehen. Lediglich in der Rechtschreibkompetenz tritt ein deutlicher Kompensationseffekt auf, der die starke Leistungsheterogenität in der ersten Klasse für den weiteren Verlauf der Grundschulzeit wesentlich abschwächt. In Bezug auf die am Ende der Grundschule vergebenen Übertrittsempfehlungen kommt dem Migrationshintergrund nur teilweise eine differentielle Bedeutung zu. Migrationsbedingte Unterschiede finden sich bei der Vergabeentscheidung zwischen einer Gymnasial- und einer Hauptschulempfehlung nicht jedoch bei der Vergabeentscheidung zwischen einer Real- und einer Hauptschulempfehlung.

Durch die umfangreiche Gruppendifferenzierung zeigt sich, dass nicht alle verglichenen Migrantengruppen und ethnischen Herkunftsgruppen gleichermaßen von den geschilderten Disparitäten und Schichtungseffekten betroffen sind. Es lassen sich spezifische Risikogruppen ausmachen, die sowohl strukturell als auch kulturell eine bedeutend schlechtere Sozial-Integration aufweisen. Zu diesen Risikogruppen zählen vor allem die Kinder türkischer Herkunft und die Kinder ohne deutsche Staatsangehörigkeit, wobei es zwischen beiden Gruppen große personelle Überschneidungen gibt. Bei fast allen durchgeführten Analysen weisen sie jeweils mit deutlichem Abstand die größten Leistungs-, Noten- und Anteilsunterschiede auf. Im Gegenzug gibt es auch Gruppen, die über die gesamte Grundschulzeit hinweg sowohl strukturell als auch kulturell über eine oft nur geringfügig schlechtere Sozial-Integration verfügen als die Kinder ohne Migrationshintergrund. Zu ihnen gehören die aus der GUS und aus Osteuropa stammenden Kinder und die Kinder mit nur einem migrierten Elternteil. Auch diese Ergebnisse decken sich weitgehend mit dem berichteten Forschungsstand und erweitern diesen insbesondere um differenzierte Erkenntnisse dazu, wie sich das Verhältnis der unterschiedlichen Migranten- und Herkunftsgruppen zur Gruppe der Kinder ohne Migrationshintergrund von der ersten bis zur vierten Klasse entwickelt.

Worauf sind die festgestellten Schichtungseffekte zuungunsten der Kinder mit Migrationshintergrund zurückzuführen? Eine genaue Ursachenzuschreibung fällt nicht leicht. Die Entstehung migrationsbedingter Disparitäten, gerade in Bezug auf die strukturelle und kulturelle Sozial-Integration in die Grundschule, kann nicht monokausal, sondern muss als ein multifaktorielles Geschehen gesehen werden.

Fest steht und das bestätigen auch die vorliegenden Ergebnisse in weitgehender Übereinstimmung mit dem aktuellen Forschungsstand, dass durch die ethnische Herkunft bedingte strukturelle und kulturelle Differenzen oft eng verbunden sind mit Differenzen, die auf die soziale Herkunft der Schüler/innen zurückzuführen sind. Es zeigt sich, dass Kinder mit Migrationshintergrund mehrheitlich aus Familien stammen, die in mehrfacher Hinsicht als benachteiligt gelten können. Sie weisen beispielsweise in der Mehrheit der Fälle einen schlechteren sozioökonomischen Status auf und auch der kulturelle Anregungsgehalt in den Familien ist schlechter ausgeprägt. Dies darf allerdings nicht zur Fehlannahme verleiten, die Frage nach der schlechteren Sozial-Integration der Migrant/inn/en auf eine Frage nach der schlechteren Integration von Schüler/inne/n aus sozial benachteiligten Familien zu verkürzen, wie es insbesondere in populärwissenschaftlichen Diskursen teilweise der Fall ist. Gerade die überdurchschnittliche Anzahl von sozial benachteiligten Migrantenfamilien legt vielmehr den Schluss nahe, dass mitunter der Migrationsprozess, der Migrationsstatus und die ethnische Herkunft zentrale Faktoren sind, die überhaupt erst zu benachteiligten Lebenssituationen in den Migrantenfamilien führen oder diese zumindest maßgeblich befördern. Eine Ursachendiskussion, die sich nur auf die soziale Herkunft der Schüler/innen beschränkt, übersieht solche eventuell wichtigen migrationsspezifischen Aspekte.

Auch auf individueller Ebene finden sich Faktoren, die oft im Zusammenspiel mit familiären Faktoren die untersuchten strukturellen und kulturellen Integrationsprozesse in die Grundschule nachteilig beeinflussen. Allen voran sind hierbei der schlechtere Sprachstand der Kinder mit Migrationshintergrund und auch deren niedrigere kognitive Grundfähigkeiten zu nennen. Beide wirken sich, alleine und in Wechselwirkung mit dem Migrationshintergrund, maßgeblich auf den Kompetenzerwerb, die Schulnoten in den Fächern Deutsch und Mathematik und die Vergabe der Übertrittsempfehlungen aus. Die migrationsbedingten Schichtungseffekte in der Mathematikkompetenz lassen sich sogar vollständig durch die Wechselwirkung von Migrationshintergrund und Sprachstand aufklären.

Die Disparitäten in der Rechtschreib- und Lesekompetenz zwischen Schüler/inne/n mit und ohne Migrationshintergrund können nicht alleine mithilfe der einbezogenen familiären und individuellen Einflussfaktoren erklärt werden. Gerade bei den Kindern türkischer Herkunft bleiben bedeutsame, aber nur noch schwach ausgeprägte Schichtungseffekte bestehen, die über die Wechselwirkung der ethnischen Gruppenzugehörigkeit mit den anderen Einflussfaktoren hinausgehen. Vermittelt über die primären Herkunftseffekte übertragen sich diese ungeklärten Schichtungseffekte auch auf die Schuljahresnoten der vierten Klasse im Fach Deutsch. Hinsichtlich der Mathematiknoten bleibt ebenfalls bei einer ethnischen Herkunftsgruppe ein geringer nachteiliger Effekt bestehen. In diesem Fall sind es die Kinder aus den sonstigen Herkunftsländern, die auch nach Kontrolle der Mathematikkompetenz, des familiären Hintergrundes und der individuellen Einflussfaktoren eine vergleichsweise schlechtere Mathematiknote erhalten.

– *Welche praxisrelevanten Schlüsse zur Verbesserung der Sozial-Integration der Schüler/innen mit Migrationshintergrund in die Grundschule lassen sich aus den dargestellten Ergebnissen ziehen?*

Die empirischen Ausführungen haben in erster Linie verdeutlicht und bestätigt, dass Kinder mit Migrationshintergrund hinsichtlich der ausgewählten schulischen Prozesse und Aspekte eine durchschnittlich schlechtere Sozial-Integration aufweisen als ihre Mitschüler/innen ohne Migrationshintergrund. Im Folgenden werden noch einmal einzelne Ergebnisse der vorhergehenden Analysen herausgegriffen, von denen sich praxisrelevante Schlüsse zur Verbesserung bzw. zur Abschwächung dieser Benachteiligungen ableiten lassen.

Zunächst wird ein Blick auf die Noten und die Kompetenzen der Schüler/innen zu Schulbeginn geworfen. Bereits hier sind, wie die Ergebnisse zeigen, substantielle migrationsbedingte Disparitäten zuungunsten der Migrantenkinder vorzufinden, die bis zum Ende der Grundschule meist in vergleichbarer Form aufrecht erhalten bleiben. In Anbetracht dieser frühen und ausgeprägten Schichtungseffekte ist den derzeitigen intensiven Bemühungen um eine früh ansetzende vorschulische Förderung der Kinder mit Migrationshintergrund nur beizupflichten. Das Ziel der frühen Förderung muss sein, der Entstehung von Leistungsdisparitäten vorzubeugen und früh entgegenzuwirken, um mindestens deren Ausmaß zu verringern und dadurch den Migrantenkindern den Eintritt in die Schule zu erleichtern. Sowohl in Forschung als auch in Politik herrscht Einigkeit darüber, dass die Sprachförderung diesbezüglich einen der wichtigsten Förderbereiche darstellt. Auch die hier vorgestellten Ergebnisse unterstreichen das. Es konnte gezeigt werden, dass bereits zu Beginn der ersten Klasse gravierende Unterschiede im Sprachstand bestehen und dass sich diese maßgeblich auf den Kompetenzerwerb und den Schulerfolg in der gesamten Grundschulzeit auswirken. Nicht nur offensichtlich sprachzentrierte Kompetenzdomänen wie das Lesen oder das Rechtschreiben sind in hohem Maße vom Sprachstand der Kinder abhängig. In den Analysen zeigt sich zudem, dass die Sprachkenntnisse auch für den Kompetenzerwerb in vermeintlich weniger sprachabhängigen Domänen wie der Mathematik maßgeblich sein können.[21] Eine gezielte, intensive und früh ansetzende Sprachförderung müsste sich demnach fächer- und domänenübergreifend positiv auf die Schulleistungen und den Kompetenzerwerb der Schüler/innen mit Migrationshintergrund auswirken. Im deutschsprachigen Raum liegt bereits eine Reihe gut ausgearbeiteter und umfassend evaluierter Konzepte vor, beispielsweise aus dem Modellprogramm „Förderung von Kindern und Jugendlichen mit Migrationshintergrund – FörMig" (vgl. Gogolin et al. 2011), mit denen eine durchgängige Sprachförderung von der Vorschule bis in die Sekundarstufe umgesetzt werden kann. Den derzeit in Bayern durchgeführten Maßnah-

---

21 In wesentlich differenzierterer Form verdeutlichen dies auch die von Heinze et al. (2007, 2011) durchgeführten Analysen der SOKKE-Daten, in denen untersucht wurde, wie sich die Sprachkenntnisse auf einzelne Bereiche der Mathematikkompetenz auswirken.

men, insbesondere den an Schulen institutionalisierten Sprachfördermaßnahmen, fehlt es hingegen bislang meist an entsprechenden Wirkungsanalysen, so dass unklar ist, wie effektiv diese Maßnahmen eigentlich sind. Neben expliziten Fördermaßnahmen ist es wichtig, auch im regulären Unterricht den Aspekt der Sprachförderung aktiv zu berücksichtigen und gleichzeitig über Möglichkeiten nachzudenken, wie zur Verbesserung der schulischen Integrationsbedingungen ein Unterricht mit niedrigeren Sprachbarrieren umgesetzt werden kann. In diese Forderung sind explizit alle Fächer eingeschlossen, auch, wie bereits angesprochen, Fächer, die einen vermeintlich geringeren Sprachbezug aufweisen.

In Anbetracht der stark ausgeprägten, migrationsbedingten und ethnischen Schichtungseffekte bei der Vergabe der Übertrittsempfehlungen wird seit längerem über eine Verlegung des Übertrittszeitpunktes in eine höhere Jahrgangsstufe diskutiert. Zielsetzung dieser Verlegung ist unter anderem, den Kindern mit Migrationshintergrund mehr Zeit zu geben, Leistungsrückstände abzubauen oder vollständig aufzuholen. Die vorliegenden Ergebnisse stützen diese Überlegung allerdings nicht. Die Karawaneneffekte in den Deutsch- und Mathematiknoten und in der Lese- und der Mathematikkompetenz deuten nicht darauf hin, dass die Disparitäten bei einer Verschiebung des Übertrittszeitpunktes unter gleichzeitiger Beibehaltung der bisherigen schulischen Rahmenbedingungen deutlich abnehmen und so zu wesentlich anderen Übertrittsmustern führen würden. Anstatt dessen bedarf es vermutlich vielmehr einer Unterrichtsgestaltung und Fördermaßnahmen, die die Disparitäten zwischen Schüler/inne/n mit und ohne Migrationshintergrund nicht nur konstant halten, sondern nachhaltige Kompensationseffekte bewirken. Ein entsprechender Effekt ließ sich in den vorliegenden Analysen lediglich bezüglich der Rechtschreibkompetenz feststellen. Hier findet von der ersten zur zweiten Klasse eine bedeutsame Annäherung in den Kompetenzniveaus zwischen Kindern mit und ohne Migrationshintergrund statt. Worauf diese Annäherung zurückzuführen ist, ob beispielsweise auf eine entsprechende Unterrichtspraxis oder auf die Beschaffenheit des Lerngegenstandes, kann anhand des vorliegenden Datenmaterials nicht geklärt werden. Eventuell kann aber eine genauere Betrachtung und Untersuchung dieses Kompensationseffektes Anhaltspunkte liefern, wie eine entsprechende kompensatorische Förderung zu gestalten ist.

Ein weiterer wichtiger Aspekt, um Kinder und Jugendliche bei der Integration in die Schule zu unterstützen, ist die Einbeziehung der Eltern in die pädagogische Arbeit. Wie die Analysen zeigen, besteht ein enger Zusammenhang zwischen dem familiären Umfeld der Kinder und deren Sozial-Integration in die Grundschule. Um diesen für Migrant/inn/en oft nachteiligen Zusammenhang abzuschwächen, reicht es nicht aus, nur die Kinder gezielt zu fördern, sondern auch deren Eltern müssen unterstützt werden. In den letzten Jahren wurden in Deutschland im Bereich der Elternförderung und der interkulturellen Elternarbeit wesentliche Fortschritte gemacht. Sei es durch verschiedene aufsuchende Programme oder durch neu geschaffene Familienzentren und Early Excellence Centers, die sich auch explizit um interkulturelle Belange bemühen. Eine deutlich untergeordnete Rolle spielt die interkulturelle Elternarbeit bislang noch an Schulen, wo gerade eine Bildungspartnerschaft zwischen Lehrern und Eltern von größter Bedeutung wäre. Um dies zu erreichen, bedarf es nicht nur entsprechender neuer Förder- und Elternarbeitskonzepte und deren flächendeckender Einführung, sondern es bedarf vor allem der Vermittlung interkultureller Kompetenz und Kompetenzen in interkultureller Elternarbeit an die Lehrkräfte und dies nicht nur im Rahmen punktueller Fortbildungen, sondern idealerweise als fester Bestandteil der Ausbildung in Lehrerberufen.

Abschließend soll noch eine grundlegende Überlegung zu den organisatorischen, curricularen und gesetzlichen Rahmenbedingungen und Regelungen an bayerischen Grundschulen angesprochen werden. Wie im Kontext dieser Arbeit herausgearbeitet wurde, findet die Tatsache, dass sich unter den Schüler/inne/n an bayerischen Grundschulen eine große Anzahl von Migrant/inn/en befindet, nur in wenigen Fällen explizite Berücksichtigung. Zu diesen wenigen Fällen zählen beispielsweise das Unterrichtsangebot der islamischen Unterweisung oder die bereits angesprochenen Maßnahmen zur Sprachförderung. In deren Rahmen gelten für die teilnehmenden Kinder meist andere Lern- und Kompetenzerwerbsziele und es werden teilweise auch andere Beurteilungs- und Benotungsmaßstäbe angelegt. In der verbleibenden Mehrheit der strukturellen und kulturellen Rahmenbedingungen und Regelungen wird jedoch nicht zwischen Kindern mit und ohne Migrationshintergrund differenziert. So gelten beispielsweise, um nach der vierten Klasse eine Gymnasialempfehlung zu erhalten, für alle Schüler/innen die gleichen Beurteilungskriterien. Dass es der Gruppe der Kinder mit Migrationshintergrund insgesamt jedoch wesentlich seltener gelingt, diese Kriterien zu erfüllen als Kindern ohne Migrationshintergrund, wurde im Rahmen dieser Arbeit gezeigt. In Anlehnung an die Überlegungen von Gomolla und Radtke (2009) ist daher danach zu fragen, ob es sich bei dieser Art der Gleichbehandlung um eine Form der indirekten Diskriminierung handelt. Der Migrationshintergrund der Schüler/innen wird nicht als ein übertrittsrelevantes Differenzierungsmerkmal betrachtet. Anstatt dessen wird in den Übertrittsregelungen von einer homogenen Schülerschaft ausgegangen, was zu einer systematischen Benachteiligung der Schüler/innen mit Migrationshintergrund führt. Um derartigen institutionellen Formen der Benachteiligung entgegenzuwirken, wäre grundsätzlich zu überlegen und offen zu diskutieren, ob für Kinder mit Migrationshintergrund gemäß dem meritokratischen Prinzip die gleichen schulbezogenen Integrationsziele und davon abgeleiteten Rahmenbedingungen wie für Kinder ohne Migrationshintergrund gelten müssen oder ob es möglich und sinnvoll sein könnte, an entscheidenden Stellen wie beispielsweise bei der Vergabe der Übertrittsempfehlungen differentielle Integrationsziele auszugeben. Auf diese Weise könnten die oft stark abweichende Ausgangslage und der Herkunftskontext der Schüler/innen mit Migrationshintergrund in stärkerem Maße berücksichtigt und so eventuell mehr Bildungsgerechtigkeit und Chancengleichheit hergestellt werden.

Eine wichtige Voraussetzung für die Realisierung dieser oder ähnlicher Überlegungen ist jedoch zunächst eine offene und explizite Diskussion über die in einem Schulsystem verfolgten Integrationsziele und anvisierten Integrationsformen. Integrationsziele wie beispielsweise die Assimilationsabsicht, die hinter der eben angesprochenen Gleichbehandlung von Schüler/inne/n mit und ohne Migrationshintergrund steht, sind oft nur implizit zu erkennen und stehen teilweise im Konflikt mit anderen entgegenlaufenden Integrationszielen. Um gezielt und konsistent die schulische und gesellschaftliche Sozial-Integration von Schüler/inne/n fördern zu können, muss explizit diskutiert und festgelegt werden, welche Form der Integration für welche Gruppe von Schüler/inne/n bezüglich welcher schulischen und gesellschaftlichen Dimension erreicht werden soll. Entsprechende Diskussionen sollten nicht nur auf der Ebene der Schulordnungen und Curricula geführt werden. Selbst auf Schul- und Klassenebene kann es von Bedeutung sein, konkrete Integrationsziele zu diskutieren und festzulegen. Als Orientierungsrahmen für diese Diskussionen kann beispielsweise das vorliegende an die Schule angepasste Sozial-Integrationsmodell herangezogen werden.

– *Welche methodischen und inhaltlichen Ansatzpunkte lassen sich aus der vorliegenden Arbeit für weiterführende Forschungsbemühungen ableiten?*

Im Folgenden soll noch eine Auswahl an methodischen und inhaltlichen Ansatzpunkten vorgestellt werden, wie ausgehend von den Erkenntnissen dieser Arbeit die Forschung zu Schüler/inne/n mit Migrationshintergrund konstruktiv weitergeführt werden kann. Im Verlauf der Ausführungen wurden auf methodischer Ebene bereits einzelne Aspekte angesprochen, deren Berücksichtigung und Übernahme in andere Forschungsarbeiten und Untersuchungen wünschenswert wären. Mehrfach wurde auf eine mangelnde Standardisierung hinsichtlich der bislang eingesetzten Testverfahren und hinsichtlich der Definition von Personen bzw. Schüler/inne/n mit Migrationshintergrund hingewiesen.

Die im letzten Jahrzehnt deutlich angestiegene Zahl von Forschungsarbeiten, die sich mit Schulleistungen und Kompetenzen von Schüler/inne/n auseinandersetzen, hat mit dem grundlegenden Problem zu kämpfen, dass die Vielzahl an eingesetzten Testinstrumenten zur Erfassung der gleichen Konstrukte die Vergleichbarkeit der damit erlangten Forschungsergebnisse einschränkt und so auch die Zusammenführung der Ergebnisse zu einem konsistenten Forschungsstand erschwert. Zu unterschiedlich sind oft die den Instrumenten zugrunde gelegten Konstruktdefinitionen und deren Operationalisierung. Auch im Forschungsprojekt SOKKE kamen Testverfahren vor allem für die Kompetenzmessung zum Einsatz, die zwar als etabliert gelten können, die aber in nur wenigen anderen Studien, die sich mit Schülerinnen mit Migrationshintergrund beschäftigen, verwendet wurden. Ein direkter Vergleich und Abgleich beispielsweise der Ergebnisse zur Lesekompetenz der Schüler/innen mit den Ergebnissen anderer vergleichbarer Studien ist so nur in eingeschränkter Form möglich. Mittlerweile zeigen sich erste Tendenzen, insbesondere die in den Schulleistungsstudien PISA, IGLU oder TIMSS eingesetzten Tests auch in andere Forschungsprojekte zu übernehmen. Diese Entwicklung ist nachdrücklich zu begrüßen und mit der Forderung zu versehen, entsprechende Testverfahren einem breiteren Forscherkreis leichter zugänglich zu machen.

Was die Definition und Operationalisierung des Migrationshintergrundes bzw. von Personen mit Migrationshintergrund anbelangt, so sind hier ähnliche Probleme wie bei den Testverfahren zu konstatieren. Es mangelt an einheitlichen Kriterien, an denen ein Migrationshintergrund festgemacht wird. Unter dem Begriff Schüler/innen mit Migrationshintergrund finden sich derzeit unterschiedlichste Personengruppen, angefangen von Ausländer/inne/n über Migrant/inn/en mit ein oder zwei migrierten Elternteilen bis hin zu Migrant/inn/en unterschiedlicher Generationenzugehörigkeit. Ein Vergleich so unterschiedlich zusammengesetzter Personengruppen ist oft nur wenig zielführend. Eine praktikable Lösung dieses Problems ist die Verwendung eines einheitlichen Definitionsschemas, wie es beispielsweise vom statistischen Bundesamt vorgelegt wurde. Anhand dessen ist es möglich, konkret zu spezifizieren, welche der verschiedenen vordefinierten Untergruppe(n) von Migrant/inn/en jeweils in der Untersuchung erfasst werden, und so die Vergleichbarkeit der Studien untereinander zu erhöhen. Zudem wird mit einer weitergehenden Differenzierung in Untergruppen die Heterogenität unter den Migrant/inn/en reduziert.

Um derartige migrationsbezogene und auch ethnische Untergruppen differenzieren, einzeln untersuchen und miteinander vergleichen zu können, bedarf es allerdings entsprechend großer Stichproben. Im vorliegenden Fall bewegen sich die Analysen teils an der Grenze der Stichprobengröße. Wie den Analysen zu entnehmen ist, führt dies partiell zu hohen Standardfehlern und ungenauen Schätzungen. Um noch präzisere Aussagen zu den hier betrachteten Untergruppen machen zu können, bedürfte es einer Reproduktion der Studie oder von zentralen Teilen der Studie an einer größeren Stichprobe.

Mit den vorliegenden Daten sind allerdings auch noch weitere Analysen möglich, die im Rahmen separater Publikationen durchgeführt werden sollen. Der inhaltlich und methodisch nächste Schritt besteht darin, aufbauend auf den hier vorgestellten Regressionsmodellen umfassendere Strukturgleichungsmodelle zu entwickeln, mit deren Hilfe eine genauere Abbildung und Modellierung der Beziehungen zwischen den verschiedenen Integrationsprozessen und den verschiedenen individuellen, familiären und ethnischen Einflussfaktoren möglich ist.

Daneben gibt es auf inhaltlicher Ebene eine Reihe von Ansatzpunkten, von denen sich neue Forschungsfragen ableiten lassen. Wie bereits weiter oben erwähnt, bietet unter anderem das hier entwickelte Integrationsmodell mehrere Möglichkeiten, die Forschung zur Sozial-Integration von Schüler/inne/n in die Grundschule weiterzuführen. So steht zum Beispiel eine umfassende Auseinandersetzung mit den beiden in dieser Arbeit empirisch nicht berücksichtigten Integrationsdimensionen, der sozialen und der emotionalen Sozial-Integration in die Grundschule, noch weitgehend aus. Besonders letztere Dimension ist bislang in der deutschsprachigen Forschung zu Kindern mit Migrationshintergrund noch nicht eingehender thematisiert worden. Darüber hinaus ist es von besonderem Interesse, diese beiden Integrationsdimensionen in ihrer Beziehung zu den bereits untersuchten strukturellen und kulturellen Integrationsprozessen näher zu beschreiben.

In der vorliegenden Arbeit wurde die Ebene des konkreten Unterrichtsgeschehens vor allem in den empirischen Ausführungen weitgehend ausgeblendet. Um allerdings genauer beschreiben zu können, in welcher Form die hier beschriebenen Zusammenhänge, Effekte und Wechselbeziehungen auf Prozessebene ablaufen und vor allem um herausstellen zu können, welche Rolle den Lehrer/inne/n in diesen Prozessen zukommt, ist die Berücksichtigung des Unterrichtsgeschehens theoretisch wie auch empirisch ein wichtiger inhaltlicher Schritt.

Neben dem Unterricht muss noch ein weiterer wichtiger Aspekt einer genaueren Betrachtung auf Prozessebene unterzogen werden: der Einfluss der sozialen und ethnischen Herkunft auf die schulische Platzierung und den Kompetenzerwerb. Eine Beschreibung dieses Zusammenhangs geht meist, so auch im vorliegenden Fall, nicht über die Betrachtung der Beziehungen von Strukturvariablen hinaus, so zum Beispiel, wenn der sozioökonomische Status und der Migrationshintergrund gemeinsam zu den vergebenen Übertrittsempfehlungen in Bezug gesetzt werden. Dabei bleibt allerdings teilweise unklar, welche konkreten familiären und schulischen Prozesse hier involviert sind bzw. wie diese untereinander verbunden sind. Eine genauere Kenntnis dieser Prozesse und deren Gewichtung könnte in vielen Fällen auch bessere praktische Ansatzpunkte aufzeigen, um herkunftsbedingten Disparitäten entgegenzuwirken. Darüber hinaus könnten sich auf dieser Grundlage vielleicht auch bessere Möglichkeiten erschließen, wie die hier mehrfach problematisierte Differenzierung primärer von sekundären Herkunftseffekten vorgenommen werden kann.

Literatur

Ackerman, P. L. & Lohman, D. F. (2006). Individual differences in cognitive functions. In: P. A. Alexander, P. R. Pintrich, & P. H. Winne (Hrsg.), *Handbook of Educational Psychology* (S. 139-161). Mahwah, NJ: Lawrence Erlbaum Associates.

Afratis. G. (2004). *Struktur und Situation der Privatschulen des griechischen Staats in Bayern, dargestellt am Beispiel Nürnbergs. Eine empirische Untersuchung dieser Schulen und der Studien- und Berufsausbildungswege der Absolventen/innen der Privatlyzeen.* Erlangen-Nürnberg: Friedrich-Alexander Universität.

Alba, R. (2008). Why we still need a Theory of Mainstream Assimilation. In: F. Kalter (Hrsg.), *Migration und Integration* (S. 37-56). Wiesbaden: VS-Verlag.

Alba, R., Handl, J. & Müller, W. (1998). Ethnic Inequalities in the German School System. In: P. Schuck, R. Münz (Hrsg.), *Paths to Inclusion. The Integration of Migrants in the United States and Germany* (S. 115-154). New York/Oxford: Academic Press.

Alba, R. & Nee, V. (1997). Rethinking Assimilation Theory for a New Era of Immigration. *International Migration Review*, 31 (4), S. 826-874.

Allison, P. D. (2001). *Missing Data.* Thousand Oaks: Sage Publications.

Alt, C. & Holzmüller, H. (2006). Der familiäre Hintergrund türkischer und russlanddeutscher Kinder. In: C. Alt (Hrsg.), *Kinderleben – Integration durch Sprache? Band 4: Bedingungen des Aufwachsens von türkischen, russlanddeutschen und deutschen Kindern* (S. 7-21). Wiesbaden: VS-Verlag.

Arnold, K. H., Bos, W., Richert, P. & Stubbe, T. C. (2007). Schullaufbahnpräferenzen am Ende der vierten Klassenstufe. In: In: W. Bos, S. Hornberg, G. Faust, L. Fried, E. M. Lankes, K. Schwippert & R. Valtin, (Hrsg.), *IGLU 2006. Lesekompetenzen von Grundschulkindern in Deutschland im internationalen Vergleich* (S. 271-298). Münster: Waxmann.

Ataca, B. & Berry, J. W. (2002). Psychological, Sociocultural, and Marital Adaptation of Turkish Immigrant Couples in Canada. *International Journal of Psychology*, 37, S. 13-26.

Auernheimer, G. (2001). *Migration als Herausforderung für pädagogische Institutionen.* Opladen: Leske + Budrich.

Bacher, J. (2009). Analyse komplexer Stichproben. In: M. Weichbold, J. Bacher & C. Wolf (Hrsg.), Umfrageforschung (S. 253-272). Wiesbaden: VS-Verlag.

Backhaus, A., Brügelmann, H., Knorre, S. & Metze, W. (2004). *Stolperwörterlesetest-1. Forschungsmanual.* Siegen.

Backhaus, K., Erichson, B., Plinke, W.& Weiber, R. (2006). *Multivariate Analysemethoden.* Berlin: Springer.

Bade, K. J. (1996). *Migration – Ethnizität – Konflikt. Systemfragen und Fallstudien.* Osnabrück: IMIS.

Bade, K. J. (2007). *Leviten lesen. Migration und Integration in Deutschland.* Göttingen: V&R Unipress.

Bade, K. J. & Bommes, M. (2004). Einleitung. *IMIS-Beiträge*, 3, S. 7-20.

Bade, K. J., Bommes, M. & Oltner, J. (2008). *Nachholende Integrationspolitik – Problemfelder und Forschungsfragen.* Osnabrück: IMIS.

Baker, D. & Lehnhardt, G. (1988). Ausländerintegration, Schule und Staat. *Kölner Zeitschrift für Soziologie und Sozialpsychologie*, 1, S. 40-61.

Bandorski, S., Harring, M., Karakaşoğlu, Y. & Kelleter, K. (2008). *Der Mikrozensus im Schnittpunkt von Geschlecht und Migration. Möglichkeiten und Grenzen einer sekundäranalytischen Auswertung des Mikrozensus 2005.* Baden Baden: Nomos Verlag.

Baumert, J., Blum, W. & Neubrand, M. (2003). Drawing the lessons from PISA 2000. Long-term research implications: Gaining a better understanding of the relationship between system inputs and learning outcomes by assessing instructional and learning processes as mediating factors. *Zeitschrift für Erziehungswissenschaft*, 7 Beiheft 3, S. 143-157.

Baumert, J., Köller, O. & Schnabel, K. (1999). *Schulformen als differentielle Entwicklungsmilieus: eine ungehörige Fragestellung?* Berlin: Max-Planck-Institut für Bildungsforschung.

Baumert, J. & Schümer, G. (2002). Familiäre Lebensverhältnisse, Bildungsbeteiligung und Kompetenzerwerb im nationalen Vergleich. In: Deutsches PISA-Konsortium (Hrsg.), *PISA 2000 – Die*

Länder der Bundesrepublik Deutschland im Vergleich (S. 159-202). Opladen: Leske und Budrich.

Baumert, J., Trautwein, U. & Artelt, C. (2003): Schulumwelten – institutionelle Bedingungen des Lehrens und Lernens. In: *Deutsches PISA-Konsortium (Hrsg.), PISA 2000 – Ein differenzierter Blick auf die Länder der Bundesrepublik Deutschland* (S. 261 –331). Opladen: Barbara Budrich.

Baumert, J., Watermann, R. & Schümer, G. (2003). Disparitäten der Bildungsbeteiligung und des Kompetenzerwerbs: Ein institutionelles und individuelles Mediationsmodell. In: *Zeitschrift für Erziehungswissenschaft,* 6 H. 1, S. 46-72.

Bayerisches Landesamt für Statistik und Datenverarbeitung (2005). *Volksschulen in Bayern.* München: Bayerisches Landesamt für Statistik und Datenverarbeitung.

Bayerisches Landesamt für Statistik und Datenverarbeitung (2009). *Volksschulen in Bayern.* München: Bayerisches Landesamt für Statistik und Datenverarbeitung.

Bayerische Staatsregierung (2009). *Kabinett beschließt neues Übertrittsverfahren von der Grundschule auf weiterführende Schulen.* Abgerufen am 9.10.09 von http://www.bayern.de/Doc-..10240971/d.htm

Becker, R. (2011a). *Integration durch Bildung. Bildungserwerb von jungen Migranten in Deutschland.* Wiesbaden. VS-Verlag.

Becker, R. (2011b). Integration von Migranten durch Bildung und Ausbildung – theoretische Erklärungen und empirische Befunde. In: R. Becker (Hrsg.), *Integration durch Bildung. Bildungserwerb von jungen Migranten in Deutschland* (S. 11-38). Wiesbaden. VS-Verlag.

Bellin, N. (2009). *Klassenkomposition, Migrationshintergrund und Leistung. Mehrebenenanalysen zum Sprach- und Leseverständnis von Grundschülern.* Wiesbaden: VS-Verlag.

Berry, J. W. (1970). Marginality, stress, and ethnic identification in an acculturated Aboriginal community. *Journal of Cross-Cultural Psychology,* 1, S. 17-22.

Berry, J. W. (1980). Acculturation as Varieties of Adaptation. In: A. M. Padilla (Hrsg.). *Acculturaion: Theory, Models, and Some New Findings* (S. 9-25). Boulder: Westview.

Berry, J. W. (1988). Psychology of acculturation: Understanding individuals moving between cultures. In: J. W. Berry & R. C. Annis (Hrsg.), *Ethnic psychology: Research and practice with immigrants, refugees, Native Peoples, ethnic groups and sojourners* (S. 1-40). Lisse: Swets & Zeitlinger.

Berry, J. W. (1992). Acculturation and Adaptation in a new Society. *International Migration Review,* 30, S. S. 69-85.

Berry, J. W. (1997). Immigration, Acculturation, and Adaptation. *Applied Psychology: An International Review,* 46 (1), S. 5-68.

Berry, J. W. (2006a). Acculturation: A Conceptual Overview. In: M. H. Bornstein & L. R. Cote (Hrsg.), Acculturation and Parent-Child Relationships (S. 13-30). Mahwah: Erlbaum.

Berry, J. W. (2006b). Contexts of Acculturation. In: D. L. Sam & J. W. Berry (Hrsg.), *Cambridge Handbook of Acculturation Psychology* (S. 27-42). Cambridge: Cambridge University Press.

Berry, J. W. & Kim, U. (1988). Acculturation and Mental Health. In P. R. Dasen, J. W. Berry & N. Sartorius (Hrsg.), *Health and Cross-Cultural Psychology: Toward Application* (S. 207-236). Newbury Park: Sage.

Bertelsmann Stiftung & Migration Policy Institute (2008). *Migration und Integration gestalten. Transatlantische Impulse für globale Herausforderungen.* Gütersloh. Bertelsmann Stiftung.

Böhme, K. & Bremerich-Vos, A. (2012). Beschreibung der im Fach Deutsch untersuchten Kompetenzen. In: P. Stanat, H. A. Pant, K. Böhme & D. Richter (Hrsg.), *Kompetenzen von Schülerinnen und Schülern am Ende der vierten Jahrgangsstufe in den Fächern Deutsch und Mathematik, Ergebnisse des IQB-Ländervergleichs 2011* (S. 19-33). Münster: Waxmann.

Böhme, K., Richter, D. Stanat, P., Pant, H. A., Köller, O. (2012). Die länderübergreifenden Bildungsstandards in Deutschland. In: P. Stanat, H. A. Pant, K. Böhme & D. Richter (Hrsg.), *Kompetenzen von Schülerinnen und Schülern am Ende der vierten Jahrgangsstufe in den Fächern Deutsch und Mathematik, Ergebnisse des IQB-Ländervergleichs 2011* (S. 11-18). Münster: Waxmann.

Bommes, M. & Halfmann, J. (1994). Migration und Inklusion. Spannungen zwischen Nationalstaat und Wohlfahrtsstaat. *Kölner Zeitschrift für Soziologie und Sozialpsychologie,* 46, S. 406-424.

Bonsen, M., Kummer, N. & Bos, W. (2008). Schülerinnen und Schüler mit Migrationshintergrund. In: W. Bos, M. Bonsen, J. Baumert, M. Prenzel, C. Selter & G. Walther (Hrsg.), *TIMSS 2007. Mathematische und naturwissenschaftliche Kompetenz von Grundschülern in Deutschland im internationalen Vergleich* (S. 157-175). Münster: Waxmann.

Bortz, J. (1999). *Statistik für Sozialwissenschaftler*. Berlin: Springer.

Bortz, J. & Döring, N. (2003). *Forschungsmethoden und Evaluation für Human- und Sozialwissenschaftler*. Berlin: Springer.

Bos, W., Bonsen, M., Baumert, J., Prenzel, M., Selter, C. & Walther, G. (2008). *TIMSS 2007. Mathematische und naturwissenschaftliche Kompetenzen von Grundschulkindern in Deutschland im internationalen Vergleich*. Münster: Waxmann.

Bos, W., Brose, U., Bundt, S., Gröhlich, C., Hugk, N., Janke, N., May, P., Pietsch, M., Stubbe, T. & Voss, A. (2006). Anlage und Durchführung der Studie „Kompetenzen und Einstellungen von Schülerinnen und Schülern – Jahrgangsstufe 4 (KESS 4)". In: W.. Bos & M. Pietsch (Hrsg.), *KESS 4 – Kompetenzen und Einstellungen von Schülerinnen und Schülern am Ende der Jahrgangsstufe 4 in Hamburger Grundschulen* (S. 9-32). Münster: Waxmann.

Bos, W., Gröhlich, C. & Pietsch, M. (2007). *KESS 4 – Lehr- und Lernbedingungen in Hamburger Grundschulen*. Münster: Waxmann.

Bos, W., Hornberg, S., Arnold, K.-H., Faust, G., Fried, L., Lankes, E.-M., Schwippert, K. & Valtin, R. (2008). *IGLU-E 2006. Die Länder der Bundesrepublik Deutschland im nationalen und internationalen Vergleich*. Münster: Waxmann.

Bos, W., Hornberg, S., Faust, G., Fried, L., Lankes, E. M., Schwippert, K. & Valtin, R. (2007). *IGLU 2006. Lesekompetenzen von Grundschulkindern in Deutschland im internationalen Vergleich*. Münster: Waxmann.

Bos, W., Lankes, E. M., Prenzel, M., Schwippert, K., Valtin, R., Voss, A. & Walther, G. (2006): *IGLU. Skalenhandbuch zur Dokumentation der Instrumente*. Münster: Waxmann.

Bos, W., Lankes, E. M., Prenzel, M., Schwippert, K., Valtin, R. & Walther, G. (2004): *IGLU. Einige Länder der Bundesrepublik Deutschland im nationalen und internationalen Vergleich*. Münster: Waxmann.

Bos, W., Lankes, E. M., Prenzel, M., Schwippert, K., Walther, G. & Valtin, R. (2003): *Erste Ergebnisse aus IGLU. Schülerleistungen am Ende der vierten Jahrgangsstufe im internationalen Vergleich*. Münster: Waxmann.

Bos, W. & Pietsch, M. (2006). *KESS 4 – Kompetenzen und Einstellungen von Schülerinnen und Schülern am Ende der Jahrgangsstufe 4 in Hamburger Grundschulen*. Münster: Waxmann.

Bos, W., Pietsch, M. & Stubbe, T. C. (2006). Regionale, nationale und internationale Einordnung der Lesekompetenz und weiterer Schulleistungsergebnisse Hamburger Kinder am Ende der Grundschulzeit. In: W. Bos & M. Pietsch (Hrsg.), *KESS 4 – Kompetenzen und Einstellungen von Schülerinnen und Schülern am Ende der Jahrgangsstufe 4 in Hamburger Grundschulen* (S. 57-86). Münster: Waxmann.

Bos, W., Schwippert, K. & Stubbe, T. C. (2007): Die Koppelung von sozialer Herkunft und Schülerleistung im internationalen Vergleich. In: W. Bos, S. Hornberg, G. Faust, L. Fried, E. M. Lankes, K. Schwippert & R. Valtin, (Hrsg.), *IGLU 2006. Lesekompetenzen von Grundschulkindern in Deutschland im internationalen Vergleich* (S. 225-248). Münster: Waxmann.

Bos, W., Valtin, R. Hornberg, R., Buddeberg, I., Goy, M. & Voss, A. (2007). Internationaler Vergleich 2006: Leskompetenzen von Schülerinnen und Schülern am Ende der vierten Jahrgangsstufe. In: W. Bos, S. Hornsberg, G. Faust, L. Fried, E. M. Lankes, K. Schwippert & R. Valtin, (Hrsg.), *IGLU 2006. Lesekompetenzen von Grundschulkindern in Deutschland im internationalen Vergleich* (S. 109-160). Münster: Waxmann.

Bos, W., Valtin, R., Voss, A., Hornberg, S. & Lankes, E.-M. (2007). Konzepte des Lesekompetenz in IGLU 2006. In: W. Bos, S. Hornberg, G. Faust, L. Fried, E. M. Lankes, K. Schwippert & R. Valtin, (Hrsg.), *IGLU 2006. Lesekompetenzen von Grundschulkindern in Deutschland im internationalen Vergleich* (S. 81-108). Münster: Waxmann.

Boudon, R. (1974). *Education, Opportunity, and Social Inequality*. New York: John Wiley & Sons.

Bourdieu, P. (1982). *Die feinen Unterschiede. Kritik der gesellschaftlichen Urteilskraft*. Frankfurt a. M.: Suhrkamp.

Bourdieu, P. (1983). Ökonomisches Kapital, kulturelles Kapital, soziales Kapital. In: R. Kreckel (Hrsg.), *Soziale Ungleichheiten* (S. 183-198). Göttingen: Verlag Otto Schwartz & Co.

Bourdieu, P. (1992). *Die verborgenen Mechanismen der Macht.* Hamburg: VSA-Verlag.

Braun, C. (2012). *Soziale Akkulturation, Selbstkonzept und Schulerfolg bei Grundschulkindern mit und ohne Migrationshintergrund.* Hamburg: Verlag Dr. Kovac.

Braun, C. & Mehringer, V. (2010). Familialer Hintergrund, Übertrittsempfehlungen und Schulerfolg bei Kindern mit und ohne Migrationshintergrund. In: J. Hagedorn, V. Schurt, C. Steber & W. Waburg (Hrsg.), *Ethnizität, Geschlecht, Familie und Schule. Heterogenität als erziehungswissenschaftliche Herausforderung* (S. 55-80). Wiebaden: VS-Verlag.

Brubaker, R. (2001). The Return of Assimilation? Changing Perspectives on Immigration and its Sequels in France, Germany, and the United States. *Ethnic and Racial Studies*, 24 (4), S. 531-548.

Brügelmann, H. (2005). Der Karawaneneffekt. Eine Zwischenbilanz des Projekts LUST zum Lesenlernen. *Neue Sammlung*, 45. (1), S. 49-67.

Buchwald, P. & Ringeisen, T. (2007). Wie bewältigen Lehrer interkulturelle Konflikte in der Schule? Eine Wirksamkeitsanalyse im Kontext des multiaxialen Coping-Modells. *Interculture Journal*, 5, S. 71-98.

Buchwald, P., Ringeisen, T., Vogelskamp, V. & Teubert, M. (2008). Lehrer-Schüler-Interaktion aus interkultureller Perspektive: Chancen und Probleme für Lehrkräfte. In: T. Ringeisen, P. Buchwald & C. Schwarzer (Hrsg.), *Interkulturelle Kompetenz in Schule und Weiterbildung* (S. 25-38). Münster: Lit.

Bühner, M. (2004). *Einführung in die Test und Fragebogenkonstruktion.* München: Pearson Studium.

Bühner, M. & Ziegler, M. (2009). *Statistik für Psychologen und Sozialwissenschaftler.* München: Pearson.

Burgmaier, F. & Traub, A. (2007). Schüler mit Migrationshintergrund. Auf die Definition kommt es an! *Zeitschrift für Bildungsverwaltung*, 07 (2), S. 5-16.

Byrne, B. M. (2001). *Structural equation modelling with AMOS: basic concepts, applications, and programming.* Mahwah: Lawrence Erlbaum Associates.

Catalano, R. F., Haggerty, K. P., Oesterle, S., Fleming, C. B. & Hawkins, J. D. (2004). The importance of bonding to school for healthy development: Findings from the Social Development Research Group. *Journal of School Health*, 74 (7), S. 252-261.

Cattell, R. B. (1973). *Culture fair intelligence test.* Champaign: Institute for Personality and Ability Testing.

Cohen, J (1992). A power primer. *Psychological Bulletin*, 112, S. 155–159.

Dahrendorf, R. (1968). *Bildung ist Bürgerrecht.* Hamburg: Wegner Verlag.

Darmawan, I. G. N. (2002). NORM software review: handling missing values with multiple imputation methods. *Evaluation Journal of Australasia*, 2 (1), S. 51-57.

Diederich, J. & Tenorth, H. E. (1997). *Theorie der Schule. Ein Studienbuch zu Geschichte, Funktionen & Gestaltung.* Berlin: Cornelsen Scriptor.

Diefenbach, H. (2005). Schulerfolg von ausländischen Kindern und Kindern mit Migrationshintergrund als Ergebnis individueller und institutioneller Faktoren. In: Bundesministerium für Bildung und Forschung (Hrsg.), *Migrationshintergrund von Kindern und Jugendlichen: Wege zur Weiterentwicklung der amtlichen Statistik* (S. 43-54). Bonn/Berlin.

Diefenbach, H. (2006). Die Bedeutung des familialen Hintergrunds wird überschätzt. In: C. Alt (Hrsg.), *Kinderleben – Integration durch Sprache?. Bd. 4, Bedingungen des Aufwachsens von türkischen, russlanddeutschen und deutschen Kindern* (S. 219-258). Wiesbaden: VS-Verlag.

Diefenbach, H. (2007). *Kinder und Jugendliche aus Migrantenfamilien im deutschen Bildungssystem. Erklärungen und empirische Befunde.* Wiesbaden: VS-Verlag.

Diefenbach, H. & Nauck, B. (2000). Der Beitrag der Migrations- und Integrationsforschung zur Entwicklung der Sozialwissenschaften. In: I. Gogolin & B. Nauck (Hrsg.), *Migration, gesellschaftliche Differenzierung und Bildung: Resultate des Forschungsschwerpunktprogramms Faber* (S. 37-52). Wiesbaden: VS-Verlag.

Ditton, H. (1998). *Mehrebenenanalyse. Grundlagen und Anwendungen des Hierarchisch Linearen Modells.* Weinheim: Juventa.

Ditton, H. (2007a). *Kompetenzaufbau und Laufbahnen im Schulsystem. Ergebnisse einer Längsschnittuntersuchung an Grundschulen.* Münster: Waxmann.

Ditton, H. (2007b). Schulübertritte, Geschlecht und soziale Herkunft. In: H. Ditton (Hrsg.), *Kompetenzaufbau und Laufbahnen im Schulsystem. Ergebnisse einer Längsschnittuntersuchung an Grundschulen* (S. 63-88). Münster: Waxmann.

Ditton, H. & Krüsken, J. (2006). Der Übergang von der Grundschule in die Sekundarstufe. *Zeitschrift für Erziehungswissenschaft*, 9(3), S. 348-372.

Ditton, H., Krüsken J. & Schauenberg, M. (2005). Bildungsungleichheit – der Beitrag von Familie und Schule. *Zeitschrift für Erziehungswissenschaft*, 8 (2), S. 285-304.

Dollase, R., Ridder, A., Bieler, A., Woitowitz, K. & Köhnemann, I. (2003). Soziometrische Beziehungen und Fremdenfeindlichkeit in Schulklassen mit unterschiedlichem Ausländeranteil. In: K. Boehnke, D. Fuß & J. Hagan (Hrsg.), *Jugendgewalt und Rechtsextremismus. Soziologische und psychologische Analysen in internationaler Perspektive* (S. 183-194). Weinheim: Juventa.

Dollmann, J. (2010). *Türkischstämmige Kinder am ersten Bildungsübergang. Primäre und sekundäre Herkunftseffekte*. Wiesbaden: VS-Verlag.

Dreeben, R. (1968). *On What is Learned in School*. Massachusetts: Addison-Wesley Publishing Company.

Duncan, T. E., Duncan, S. E. & Strycker, L. A. (2006). *An Introduction to Latent Variable Growth Curve Modelling. Concepts, Issues an Applications*. Mahwah: Lawrence Erlbaum Associates.

Durkheim, E. (1984). *Erziehung, Moral und Gesellschaft. Vorlesung an der Sorbonne 1902/1903*. Franfurt am Main: Suhrkamp.

Eckhart, M. (2005). *Anerkennung und Ablehnung in Schulklassen. Einstellungen und Beziehungen von Schweizer Kindern und Immigrantenkindern*. Bern: Haupt.

Ehmke, T. & Baumert, J. (2007). Soziale Herkunft und Kompetenzerwerb: Vergleiche zwischen PISA 2000, 2003 und 2006. In: PISA-Konsortium Deutschland (Hrsg.), *PISA 2006. Die Ergebnisse der dritten internationalen Vergleichsstudie* (S. 309-335). Münster: Waxmann.

Ehmke, T., Hohensee, F., Siegle, T. & Prenzel, M. (2006): Soziale Herkunft, elterliche Unterstützungsprozesse und Kompetenzentwicklung. In: PISA-Konsortium Deutschland (Hrsg.), *PISA 2003. Untersuchung der Kompetenzentwicklung im Verlauf eines Schuljahres* (S. 225-248). Münster: Waxmann.

Ehmke, T. & Siegle, T. (2005). ISEI, ISCED, HOMEPOS, ESCS. Indikatoren der sozialen Herkunft bei der Quantifizierung von sozialen Disparitäten. *Zeitschrift für Erziehungswissenschaft*, 8 (4), S. 521-540.

Ehrenspeck, Y. & Lenzen, D. (2006). *Beobachtungen des Erziehungssystems. Systemtheoretische Perspektiven*. Wiesbaden: VS-Verlag.

Einsiedler, W., Martschinke, S. & Kammermeyer, G. (2007). Die Grundschule zwischen Heterogenität und gemeinsamer Bildung. In: K. Cortina, J. Baumert, A. Leschinsky, K.U. Mayer & L. Trommer (Hrsg.), *Das Bildungswesen in der Bundesrepublik Deutschland. Strukturen und Entwicklungen im Überblick* (S. 325-374). Reinbek b. H.: Rowohlt Verlag.

Elwert, G. (1982). Probleme der Ausländerintegration. Gesellschaftliche Integration durch Binnenintegration? *Kölner Zeitschrift für Soziologie und Sozialpsychologie*, 34 S. 717-731.

Erikson, R., Goldthorpe, J. H. & Portocarero, L. (1979). Intergenerational class mobility in three Western European societies: England, France and Sweden. *British Journal of Sociology*, 30, S. 415-451.

Esser, H. (1980). *Aspekte der Wanderungssoziologie. Assimilation und Integration von Wanderern, ethnischen Gruppen und Minderheiten. Eine handlungstheoretische Analyse*. Darmstadt: Luchterhand.

Esser, H. (2000). *Soziologie. Spezielle Grundlagen. Band 2: Die Konstruktion der Gesellschaft*. Frankfurt: Campus.

Esser, H. (2001). *Integration und ethnische Schichtung. Gutachten für die Kommission „Zuwanderung" des Bundesministeriums des Innern*. Mannheim.

Esser, H. (2003). *Does the New Immigration Require a New Theory of Intergenerational Integration?* Mannheim: Mannheimer Zentrum für Europäische Sozialforschung.

Esser, H. (2004). Welche Alternativen zur „Assimilation" gibt es eigentlich? In: K. J. Bade & M. Bommes (Hrsg.), *Migration – Integration – Bildung. Grundfragen und Problembereiche* (S. 41-59). Osnabrück: IMIS.

Esser, H. (2006). *Sprache und Integration. Die sozialen Bedingungen und Folgen des Spracherwerbs von Migranten*. Frankfurt: Campus Verlag.

Esser, H. (2008). Assimilation, ethnische Schichtung oder selektive Akkulturation? Neuere Theorien der Eingliederung von Migranten und das Modell der intergenerationalen Integration. In: F. Kalter (Hrsg.), *Migration und Integration* (S. 81-107). Wiesbaden: VS-Verlag.

Faulstich-Wieland, H. (2004): Schule und Geschlecht. In: W. Helsper & J. Böhme (Hrsg.), *Handbuch der Schulforschung* (S. 647-669). Wiesbaden: VS-Verlag.

Feagin, J. R. & Booher Feagin, C. (1986). *Discrimination American Style – Institutional Racism and Sexism*. Malabar: Robert E. Kreuger Publishing.

Fend, H. (1980). *Theorie der Schule*. München: Urban & Schwarzenberg.

Fend, H. (2006). *Neue Theorie der Schule. Einführung in das Verstehen von Bildungssystemen*. Wiesbaden: VS-Verlag.

Finn, J. D. (1989). Withdrawing from School. *Review of Educational Research*, 59 (11), S. 7-42.

Finn, J. (1993). *School engagement and students at risk*. Washington: National Center for Education Statistics Research and Development Reports.

Fisseni, H. J. (1997). *Lehrbuch der psychologischen Diagnostik*. Göttingen: Hogrefe.

Fowler, F. C. (1999). *Applying Hofstede's Cross-Cultural Theory of Organizations to School Governance. A French Case Study*. Vortrag gehalten auf der Comparative and International Educations Society Conference. Toronto.

Freedman, D. A. (2006). On the so-called 'Huber Sandwich Estimator' and 'robust' standard errors. *The American Statistician*, 60, S. 299–302.

Friedrichs, J. & Jagodzinski, W. (1999a). *Soziale Integration. Sonderheft 39/1999 der Kölner Zeitschrift für Soziologie und Sozialpsychologie*. Opladen/Wiesbaden: Westdeutscher Verlag.

Friedrichs, J. & Jagodzinski, W. (1999b). Theorien sozialer Integration. In: J. Friedrichs & W. Jagodzinski (Hrsg.), *Soziale Integration. Sonderheft 39/1999 der Kölner Zeitschrift für Soziologie und Sozialpsychologie* (S. 9-43). Opladen/Wiesbaden: Westdeutscher Verlag.

Ganzeboom, H. B. G., De Graaf, P. M. & Treiman, D. J. (1992). A Standard International Socio-Economic Index of Occupational Status. *Social Science Research*, 21, S. 1-56.

Ganzeboom, H. B. G. & Treiman, D. J. (1996). Internationally Comparable Measures of Occupational Status for the 1988 International Standard Classification of Occupations. *Social Science research*, 25, S. 201-239.

Geiser, C. (2010). *Datenanalyse mit Mplus. Eine anwendungsorientierte Einführung*. Wiesbaden: VS-Verlag.

Geißler, R. (2005). Die Metamorphose der Arbeitertochter zum Migrantensohn. Zum Wandel der Chancenstruktur im Bildungssystem nach Schicht, Geschlecht, Ethnie und deren Verknüpfungen. In: P. A. Berger & H. Kahlert (Hrsg.), *Institutionalisierte Ungleichheiten, Wie das Bildungswesen Chancen blockiert* (S. 72-100). Weinheim: Juventa.

Geißler, R. (2007). Bildungschancen und soziale Herkunft. In: Archiv für Wissenschaft und Praxis der sozialen Arbeit 37 (Themenheft *Chancengleichheit in Deutschland – eine Illusion?*), S. 34-49.

Giesecke, H. (1996). Das ‚Ende der Erziehung'. Ende oder Anfang pädagogischer Professionalisierung. In: A. Combe & W. Helsper (Hrsg.), *Pädagogische Professionalität. Untersuchungen zum Typus pädagogischen Handelns* (S. 391-403). Frankfurt am Main: Suhrkamp.

Giesecke, H. (1999). *Die pädagogische Beziehung: Pädagogische Professionalität und die Emanzipation des Kindes*. Weinheim: Juventa.

Giesecke, H. (2001). *Was Lehrer leisten. Porträt eines schwierigen Berufes*. Weinheim: Juventa.

Gogolin, I. (1994). *Der monolinguale Habitus der multilingualen Schule*. Münster: Waxmann.

Gogolin, I. (2002). Interkulturelle Bildungsforschung. In: R. Tippelt (Hrsg.), *Handbuch Bildungsforschung* (S. 263-279). Opladen: Leske + Budrich.

Gogolin, I. (2006). Sprachliche Heterogenität und der monolinguale Habitus der plurilingualen Schule. In: A. Tanner, H. Badertscher, R. Holzer, A. Schindler & U. Steckeisen (Hrsg.), *Heterogenität und Integration. Umgang mit Ungleichheit und Differenz in Schule und Kindergarten* (S. 291-299). Zürich: Seismo-Verlag.

Gogolin, I., Dirim, I., Klinger, T., Lanke, I., Lengyel, D., Michel, U., Neumann, U., Reich, H. H., Roth, H.-J. & Schwippert, K. (2011). *Förderung von Kindern und Jugendlichen mit Migrationshintergrund FörMig. Bilanz und Perspektiven eines Modellprogramms*. Münster: Waxmann.

Gogolin, I. & Neumann, U. (2009). *Streitfall Zweisprachigkeit – The Bilingualism Controversy*. Wiesbaden: VS-Verlag.

Gogolin, I., Neumann, U. & Reuter, L. (2001). *Schulbildung für Kinder aus Minderheiten in Deutschland 1989-1999, Schulrecht, Schulorganisation, curriculare Fragen, sprachliche Bildung*. Münster: Waxmann.

Gomolla, M. & Radtke, F. O. (2009). *Institutionelle Diskriminierung. Die Herstellung ethnischer Differenz in der Schule*. Wiesbaden: VS-Verlag.

Gordon, M. (1964). *Assimilation in American Life. The Role of Race, Religion, and National Origin*. New York: Oxford University Press.

Gölitz, D., Roick, T. & Hasselhorn, M. (2005). Deutsche Mathematiktests für dritte und vierte Klassen (DEMAT 3+ und 4). In: M. Hasselhorn, H. Marx & W. Schneider (Hrsg.), *Diagnostik von Mathematikleistungen* (S. 167-186). Göttingen: Hogrefe.

Gölitz, D., Roick, T. & Hasselhorn, M. (2006). *DEMAT 4. Deutscher Mathematiktest für vierte Klassen*. Göttingen: Hogrefe.

Greshoff, R. & Schimank, U. (2006). *Integrative Sozialtheorie?: Esser – Luhmann – Weber*. Wiesbaden: VS-Verlag.

Haag, N., Böhme, K. & Stanat, P. (2012). Zuwanderungsbezogene Disparitäten. In: P. Stanat, H. A. Pant, K. Böhme & D. Richter (Hrsg.), *Kompetenzen von Schülerinnen und Schülern am Ende der vierten Jahrgangsstufe in den Fächern Deutsch und Mathematik, Ergebnisse des IQB-Ländervergleichs 2011* (S. 209-235). Münster: Waxmann.

Hamburger, F., Badawia, T. & Hummrich, M. (Hrsg.) (2005). *Migration und Bildung. Über das Verhältnis von Anerkennung und Zumutung in der Einwanderungsgesellschaft*. Wiesbaden: VS-Verlag.

Han, P. (2005). *Soziologie der Migration*. Stuttgart: Lucius & Lucius.

Hansen. G. (2005). *Andere Ethnien in Schulen in Deutschland*. Hagen: Fernuniversität Hagen.

Hansen, G. & Wenning, N. (2003). *Schulpolitik für andere Ethnien in Deutschland. Zwischen Autonomie und Unterdrückung*. Münster: Waxmann.

Hascher, T. (2004). *Wohlbefinden in der Schule*. Münster: Waxmann.

Hauff, M. (1993). *Falle Nationalstaat. Die Fiktion des homogenen Nationalstaates und ihre Auswirkungen auf den Umgang mit Minderheiten in Schule und Erziehungswissenschaft*. Münster: Waxmann.

Haug, S. (2003). Interethnische Freundschaftsbeziehungen und soziale Integration. Unterschiede in der Ausstattung mit sozialem Kapital bei jungen Deutschen und Immigranten. *Kölner Zeitschrift für Soziologie und Sozialpsychologie*, 55 (4), S. 716-736.

Haug, S. (2008). *Sprachliche Integration von Migranten in Deutschland*. Nürnberg: Bundesamt für Migration und Flüchtlinge.

Hawighorst, B. (2007). Mathematische Bildung im Kontext der Familie. Über einen interkulturellen Vergleich elterlicher Bildungsorientierungen. *Zeitschrift für Erziehungswissenschaft*, 10 (1). S. 31-48.

Heinze, A., Herwartz-Emden, L., Braun, C. & Reiss, K. (2011). Die Rolle von Kenntnissen der Unterrichtssprache beim Mathematiklernen. Ergebnisse einer quantitativen Längsschnittstudie in der Grundschule. In: S. Prediger & E. Özdil (Hrsg.), *Mathematiklernen unter Bedingungen der Mehrsprachigkeit – Stand und Perspektiven der Forschung und Entwicklung in Deutschland* (S. 11-34). Münster: Waxmann.

Heinze, A., Herwartz-Emden, L. & Reiss, K. (2007). Mathematikkenntnisse und sprachliche Kompetenz bei Kindern mit Migrationshintergrund zu Beginn der Grundschulzeit. *Zeitschrift für Pädagogik*, 53, S. 562-581.

Helmke, A. (1998). Vom Optimisten zum Realisten? Zur Entwicklung des Fähigkeitsselbstkonzeptes vom Kindergarten bis zur 6. Klassenstufe. In: F. E. Weinert (Hrsg.), *Entwicklung im Kindesalter* (S. 115-132). Weinheim: PVU.

Helmke, A. (2004). *Unterrichtsqualität: Erfassen, Bewerten, Verbessern*. Seelze: Kallmeyersche Verlagsbuchhandlung.

Helmke, A. & Schrader, F. W. (2006). Determinanten der Schulleistung. In: D. H. Rost (Hrsg.), *Handwörterbuch Pädagogische Psychologie* (S. 83-94). Weinheim: Beltz.

Helmke, A. & Weinert, F. E. (1997). Bedingungsfaktoren schulischer Leistungen. In: F. E. Weinert (Hrsg.), *Psychologie des Unterrichts und der Schule* (S. 71-176). Göttingen: Hogrefe.

Helsper, W. (1996). Antinomien des Lehrerhandelns in modernisierten pädagogischen Kulturen. Paradoxe Verwendungsweisen von Autonomie und Selbstverantwortlichkeit. In: A. Combe &

W. Helsper (Hrsg.), *Pädagogische Professionalität. Untersuchungen zum Typus pädagogischen Handelns* (S. 521-569). Frankfurt am Main: Suhrkamp.

Helsper, W. (2008). Schulkulturen – die Schule als symbolische Sinnordnung. *Zeitschrift für Pädagogik*, 54, S. 63-80.

Henntges, G., Hinnenkamp, V. & Zwengel, A. (2008). *Migrations- und Integrationsforschung in der Diskussion. Biografie, Sprache und Bildung als zentrale Bezugspunkte.* Wiesbaden: VS-Verlag.

Herwartz-Emden, L. (2003). Einwandererkinder im deutschen Bildungswesen. In: K. S. Cortina, J. Baumert, A. Leschinsky, K. U. Mayer & L. Trommer (Hrsg.), *Das Bildungswesen in der Bundesrepublik Deutschland. Strukturen und Entwicklungen im Überblick* (S. 661-709). Reinbek bei Hamburg: Rowohlt.

Herwartz-Emden, L. & Braun, C. (2010). Zur Bedeutung der Kategorie Geschlecht im Grundschulalter: Die Leistungsentwicklung von Mädchen und Jungen. In: L. Herwartz-Emden, V. Schurt & W. Waburg (Hrsg.), *Mädchen in der Schule. Empirische Studien zu Heterogenität in monoedukativen und koedukativen Kontexten* (S. 231-248). Opladen: Barbara Budrich.

Herwartz-Emden, L., Braun, C., Heinze, A., Rudolph-Albert, F. & Reiss, K. (2008). Geschlechtsspezifische Leistungsentwicklung von Kindern mit und ohne Migrationshintergrund im frühen Grundschulalter. *Zeitschrift für Grundschulforschung*, 2, S. 13-28.

Herwartz-Emden, L. & Küffner, D. (2006). Schulerfolg und Akkulturationsleistungen von Grundschulkindern mit Migrationshintergrund. *Zeitschrift für Erziehungswissenschaft*, 9 (2), S. 240-254.

Herwartz-Emden, L., Reiss, K. & Mehringer, V. (2008). Das Projekt SOKKE. Ausgewählte Ergebnisse zur Kompetenzentwicklung von Grundschulkindern mit Migrationshintergrund. *Erziehung und Unterricht*, 9-10, S. 791-800.

Herwartz-Emden, L., Schneider, S., Wieslhuber, C. & Küffner, D. (2004). *Sozialisation und Akkulturation in Erfahrungsräumen von Kindern mit Migrationshintergrund – Schule und Familie.* Unveröffentlichter Arbeitsbericht.

Hettlage, R. & Hettlage-Varjas, A. (1995). Übergangsidentitäten im Migrationsprozeß. *Zeitschrift für Frauenforschung, Themenschwerpunkt Mobilität, Migration und Familie*, 13, S. 13-26.

Hirt, D. (1995). Miteinander und voneinander lernen. Interkulturelle Erziehung an bayerischen Schulen. *Schulverwaltung*, 95 (2), S. 56-58.

Hobusch, A., Lutz, N. & Wiest, U. (2002a). *Sprachstandsüberprüfung und Förderdiagnostik für Ausländer- und Aussiedlerkinder (SFD). Allgemeines Manual.* Horneburg: Persen.

Hobusch, A., Lutz, N. & Wiest, U. (2002b). *Sprachstandsüberprüfung und Förderdiagnostik für Ausländer- und Aussiedlerkinder (SFD-1).* Horneburg: Persen.

Hobusch, A., Lutz, N. & Wiest, U. (2002c). *Sprachstandsüberprüfung und Förderdiagnostik für Ausländer- und Aussiedlerkinder (SFD 2).* Horneburg: Persen.

Hobusch, A., Lutz, N. & Wiest, U. (2002d). *Sprachstandsüberprüfung und Förderdiagnostik für Ausländer- und Aussiedlerkinder (SFD 3/4).* Horneburg: Persen.

Hoffmann, C. (2009). *Disziplinschwierigkeiten in der Schule: Eine qualitative Einzelfallstudie mit einem Gruppen- und bindungstheoretischen Schwerpunkt.* Wiesbaden: VS-Verlag.

Hoffmann-Nowotny, H.-J. (2000). Migration, soziale Ungleichheit und ethnische Konflikte. In: I. Gogolin & B. Nauck (Hrsg.), *Migration, gesellschaftliche Differenzierung und Bildung: Resultate des Forschungsschwerpunktprogramms Faber* (S. 157-178). Wiesbaden: VS-Verlag.

Hofmann, H. & Siebertz-Reckzeh, K. (2008). Sozialisationsinstanz Schule: Zwischen Erziehungsauftrag und Wissensvermittlung. In: Hradil, S. (Hrsg.), *Soziale Ungleichheit in Deutschland* (S. 13-38). Wiesbaden: VS-Verlag.

Hofstede, G. (1991). *Cultures and Organizations.* London: McGraw-Hill.

Hofstede, G. H. & Hofstede, G. J. (2006). *Lokales Denken, globales Handeln. Interkulturelle Zusammenarbeit und globales Management.* München: DTV Beck.

Hölscher, P. (2002). *Kenntnisse in Deutsch als Zweitsprache erfassen: Screening-Modell für Schulanfänger.* Stuttgart: Klett.

Hoover-Dempsey, K.V. & Sandler, H. M. (2005): *Final Performance Report for OERI # R305T010673: The Social Context of Parental Involvement: A Path to Enhanced Achievement.* Presented to Project Monitor, Institute of Education Sciences, U.S. Department of Education, March 22, 2005.

Literatur

Hornberg, S., Bos, W., Buddeberg, I., Potthoff, B. & Stubbe, T. C. (2007). Anlage und Durchführung von IGLU 2006. In: W. Bos, S. Hornberg, G. Faust, L. Fried, E. M. Lankes, K. Schwippert & R. Valtin, (Hrsg.), *IGLU 2006. Lesekompetenzen von Grundschulkindern in Deutschland im internationalen Vergleich* (S. 21-46). Münster: Waxmann.

Hoyle, R. H. (1995). *Structural equation modelling: concepts, issues and applications*. Thousand Oaks: Sage Publications.

Hradil, S. (2005). *Soziale Ungleichheit in Deutschland*. Wiesbaden: VS-Verlag.

Hu, L. & Bentler, P. M. (1998). Fit indices in covariance structure modeling: sensitivity to underparameterized model missspecification. *Psychological Methods*, 3 (4), S. 424-453.

Hu, L. & Bentler, P. M. (1999). Cutoff criteria for fit indexes in covariance structure analysis: conventional criteria versus new alternatives. *Structural Equation Modeling*, 6 (1), S. 1-55.

Imbusch, P. & Rucht, D. (2005). Integration und Desintegration in modernen Gesellschaften. In: W. Heitmeyer & P. Imbusch (Hrsg.), *Integrationspotentiale einer modernen Gesellschaft* (S. 1-59). Wiesbaden: VS-Verlag.

Ingenkamp, K. (1993). Der Prognosewert von Zensuren, Lehrergutachten, Aufnahmeprüfungen und Tests während der Grundschulzeit für den Sekundarschulerfolg. In: R. Olechowski & E. Persy (Hrsg.), *Frühe schulische Auslese* (S. 68-85). Frankfurt a. M.: Peter Lang.

International Labour Office (1990). *ISCO-88. International standard classification of occupations*. Geneve: International Labour Office.

Johnson, M. K., Crosnoe, R. & Elder, G. H. (2001). Students' Attachment and Academic Engagement: The Role of Race and Ethnicity. *Sociology of Education*, 74 (4), S. 318-340.

Judkins, D. (1990). Fay's Method for Variance Estimation. *Journal of Official Statistics*, 6, S. 223–239.

Kalter, F. & Granato, N. (2004). Sozialer Wandel und strukturelle Assimilation in der Bundesrepublik. Empirische Befunde mit Mirkodaten der amtlichen Statistik. In: K. J. Bade & M. Bommes (Hrsg.), *Migration – Integration – Bildung. Grundfragen und Problembereiche* (S. 21-39). Osnabrück: IMIS.

Kauermann, G. & Küchenhoff, H. (2011). *Stichproben. Methoden und praktische Umsetzung mit R*. Berlin: Springer.

Klieme, E. & Leutner, D. (2006). Kompetenzmodelle zur Erfassung individueller Lernergebnisse und zur Bilanzierung von Bildungsprozessen. *Zeitschrift für Pädagogik*, 52 (6), S. 876-903.

Köller, O. (2007). Heterogenität von Lerngruppen. Thesen zum erfolgreichen Umgang mit Vielfalt. *Schulmanagement*, 5, S. 11-12.

Kraft, V. (2007). *Zwischen Reflexion, Funktion und Leistung. Facetten der Erziehungswissenschaft*. Bad Heilbrunn. Klinkhardt.

Krajewski, K., Küspert, P., Schneider, W. & Visé, M. (2002). *DEMAT 1+. Deutscher Mathematiktest für erste Klassen*. Göttingen: Hogrefe.

Krajewski, K., Liehm, S. & Schneider, W. (2004). *DEMAT 2+. Deutscher Mathematiktest für zweite Klassen*. Göttingen: Hogrefe.

Krapp. A. (1984). Forschungsergebnisse zur Bedingungsstruktur der Schulleistung. In: K. A. Heller (Hrsg.), *Leistungsdiagnostik in der Schule* (S. 46-62). Bern: Verlag Hans Huber.

Krishnan, A. A. & Berry, J. W. (1992). Acculturative Stress and Acculturation Attitudes among Indian Immigrants to the United States. *Psychology and Developing Societies*, 4, S. 187-212.

Kristen, C. (2002). Hauptschule, Realschule oder Gymnasium? Ethnische Unterschiede am ersten Bildungsübergang. *Kölner Zeitschrift für Soziologie und Sozialpsychologie*, 54 (3), S. 534-552.

Kristen, C. (2005). *School choice and ethnic school segregation. Primary school selection in Germany*. Münster: Waxmann.

Kristen, C. & Dollmann, J. (2009). Sekundäre Effekte der ethnischen Herkunft: Kinder aus türkischen Familien am ersten Bildungsübergang. In: J. Baumert, K. Maaz & U. Trautwein (Hrsg.), *Bildungsentscheidungen* (S. 205-229). Wiesbaden: VS-Verlag.

Kronig, W., Haeberlin, U. & Eckhart, M. (2000). *Immigrantenkinder und schulische Selektion. Pädagogische Visionen, theoretische Erklärungen und empirische Untersuchungen zur Wirkung integrierender und separierender Schulformen in den Grundschuljahren*. Bern: Haupt.

Kultusministerium Bayern (2000). *Lehrplan für die bayerische Grundschule*. München: KMBI.

Kultusministerium Bayern (2002). *Lehrplan Deutsch als Zweitsprache*. München: Maiß.

Kultusministerium Bayern (2005). *Lehrplan für die Islamische Unterweisung in türkischer und deutscher Sprache*. Rohrbach: Kastner.

Kultusministerium Bayern (2007). *Deutsch auf bayerischen Schulhöfen* [Brief vom 15.02.2007]. München: Bayerisches Staatsministerium für Unterricht und Kultus.

Kultusministerium Bayern (2008). *Schule und Bildung in Bayern 2008*. München: Bayerisches Staatsministerium für Unterricht und Kultus.

Kultusministerium Bayern (2009a). *Der Übertritt auf einen Blick*. Abgerufen am 5.10.09 von http://www.km.bayern.de/km/schule/schularten/allgemein/uebertritt/

Kultusministerium Bayern (2009b). *Die bayerische Mittelschule*. Abgerufen am 5.10.09 von http://www.km.bayern.de/imperia/md/content/pdf/schulen/mittelschule_uebersicht.pdf

Kultusministerium Bayern (2010). *Förderung von Schülern mit nichtdeutscher Herkunftssprache*. Abgerufen am 4.2.10 von http://www.km.bayern.de/km/schule/schularten/allgemein/migranten foerderung/index.shtml

Kultusministerium Bayern (2013a). *Deutschförderung an bayerischen Grund- und Haupt-/Mittelschulen*. Abgerufen am 23.1.13 von http://www.km.bayern.de/schueler/lernen/foerderung/-sprachfoerderung.html

Kultusministerium Bayern (2013b). *Integration: Mehr Schüler aus Zuwanderer-Familien sollen Lehrer werden*. Abgerufen am 23.1.13 von http://www.km.bayern.de/lehrer/meldung/1112/integration-mehr-schueler-aus-zuwanderer-familien-sollen-lehrer- werden.html

Küspert, P. & Schneider, W. (1998). *Würzburger Leise Leseprobe (WLLP). Handanweisung*. Göttingen: Hogrefe.

Lange, E. (2005). *Soziologie des Erziehungswesens*. Wiesbaden: VS-Verlag.

Langer, W. (2009). *Mehrebenenanalyse. Eine Einführung für Forschung und Praxis*. Wiesbaden: VS-Verlag.

Lankes, E.-M., Bos, W., Mohr, I., Plaßmeier, N., Schwippert, K., Sibberns, H. & Voss, A. (2003). Anlage und Durchführung der Internationalen Grundschul-Lese-Untersuchung (IGLU) und ihrer Erweiterung um Mathematik und Naturwissenschaften (IGLU-E). In: W. Bos, E. M. Lankes, M. Prenzel, K. Schwippert, G. Walther & R. Valtin (Hrsg.), *Erste Ergebnisse aus IGLU. Schülerleistungen am Ende der vierten Jahrgangsstufe im internationalen Vergleich* (S. 7-28). Münster: Waxmann.

Lehmann, R. & Lenkeit, J. (2008). *ELEMENT. Erhebungen zum Lese- und Mathematikverständnis. Entwicklungen in den Jahrgangsstufen 4 bis 6 in Berlin. Abschlussbericht über die Untersuchungen 2003, 2004 und 2005 an Berliner Grundschulen und grundständigen Gymnasien*. Berlin: Humboldt-Universität.

Lehmann, R. H. & Peek, R. (1997): *Aspekte der Lernausgangslage von Schülerinnen und Schülern der fünften Klassen an Hamburger Schulen. Bericht über die Untersuchung im September 1996*. Hamburg.

Link, J. (1997). *Versuch über den Normalismus. Wie Normalität produziert wird*. Opladen: Westdeutscher Verlag.

Lipowsky, F. (2006): Auf den Lehrer kommt es an. In: C. Allemann-Ghionda & E. Terhart (Hrsg.), *Kompetenz und Kompetenzentwicklung von Lehrerinnen und Lehrern: Ausbildung und Beruf* (S. 47-70). Weinheim: Beltz.

Little, R. J. A. & Rubin, D. B. (2002). *Statistical analysis with missing data*. New York: John Wiley & Sons.

Lockwood, D. (1970). Soziale Integration und Systemintegration. In: W. Zapf (Hrsg.), *Theorien des sozialen Wandels* (S 124-137). Köln: Kiepenheuer & Witsch.

Lüdtke, O., Köller, O., Bundt, S., Gomolka, J. & Watermann, R. (2004). Durchführung und methodische Grundlagen der TOSCA-Studie. In: O. Köller, R. Watermann, U. Trautwein & O. Lüdtke (Hrsg.), *Wege zur Hochschulreife in Baden-Württemberg. TOSCA – eine Untersuchung an allgemein bildenden und beruflichen Gymnasien* (S. 121-151). Opladen: Leske + Budrich.

Luhmann, N. (1988). Sozialsystem Familie. *System Familie*, 1(2), S. 75-91.

Luhmann, N. (2004). *Schriften zur Pädagogik*. Frankfurt a. M.: Suhrkamp.

Luhmann, N. (2008). *Das Erziehungssystem der Gesellschaft*. Frankfurt a. M.: Suhrkamp.

Maas, C. J. M. & Hox, J. J. (2004). Robustness issues in multilevel regression analysis. *Statistica Neerlandica*, 58, S. 127-137.

Maaz, K. (2006). *Soziale Herkunft und Hochschulzugang: Effekte institutioneller Öffnung im Bildungssystem*. Wiesbaden: VS-Verlag.

Maaz, K., Baumert, J., Gresch, C. & McElvany, N. (2010). *Der Übergang von der Grundschule in die weiterführende Schule. Leistungsgerechtigkeit und regionale, soziale und ethnisch-kulturelle Disparitäten*. Berlin / Bonn: Bundesministerium für Bildung und Forschung.

Maaz, K., Kreuter, F. & Watermann, R. (2006). Schüler als Informanten? Die Qualität von Schülerangaben zum sozialen Hintergrund. In: J. Baumert, P. Stanat & R. Watermann (Hrsg.), *Herkunftsbedingte Disparitäten im Bildungswesen: Differenzielle Bildungsprozesse und Probleme der Verteilungsgerechtigkeit* (S. 31-59). Wiesbaden: VS-Verlag.

Maaz, K. & Nagy, G. (2009). Der Übergang von der Grundschule in die weiterführenden Schulen des Sekundarschulsystems: Definition, Spezifikation und Quantifizierung primärer und sekundärer Herkunftseffekte. In: J. Baumert, K. Maaz & U. Trautwein (Hrsg.), *Bildungsentscheidungen* (S. 153-182). Wiesbaden: VS-Verlag.

Marsh, H. W. (2005). The big-fish-little-pond effect on academic self-concept. *Zeitschrift für Pädagogische Psychologie*, 19, S. 119-128.

Martinez-Pons, M. (1996): Test of a Model of Parental Inducement of Academic Self-Regulation. In: *Journal of Experimental Education*, Band 64, Heft 3, S. 213-230.

Martinez-Pons, M. (2002). Parental Influences on Children's Academic Self-Regulatory Development. *Theory into Practice*, 41 (2), S. 126-131.

Marx, H. & Krocker, N. (2005). Das Prokustesbrett der deutschen lehrpläne für die Entwicklung von lehrplanvaliden Testverfahren – Zur Konstruktion des Deutschen Mathematiktests für fünfte und sechste Klassen (DEMAT 5+ und DEMAT 6+). In: M. Hasselhorn, H. Marx & W. Schneider (Hrsg.), *Diagnostik von Mathematikleistungen* (S. 199-232). Göttingen: Hogrefe.

May, P. (2002a). *HSP 1-9. Diagnose orthografischer Kompetenz zur Erfassung der grundlegenden Rechtschreibstrategien mit der Hamburger Schreibprobe*. Hamburg: VPM.

May, P. (2002b). *HSP 3 zur Erfassung der grundlegenden Rechtschreibstrategien*. Hamburg: VPM.

May, P. (2005). *HSP 1+ zur Erfassung der grundlegenden Rechtschreibstrategien*. Hamburg: VPM.

May, P. (2006). Orthographische Kompetenz und ihre Bedingungen am Ende der vierten Jahrgangsstufe. In: W. Bos & M. Pietsch (Hrsg.), *KESS 4 – Kompetenzen und Einstellungen von Schülerinnen und Schülern am Ende der Jahrgangsstufe 4 in Hamburger Grundschulen* (S. 111-142). Münster: Waxmann.

May, P. (2007). *HSP 4-5 zur Erfassung der grundlegenden Rechtschreibstrategien*. Hamburg: VPM.

May, P. (2009). *HSP 2 zur Erfassung der grundlegenden Rechtschreibstrategien*. Hamburg: VPM.

Mehringer, V. & Herwartz-Emden, L. (2013). Geschlechtsspezifische Differenzen in der Kompetenzentwicklung bei Grundschulkindern mit und ohne Migrationshintergrund. In: A. Hadjar & S. Hupka-Brunner (Hrsg.), *Migrationshintergrund, Geschlecht und Bildungserfolg* (S. 102-132). Weinheim: Juventa.

Merkens, H. (2010). Erfolg und Misserfolg von Kindern mit Migrationshintergrund beim Spracherwerb in der Grundschule. In: J. Hagedorn, V. Schurt, C. Steber & W. Waburg (Hrsg.), *Ethnizität, Geschlecht, Familie und Schule. Heterogenität als erziehungswissenschaftliche Herausforderung* (S. 33-54). Wiebaden: VS-Verlag.

Mishra, R. C., Sinha, D. & Berry, J. W. (1996). *Ecology, Acculturation and Psychological Adaptation. A Study of Adivasis in Bihar*. London: Sage Publications.

Mouzelis, N. (1997). Social and System Integration: Lockwood, Habermas, Giddens. *Sociology*, 31 (1), S. 111-119.

Mummendey, H. D. (2006). *Psychologie des Selbst. Theorien, Methoden und Ergebnisse der Selbstkonzeptforschung*. Göttingen: Hogrefe.

Münch, R. (1997). Elemente einer Theorie der Integration moderner Gesellschaften. Eine Bestandsaufnahme. In: W. Heitmeyer (Hrsg.), *Was hält die Gesellschaft zusammen? Band 2: Bundesrepublik Deutschland: Auf dem Weg von der Konsens- zur Konfliktgesellschaft* (S. 66-109). Frankfurt am Main: Suhrkamp.

Muthén, L. K. & Muthén, B. O. (2010a). *Growth Modeling with Latent Variables using Mplus: Introductory and Intermediate Growth Models*. Los Angeles: Muthén & Muthén.

Muthén, L. K. & Muthén, B. O. (2010b). *Mplus. Statistical analysis with latent variables. User's Guide*. Los Angeles: Muthén & Muthén.

Nauck, B. (2001a). Intercultural Contact and Intergenerational Transmission in Immigrant Families. *Journal of Cross-Cultural Psychology*, 32, S. 159-173.

Nauck, B. (2001b). Social Capital, Intergenerational Transmission and Intercultural Contact in Immigrant Families. *Journal of Comparative Family Studies*, 32, S. 465-488.

Nauck, B. (2007). Familiensystem und Kultur. In: G. Trommsdorf & H. J. Kornadt (Hrsg.), *Theorien und Methoden der kulturvergleichenden Psychologie* (S. 407-486). Göttingen: Hogrefe.

Nauck, B. (2008). Akkulturation: Theoretische Ansätze und Perspektiven in Psychologie und Soziologie. In: F. Kalter (Hrsg.), *Migration und Integration* (S. 108-133). Wiesbaden: VS-Verlag.

Nauck, B., Diefenbach, H. & Petri, C. (1998). Intergenerationale Transmission von kulturellem Kapital unter Migrationsbedingungen. Zum Bildungserfolg von Kindern und Jugendlichen aus Migrantenfamilien in Deutschland. *Zeitschrift für Pädagogik*, 44 (5), S. 701-722.

Nauck, B., Kohlmann, A. & Diefenbach, H. (1997). Familiäre Netzwerke, intergenerative Transmission und Assimilationsprozesse bei türkischen Migrantenfamilien. *Kölner Zeitschrift für Soziologie und Sozialpsychologie*, 49, S. 477-499.

Neumann, U. (2001). Länderbericht: Bayern. In: I. Gogolin, U. Neumann & L. Reuter (Hrsg.), *Schulbildung für Kinder aus Minderheiten in Deutschland 1989-1999, Schulrecht, Schulorganisation, curriculare Fragen, sprachliche Bildung* (S. 29-52). Münster: Waxmann.

Nold, D. (2010). Sozioökonomischer Status von Schülerinnen und Schülern 2008. Ergebnisse des Mikrozensus. *Wirtschaft und Statistik*, 2/2010, S. 138-149.

Oswald, H. & Krappmann, L. (2004). Soziale Ungleichheit in der Schulklasse und Schulerfolg. Eine Untersuchung in dritten und fünften Klassen Berliner Grundschulen. *Zeitschrift für Erziehungswissenschaft*, 7 (4), S. 479-496.

Oswald, H. & Krappmann, L. (2006). Soziale Herkunft, Ungleichheit in der Schulklasse und Schulerfolg – unter besonderer Berücksichtigung von Kindern ausländischer Eltern. In: K.-S. Rehberg (Hrsg.), *Soziale Ungleichheit, Kulturelle Unterschiede – Verhandlungen des 32. Kongresses der Deutschen Gesellschaft für Soziologie in München 2004, Teil 2* (S. 752-764). Frankfurt: Campus Verlag.

Park, R. E. (1950). *Race and Culture. The collected Papers of Robert Ezra Park*. Glenoe: The Free Press.

Parsons, T. (1968). *Sozialstruktur und Persönlichkeit*. Frankfurt a. M.: Suhrkamp.

Parsons, T. (2009). *Das System moderner Gesellschaften*. Weinheim: Juventa.

Pekrun, R. & Helmke, A. (1993). Schule und Kindheit. In: M. Markefka & B. Nauck (Hrsg.), *Handbuch der Kindheitsforschung* (S. 567-576). Neuwied: Luchterhand Verlag.

Petillon, H. (1978). *Der unbeliebte Schüler*. Braunschweig: Westermann.

Petillon, H. (1997). Zielkonflikte in der Grundschule. Literaturüberblick. In: F. E. Weinert & A. Helmke (Hrsg.), *Entwicklung im Grunschulalter* (S. 289-298). Weinheim: Beltz.

Petillon, H. (2009). Mitschüler/Peers. In: S. Blömeke, T. Bohl, L. Haag, G. Lang-Wojatsik & W. Sacher (Hrsg.), *Handbuch Schule* (S. 446-450). Bad Heilbrunn: Klinkhardt.

Piaget, J. (1983). *Das moralische Urteil beim Kinde*. Stuttgart: Klett-Cotta.

Pietsch, M. & Krauthausen, G. (2006). Mathematisches Grundverständnis von Kindern am Ende der vierten Jahrgangsstufe. In: W. Bos & M. Pietsch (Hrsg.), *KESS 4 – Kompetenzen und Einstellungen von Schülerinnen und Schülern am Ende der Jahrgangsstufe 4 in Hamburger Grundschulen* (S. 143-163). Münster: Waxmann.

PISA-Konsortium Deutschland (2008). *PISA 2006 in Deutschland. Die Kompetenzen der Jugendlichen im dritten Ländervergleich*. Münster: Waxmann.

Portes, A. & Rumbaut, R. (2006). *Immigrant America: A Portrait*. Berkeley: University of California Press.

Prengel, A. (1996). Homogenität versus Heterogenität in der Schule – Integrative und interkulturelle Pädagogik am Beispiel des Anfangsunterrichts. In: W. Melzer & U. Sandfuchs (Hrsg.), *Schulreform in der Mitte der 90er Jahre. Strukturwandel und Debatten um die Entwicklung des Schulsystems in Ost- und Westdeutschland* (S. 187-196). Opladen: Leske + Budrich.

273

Quiocho, A. & Rios, F. (2000). The power of their presence: minority group teachers and schooling. *Review of Educational Research*, 4, S. 485-528.

Radtke, F.-O. (2004). Die Illusion der meritokratischen Schule. Lokale Konstellationen der Produktion von Ungleichheit im Erziehungssystem. *IMIS-Beiträge*, 3, S. 7-20.

Ramm, G., Prenzel, M., Baumert, J., Blum, W., Lehmann, R., Leutner, D., Neubrand, M., Pekrun, R., Rolff, H.G., Rost, J. & Schiefele, U. (2006). *PISA 2003. Dokumentation der Erhebungsinstrumente*. Münster: Waxmann.

Ramm, G., Prenzel, M., Heidemeier, H. & Walter, O. (2004). Soziokulturelle Herkunft: Migration. In: M. Prenzel, J. Baumert, W. Blum, R. Lehmann, D. Leutner, M. Neubrand, R. Pekrun, H. G. Rolff, J. Rost & U. Schiefele (Hrsg.), *PISA 2003: Der Bildungsstand der Jugendlichen in Deutschland – Ergebnisse des zweiten internationalen Vergleichs* (S. 254-272). Münster: Waxmann.

Raudenbush, S. W., & Bryk, A. S. (2002). *Hierarchical Linear Models: Applications and Data Analysis Methods*. Thousand Oaks: Sage Publications.

Redfield, R., Linton, R. & Herskovits, M. J. (1936). Memorandum for the Study of Acculturation. *Anthropologist*, 38, S. 149-152.

Regierung der Oberpfalz, Abteilung Schul- und Bildungswesen (2009). *Schüler mit nichtdeutscher Herkunftssprache an Grund-, Haupt- und Förderschulen*. Regensburg: Regierung der Oberpfalz.

Reichen, J. (2001). *„Hannah hat Kino im Kopf": Die Reichen Methode Lesen durch Schreiben und ihre Hintergründe für Lehrerinnen und Lehrer, Studierende und Eltern*. Hamburg: Heinevetter-Verlag.

Richter, D., Kuhl, P. & Pant, H. A. (2012). Soziale Disparitäten. In: P. Stanat, H. A. Pant, K. Böhme & D. Richter (Hrsg.), *Kompetenzen von Schülerinnen und Schülern am Ende der vierten Jahrgangsstufe in den Fächern Deutsch und Mathematik, Ergebnisse des IQB-Ländervergleichs 2011* (S. 191-207). Münster: Waxmann.

Ringeisen, T., Schwarzer, C. & Buchwald, P. (2008). Die Bedeutung interkultureller Lernumgebungen. In: T. Ringeisen, P. Buchwald & C. Schwarzer (Hrsg.), *Interkulturelle Kompetenz in Schule und Weiterbildung* (S. 9-24). Münster: Lit.

Roebers, C. M. (1997). *Migrantenkinder im vereinigten Deutschland. Eine Längsschnittstudie zu differentiellen Effekten von Persönlichkeitsmerkmalen auf den Akkulturationsprozess von Schülern*. Münster: Waxmann.

Roick, T., Gölitz, D. & Hasselhorn, M. (2004). *DEMAT 3+. Deutscher Mathematiktest für dritte Klassen*. Göttingen: Hogrefe.

Roos, J. & Schöler, H. (2009). *Entwicklung des Schriftspracherwerbs in der Grundschule. Längsschnittanalyse zweier Kohorten über die Grundschulzeit*. Wiesbaden: VS-Verlag.

Roßbach, H.-J. (2005). Heterogene Lerngruppen in der Grundschule. In: W. Einsiedler, M. Götz, H. Hacker, J. Kahlert, R. W. Keck & U. Sandfuchs (Hrsg.), *Handbuch Grundschulpädagogik und Grundschuldidaktik* (S. 176-181). Bad Heilbrunn: Klinkhardt.

Roßbach, H.-G. & Tietze, W. (1996). *Schullaufbahnen in der Primarstufe. Eine empirische Untersuchung zur Integration und Segregation von Grundschülern*. Münster: Waxmann.

Rudmin, F. W. (2003). Critical History of the Acculturation Psychology of Assimilation, Separation, Integration, and Marginalization. *Review of General Psychology*, 7 (1), S. 3-37.

Rudmin, F. W. & Ahmadzadeh, V. (2001). Psychometric Critique of Acculturation Psychology: The Case of Iranian Migrants in Norway. *Scandinavian Journal of Psychology*, 42, S. 41-56.

Sacher, W. (2009). *Leistungen entwickeln, überprüfen und beurteilen. Bewährte und neue Wege für die Primar- und Sekundarstufe*. Bad Heilbrunn: Klinkhardt.

Sachverständigenrat deutscher Stiftungen für Integration und Migration (2010). *Einwanderungsgesellschaft 2010. Jahresgutachten 2010 mit Integrationsbarometer*. Berlin: Sachverständigenrat deutscher Stiftungen für Integration und Migration.

Sandfuchs, U. (2004). Unterricht. In: R. W. Keck, U. Sandfuchs & B. Feige (Hrsg.), *Wörterbuch Schulpädagogik. Ein Nachschlagewerk für Studium und Schulpraxis* (S. 490-491). Bad Heilbrunn: Klinkhardt.

Schafer, J. L. & Graham, J. W. (2002). Missing Data: Our View of the State of the Art. *Psychological Methods*, 7 (2), S. 147-177.

Schafer, J. L. & Olsen, M. K. (1998). Multiple Imputation for Multivariate Missing-Data Problems: A Data Analyst's Perspective. *Multivariate Behavioral Research*, 33, S. 545-571.

Schauenberg, M. (2007). *Übertrittsentscheidungen nach der Grundschule. Empirische Analysen zu familialen Lebensbedingungen und Rational-Choice*. München: Herbert Utz Verlag.

Schendera, C. F. G. (2008). *Regressionsanalyse mit SPSS*. München: Oldenbourg.

Schimpl-Neimanns, B. (2000). Soziale Herkunft und Bildungsbeteiligung. Empirische Analysen zu herkunftsspezifischen Bildungsungleichheiten zwischen 1950 und 1989. *Kölner Zeitschrift für Soziologie und Sozialpsychologie*, 52 (4): 636-669

Schlag, B. (2008). *Lern- und Leistungsmotivation*. Wiesbaden: VS-Verlag.

Schneider, W. & Krajewski, K. (2005). Deutsche Mathematiktests für erste und zweite Klassen (DEMAT 1+ und DEMAT 2+). In: M. Hasselhorn, H. Marx & W. Schneider (Hrsg.), *Diagnostik von Mathematikleistungen* (S. 153-166). Göttingen: Hogrefe.

Schrader, A., Nikles, B. & Griese, H. W. (1976). *Die Zweite Generation. Sozialisation und Akkulturation ausländischer Kinder in der Bundesrepublik*. Königstein: Anton Hain.

Schründer-Lenzen, A. (2007). *Schriftspracherwerb und Unterricht. Bausteine professionellen Handlungswissens*. Wiesbaden: VS-Verlag.

Schründer-Lenzen, A. & Merkens, H. (2006). Differenzen schriftsprachlicher Kompetenzentwicklung bei Kindern mit und ohne Migrationshintergrund. In: A. Schründer-Lenzen (Hrsg.), *Risikofaktoren kindlicher Entwicklung. Migration, Leistungsangst und Schulübergang* (S. 15-44). Wiesbaden: VS-Verlag.

Schweer, M. (2008). *Lehrer-Schüler-Interaktion. Inhaltsfelder, Forschungsperspektiven und methodische Zugänge*. Wiesbaden: VS-Verlag.

Schwippert, K. (2007). Migrationsbedingte Heterogenität von Schülerinnen und Schülern am Ende der vierten Jahrgangsstufe in Hamburg. In: W. Bos, C. Gröhlich & M. Pietsch (Hrsg.), *KESS 4 – Lehr und Lernbedingungen in Hamburger Grundschulen* (S. 35-46). Münster: Waxmann.

Schwippert, K., Bos, W. & Lankes, E.M. (2003). Heterogenität und Chancengleichheit am Ende der vierten Jahrgangsstufe in den Ländern der Bundesrepublik Deutschland und im internationalen Vergleich. In: W. Bos, E. M. Lankes, M. Prenzel, K. Schwippert, R. Valtin & G. Walther (Hrsg.), *IGLU. Einige Länder der Bundesrepublik Deutschland im nationalen und internationalen Vergleich* (S. 165-190). Münster: Waxmann.

Schwippert, K., Bos, W. & Lankes, E.M. (2004). Heterogenität und Chancengleichheit am Ende der vierten Jahrgangsstufe im internationalen Vergleich. In: W. Bos, E. M. Lankes, M. Prenzel, K. Schwippert, G. Walther & R. Valtin (Hrsg.), *Erste Ergebnisse aus IGLU. Schülerleistungen am Ende der vierten Jahrgangsstufe im internationalen Vergleich* (S. 265-302). Münster: Waxmann.

Schwippert, K., Hornberg, S., Freiberg, M. & Stubbe, T. C. (2007). Lesekompetenzen von Kindern mit Migrationshintergrund im internationalen Vergleich. In: W. Bos, S. Hornberg, K. H. Arnold, G. Faust, L. Fried, E. M. Lankes, K. Schwippert & R. Valtin (Hrsg.), *IGLU 2006. Lesekompetenzen von Grundschulkindern in Deutschland im internationalen Vergleich* (S. 249-270). Münster: Waxmann.

Schwippert, K., Hornberg, S. & Goy, M. (2008). Lesekompetenzen von Kindern mit Migrationshintergrund im nationalen Vergleich. W. Bos, S. Hornberg, K.-H. Arnold, G. Faust, L. Fried, E.-M. Lankes, K. Schwippert & R. Valtin (Hrsg.), *IGLU-E 2006. Die Länder der Bundesrepublik Deutschland im nationalen und internationalen Vergleich* (S. 111-126). Münster: Waxmann.

Sedlmeier, P. & Renkewitz, F. (2008). *Forschungsmethoden und Statistik in der Psychologie*. München: Pearson.

Siegert, M. (2008). *Schulische Bildung und Migranten in Deutschland. Working Paper 13*. Nürnberg: Bundesamt für Migration und Flüchtlinge.

SPSS (2009). *PASW Complex Samples 18*. Chicago: SPSS Inc.

Staatsinstitut für Schulqualität und Bildungsforschung München (1994). *Miteinander und voneinander Lernen*. München: ISB.

Staatsinstitut für Schulqualität und Bildungsforschung München (1997). *LIFE. Ideen und Materialien für Interkulturelles Lernen*. München: BMW Group.

Staatsinstitut für Schulqualität und Bildungsforschung München (2004). *Grenzenlos Deutsch lernen*. München: BMW Group.

Staatsinstitut für Schulqualität und Bildungsforschung München (2009). *Bildungsbericht Bayern 2009*. München: Staatsinstitut für Schulqualität und Bildungsforschung.

Staatsinstitut für Schulqualität und Bildungsforschung München (2012). *Bildungsbericht Bayern 2012*. München: Staatsinstitut für Schulqualität und Bildungsforschung.

Stadt Augsburg (2006). *Das Weißbuch. „Eine Stadt für alle" Augsburger Integrationskonzepte*. Augsburg: Stadt Augsburg.

Stadt Augsburg (2009a). *Statistisches Jahrbuch der Stadt Augsburg 2009*. Augsburg: Stadt Augsburg.

Stadt Augsburg (2009b). *Strukturatlas der Stadt Augsburg 2009*. Augsburg: Stadt Augsburg.

Stadt Augsburg (2010). *Strukturatlas der Stadt Augsburg 2010*. Augsburg: Stadt Augsburg.

Stamm, M., Ruckdäschel, C., Niederhauser, M. & Templer, F. (2008). *Schulabsentismus: Ein Phänomen, seine Bedingungen und Folgen*. Wiesbaden: VS-Verlag.

Stanat, P. (2008). Heranwachsende mit Migrationshintergrund im deutschen Bildungswesen. In: K. S. Cortina, J. Baumert, A. Leschinsky, K. U. Mayer & L. Trommer (Hrsg.), *Das Bildungswesen in der Bundesrepublik Deutschland*. Reinbek: Rowohlt.

Stanat, P. & Christensen G. (2006). *Schulerfolg von Jugendlichen mit Migrationshintergrund im internationalen Vergleich. Eine Analyse von Voraussetzungen und Erträgen schulischen Lernens im Rahmen von PISA 2003*. Bonn, Berlin: Bundesministerium für Bildung und Forschung (BMBF).

Stanat, P., Pant, H. A., Böhme, K. & Richter, D. (2012). *Kompetenzen von Schülerinnen und Schülern am Ende der vierten Jahrgangsstufe in den Fächern Deutsch und Mathematik, Ergebnisse des IQB-Ländervergleichs 2011*. Münster: Waxmann.

Stanat, P., Rauch, D. & Segeritz, M. (2010). Schülerinnen und Schüler mit Migrationshintergrund. In: E. Klieme, C. Artelt, J. Hartig, N. Jude, O. Köller, M. Prenzel, W. Schneider & P. Stanat (Hrsg.), *PISA 2009, Bilanz nach einem Jahrzehnt* (S. 199-230). Münster: Waxmann.

Statistisches Bundesamt (2010). *Bevölkerung und Erwerbstätigkeit. Bevölkerung mit Migrationshintergrund – Ergebnisse des Mikrozensus 2008*. Wiesbaden: Statistisches Bundesamt.

Statistisches Bundesamt (2012). *Bevölkerung und Erwerbstätigkeit. Bevölkerung mit Migrationshintergrund – Ergebnisse des Mikrozensus 2011*. Wiesbaden: Statistisches Bundesamt.

Steinbach, A. (2006): Sozialintegration und Schulerfolg von Kindern aus Migrantenfamilien. In: C. Alt (Hrsg.), *Kinderleben – Integration durch Sprache?. Band 4: Bedingungen des Aufwachsens von türkischen, russlanddeutschen und deutschen Kindern* (S. 185-218). Wiesbaden: VS-Verlag.

Steinbach, A. & Nauck, B. (2004). Intergenerationale Transmission von kulturellem Kapital in Migrantenfamilien. Zur Erklärung von ethnischen Unterschieden im deutschen Bildungssystem. *Zeitschrift für Erziehungswissenschaft*, 7 (1), S. 20-32.

Strasser, J. & Steber, C. (2010). Lehrerinnen und Lehrer mit Migrationshintergrund – Eine empirische Reflexion einer bildungspolitischen Forderung. In: J. Hagedorn, V. Schurt, C. Steber & W. Waburg (Hrsg.), *Ethnizität, Geschlecht, Familie und Schule. Heterogenität als erziehungswissenschaftliche Herausforderung* (S. 97-126). Wiesbaden: VS-Verlag.

Tanner, A., Badertscher, H., Holzer, R., Schindler, A. & Streckeisen, U. (2006). *Heterogenität und Integration. Umgang mit Ungleichheit und Differenz in Schule und Kindergarten*. Zürich: Seismo Verlag.

Thiel, O. & Valtin, R. (2002). Eine Zwei ist eine Drei ist eine Vier. Oder: Sind Zensuren aus verschiedenen Klassen vergleichbar? In: R. Valtin (Hrsg.), *Was ist ein gutes Zeugnis? Noten und verbale Beurteilungen auf dem Prüfstand*. Weinheim: Juventa.

Tiedemann, J. & Billmann-Mahecha, E. (2004). Migration, Familiensprache und Schulerfolg. In: W. Bos, E.-M. Lankes, N. Plaßmeier & K. Schwippert (Hrsg.), *Heterogenität. Eine Herausforderung an die empirische Bildungsforschung* (S. 269-279). Münster: Waxmann.

Tiedemann, J. & Billmann-Mahecha, E. (2007). Leseverständnis, Familiensprache und Freizeitsprache. Ergebnisse aus der hannoverschen Grundschulstudie. *Zeitschrift für Pädagogische Psychologie*, 21 (1) S. 41-49.

Tillmann, K.-J. (2005). *Viel Selektion – wenig Leistung: Erfolg und Scheitern in deutschen Schulen*. Vortrag auf dem Kolloquium des BildungsForums der Friedrich-Ebert-Stiftung, Hamburg.

Tillmann, K.-J. (2007). *Kann man in heterogenen Lerngruppen alle Schülerinnen und Schüler fördern? Der Blick der Bildungsforschung in das Regelschulsystem.* Vortrag auf dem Symposium des VdS auf der DIDACTA, Köln.

Trautwein, U. & Baeriswyl, F. (2007). Wenn leistungsstarke Klassenkameraden ein Nachteil sind: Referenzgruppeneffekte bei Übertrittsentscheidungen. *Zeitschrift für Pädagogische Psychologie*, 21 (2), S. 119-133.

Treibel, A. (2008). *Migration in modernen Gesellschaften. Soziale Folgen von Einwanderung, Gastarbeit und Flucht.* Weinheim: Juventa.

Treiman, D.J. (1977). *Occupational Prestige in Comparative Perspective.* New York: Academic Press.

Triandis, H. C. (1995). *Individualism and Collectivism.* Boulder: Westview Press.

Ulich, K. (2001). Einführung in die Sozialpsychologie der Schule. Weinheim: Beltz.

Ulich, M & Mayr, T. (2003). *SISMIK – Sprachverhalten und Interesse an Sprache bei Migrantenkindern in Kindertageseinrichtungen.* Freiburg: Herder.

Urban, D. (2002). Prozessanalyse im Strukturgleichungsmodell: Zur Anwendung latenter Wachstumskurvenmodelle in der Sozialisationsforschung. *ZA-Information / Zentralarchiv für Empirische Sozialforschung*, (51), S. 6-37.

Verband Bildung und Erziehung (2006). *Migranten für den Lehrerberuf gewinnen.* Abgerufen am 24.02.10 von http://vbe.de/uploads/media/03_-_Statement_Eckinger.pdf

Vygotsky, L. (1978). *Mind in Society: Development of Higher Psychological Processes.* Cambridge: Harvard University Press.

Wagner, M. (2007). *Schulabsentismus: Soziologische Analysen zum Einfluss von Familie, Schule und Freundeskreis.* Weinheim: Juventa.

Walter, O. (2006). Die Entwicklung der mathematischen und der naturwissenschaftlichen Kompetenz von Jugendlichen mit Migrationshintergrund im Verlauf eines Schuljahres. In: PISA-Konsortium Deutschland (Hrsg.), *PISA 2003. Untersuchungen zur Kompetenzentwicklung im Verlauf eines Schuljahres* (S. 249-276). Münster: Waxmann.

Walter, O. & Taskinen, P. (2008). Der Bildungserfolg von Jugendlichen mit Migrationshintergrund in den deutschen Ländern. In: PISA-Konsortium Deutschland (Hrsg.), *PISA 2006 in Deutschland. Die Kompetenzen der Jugendlichen im dritten Ländervergleich* (S. 343-374). Münster: Waxmann.

Walther, G., Selter, C., Bonsen, M. & Bos, W. (2008). Mathematische Kompetenz im internationalen Vergleich: Testkonzeption und Ergebnisse. In: W. Bos, M. Bonsen, J. Baumert, M. Prenzel, C. Selter & G. Walther (Hrsg.), TIMSS 2007. *Mathematische und naturwissenschaftliche Kompetenz von Grundschülern in Deutschland im internationalen Vergleich* (49-86). Münster: Waxmann.

Watermann, R. & Baumert, J. (2006). Entwicklung eines Strukturmodells zum Zusammenhang zwischen sozialer Herkunft und fachlichen und überfachlichen Kompetenzen. In: J. Baumert, P. Stanat & R. Watermann (Hrsg.), *Herkunftsbedingte Disparitäten im Bildungswesen: Differenzielle Bildungsprozesse und Probleme der Verteilungsgerechtigkeit* (S. 61-94). Wiesbaden: VS-Verlag.

Wayman, J. C. (2003). *Multiple Imputation for missing Data: What is it and how can I use it.* Paper presented at the 2003 Annual Meeting of the American Educational Research Association, Chicago.

Weinert, F. E. & Helmke, A. (1995). Inter-classroom differences in instructional quality and interindividual differences in cognitive development. *Educational Psychologist*, 30, S. 15-20.

Weinert, F. E. & Helmke, A. (1997). *Entwicklung im Grundschulalter.* Weinheim: Beltz.

Weiß, R. H. (1998). *Grundintelligenztest CFT Skala 2. CFT 20.* Göttingen: Hogrefe.

Weiß, R. H. & Osterland, J. (1977). *Grundintelligenztest CFT 1 Skala 1.* Göttingen: Hogrefe.

Weiße, W. (2008). *Islamischer Religionsunterricht in Deutschland – ein Beitrag zur Integration? Religionspädagogischer Kommentar mit Bezug zu Alternativen in Deutschland und Europa.* Vortrag gehalten auf der Veranstaltung zum Islamischen Religionsunterricht des BMBF-Projekts Muslime in Europa. Berlin, Deutschland, April.

Wenning, N. (1999). *Vereinheitlichung und Differenzierung. Zu den „wirklichen" gesellschaftlichen Funktionen des Bildungswesens im Umgang mit Gleichheit und Verschiedenheit.* Opladen: Leske + Budrich.

Wenning, N., Hauff, M. & Hansen, G. (1993). Die Vielfalt akzeptieren. Plädoyer für eine interkulturelle Erziehungswissenschaft. *Pädagogik*, 45 (11), S. 54-57.

Westphal, M. (2007). Interkulturelle Kompetenzen – ein widersprüchliches Konzept als Schlüsselqualifikation. In: Müller, H.-R. & Stravoravdis, W. (Hrsg.), *Bildung im Horizont der Wissensgesellschaft* (S. 85-112). Wiesbaden: VS-Verlag.

Williams, R.L. (2008). Taylor series linearization. In: P.J. Lavrakas (Hrsg.), *Encyclopedia of Survey Research Methods* (S. 876-877). Thousand Oaks: Sage Publications.

Willms, J.D. (2003) *Student Engagement at School: a sense of belonging and participation: Results from PISA 2000*. Organisation for Economic Co-operation and Development.

Winnerling, S. (2005). *Das Lehrer-Schüler-Verhältnis in pädagogischen Konzeptionen*. Hagen: Fernuniversität Hagen.

Wolter, K. M. (1985). *Introduction to Variance Estimation*. New York: Springer.

Yetim, U. (2003). The impacts of individualism/collectivism, self-esteem, and feeling of mastery on life satisfaction among the Turkish university students and academicians. *Social Indicators Research*, 61 (3), S. 297-317.

Youniss, J. (1980). *Parents and peers in social development: A Sullivan-Piaget perspective*. Chicago: University of Chicago Press.

Zhou, M. (1999). Segmented Assimilation: Issues, Controversies, and Recent Research on the New Second Generation. In: C. Hirschman, P. Kasinitz & J. De Wind (Hrsg.), *The Handbook of International Migration: The American Experience* (S. 196-212). New York: Russell Sage Foundation.

Zhou, M. (2003). Assimilation the Asian Way. In: T. Jacoby (Hrsg.), *Reinventing the Melting Pot, The New Immigrants and What it Means to Be American* (S. 139-153). New York: Basic Books.

Verzeichnis der Tabellen

Verzeichnis der Abbildungen